서평집

장석준의
적록
서재

뿌리와
이파리

배워라, 난민 수용소에 있는 남자여!
배워라, 감옥에 갇힌 사나이여!
배워라, 부엌에서 일하는 부인이여!
배워라, 나이 60이 넘은 사람들이여!
학교를 찾아가라, 집 없는 자여!
지식을 얻어라, 추위에 떠는 자여!
굶주린 자여, 책을 손에 들어라, 책은 하나의 무기다,
당신이 앞장을 서야만 한다.
—베르톨트 브레히트, 「배움을 찬양함」 중에서(김광규 옮김)

새 세상을 꿈꾸는 인류의 대화에 끼어들자
— '적색' 사회주의에서 '녹색' 사회주의로

1

모든 것은 『프레시안』으로부터 걸려온 한 통의 전화에서 시작되었다. 프레시안 주말판은 '프레시안 books'라는 이름 아래 서평 기사들로 채워진다. 『프레시안』 쪽의 제안은 '프레시안 books'에 2주마다 서평을 연재하지 않겠느냐는 것이었다. 물론 '연재'이니만큼 다루는 책들에 일정한 주제 의식이 관통하고 있어야 할 것이었다. 2주에 한 번씩 책을 꼼꼼히 읽고 글을 쓴다는 게 영 부담스러웠음에도 불구하고 무슨 만용이었는지 나는 그 제안을 덜컥 받아들이고 말았다. 그렇게 해서 시작된 연재는 꼬박 1년을 채웠다. 이 책은 그 연재물들의 모음이다(다만 '적록서재'에 실렸던 글들 중에 뺀 것도 있으며, 다른 지면에 발표한 서평인데 '적록서재'의 주제와 부합해 이 책에 실은 글들도 있다).

'적록서재'라는 작명도 순수한 내 창작물은 아니다. 내가 제시한 것은 넓은 의미의 자본주의 비판, 사회주의 지향을 담은 책들을 다루겠다는 느슨한 구상 정도였다. 이것은 애초에 『프레시안』이 내게 기대한 집필 방향이기도 했다. 몸담은 데가 진보정당 운동인 탓에 전부터 내게 서평 의뢰가 들어오는 책들은 예외 없이 좌파 쪽 서적들이었다. 다만 나는 이러한 방향에 약간의 욕심을 더하고 싶었다. 단순히 기존 좌파의 연장선에 머무는 게 아니라 그 근본적 재구성을 강조해보자는 것이었다. 그러한 재구성의 여러 방향들(여성주의, 탈서구중심주의 등) 중에서도 몇 년 전부터 내가 특히 관심을 둔 것은 생태주의의 문제의식이었다. 이런 것들을 『프레시안』 측에 이야기했고, 그래서 대화가 오가던 중에 자연스레 떠오른 타이틀이 '적록서재'였다.

'적록서재'. 여기에서 '적(赤)'과 '록(綠)'은 각각 전통적 좌파와 최근의 생태주의 흐름을 상징한다. 그리고 '서재(書齋)', 이것은 책들로 빼곡히 뒤덮인 방의 이미지다. 이 연상에 행복감을 느낄 사람도 더러 있겠지만(사실은 나도 그런 쪽인데), 그보다는 오히려 답답함을 느끼는 이들이 더 많을 것이다. 앞의 '적'과 '록'의 급박함에 비해 뒤의 '서재'가 너무 태평해 보인다는 핀잔을 받을 만도 하다. 하지만 해명을 하자면, 작명자들이 의도한 강조점은 '방'이 아니라 '책들'에 있다. 느긋한 마음으로 책장을 넘길 수 있는 조용한 방이 있다면 좋겠지만, 꼭 그런 곳이 아니어도 좋다. 일단 책들이 있고 그것을 읽는 일이 벌어진다면, 이 현장이 곧 '적록서재'가 뜻하는 '서재'다. 읽는 일이 벌어진다는 것, 그게 중요하다. 아무리 백만 권의 장서를 자랑하는 이름난 서재라도 이런 기적 같은 일이 일어나지 않는다면, 그곳은 그저 책 창고일 뿐이다.

'기적'이라고 했다. 그만큼 읽는다는 게 참으로 중대한 행위인 것이다. 이것은 독서라는 게 행위의 범주에는 들지 않는다고 여기는 보통의 상식에 어긋나는 생각이다. 그러나 나는 강조하고 싶다. 책 읽기야말로 모든 행위의 시작이 되는 행위라 할 만하다. 그리고 그 모든 행위가 실패와 성공의 여정을 거치고 나서 다시 돌아갈 원점이기도 하다. 이에 대해서는 이미 오래된 설화들이 있다. 그중 하나가 성 아우구스티누스가 『고백록』에서 전하는 일화다. 회심의 순간에 그는 어린아이들이 노는 소리에서 문득 계시의 음성을 들었다(혹은 들었다고 생각했다). 그 말씀은 다름 아닌 "들고 읽어라!(Tolle lege)"였다. 읽어라! 읽기를 시작하라! 그래서 아우구스티누스는 성서를 무작정 펼쳐 읽기 시작했고, 그 순간 사도 바울의 로마서 13장과 마주쳤다. 이로부터 아우구스티누스의 평생의 사색과 실천이 시작되었다.

로마서를 읽기 시작한다는 것은 무슨 의미인가? 그것은 바울과의 대화에 참여한다는 것이다. 바울이 몇백 년 전에 던지고 간 이야기에 귀를 기울이는 일이다. 사실 대화는 바울 이전에 이미 시작되었다. 바울은 그 대화를 이어간 한 사람이다. 그리고 이제 아우구스티누스가 로마서를 펴들고 읽기 시작하면서 그 대화는 아우구스티누스로 이어진다. 또한 그가 남긴 『고백록』의 일화를 접하면서 우리 역시 이 대화에 끼어들게 된다. 그 순간 몇백 년, 몇천 년을 이어온 대화 속 모든 지혜와 감동, 결단들이 마치 밤하늘을 수놓은 은하수처럼 돌연 우리의 배경막이 된다. 이제 우리는 한낮에 우리를 포위한 듯 느끼던 고립감이나 답답함 바깥에, 그러니까 저 별들의 물결 속에 우리 삶을 놓고 세상을 바라볼 수 있다. 일상의 우리 자신과는 다르게 세상을 바라보기에 이전과는 다르게 행동할 작은 틈 또한 열린다. 이 모든 게 읽는다는 그 행위로부터 시작된다.

전태일 열사 역시 무언가를 읽는 데서 시작했다. 그는 근로기준법을 읽었다. 그 당시(지금도 그렇지만) 육법전서 속 근로기준법은 외국에서 수입해온 공허한 번역문들이었다. 그러나 전태일은 이 문장들을 감히 읽었다. 그는 그 딱딱한 문구들 아래 흐르는 역사적 대화에 참여했다. 그는 낯선 권리들 하나하나에 육화되어 있는 전세계 노동자들의 투쟁의 역사를 감지했다. 전태일이 그것을 읽어낸 순간, 그는 더 이상 과거의 자신이 아니었다. 이제 그는 저 면면한 투쟁을 한반도 남쪽에서 다시 이어나갈 주인공이었다. 이 모든 게 '읽기'로부터 비롯됐다. 민중이 읽기를 시작한 바로 그때부터 인류사에서 끊임없이 패배를 거듭해온 반란은 비로소 혁명이 되었다.

2

'적색', 즉 붉은색으로 분류된 책들은 이미 어지간히 읽지 않았나, 반문할 수도 있겠다. 1980년대부터 1990년대 초까지 이른바 '사회과학 서적'이라고 불린 책들을 읽고 가두투쟁에 나선 수많은 대학생들이 있었고, 비슷한 목록의 책들을 접하며 노동조합 활동가로 성장한 이들도 있었다. 이들의 이력에서도 '읽기'는 중대한 전환의 계기이자 새로운 여정의 출발점이었다. 그런데 그때 이들이 읽었던 책들 중 대부분은 지금은 헌책방에서나 볼 수 있다. 나온 지 채 10년을 버티지 못하고 먼 과거의 물건들이 되어버린 것이다.

그럴 수밖에 없는 게 이 책들의 원산지가 하나같이 다 권위를 잃어버렸기 때문이다. 소련 과학아카데미에서 나온 한 무더기의 책들이 있었다. 그중에는 간혹 동독에서 나온 책들이나 일본공산당 쪽 서적도 섞여 있었다. 그리고 서점에서는 감히 찾아보기 힘들었지만 학생운동권의 최대 정파가 필독서로 읽던 북한 책들도 있었다. 이러한 독서의 범위가 그 시대 한국 좌파가 세상을 바라보는 시야를 규정했다. 이들에게 사회주의란 곧 소련의 일당독재, 전면적 국유화, 중앙집권형 계획경제를 따라하는 것이었다. 북한은 다른 면이 있다는 주장도 있었지만, 그것은 어디까지나 소련 원판의 한 '변형'이라는 차원이었다. 그러나 공교롭게도 한국에서 이런 책들이 쏟아져나오던 바로 그때에 소련과 동유럽 현실 사회주의 국가들이 무너졌고, 얼마 안 있어 북한도 기나긴 고난의 시대에 접어들었다. 이와 함께 이들 나라에서 생산된 책들 역시 빠른 속도로 서가에서 밀려났다.

지금 이런 책들을 다시 읽자는 게 아니다. '붉은색'도 결코 하나가 아니다. 한국의 운동권이 소련식 마르크스-레닌주의나 주체사상의 교리 문답에 갇혀 있을 때에도 세상 곳곳에서는 자본주의를 넘어선 새로운 세상에 대해 전혀 다른 역사적 대화들이 이어지고 있었다. 그리고 그 흐름들은 지금도 유유히 이어지고 있다.

우선 후대의 해석을 거치지 않고 마르크스의 저작들과 직접 대화하려는 흐름이 있다. 이런 대화를 통해 다시 드러난 마르크스의 면모는 어떨 때는 현실 사회주의권 국정 교과서들이 요약정리하는 것과 정반대처럼 보이기도 한다. 다음으로, 발전된 자본주의 국가에서 좌파 대중정치를 책임져온 사회민주주의 정당이나 유럽 공산당들이 이어오는 대화의 흐름들이 있다. 국내에서는 오랫동안 이들을 '개량주의'라는 한 단어로 정리해버리고 말았지만, 이것은 분명 몇 세대에 걸친 다양한 시도와 고민들을 포괄하는 거대한 물결이다. 마지막으로, 마르크스주의 내부의 여러 이단적 혹은 혁신적 흐름들, 그리고 마르크스주의로 포괄되지 않는 다양한 좌파 사조들도 있다. 윌리엄 모리스나 로자 룩셈부르크, 안토니오 그람시나 체 게바라 같은 이들은 흔히 마르크스주의로 불리는 역사적 대화의 물꼬를 예기치 않은 방향으로 이끌어갔다. 크로포트킨 식 아나키즘이나 G. D. H. 콜, 혹은 칼 폴라니 류의 길드 사회주의 같은 흐름들 역시 흥미로운 대화를 이어가며 우리에게 말을 걸어온다.

'적록서재'는 우리가 뒤늦게나마 이러한 대화에 뛰어들어야 한다고 주장한다. 2008년 금융 위기는 자본주의가 도달한 가장 최근 형태(어쩌면 궁극적 형태?)인 신자유주의가 그 한계에 직면했음을 보여주었다. 하지만 신자유주의 시대는 그것으로 끝나지 않았다. 끝날 조짐도 잘 보이지 않는다. 오히려 유럽에서는 요즘 들어 더욱 기승을 부린다. 한계가 드러난 체제가 좀비처럼 세상을 지배하는 것이다. 그 이유는 지극히 단순하다. 신자유주의 이외의 대안이 충분히 준비돼 있지 않기 때문이다. 과거의 대안들, 즉 구식 사회민주주의나 소련식 사회주의는 확실히 용도 폐기되었다. 그러나 새 무기는 아직 뚜렷이 눈에 들어오지 않는다. 영국의 좌파 역사가 페리 앤더슨의 표현을 빌리면, "저항 세력은 종교 개혁 이후로 가장 무장해제된 상태에 있다."(Perry Anderson, "Renewals", *New Left Review*, no. 1, 2000) 그렇다고 새 무기의 자원들이 전혀 없는 것은 아니다. 다름 아니라 위에 제시한 대화의 흐름들이 그것이다. 새로운 '적색'의 독서를 다시 시작해 이 역사적 대화들에 뛰어들어야 할 이유가 바로 여기에 있다.

그런데 새로운 읽기에 나서기 전에 전제할 게 하나 있다. 과거 사회과학 독서는 목표가 분명했다. 교리들에 대한 확신을 강화한다는 것이었다. 하지만 '적록서재' 식 책 읽기로는 그런 목표를 충족하기 힘들 것이다. 아니, 오히려 의문이 더 깊어질 것이고 물음이 더 많아질 것이다. 무엇보다도 '사회주의' 자체를 끊임없이 되묻게 될 것이다. 프롤레타리아 독재에 기반을 둔 '국가'가 '사회'를 대리한다는 명제에 첫 의문을 던지게 되면, '사회주의'라는 사상과 실천의 더미를 단단히 묶어놓던 모든 교리의 밧줄들이 풀어지기 시작한다. 이것은 자본주의로는 이제 더이상 버틸 수 없다는 생각이 점점 더 뚜렷해지는 것과는 별개의 문제다. 우리의 읽기가 거듭될수록 한편으로는 자본주의를 극복해야 한다는 목표가 더욱 분명해지겠지만 다른 한편으로는 그것이 과연 사회를 어떻게 재건함으로써 가능할지에 대해서 더욱 근본적인 질문을 던지게될 것이다.

흔히 좌파가 '자본주의'를 잘 알지 못해 역사 속에서 실패를 거듭한다고 한다. 하지만 정작 좌파가 더 몰랐던 것은 자신이 만들겠다고 한 '사회주의-코뮌주의' 쪽이 아닐까. 지난 한 세기 동안의 실천을 경험하고 나서는 더욱더 그렇게 느껴진다. 그렇기 때문에라도 우리는 예전과는 다른 책들을 읽고, 같은 책도 다르게 읽으며, 무엇보다도 읽기 자체를 다시 시작하는 데서 재출발해야 한다.

3

그래서다. 단순히 적색서재가 아니라 적'록'서재인 이유 말이다. 사실은 이런 작명 자체가 그리 만족스러운 것은 못 된다. '적색'에 그저 '녹색'을 나란히 함께 놓은 것처럼 보이기 때문이다. 이것은 단지 기존 좌파 시각에 공해, 자원 고갈, 기후 변화에 대한 관심을 덧붙인 것 정도로 읽히기 십상이다. 보통은 그렇게들 많이 생각한다. '생태사회주의'를 이야기할 때도 사회주의의 오랜 내용들에 더해 핵발전 철폐 등을 함께 주장하는 노선쯤으로 여기곤 한다.

하지만 '녹색'이 상징하는 것은 그런 수준을 넘어선다. 위에서 말했듯이, 오늘날은 '사회' 자체가 자명한 전제가 아니라 계속해서 되묻고 따져봐야 할 근본 쟁점이 되어 있다. 이것의 한 측면이 바로 모든 사회의 기본 토대는 지구 생태계라는 사실이다. 이제까지는 사회에 대해 논하면서도 이러한 근본적 사실을 제대로 포착하지 못했다. 19~20세기 좌파 이념 및 운동도 그러했다. 따라서 지구 생태계와의 관계를 바탕으로 지금까지의 모든 주장과 대안들을 철저히 재검토해야 한다. 이것의 상징색이 '녹색'이다. 즉 적록서재의 '적록'은 단순히 '적색'과 '녹색'의 연대일 수 없다. 차라리 '적색'에서 '녹색'으로, 즉 '적색' 사회주의가 '녹색' 사회주의로 바뀌어야 한다는 메시지다.

가령 정통 마르크스주의를 비롯해 대부분의 사회주의 사상들이 새로운 사회 건설의 기초가 될 것이라 기대해온 '생산력 발전'에 대해 생각해보자. 이제까지 이들 좌파 이념은 자본주의의 생산력 발전이 곧 새로운 사회의 토대가 될 사회적 역량의 큰 줄기를 이룬다고 생각해왔다. 그렇기 때문에 새로운 사회는 자본주의에서 발전한, 그러나 자본주의 사회관계와 부조응하게 된 생산력을 계승하는 것으로 여겨졌다. 그저 자본주의를 넘어선 사회관계가 이를 통제하기만 하면 되는 것이었다. 하지만 과연 그럴까? 20세기 말에 등장한 생태주의 사상·운동은 이에 대해 근본적인 반성을 제기한다.

첫째, 지금까지의 생산력 발전은 더 이상 지속 가능하지 않다. 생산력 발전은 자본주의 사회관계하고만 모순을 빚는 게 아니다. 지구 생태계와도 모순 관계다. 무엇보다도 에너지 문제가 그러하다. 생산력의 가장 기초적인 구성 요소는 에너지다. 19세기 산업 자본주의는 영국의 값싼 석탄 에너지 사용에 기반을 두었다. 이 시대 사람들은, 심지어 마르크스, 엥겔스 같은 영민한 사회주의자들까지도, 이런 값싼 에너지에 한계가 있을 것이라고는 미처 생각지 못했다. 20세기의 미국 주도 자본주의에서는 석탄 대신 석유가 그 자리를 차지했다. 그런데 이 두 세기 동안의 화석 에너지 남용으로 이들 에너지 자원은 빠른 속도로 고갈되고 있으며, 지구 생태계 안에서는 이들의 역할을 대체할 에너지원을 좀처럼 찾기 힘들다. 또한 이 두 세기 동안의 화석 에너지 사용 때문에 지구 대기권에는 이산화탄소가 급증했으며, 이것은 우리 시대에 기후 변화를 가속화시키고 있다.

따라서 화석 에너지(그리고 그 위험한 대체재인 핵발전) 사용에 기반을 둔 자본주의 생산력 발전은 새로운 사회의 토대가 될 수 없다. 그것은 이번 세기를 넘어 지속될 수 없으며, 또한 더 지속되었다가는 인류의 생존 자체를 위협하는 '파괴력'으로 돌변하고 말 것이다. 아니, 이미 돌변하고 있다. 자본주의를 넘어선 새로운 사회는 지구 생태계에서 유일하게 지속 가능한 에너지원, 즉 태양 에너지를 바탕으로 사회적 역량을 재구축해야만 한다.

둘째, 생산력 발전이 곧 사회적 역량의 발전이라는 전제도 의문의 대상이다. 자본주의가 발전할수록 사회의 총생산량이 늘어나고 효율성이 증대하기는 한다. 그러나 그 주체는 어디까지나 기업과 국가 기구 같은 거대 조직들이다. '사회적' 생산력이라고는 하지만 이것은 실제로는 개인들의 능력의 앙상블이 아니라 거대 조직들의 능력으로 나타난다. 개인들의 능력은 오히려 과거에 비해 퇴행한다. 자본주의가 발전하기 전에는 개인들의 능력으로 해결하던 것들이 이제는 대개 거대 조직들의 사업 영역이 되기 때문이다. 즉, 사회적 역량의 '발전'이라고 관찰되는 것의 이면에는 사회적 역량의 '독점'이 존재하는 것이다. 개인들은 점점 더 무력해지고 거대 조직들에는 더욱더 역량이 집중된다.

이 점을 누구보다 먼저 예리하게 지적한 인물이 이반 일리치다. 그는 이런 상황을 '근본적 독점'이라 불렀다. 근본적 독점이 전제된 생산력 발전은 사회적 역량의 발전이라 보기 어렵다. "각 개인의 발전을 전제로 한" 사회적 역량의 발전은 결코 아닌 것이다. 정통 마르크스주의는 이런 문제점에도 불구하고 노동 대중이 거대 조직들의 소유 및 운영을 장악하기만 하면 거대 조직들의 역량이 곧 민중의 것이 될 수 있다고 낙관했다. 하지만 문제는 근본적 독점 때문에 무력해진 개인들은 좀처럼 거대 조직 안에서 권력의 주인이 되려고 나서지 않는다는 사실이다. 그/그녀는 시간이 지날수록 더욱더 거대 조직에 자신의 능력을 양도할 따름이다. 마르크스주의자로 출발한 앙드레 고르가 전통적인 노동운동에 작별을 고하게 된 것도 일리치의 이러한 문제의식을 뼈아프게 인정하지 않을 수 없었기 때문이다. 이런 반성을 받아들인다면, 새로운 사회는 이제 더 이상 자본주의 생산력 발전을 바탕으로 이뤄지는 것일 수 없다. 그것은 도리어 더 이상의 발전을 저지함으로써, 그리고 그 전개 양상을 얼마간 돌이킴으로써 등장하게 될 것이다.

나는 한국 사회에 이러한 문제의식이 긴급히 확산되길 바란다. 그래서 '적록서재'를 통해 '녹색 전환'의 예언자들을 소개하려고 시도했다. 루이스 멈퍼드, 이반 일리치, 앙드레 고르, 머레이 북친 등이 그런 이들이다. 물론 국내에 일부 저작이 소개되어 있음에도 불구하고 미처 다루지 못한 중요한 인물들도 있다. 에른스트 슈마허, 제인 제이콥스, 배리 코모너 등이 그들이다. 또한 우리가 반드시 대화를 나눠야 할 중요한 녹색 사상가이면서도 생태주의 관련 저작이 아직 한국어로 소개되지 않은 이들도 많다. 당장 떠오르는 이름만으로도 루돌프 바로, 레이먼드 윌리엄스, 제임스 오코너, 조엘 코블, 허만 댈리 등이 있다. 이 영역에서 우리의 독서는 이제 막 첫발을 뗀 정도에 불과하다.

4

이 책에 실린 글들을 읽다 보면, 그 글들을 일관하는 메시지에 적절한 이름을 달아주고 싶은 생각이 들지 모르겠다. '적록서재'라는 제목도 그렇거니와, 많은 이들이 대번에 '생태사회주의' 혹은 '녹색사회주의' 같은 이름들을 떠올릴 것 같다. 또 어떤 이들은 저자가 길드 사회주의의 전통을 거듭 강조하는 것을 눈여겨보고 길드 사회주의를 21세기의 조건에 맞추어 되살리자는 메시지를 읽을 수도 있겠다. 모두 맞는 이야기다. 내가 지금 대안으로 고민하고 있는 것은 대충 이런 방향이다.

하지만 과거의 교과서들을 대체할 새로운 체계를 제시하는 것이 목표는 아니다. 이 대목에서 다시 한 번, 읽기란 곧 대화에 함께하는 일임을 떠올리고 싶다. 그것은 끊어질 듯 끊어질 듯 명멸하면서도 기적처럼 이어지는 인류의 대화에 귀를 기울이고 한마디를 거드는 일이다. 대화의 큰 물줄기에 이야기 하나를 더하는 것이다. 이것이 중요하다. 읽기는 결국 이것을 하자는 것이다. 우리의 이야기로 이 유장한 대화를 살찌우는 것, 달리 말하면, 우리가 참여하게 된 역사적 대화들로부터 힘을 얻어 비로소 우리의 이야기를 말하는 것.

우리는 답해야 할 물음들을 한가득 안고 있는 사람들이다. 노동 대중이 정규직과 비정규직 그리고 또 무엇으로 갈가리 찢겨 있는 사회에서 과연 기업을 생산자들의 공동체로 바꾸는 일이 시작될 수 있을까? 압축 근대화 이후 식량과 에너지를 모두 외부에 의존하게 되고 도시와 농촌, 수도권과 지방의 균형이 송두리째 깨져버린 나라에서 과연 민중의 자율과 자치가 꽃피는 지역 공동체를 만드는 일은 가능할 것인가? 전세계에서 가장 높은 밀도로 무장한(심지어는 핵무장까지) 지역에서 과연 전쟁 없이 국가 간 대치 상태를 해결하는 일이 이뤄질 수 있을까?

우리의 읽기는 결국 이러한 물음들에 답하기 위한 것이다. 적어도 그 답을 찾아나가는 여정의 출발점을 마련하기 위한 것이다. 새로운 교과서의 제시를 기대했던 이들에게는 어쩌면 적이 실망스러운 목표일지 모르겠다. 하지만 달리 보면 이게 새로운 교리의 수입보다 더 야심찬 목표일 수도 있다. 어려운 이야기이지만, 길이 모호한 시대에는 우리 자신이 길이 되는 수밖에 없으니까 말이다.

* * *

이 책이 세상에 나오도록 애써준 분들에 대한 감사의 인사를 빼놓을 수 없겠다. 우선 이 책이 서평 대상으로 삼은 책들의 저자들, 역자들, 편집자들에게 정중히 인사를 드려야겠다. 당연하게도, 이분들이 없었다면 이 책도 없었다. 다음으로는 '적록서재' 연재 기획을 처음 제안한 프레시안의 강양구 기자, 그리고 편집의 수고를 맡아온 안은별 기자에게 감사드린다. 이 책에 서평을 옮겨실을 수 있도록 배려해준 녹색평론사, 레디앙, 역사비평사에도 감사드린다. 이 빈약한 원고들을 모아 한 권의 책으로 내보자고 제안해준 뿌리와이파리 출판사에도 감사의 인사를 전한다. 또한 1년간 연재물을 관심 갖고 지켜봐주신 독자 여러분 역시 이 책의 은인들이다. 마지막으로 빼놓을 수 없는 이는 연재 원고를 쓴다고 늘 책들과 씨름하던 나를 응원해준 아내 김고연주다. 이 자리를 빌려 다시 한 번 마음 깊은 곳으로부터 "고마워!"라고 말하고 싶다.

2013년 5월 6일
장석준

차례

3. 만만치 않은 도전, 좌파의 건설

4. 좌파, 녹색의 문제의식과 만나다

5. 자본주의가 아니면 안 된다는 관성을 넘어

1.

위기의 시대,
다시 자본주의를
고민할 때

종말을 말하기에는 아직 이른 신자유주의

―

『탐욕의 종말: 한 권으로 읽는 세계 금융 위기의 모든 것』 폴 메이슨
김병순 옮김, 한겨레출판, 2009.

이제 2012년이다. 2008년 세계 금융 위기도 벌써 햇수로 4년 전 일이
되었다. 1년 전에 산 휴대전화가 벌써 낡은 모델 취급을 당하는 요즘 같
은 세상에 이 정도면 '옛날' 일 취급을 받을 만도 하다. 그때 망했던 게
골드만삭스인지 리먼브라더스인지도 헷갈린다.

하지만 세계는 지금, 2008년 금융 위기를 옛 추억 정도로 웃어넘길
수 없는 처지에 있다. 그리스 재정 위기가 스페인, 이탈리아로 확산되더
니 급기야는 프랑스까지 강타하려 하고 있다. 유로존이 붕괴하는 것 아
니냐는 이야기까지 나온다. 금융 위기는 해결된 게 아니라 단지 땅속
깊이 잠복했던 것일 뿐, 이제 재정 위기로 그 모습을 바꿔 다시 폭발하
고 있는 것이다.

그래서 우리는 2008년 이후 서점 경제·경영 코너를 채웠던 위기 관
련 서적들을 아직 손에서 뗄 수가 없다. 아니, 대충 읽고 처박아뒀던 책
도 다시 찾아 한 번 더 꼼꼼히 읽어봐야 할 판이다.

그런데 금융 위기에 대한 책들이 많이 나온 것 같은데도 막상 찾아
읽어볼 만한 것은 얼마 되지 않는다. 좀 권위가 있다는 책들은 경제 문
외한이 무턱대고 손에 들었다가는 오히려 졸음과 어지럼증에 시달리기
딱 좋고, 대중성을 노린 책들은 그저 신문 경제면을 오려붙인 것처럼 내

용이 부실하기 십상이다.

그중에 그래도 예외적인 책들이 있다면, 폴 메이슨의 『탐욕의 종말』을 한 예로 들 수 있을 것이다. 2009년에 나온 책인데 지금 읽어도 마치 오늘자 신문을 보는 것처럼 신선하다. 그러면서도 깊이가 있다. 유럽의 재정 위기를 목도하고 있는 이 와중에, 4년 전 그 최초의 발단을 복기하는 데는 더없이 좋은 읽을거리다.

좌파의 비판의식을 갖춘 민완 기자의 위기 보고서

저자 폴 메이슨은 영국의 꽤 저명한 저널리스트다. 그는 영국 국영방송 BBC의 밤 10시 반 정규 뉴스 〈뉴스나이트〉의 경제 담당 편집자다. 편집자라고 해서 책상에 앉아 가위질만 하는 사람은 아니고, 영미 언론계에서 심심치 않게 볼 수 있는 탐사 저널리스트다. 『탐욕의 종말』은 이런 민완 기자의 심층 취재가 낳은 산물이다. 그래서 다른 책들이 담지 못한 고급 정보들을 담고 있고, 서술 방식도 마치 잘 만든 다큐멘터리 영화처럼 박진감 넘친다.

그런데 이 책의 진정한 미덕은 이런 저널리즘의 장점이 정연한 비판의식과 잘 버무려져 있다는 점이다. 메이슨은 세계 유수 방송국의 고위직이라는 명함에 어울리지 않게(적어도 이명박 정부 시대 한국인들의 상식으로 보면 그렇다) 뚜렷한 좌파 성향을 지닌 인물이다. 들리는 말에 따르면, 젊었을 때 트로츠키주의 조직에 가입한 적도 있었다고 한다. 더구나 『탐욕의 종말』의 영어판을 낸 곳은 좌파 출판사의 대명사처럼 되어 있는 버소(Verso, 『뉴레프트리뷰』의 발행처)다.

물론 이 나라든 저 나라든 '한때 좌파'였던 사람들은 부지기수로 많다. 하지만 『탐욕의 종말』을 읽어보면, 이 책의 저자가 1990년대와 2000년대를 겪고서도 여전히 삐딱한 좌파 지식인이라는 것을 확인할 수 있다. 메이슨은 신자유주의 시대에 대해 시종일관 엄격한 비판의 칼날을 들이댈 뿐만 아니라 웬만한 좌파 경제학 교수보다 나은 정돈된 논리 체계로 현재의 모순과 미래의 징후들을 분석한다.

한마디로 『탐욕의 종말』은 고급 저널리즘과 진보적 이론틀의 적절한 혼합의 산물이다. 2008년 가을 월스트리트와 워싱턴 DC, 다우닝가 10번지 등에서 벌어진 일을 르포르타주처럼 써나간 이 책의 제1부 '붕괴의 현장에서'나, 위기의 직접적 원인이 된 '그림자 금융 체계'를 하나하나 짚어가는 제2부 '비열한 10년'에서는 상대적으로 저널리즘의 현란한 색채가 빛을 발한다. 반면 제3부 '신자유주의의 탄생과 종말'은 역사서는 보지 않고 신문 경제면만 읽는 이들을 위해 짧은 지면 안에 아주 성공적으로 이론적 개요를 제시한다.

어렵사리 짜낸 여유 시간에 책장을 넘기다가 '부채담보부증권(CDO)'이니 '구조화투자회사(SIVs)'니 하는 요상한 말들과 마주치는 것이 썩 유쾌한 일은 아니다. 또한 금융 체제만 개혁하면 정보화 기술로 인한 새로운 장기 호황도 가능하다는 식의 저자의 전망에 고개가 갸우뚱하기도 한다.

하지만 어쨌든 이 책은, 몇 줄만 훑다 보면 금세 잠이 쏟아지게 만들거나 책장을 덮고 나면 아무런 여운도 남지 않는 그런 책은 아니다. 그래서 스탠더드앤푸어스(S&P)가 프랑스의 신용등급을 강등한 또 다른 역사적인 밤(2012년 1월 13일 혹은 '13일의 금요일'), 나는 다름 아닌 이 책 『탐욕의 종말』을 책장 구석에서 끄집어내 다시 읽어내려갔다.

신자유주의, 하나의 지배 체제

읽다 보니, 처음 읽었던 때와는 다른 것들이 눈에 들어왔다. 금융 위기 직후에는 아무래도 비우량 주택 대출이라는 황당한 사기극, 그리고 전세계 거품의 어마어마한 규모 따위를 좇아가기 바빴기에 다른 것은 눈에 잘 띄지 않았다. 하지만 이런 것들이 이미 어느 정도 상식이 된 지금 눈길을 끄는 것은 다른 대목들이다.

그 첫 번째는 신자유주의의 주인공을 지목하는 대목이다. 신자유주의는 현대 자본주의의 필연적(따라서 어쩔 수 없었던) 전개 과정의 산물도 아니고 단순한 경제 학설이나 국민국가의 정책들의 더미도 아니다. 신자유주의는 사람들, 그러니까 아주 구체적인 특정 세력이 만들어온 지배 체제다. 『탐욕의 종말』은 이것을 다음과 같이 지적한다.

> 다행히도 자유시장 세계 자본주의의 파워엘리트는 이론화하기는 어렵지만 설명하기는 매우 쉽다. 그것은 마치 권력계층처럼 보이지만 사실은 네트워크다. 그 네트워크의 중심에는 은행, 보험회사, 투자은행, 헤지펀드의 대표와 이사회 구성원, 한때 최고 권력층에서 일했던 사람들이 있다. 2008년 9월 12일 금융 시장이 붕괴되던 날, 뉴욕의 연방준비은행에서 만난 사람들도 현대의 권력을 구성하는 전체 집합 관계에서 하나의 집합을 이루는 권력집단이라고 볼 수 있을 것이다.
>
> —『탐욕의 종말』, 229쪽

불행히도 사회과학계는 아직 이들 집단을 제대로 정의하거나 분석한 적이 없다. 나도 2011년에 낸 『신자유주의의 탄생: 왜 우리는 신자유주의를 막을 수 없었나』에서 이들을 단지 '네트워크'라고만 하고 넘어갔다. 메이슨도 인용하는 것처럼, 이제까지는 데이비드 로스코프의 지극히 저널리스틱한 저작 『슈퍼클래스』(더난출판사, 2008) 정도가 이들에 대한 유일한 보고서다.

모두들 감은 잡고 있다. 그래서 '국제 금융 과두제'라는 통칭도 이미 존재한다. 하지만 이렇게만 말해버리고 말면, 잘못된 신비화에 빠지기 쉽다. 벌써 인터넷에서는 신자유주의가 국제 유대인 세력의 음모라는 나치식 선동이 고개를 들고 있다. 자본주의의 주도권을 금융자본이 쥐게 되면, 항상 이렇게 음모론이 힘을 얻게 된다. 세상을 좌우하는 금융계 거물들의 세계가 그만큼 대중의 지상 세계와는 멀찍이 떨어진 올림퍼스 산을 연상시키기 때문이다.

하지만 적들을 신비화해서는 안 된다. 그것은 공포의 다른 표현일 뿐이다. 금융 과두 세력은 자본주의와 별개로 툭 튀어나온 혹과 같은 것도 아니고, 사회의 다른 부분으로부터 아무런 중력의 영향도 받지 않은 채 우주 공간 어딘가에서 사회를 원격 조종하는 외계인 사령부도 아니다.

마르크스는 『자본』 제3권에서 "사회적 자본을 대표"하면서 "화폐자본을 통제"하는 은행가의 역할을 강조했다.(『자본 3-1』, 길, 2010, 484쪽) 이후의 마르크스주의자들이 제대로 발전시키지는 못했지만, 어쨌든 현대의 국제 금융 과두제는 이러한 전체 자본가 계급의 통제자 격인 은행가의 역할이 그 극단적인 형태로까지 발전한 것이라 볼 수 있다. 신자유주의에서 금융 시장의 역할을 소련 경제에서 중앙계획기구가 사회 전체에 지령을 내리던 것에 견줄 수 있다면(홍기빈 글로벌정치경제연구소장이 언젠가 대화 중에 이 사실을 환기시켜주었다), 극도로 발전한 금융 시장의 담지자들이 곧 금융 과두 세력들이라 하겠다.

한때 이들은 국민국가(민족국가)의 전지구적 위계 체계 안에 부자연스럽게 끼워맞춰져야 했다. 은행가들의 수평적 네트워크 대신 국민국가의 정책 결정 과정에 각국의 금융 제도가 복속된 역사적 국면이 있었다. 제2차 세계대전 이후의 몇십 년이 바로 그 시기였다. 이런 시기가 있었다는 것은 금융 과두 세력이 결코 무소불위는 아니라는 것을 말해준다. 다만, 이들은 1970년대에 브레턴우즈 체제의 붕괴와 함께 세력 관계를 극적으로 역전시키는 데 성공했다. 이것이 곧 신자유주의 시대의 시작이었다.

2009년에 『탐욕의 종말』이 처음 나올 때만 해도 약간의 낙관론이 없지 않았다. 그 정도로 2008년에 월스트리트의 거물들이 보여준 모습은 안쓰러운 것이었다. 메이슨도 지적하는 것처럼, 그들은 심지어 그동안 우습게만 보았던 삼류 정치인들에게까지 잔뜩 굽실거려야 했다. 당장 국고에서 구제금융 지원을 끌어내야만 할 때에는 그랬다.

그러나 돌이켜보면 이 낙관론은 너무 분위기에 휩쓸린 것이었다. 일단 혈세로 당장 급한 부실들을 막고 나자 금융 과두 세력은 위기 자체를 활용하여 세력 관계를 재역전 혹은 정상화시키려 했다. 우리는 그 결정적 사례를 그리스 재정 위기에서 볼 수 있다. 독일, 프랑스 은행가들은 자국 금융 위기에 대한 공적 자금 투입으로 폭발한 그리스의 국채 증가 사태를 자신들의 권력을 행사하고 재확인하는 계기로 삼았다. 한편에서는 채권시장의 집단행동으로 그리스를 훈육하면서, 다른 한편으로는 그리스에 대한 구제금융을 고스란히 독일, 프랑스 채권은행에 지급케 하여 잇속을 챙겼다.

유럽연합은 이런 권력 놀음의 가장 효과적인 무대였다. 개별 국민국가의 통화주권을 양도받았으면서 동시에 국민국가 수준의 민주적 경제 정책 장치들은 전혀 갖추지 못한 유럽연합의 구조보다 이런 사기극에 더 좋은 무대는 없었다. 이것은, 다시 한 번, 기존 국민국가(그리고 그들 사이의 위계 체계)로부터 은행가들의 네트워크가 삐져나갈 때 금융 과두 세력의 권력이 구축되고 그 지배 체제가 작동하기 시작한다는 것을 보여준다.

그리고 하나의 미완성의 문명으로서, 신자유주의

한데 『탐욕의 종말』에서 새롭게 눈에 띄는 대목은 이것만이 아니었다. 두 번째로 소개하고 싶은 흥미로운 대목은, 신자유주의가 지배 체제라면 그것은 정확히 그람시적 의미의 '지배' 체제였다는 점을 환기시키는 문장들이다. 그람시적 의미의 '지배'는 '강제'만이 아니라 '동의'를 통한 지배다. 이것은 곧 신자유주의가 하나의 지배 체제이면서, 동시에 지배 세력과 피지배 세력(그 중요한 일부라도)이 공유한 하나의 문명적 양식이기도 했다는 것을 말해준다. 관련된 대목을 인용해보자.

> 10년 동안의 거품 경제가 지닌 매력은 초대형 금융 부자와 가난한 노동계층, 중산층 사이의 이해관계가 서로 어느 정도 일치했다는 점이다. 금융업자들은 그 어느 때보다도 더 빨리 부유해질 수 있었다. (중략) 중산층은 당시 한창 호황을 누리던 주택 매매나 임대 사업에 뛰어들어 많은 돈을 벌 수 있었다. (중략) 한편 가난한 노동자 계층은 수천 억 달러의 대출을 받았는데, 그것은 도저히 갚을 수 없는 큰돈이었다. 모든 자료와 도표는 주택시장이 과대평가되었다는 것을 보여주었다. 그러나 당시 사람들은 그 자료를 믿지 않았고 신자유주의 이데올로기에 심취되어 있었다.
>
> ─『탐욕의 종말』, 227쪽

미국 이야기다. 하지만 이것이 단지 미국만의 이야기인가. 2000년대 중반, 노무현 집권기에 한국 사회가 경험한 일이고, 이명박 정부의 탄생 신화이기도 하지 않은가. 아니, 어디 한국만인가. 나중에 세계 금융 위기가 터지고 나서 보니, 거의 모든 선진 자본주의 나라들이 같은 형편이지 않았는가.

신자유주의는 어느 곳에서나 좁은 의미의 금융 시장뿐만 아니라 자산 시장(대표적으로 부동산 시장)에 거품 호황을 일으켜서 이것을 성장 동력으로 삼았다. 임금 상승이 막힌 상황에서 금융 세력뿐만 아니라 중간층이나 일부 노동자층까지도 대출금으로 투기에 뛰어들어 자산 가격을 올리고 그것으로 소비 생활을 유지했다. 그래서 로버트 브레너 같은 이는 신자유주의의 후기 양상을 '자산가격 케인즈주의(Asset Price Keynesianism)'라고 규정하기도 한다.

사실 이것은 신자유주의 초기부터 일관된 기획이었다. 대처 정부가 처음에 한 일은 거대 공기업을 국민주 방식으로 민영화해서 중간층이 주식 소유자가 되게 만들고 공공임대주택을 분양해서 자가 소유 가구를 육성한 것이었다. 주식 시장, 부동산 시장에 중간층과 일부 노동자층을 동원할 수 있는 기본 구조를 만들어놓은 것이다.

> 무엇보다도 그들은 케인즈 경제학의 이념을 해체했다. 그 작업은 대학과 언론 영역뿐 아니라 수많은 일반 대중 사이에서도 이루어졌다. 신자유주의 정치인들은 가난한 사람들에게 개인 주식 소유, 자영업, 대규모 주택 소유에 대해 선전했다. 대처 정부는 영국 서민들이 실제 가격의 10분의 1 가격으로 공영아파트를 구입할 수 있다고 했다.
>
> —『탐욕의 종말』, 215쪽

이 바통을 이어받은 것은 이른바 '좌파 신자유주의자'들, 즉 '제3의 길' 정치인들이었다. 이들은 '우파 신자유주의자들'이 구축해놓은 금융 시장, 자산 시장의 기본 구조를 실제 작동시키는 역할을 떠맡았다. 그래서 이 도박판에 어깨를 들이밀게 된 중간층, 노동자층이 자신들도 신자유주의 체제의 수혜자라고 느끼도록 만들었다.

시장은 이제 경쟁의 살벌한 무대일 뿐만 아니라 아름다운 사회적 합의의 터전이 되었다. 대처가 꿈꾸었던 '대중 자본주의'가 실현된 것처럼만 보였다. 만인이 적극적인 시장 참여자가 되고, 만사가 시장을 거쳐 결정되는 인류 초유의 사회 말이다. 이러니 대처가 블레어를 그토록 예뻐했을 수밖에.

금융 위기를 불러일으킨 금융 규제 완화 정책을 계획한 장본인은 바로 클린턴과 블레어 행정부였다. 그들은 마치 금융 부문과 암묵적인 거래를 한 것 같았다. 그들은 대처나 레이건 세대가 상상했던 것과는 다른 더 '진보적인' 사회적 목적을 달성하기 위해 시장을 지배하고 규제하되 그 대신 모든 규제는 원칙적으로 가능한 한 가볍게 적용하기로 했다. 따라서 거대 금융기관은 누구에게도 간섭받지 않고 엄청난 부를 축적할 수 있게 된 것이다. (중략) 그들은 이처럼 완전 고용의 경이로운 세상을 창조하도록 도왔고 세계 곳곳에 스타벅스를 세웠으며 우편함마다 신용카드 신청 권유 편지로 가득 차게 만들었다.

—『탐욕의 종말』, 226~227쪽

그러나 이 문명적 기획은 아직 미완성인 상태에서 돌연 붕괴하고 말았다. 신자유주의의 다른 여러 얼굴은 2008년 이후에도 그대로이지만, 이 얼굴만은 금융 위기의 발발과 함께 확실히 사망했다. 은행은 구제받았지만 대중은 개인 및 가계 부채에 더해 과세 부담까지 짊어지는 것으로 판이 끝나버렸다. 동의의 기반이 붕괴했으니 회의와 환멸의 쓰나미가 밀려오는 것은 당연하다. 2011년의 전세계적 봉기들은 이러한 대중의 심리 변화를 염두에 두지 않고서는 이해하기 어려운 현상이다.

하지만 아직까지는 금융 위기, 재정 위기의 직접적 타격을 입은 나라들에서만 대중투쟁이 분출하고 있는 것도 사실이다. 한국을 비롯해서 다른 많은 나라들에서는 여전히 2000년대 거품 호황에 대한 미련이 남아 있는 것 같다. 그만큼 신자유주의가 대중의 일상 생활에 일정하게 뿌리를 내리고 있다는 이야기다. 문명적 기획 자체는 미완으로 중단되었지만, 그 후과(後果)는 결코 얕거나 작지 않은 것이다. 어쩌면 신자유주의를 넘어선다는 것은 애초 예상보다 훨씬 더 어려운 과제일지 모르겠다.

전환시대의 책 읽기를 시작하며

『탐욕의 종말』결론 부분에서 메이슨이 제시하는 대안의 핵심은 은행 국유화 등을 포함한 금융 체제의 변혁이다. 이 정도만 해도 아주 거창한 이야기로 들린다. 신자유주의의 전성기에는 상상도 하기 힘들었던 내용이다. 더구나 아직도 한국 사회의 자칭 진보파들 사이에서는 이 정도 대안조차 '현실성 없는' 이상론 취급을 당하는 형편이다.

그러나 내가 보기에 문제는 메이슨의 대안이 정작 신자유주의 극복의 '최소' 조치에 불과하다는 것이다. 위에서 지적한 것처럼, 신자유주의는 어떤 문명적 차원의 기획이다. 그것은 지구 전체를 종횡하며 국가와 시장을 새로 끼워맞추고 대중의 일상 생활을 하나하나 뜯어고치려 한 야심찬 시도다.

그렇다면 신자유주의 '이후'를 노리는 대안 역시 그 정도의 문명적 기획이어야 할 것이다. 금융 체제 개혁은 이 기획의 절대적으로 중요한 한 부분이겠지만, 그 전체일 수는 없다. 전지구적 금융 체제 개혁이 가능하기 위해서도 뭔가 더 근본적인 일들이 함께 일어나야만 한다.

폴 메이슨은 이 점을 놓치지 않은 것 같다. 『탐욕의 종말』에서는 모호하게만 스쳐지나가지만, 그의 신작인 『혁명을 리트윗하라: 아랍에서 유럽까지, 새로운 시민 혁명의 현장을 찾아서(*Why It's Kicking Off Everywhere: The New Global Revolutions*)』(명랑한지성, 2012)는 이 문제를 정면으로 다룬다.

이 책에서 메이슨은 2011년의 운동들, 즉 아랍 혁명, 영국의 긴축정책 반대 투쟁, 스페인과 그리스의 저항 등을 추적한다. 그러면서 인민대중의 변화를, 즉 노동계급 중 젊고 일자리가 불안정한 계층의 정치적 각성을, 그리고 이들이 지배자들의 네트워크와는 또 다른 네트워크를 통해 실체화하고 있다는 사실을 보여준다. 메이슨이 보기에 위기 뒤의 이 격변은 1848년 유럽혁명에서나 그 유례를 찾아볼 수 있는 세계사의 절호의 기회다.

메이슨은 나름대로 분투하고 있는 것이다. 자기 방식으로 시대에 충실히 화답하고 있는 것이다. 우리도 우리 나름의 분투가 필요하겠다. 우린 그럼 무엇을 할까? 모름지기 난세에는 읽고 토론하며 힘을 모으고 한발 앞서 나아가야 한다. 그 시작은 읽기이다. 그래서 나는 우선 책 읽기를 제안한다. 전환시대의 책 읽기를. 이를 위해, 적색·녹색의 상상력을 북돋을 책들을 먼지 쌓인 서가에서 꺼내 그 발제문을 작성하려 한다.

함께 읽으면 좋을 책

『글로벌 슬럼프: 위기와 저항의 글로벌 정치경제 이야기』 데이비드 맥낼리(강수돌·김낙중 옮김, 그린비, 2011)

마르크스주의자의 시각에서 금융 위기와 그 이후 지구 곳곳의 사회적 격변들을 파노라마처럼 펼쳐보인다.

『경제학의 5가지 유령들: 우리 사회를 갉아먹은 경제 이론의 진실』 존 퀴긴(정수지 옮김, 21세기북스, 2012)

'경제 위기'는 곧 '경제학의 위기'이기도 하다. 금융 위기가 무르익는 데 앞장선 신자유주의 경제 교리들에 대한 역사의 판결문이 여기 있다.

『세계 경제의 몰락: 달러의 위기』 리처드 던컨(김석중 옮김, 국일증권경제연구소, 2004)

자산 시장 애널리스트인 저자가 2008년 붕괴를 정확히 예측하여 주목받은 책이다. 지금 읽어도 신선한 지적들이 있다.

자본주의 위기의 시대에 다시 읽는 『자본』

『Hi, 마르크스 Bye, 자본주의』 강상구
레디앙, 2009.

시대가 심상치 않다. 2008년 미국발 금융 위기 이후 세계는 아직 그 충격에서 벗어나지 못하고 있다. 『이코노미스트』니 『파이낸셜타임즈』니 하는 유수한 경제지에, 비록 물음표를 동반하기는 하지만, '자본주의의 추락' 혹은 '붕괴' 같은 말들이 아무렇지 않게 오르내린다. 일본의 한 대표적인 신자유주의 이데올로그가 '자본주의는 왜 무너졌는가'라는 제목의 책을 냈다는 소식도 들린다.

물론 요 몇 주 사이에는 주식 시장에 다시 돈이 몰린다느니 미국 경제가 되살아난다느니 하는 낙관적 전망이 신문 지면을 장식하기도 했다. 하지만 이것은 태풍의 소강 국면인 것만 같다. 몇몇 단기적인 긍정적 지표들은 또 다른 금융 부실에 대한 흉흉한 소문들을 가리기에는 역부족이다.

시대의 방향이 바뀌니 자연 세상 인심도 바뀐다. 한때는 이제 자본주의 시대가 천년만년 계속된다는 '역사의 종말'론이 득세하더니, 요즘은 자본주의에 의문을 제기한 사상가들이 서점 신간 코너에 이름을 들이민다. 그중 대표는 단연 마르크스다. 가까운 일본에서도 청년 비정규직 문제가 쟁점으로 떠오르면서 새삼 마르크스의 저작들이 주목받는다고 한다. 『자본』을 만화로 개작한 책이 베스트셀러가 됐다는 보도도 있다.

하지만 사회과학 서적 시장에서 자본주의 위기의 영향을 마르크스가 독점하는 것은 아니다. 마르크스와 함께 케인즈도 각광을 받고 있으며, 칼 폴라니나 소스타인 베블런도 재평가된다. 생태주의의 입장에서도 과거 마르크스주의 전통만큼이나 날카로운 자본주의 비판이 제출되고 있다. 즉, 이제 '자본주의 비판＝마르크스'는 아닌 것이다. 자본주의의 새로운 위기를 맞이하면서 우리가 확인한 것 중 하나는 세월이 지나면서 '자본주의 비판'의 목록도 사뭇 풍요로워졌으며 따라서 마르크스는 이제 그 한 부분 정도의 위상만을 지닌다는 사실이다.

하지만 마르크스가 아니고서는 접할 수 없는 비판의 각도

허나 명불허전. 마르크스는 그래도 역시 마르크스다. 마르크스는 이제 한 부분이지만, 어쨌든 '필수적인' 한 부분이다. 그게 없으면 전체가 작동할 수 없는 그런 부분이다. 왜 그러한가? 그의 이름을 내걸었던 탈자본주의의 국가적 시도들이 너나없이 실패했는데, 왜 아직도 이 두 세기 전 사상가를 불러낼 수밖에 없는가?

마르크스에게는, 다른 자본주의 비판가들에게서는 찾아볼 수 없는, 자본주의 비판의 어떤 독특한 각도가 존재하기 때문이다. 마르크스가 아니고서는 접할 수 없는 자본주의 비판의 독특한 각도. 그 때문에 아직도 어떠한 자본주의 비판이든 마르크스의 성취를 염두에 두고 이와 대화하며 자신의 성취와 서로 견주어보지 않으면 안 되는 형편이다.

그 각도란 곧 노동자의 시각이다. 마르크스의 자본주의 비판은 공공연히 임노동자의 시각을 전제하고 이를 바탕으로 전개된다. 한국의 독자들을 위해 굳이 사족을 달자면, 이때의 '노동자'란 한국 사회에서 흔히 '노총'을 이야기할 때 떠오르는 그런 한정된 계층이 아니다. 비정규직이나 청년 실업자, 넥타이 부대 혹은 '식당 아줌마'까지 포괄하는 어떤 이름이다.

그래서『자본』에서는 '착취'니 '잉여가치'니 하는 개념들이 그토록 중요하다.『자본』은 이게 현실에서 '절대적 잉여가치'니 '상대적 잉여가치'니 하는 독특한 과정으로 나타나는 것을 당시 영국의 산업 현실을 총동원하여 공들여 상세히 설명한다. 이 모든 게 지금 우리가 사는 사회의 공장 안에서, 기업 안에서 나날이 벌어지는 그 일들이다.

제목에서 이미 확연히 드러나듯이『자본』의 주인공은 어디까지나 '자본'이다. 하지만『자본』은 이 주인공을 철저히 임노동자의 시각에서 파헤친다. 그래서 역설적으로 이 주인공이 임노동자와의 상호 관계를 통해서만 존립할 수 있는, 예상 외로 상처받기 쉽고 불안정한 무엇임을 밝혀낸다. 이윤을 확보하기 위해 임노동 계급과 관계 맺는 숱한 계기들이 없으면 자본 축적 운동은 진행될 수 없다. 나날이 전쟁이요, 결코 공짜로 되는 게 없다.

즉, 자본이라는 괴물의 생존의 비밀은 우리 임노동자의 일상 속에 있다. 우리의 종속이 그 기반이며, 따라서 어쩌면 이것이 역으로 우리의 가능성의 출발점일 수도 있다. 이것이 마르크스의 자본주의 비판의 가장 근본적인 구조이자 그가 인류의 지혜에 보태놓은 결정적인 기여다.

한데 마르크스의『자본』이 이렇게 노동자의 시각을 바탕에 둔 책이라 하더라도, 그것이 과연 노동자를 위한, 더 정확히 말하면 노동자가 읽기 위한 책인지는 그 독일어 초판 발간 때부터 지금까지 계속 의문거리였다. 정말 많은 노동자들에게 읽힐 책을 쓰고 싶었다면, 저자는 절대 책의 초입에 '사용가치', '가치', '교환가치 혹은 가치형태의 전개', '상품 물신주의' 등등에 대한 그 악명 높은 장광설을 늘어놓아서는 안 되는 일이었다.

하지만 이 저자는 그렇게 했다. 그래서 스스로도 좀 미안했던지, 초판 서문에서 제1장 '상품'은 읽기 쉽지 않다고 사전 경고를 달아놓았다. 너무 어려워도 거기서 포기하지 말고 그 뒷부분을 꼭 읽어봐주시오, 그 다음부터는 꽤 괜찮은 이야기니까요, 이런 식이다.

그러나 이 뒤늦은 안내문에도 불구하고, 수많은 독자들이, 그 책의 마땅한 독자라고 저자 자신이 생각했던 노동자들이, 제1장에서 열이면 열 다들 한숨을 쉬고 혀를 내두른다. 그러고는 책장을 덮는다. 나 역시 노동자들과 함께 『자본』을 강독할 때마다 이것을 실감한다. 제1장을 넘어 제2장, 제3장으로 넘어가는 게 꼭 여름날 가파른 산을 오르는 기분이다. 그래서 타임머신이라도 있으면, 150여 년 전의 그 저자를 찾아가서 이렇게 말해주고 싶은 심정이다. 이 책을 쓰기 위해 얼마나 많은 시간 동안, 얼마나 많은 초고를 쓰고 또 고쳐 썼는지 잘 알면서도, 매몰차게 말해주고 싶다. "다시 써!"

노동자의 일상과 상식으로 다시 쓴 『자본』

타임머신이 없으니 남는 방법은 하나다. 『자본』을 개작하는 것이다. 마르크스가 조율하지 못한 노동자의 음조, 상식인의 선율로 변안하는 것이다. 마르크스와 『자본』의 성취를 망각의 세계에서 구하려는 사람들은 누구나 이러한 『자본』 개작권을 갖는다.

현실 사회주의 붕괴 이후 한동안, 적어도 한국의 도서 시장에서는, 이 개작권을 행사하려는 사람들이 눈에 띄지 않았다. 그런데 최근 한 필자가 이에 도전하고 나섰다. 진보신당 부대표로 일했고 『신자유주의의 역사와 진실』(문화과학사, 2008) 등의 책을 낸 바 있는 강상구가 그 필자다. 그리고 그가 행한 개작의 산물이 『Hi, 마르크스 Bye, 자본주의』라는 책이다. 『자본』 개작판 자체가 희귀하다 보니 이 책은 출간 자체만으로도 의미를 갖는다고 하겠다. 하지만 그것 이상이다. 내가 보기에 이 책은 『자본』의 '성공적인' 개작으로 평가받기에 충분한 몇 가지 뚜렷한 미덕을 구비했다.

우선 『자본』의 체계에 강박되지 않았다. 『자본』의 장, 절 구성을 그대로 좇아가면서 설명만 새로 쓰는 식의 해설서와는 다르다. 『자본』의 내용을 설명하되 그 체계를 자유로이 재구성했다. 『자본』의 기반이 되는 역사유물론의 주요 명제를 맨 앞 장에 미리 소개하고, 악명 높은 '상품' 장은 세 개의 장으로 나눠서 상세하고 평이하게 설명한다. 반면 항상 고리타분하게 다가오는 『자본』 제2권 같은 경우는 과감하게 축약해서 정리한다.

저자가 염두에 둔 구성은 우리 사회의 일반적 상식을 지닌 독자가 자연스럽게 가질 만한 의문의 연쇄인 것 같다. 그래서 그런지 이 책에는 대화가 빈번히 나온다. 문체도 구어에 가깝다. 덕분에 이 책을 읽는 독자는 마치 강상구의 통역을 거쳐 마르크스와 대화하듯 자신의 궁금증과 『자본』의 답변을 오갈 수 있다.

말하자면 저자는 이론을 소개하는 데 역점을 두거나 거기에 매몰되지 않는다. 만약 마르크스의 명제들, 법칙들, 그 전반적인 이론 체계에 붙박인다면, 대학 강의를 위한 개론서는 쓸 수 있을지언정 생활인과의 거리는 여전히 좁히지 못할 것이다. 하지만 이 점에서 저자는 아주 능숙하게 이론의 언어를 생활의 언어에 접속시킨다.

접속의 대상은 그것만이 아니다. 이론은 역사와도 만난다. 이 책의 각 장에는 풍부한 역사적 사례가 부록처럼 뒤따른다. 가령 노동력을 상품으로 다루는 자본주의의 특성을 설명한 뒤에는 농민들이 농지에서 쫓겨나 도시로 몰려들고 그래서 자신의 노동력을 팔지 않고서는 연명할 수 없게 된 역사적 과정(영국의 경우, 인클로저 운동)의 소개가 따라붙는다. 『자본』, 우리 시대, 또 다른 자본주의 시대들 사이의 이러한 삼중의 대화가 독자들의 이해를 보다 입체적인 것으로 만들어준다.

사실, 그래도 입문서이기 때문에 한계가 없지는 않다. 『자본』세 권의 내용을 한 권에 압축한 탓에 어떤 대목에서는 너무 소략한 감을 준다. 복잡한 이론들의 장황한 소개를 피하다 보니 두루뭉수리하게 처리된 부분도 있다. 예를 들면 공황을 다루는 제14장과 제15장이 그렇다. 『자본』전체에서도 그 해석을 놓고 가장 이견이 분분한 대목 중 하나이니만큼 말들이 많을 수밖에 없는 게 바로 이 공황 문제다. 그런데 저자는 이런 논란을 최대한 비켜간다. 그러다 보니 마르크스주의 경제이론 전공자가 본다면, 상당히 아쉬움을 표할 법하다.

하지만 그렇다고 이 책이 모든 입문서의 숙명인 '속류성'의 덫에 빠져 있다는 이야기는 아니다. 오히려 그 반대다. 겉으로는 간명한 듯 보이는 저자의 문장들에는 마르크스주의 역사 속의 복잡하고 치열한 논쟁과 그 결과가 반영되어 있다. 상품에서 화폐가 발생하는 과정을 실제 역사적인 사실로 해석할지, 논리적인 가정으로 해석할지에 대해 후자의 입장을 분명히 하면서 서술하는 게 그 대표적인 사례다. 또한 마르크스 '이후'의 이론들을 과감히 동원하여 마르크스 자신의 논지를 보완하기도 한다. 페르낭 브로델·지오반니 아리기의 '역사적 자본주의' 관점을 소개하는 부분이 그렇다.

마지막으로 빠뜨려서는 안 될 이 책의 장점은 손문상 화백이 그린 삽화다. 유머러스하면서도 본문의 내용을 꿰뚫는 이들 삽화가 책 읽는 재미를 더해준다.

남은 숙제, '연대'

『Hi, 마르크스 Bye, 자본주의』는 우리가 자본주의에 "바이 바이"를 외쳐야 할 이유를, 마르크스가 『자본』 제1, 2, 3권에 걸쳐 장황하게 제시한 그 이야기들을 간명하게 풀어낸다. 세계 자본주의가 미증유의 장기 위기 시대에 접어든 만큼 이런 주장이 어느 때보다 더 설득력 있게 다가온다.

하지만 이 대목에서 꼭 함께 짚어봐야 할 게 있다. 오늘날 위기에 처한 게 자본주의만이 아니라는 사실이다. 마르크스가 자본주의 비판의 준거점으로 삼은 그 임노동 계급 역시 지금 위기다. 수 세대를 이어온, 그리고 최근 더 극성스러워진 자본주의는 노동계급 내부에 커다란 균열과 분단을 낳았다. 우리의 경우 이것은 무엇보다도 정규직과 비정규직의 문제로 나타나고 있다. 겉으로만 보면, 이들 사이에는 연대는커녕 경쟁과 차별만이 존재하는 것 같다. 도대체 이들을 하나의 계급이라고 이야기할 수 있는지 자체가 쟁점이 된다.

이런 상황에서 임노동 계급을 준거점 삼아 비판의 각도를 잡은『자본』은 21세기 자본주의 비판의 무기로서 과연 어느 정도나 위력을 가질 수 있을까? 혹시 자본주의의 약점에 대한 설명력은 여전하되 그 대안을 어디에서 찾을 수 있을지에 대해서는 실효성을 상실한 것 아닌가?

그러나 이러한 물음에는 현실의 한 가지 차원이 지워져 있다. 이론과 실천의 상호관계, 역사 속에서 입증된 그 놀라운 역동성 말이다. 도서관에 꽂힌 마르크스의 책들과 좀처럼 책을 읽지 않는 현실의 노동자들만을 염두에 둔다면, 임노동자의 시각에서 비판과 대안을 써나간 그 사람의 시도는 임노동자라는 말에 판돈을 건 도박 행위에 불과할 것이다. 하지만 노동자들이 그 책을 '읽는' 일이 벌어질 때 상황은 달라진다. 이 있을 법하지 않은 일이 일어날 때 드디어 역사가 그 방향을 바꾼다. 그리고 이때, 애초에 도박으로만 보였던 그 기대는 오히려 씨뿌리기였던 것으로 다가온다.

『Hi, 마르크스 Bye, 자본주의』가 의도하는 것은 바로 이 '있을 법하지 않은 일'을 있게 만드는 일이다. 우리가 그 책을 읽는 일을 시작하게 하는 것이다. 그래서 비로소 접속이 시작되고 대화가 피어나며 새로운 공동의 실천이 싹트도록 하려는 것이다. 말하자면, '연대'의 물꼬를 트려는 것이다.

저자는 책의 말미에서 그러한 소망을, 소박하지만 아주 단호하게 밝힌다. "지금이야말로 개인만의 행복을 위한 처세가 아니라 연대가 중요합니다. MB 빼고 다 연대합시다. 어차피 MB는 『자본론』안 읽었을 테니까." 물론 이미 전 대통령이 되신 'MB' 대신 '박근혜 대통령'을 넣어도 이 말의 호소력은 여전하다.

함께 읽으면 좋을 책

『마르크스 사용 설명서』 다니엘 벤사이드 (양영란 옮김, 에코리브르, 2011)

마르크스 사상에 처음 다가가고자 하는 이들에게 안성맞춤인, 발랄하면서도 할 말은 다 하는 입문서. 이 책과 『Hi, 마르크스 Bye, 자본주의』를 읽고 나서 마르크스의 저작에 직접 도전해보는 것도 좋겠다.

『마르크스의 자본, 판도라의 상자를 열다』 강신준 (사계절, 2012)

『그들의 경제, 우리들의 경제학: 마르크스, 자본의 재구성』 강신준 (길, 2010)

『자본』의 국역자가 직접 집필한 『자본』해설서들. 위의 책이 초급용이라면, 아래 책은 중급용이라 할 수 있겠다.

『마르크스가 예측한 미래사회: 자유로운 개인들의 연합』 김수행 (한울, 2012)

또 다른 『자본』의 국역자가 『자본』 등에 나타난 마르크스의 사상 중에서도 특히 그가 생각한 대안 사회의 방향을 집중 소개한다.

마르크스『자본』의 훌륭한 동반자

—

『데이비드 하비의 맑스 '자본' 강의』 데이비드 하비
강신준 옮김, 창비, 2011.

세계 자본주의에 위기가 닥칠 때마다 가장 먼저 주목받는 경제 사상가
가 칼 마르크스다. 1997년 동아시아 외환위기 때도 그랬고, 2008년에
미국에서 금융 위기가 터졌을 때도 그랬다. 케인즈도 있고, 폴라니도 있
고, 또 다른 기라성 같은 비판적 경제 사상가들이 있지만, '위기' 하면
역시 단연 마르크스다.

하지만 마르크스라는 이름의 언급 빈도가 높아지는 것이 곧 그의 대
표적인 경제학 저작, 즉『자본』의 판매 부수 상승으로 이어지지는 않는
다. 한국에서도 미국발 금융 위기에 때맞추어 강신준 교수가 독일어본
을 새로 번역한『자본』(전3권, 길, 2010년 완간)을 낸 바 있지만, 눈에 띄는
판매량을 기록했다는 이야기는 없다.

그도 그럴 것이『자본』은 결코 읽기 녹록한 책이 아니기 때문이다. 세
상에는 혼자서 술술 읽을 수 있는 책이 있는가 하면 여럿이 공부 모임
정도는 만들어 서로 독서를 채근하고 자극하지 않고서는 도무지 끝까
지 읽어내려가기 힘든 책도 있는데, 불행히도『자본』은 후자에 속한다.

그래서 많은 이들이 곧바로『자본』읽기에 착수하는 모험을 감행하
기보다는 좀 더 손쉬운 우회로를 찾곤 한다. 그 대표적인 방법이『자본』
대신 그 내용을 적당히 압축한 대중적 입문서를 읽는 것이다. 과거에는

이런 용도로 소련이나 동독 아카데미에서 나온 정치경제학 교과서들(말하자면 이 나라들의 국민윤리 교과서)을 애용하곤 했다. 그러다가 최근 들어서는 한국인 저자가 쓴 이 방면의 괜찮은 책들이 간간이 선을 보이고 있다. 가령 강상구의 『Hi, 마르크스 Bye, 자본주의』는 자칭 '사회주의 국가'인 중국에 번역, 소개되기도 했다.

그런데 이러한 이제까지의 『자본』 관련 서적 목록에 좀 낯선 이력의 책 한 권이 추가되었다. 우선 저자가 자본주의의 총본산이자 중심 무대인 미국 출신인 것이 이채롭고, 또한 단순한 집필물이 아니라 저자의 『자본』 강독 동영상을 활자화했다는 점이 신선하다. 게다가 옮긴이가 『자본』 국역자인 강신준이라는 것도 범상치 않은 인연으로 다가온다. 『데이비드 하비의 맑스 '자본' 강의』(이하 『강의』)가 바로 그 책이다.

한 마르크스주의 지리학자의 『자본』 읽기

하비는 국내에도 이름이 꽤 알려진 사회과학자, 더 정확히 말하면 지리학자다. 웬만한 사회과학 서적 독자라면, 그가 현재 생존한 주요 마르크스주의 사상가 중 한 명임을 대개는 알 것이다. 『강의』를 읽다 보면, 한국과도 상당히 인연이 깊음을 알 수 있다. 한국의 한 도시에 도시 설계를 자문해준 일화가 나오니 말이다(자신이 마르크스주의자임이 드러나 분위기가 영 어색해졌다는 이야기이긴 하지만).

사실 지리학자가 『자본』 강의를 맡는다는 게 좀 낯설게 다가올 수도 있다. 『자본』 같은 경제학 고전이라면 경제학자가 다루는 게 상식 아닌가. 하지만 요즘은 하비의 고국 미국은 물론이고 세계 어느 나라에도 막상 대학 경제학과에 마르크스를 깊이 있게 다룰 만한 사람이 남아 있지 않다. 신자유주의 세계화를 뒷받침하는 시장지상주의 경제 이론들이 경제학 생태계를 초토화해버렸기 때문이다.

한데 지리학자가 『자본』 강의를 맡는 것이 꼭 궁색한 일이라고만 말할 수는 없다. 『자본』 자체가 워낙에 경제학이라는 분과 학문을 뛰어넘는 고전이기 때문이다. 이 대목에서 『자본』의 부제가 '정치경제학 비판'이라는 것을 상기해보는 것도 좋을 것이다. 어차피 이 책이 경제학 전반에 대한 비판적 태도를 담고 있다면, 비경제학 전공자가 경제학 바깥의 시각에서 다루는 것도 썩 어울리는 접근법이라 하겠다.

게다가 하비의 이력도 『자본』과 떼려야 뗄 수 없는 관계다. 하비의 이름을 세상에 널리 알린 초기 대표작은 『자본의 한계』(한울, 2007)다. 이 책은 바로 마르크스의 『자본』을 꼼꼼히 다시 읽으면서 『자본』이 채 다루지 못한 자본주의의 양상들을 특히 공간이론의 관점에서 설명한 저작이다. 하비의 출발이 이러하니, 다름 아닌 그가 세계화된 자본주의의 대위기 시점에 『자본』의 해설자로 나선 것은 참으로 그럴듯해 보인다.

그런데 눈 밝은 이라면 대표작의 제목이 '자본의 한계'라는 것을 허투루 넘길 수 없을 것이다. 이것은 다분히 중의적인 제목으로서, 자본주의의 한계뿐만 아니라 마르크스의 『자본』이 갖는 한계를 뜻하는 것이다.

그렇다. 하비는 감히(!) 『자본』의 '한계'를 이야기할 수 있는 그런 마르크스주의자다. 『자본』 읽기를 근본주의 목사들이 『성서』 읽듯 할 사람은 결코 아니라는 이야기다. 이러한 기조가 『강의』 전체를 지배한다. 이 책에서 주일 예배의 격앙된 설교를 찾기는 쉽지 않다. 그보다는 기존 교리에 얽매이지 않고 『성서』를 비평적으로 읽으려는 현대 신학자의 분위기가 더 강하다. 하비는 우리 시대를 밝히는 마르크스의 현대적 측면을 적극 발굴하는 것만큼이나 그의 이론이 갖는 시대적 한계 또한 냉정하게 짚는다.

읽는 이들에 따라서는 이런 태도가 영 마음에 안 들 수도 있다. 하비가 취하는 뚜렷한 해석상의 입장이 오히려 '반마르크스주의적'인 것으로 다가올지도 모르겠다. 가령 『자본』해석과 관련한 마르크스주의 내의 오랜 논쟁들에 대해 하비가 편드는 입장은 하나같이 다 마르크스주의의 엄격한 고수보다는 그 이완을 낳을 수 있는 쪽들이다.

투하노동가치설이 아니라 추상노동가치설을 지지하는 것이 그렇고, 『자본』 제1장 '상품'이 묘사한 세계를 '역사적 설명'이 아니라 '논리적 설명'으로 보는 것도 그렇다. 또한 하비는 자본주의의 위기(공황)를 이윤율의 경향적 저하로 설명하는 데도 찬성하지 않는다. 이것은 정통 마르크스주의자들에게는 거의 선전포고나 다름없는 입장이다.

『자본』의 구조를 알게 해주는 책

하지만 하비는 이 책에서 『자본』을 둘러싼 시끄러운 논쟁들을 본격적으로 다루지는 않는다. 사실 『자본』 해설서임을 내건 책들 중에는 이런 번잡한 논쟁들을 소개하는 데 치중하는 것들도 있어서 멋모르고 책을 손에 든 독자들을 낭패감에 빠뜨리는 경우가 있다. 하비의 책은 적어도 이런 위험하고는 거리가 멀다. 하비는 오히려 지나치게 무심하다 싶을 정도로 세세한 이론적 논쟁들을 건너뛴다. 후대의 해석들과 관련해서만 그런 게 아니라 『자본』 자체의 세부 내용에 대해서도 비슷하게 접근한다. 큰 줄기를 짚는 식이지 가지들에까지 하나하나 신경을 쓰지는 않는다. 그래서 예상 외로 시원스레 읽히는 감이 있다.

이것은 이 책이 『자본』에 접근하는 기본 태도와 직접 관련된다. 하비는 기본적으로 『자본』의 세부 내용이 아니라 그 전체적인 구조를 드러내는 데 초점을 맞춘다. 직접 다루는 것은 『자본』 세 권 중 제1권이지만, 계속해서 제2권, 제3권의 내용을 환기시키면서 『자본』 세 권 전체의 구조를 밝히고 그 속에서 『자본』 제1권이 갖는 위상을 보여준다.

『강의』에서 『자본』에 대한 '전과 학습서'를 기대한 사람에게는 좀 실망스러운 접근법일 수 있겠지만, 내가 보기에는 이것이야말로 이 책의 특장점이자 중대한 공헌이다. 이 책은 『자본』 제1권에서 숲이 아니라 나무 한 그루 한 그루만을 보기 쉬운 독자들에게 가장 절실히 필요한 조감도(鳥瞰圖)를 제시해준다.

『자본』을 처음 손에 들고 그 첫 장(어렵기로 악명 높은 바로 그 '상품' 장) 몇 쪽을 읽어내려간 이들이라면 누구나 이런 당혹감을 느꼈을 것이다. 여기에서 묘사하고 있는 상품 교환 사회야말로 애덤 스미스 등이 제시한 환상 속의 자본주의 그것이 아닌가 하는 당혹감 말이다. 상품이 생산되면 그것은 결국 교환되고 소비된다. 여기에는 위기도 없고, 만물은 등가교환이라는 조화로운 법칙에 지배된다. 마르크스는 어느 고전파 경제학자보다도 더 고전파적인 세계를 그리는 것으로 시작하는 것이다!

반면, 하비가 반복해서 지적하는 것처럼, 『자본』 제2권, 제3권의 세계는 이러한 『자본』 제1권의 세계와는 전혀 다르다. 『자본』 제2권, 제3권은 '위기'의 세계다. 여기에서는 모든 상품이 교환과 소비, 즉 가치의 최종 실현이 교란될 항상적 위험에 처해 있다. 『자본』 제2권, 제3권까지 읽은 독자라면, 아니 적어도 여기에 전개되어 있는 마르크스의 복잡한 자본주의 위기 이론의 개요라도 알고 있는 이들이라면, 『자본』 제1권의 세계가 더욱 억지스럽게 다가오지 않을 수 없다.

하비는 한편으로 독자들이 이러한 『자본』 전체의 납득하기 힘든 구조에 주목하게 만들면서 다른 한편으로는 바로 이 구조로부터 마르크스가 던지는 핵심 메시지를 뽑아낸다. 마르크스가 『자본』 제1권에서 얼핏 고전파 정치경제학의 억설들을 그대로 받아들이는 듯한 모습을 보이는 것은 하나의 전략이라는 것이다.

즉, 등가교환 혹은 '자유'와 '평등'이라는 자유주의의 논리를 '그 논리 그대로' 따르더라도 그 심층에서는 반드시 착취와 저항이라는 계급투쟁이 작동할 수밖에 없음을 보여주려 했다는 것이다. 이것은 고전파 정치경제학 그 자체의 논리를 극한까지 전개함으로써 그것의 추악한 속살을 드러내는 주도면밀한 비판 전략('정치경제학 비판')이다.

하비의 이러한 지적은 지금 우리 시대의 양상에 대한 시의적절한 환기를 통해 더욱 설득력 있게 다가오게 된다. 등가교환의 이상이라는 깃발에 시장의 예정조화설이라는 총포를 앞세워 행진하던 19세기의 유토피아적 자유주의는 20세기 말에 '신자유주의'라는 이름으로 격세유전했다. 하비는 마르크스가 고전 자유주의의 환상 세계 저 밑의 심층에 자리한 스캔들로 지적한 계급투쟁의 난투극이 신자유주의 세계화 이후의 우리 상황과 얼마나 몸서리쳐지게 닮았는지 지적한다.

이러한 하비식 독해법을 따라가다 보면, 『자본』 제1권을 접하는 독자들이 누구나 갖는 또 다른 의문도 그 실마리를 찾게 된다. 그것은 『자본』 제1권 전체에 마치 툭 튀어나온 혹처럼 붙어 있는 제24장 '이른바 본원적 축적'에 대한 의문이다. 『자본』 제1권의 나머지 전체가 다 등가교환의 세계인 데 반해 이 마지막 부분에서는 갑자기 약탈과 살육이 전면에 등장한다. 이것은 위대한 고전의 결말로서는 너무 예상 밖이다.

하비는 이러한 납득하기 힘든 구성 역시 『자본』 제1권을 관통하는 마르크스의 전략에서 비롯되는 것임을 밝힌다. 제24장 이전의 내용 전체를 통해 마르크스는, 위에서 말한 것처럼, 등가교환의 '계몽된 세계' 이면에 자리한 투쟁들을 드러낸다. 그러고 나서 그는 마침내 이러한 '계몽된 세계'의 출발점(본원적 축적)이 사실은 등가교환과 아무 상관도 없는 약탈 과정이었다는 것을 폭로한다. 크레센도로 점점 강해지던 비판이 종결부에서 귀를 찢는 굉음으로 폭발하는 것이다.

이 대목에서도 하비는 이러한 『자본』 제1권의 구성과 우리 세계의 구조 사이의 놀라운 유사성을 환기시킨다. 신자유주의자들은 시장을 칭송하지만 막상 이들이 실제 막대한 이득을 착복한 것은 시장 교환이 아니라 공유재의 약탈을 통해서였다. 대대적인 공공부문 사유화(민영화) 물결이 이런 것 아닌가. 하비는 단지 일상적인 '착취'만이 아니라, '본원적 축적'의 반복인 '약탈적 축적'이 지금 우리 시대를 지배하고 있다고 주장한다.

『자본』의 재해석에서 더 나아가 역사유물론의 재구성까지

이것이 하비의 강독법이 갖는 힘이다. 하비는 끊임없이 독자가 부분이 아니라 전체를 보도록 개입한다. 이것은 악명 높은 저 '상품' 장에서도 힘을 발휘한다. 그래서 독자들이 사용가치, 교환가치, 가치 등 고도로 추상적인 개념들 속에서 길을 잃지 않고 이들을 변증법적 관계 속에서 파악하게 해준다.

그리고 이 변증법적 관계가 교환으로, 화폐로, 자본으로 끊임없이 변주, 확장하는 것이 『자본』 제1권 초반부의 주조(主調)임을 밝혀준다. 그림으로까지 친절히 정리된 이 악보(205쪽에서 그 결정판을 제시한다)와 함께 읽다 보면, 『자본』이라는 난해한 현대 음악도 점차 귀에 들어오는 것만 같다.

그런데 하비의 포부는 여기에 그치지 않는다. 그는 『자본』 안에서 별로 주목받지 못하던 마르크스의 문구들을 재해석해 이것을 역사유물론의 재구성으로까지 확대한다. 제6편 '상대적 잉여가치'의 많은 부분이 이 작업에 할애된다. 독자에 따라서는 어쩌면 『자본』의 본래 내용과는 상관없는 객담으로 느낄 위험까지 감수하면서 말이다. 하비가 주목하는 것은 바로 다음의 짧은 문구, 그것도 각주로 포함되어 있는 문구다.

공학은 자연에 대한 인간의 능동적인 태도, 즉 인간생활(따라서 인간 생활의 온갖 사회적 관계와 거기에서 생겨나는 정신적 표상들)의 직접적인 생산 과정을 밝혀주고 있다.

—『강의』, 352쪽에서 재인용

여기에서 하비는 6개의 개념적 요소들을 뽑아낸다. '기술(공학)', '자연과의 관계', '현실의 생산과정', '일상의 생산과 재생산', 그리고 '사회적 관계'와 '정신적 개념들'. 하비는 이 6개의 개념적 요소들 사이의 관계(『강의』 358쪽에서 역시 그림으로 정리한다)를 통해 역사 과정을 살펴보는 것이 마르크스가 도달한 역사유물론의 완성본이라고 파악한다. 흔히 역사유물론의 기본 도식으로 이해하는 『정치경제학 비판을 위하여』 서문의 저 '토대-상부구조' 모델보다 훨씬 유용하고 발전된 모델을 제시한다는 것이다.

새 모델은 '정신적 개념들'이 중요한 역할을 한다는 점에서 "토대가 상부구조를 결정한다"는 경직된 정통적 입장과 분명히 구별된다. 또한 '자연과의 관계'가 끼어들어온다는 점에서 역사유물론에 생태주의적 인식을 접목시킬 지반을 제공하기도 한다. 마르크스의 본의가 무엇인지는 훈고학자들의 작업에 맡기고, 우리는 일단 하비가 제시하는 이 도식이 우리의 역사 이해에 도움이 된다는 것만을 확인하고 넘어가자.

흥미로운 것은 하비가 역사유물론의 새 모델을 추출해낸 '상대적 잉여가치' 관련 부분이 『자본』에서 그간 기술결정론의 대표적인 사례로 읽혀온 대목이라는 점이다. 그런데 하비는 이 대목에서 오히려 기술결정론을 교정할 정반대의 인식을 길어올리고 있는 것이다.

입문서가 아니라 동반자

지금까지 소개한 내용들만 봐도 알 수 있듯이,『강의』는 단순한『자본』 입문서나 해설서는 아니다. 그렇다고 하기에는『자본』의 구석구석에 대한 친절한 안내가 좀 부족하다고 할 수 있으며, 또한 단순한 입문서에 담기에는 너무 큰 이론적 논의를 담고 있기도 하다.

하지만 나는 이것이 오히려 이 책의 가치를 높여주는 특징이라고 본다. 이 책의 원제는 'A Companion to Marx's Capital'이다. 'companion'을 '참고서적' 정도로 의역할 수도 있겠지만, 본뜻대로 하면 '동반자'다. 마르크스의『자본』과 함께 읽어내려갈 만한 책이라는 이야기다.

영문 원제를 알고 이 책을 읽다 보면 이 제목이 책 내용에 정말 잘 어울린다는 것을 실감할 수 있다. 대부분의 입문서는『자본』의 대체물 역할을 한다. 입문서만 읽고서 마치『자본』을 읽은 것처럼 느끼게 하는 것이 이들 입문서의 어쩔 수 없는 부작용이다. 역설적으로, 보다 친절한 입문서일수록 더 그럴 수밖에 없다. 하지만 주일학교 교재가 성서가 아니듯이, 입문서로『자본』의 맛을 보았다고 할 수는 없다.

반면『강의』는 독자들에게『자본』 독서를 대신해주는 효과를 제공하지는 못한다. 오히려 독자는 이 책에 빠져들면 들수록『자본』을 읽어보고 싶은 유혹을 받는다. 안 읽어본 이는 직접『자본』 읽기를 시도해봐야겠다는 의욕이 생기고, 한 번이라도 읽어본 이는 다시 한 번 꼼꼼히 읽어봐야겠다는 욕심이 든다.『자본』으로서는 더없이 좋은 동반자를 만난 셈이다.

그래서 이 책은 몇 가지 한계, 가령『자본』 제1권만을 다루고 있다거나 미국인 학자가 미국 대학생들을 대상으로 풀어낸 내용이라는 점, '절대적 잉여가치'나 '상대적 잉여가치'를 둘러싼 계급투쟁의 동학에 대해 너무 소략하게 다루고 있다는 점에도 불구하고, 자신 있게 일독을 권할 가치를 지닌다. 한번 읽어보시라. 물론『자본』과 함께 말이다.

함께 읽으면 좋을 책

『자본』칼 마르크스

강신준 번역본(길)이든 김수행 번역본(비봉출판사)이든 일단 손에 들어보자. 제2권, 제3권까지는 몰라도 적어도『자본』제1권은 강압과 기만에 맞서 지혜와 용기로 무장하고픈 우리 시대의 모든 이들에게 필독서의 값어치를 지닌다.

『자본이라는 수수께끼: 자본주의 세계경제의 위기들』데이비드 하비(이강국 옮김, 창비, 2012)

이 책에서 하비는『자본』읽기를 통해 확보한 이론적 시각으로 2008년 금융위기 이후의 자본주의에 대해 전망한다.

계몽에 대한 내재적 비판자, 마르크스

—

『왜 마르크스가 옳았는가』 테리 이글턴
황정아 옮김, 길, 2012

"왜 마르크스가 옳았는가". 책 제목이 이런데 저자가 어느 극좌파정당의 중앙위원이거나 이데올로기 담당 서기라면 그 내용은 굳이 읽어보지 않아도 짐작할 만할 것이다. 분명 빤한 결론의 지루한 책이리라.

하지만 그 저자가 테리 이글턴이라면? 이야기는 달라진다. 그가 이제는 어떠한 정치 조직에도 직접 속하지 않은 무소속 좌파 지식인이라서만은 아니다. 이런 유의 좌파 지식인으로서 더구나 대학 교수라는 것은 '마르크스 운운하는' 제목의 책 저자로는 오히려 감점 요인이기 십상이다. 최소한 당원이라면 가질 수밖에 없는 실천적 긴장감조차 못 가진 '좌파' 서적의 양산자일 가능성이 높기 때문이다.

이글턴의 독특함은 그가 심지어 자신의 좌파됨에도 강박되지 않는 인물이라는 데 있다. 그는 자신의 좌파됨 자체를 끊임없이 성찰 거리로 삼는 그런 좌파 사상가다. 이런 사색의 과정에서 그는 어떤 마르크스 추종자들이 보기에는 신성 모독에 가까울 제스처들을 서슴지 않는다. 이글턴의 장기인 영국식 유머와 문학적 아이러니는 우파를 조롱할 때만이 아니라 '스승들'을 다룰 때도 예외 없이 구사된다.

이런 명랑한 글쓰기는 자칫 개그로 오해될 수도 있다. 그러나 카니발 같은 그의 문장들 곳곳에는, 비록 체계적이지는 않지만, 깊이 있는 철학적 사색의 편린이 출몰한다. 그리고 이런 대목들에서도 우리는 이글턴이 참으로 독특한 좌파 사상가라는 것을 다시 한 번 확인하게 된다. 가령 그는 좌파됨의 의미를 되씹기 위해 끊임없이 이를 위대한 종교, 그의 경우 무엇보다도 기독교 전통과 대조하고 연결시킨다. 지금 우리 시대에 이보다 더 비교조적인 마르크스주의 저자도 달리 찾아보기 힘들 것이다.

이런 이글턴이기에 그가 'Why Marx Was Right'라는 제목으로 신간을 냈다는 소식에 사뭇 기대감을 가지지 않을 수 없었다. 원서가 나온 지 1년밖에 안 돼 한국어로 번역된 이 책 첫 장을 펼쳤을 때 이 기대감은 결코 배반당하지 않았다. 첫 장은 이렇게 시작된다.

마르크스주의가 끝났다는 이야기는 전세계 마르크스주의자들에게 희소식이 될 것이다. 그들은 행진과 시위 대열에서 짐을 챙겨 염려하던 가족의 품으로 돌아가 또 한 번의 지루한 위원회 모임이 없는 행복한 저녁 시간을 보낼 수 있을 것이다. 마르크스주의자가 되지 않아도 괜찮은 상황이야말로 마르크스주의자들이 원하는 바다. (중략)
마르크스주의의 의미는 그것이 엄밀히 한시적이라는 데 있으며, 따라서 자기 정체성의 전부를 그것에 투여하는 사람은 핵심을 놓치게 된다. 마르크스주의 이후에도 삶이 있다는 것이야말로 마르크스주의의 핵심 그 자체다.

—『왜 마르크스가 옳았는가』, 13~14쪽

이글턴과는 전혀 다른 방향에서 마르크스주의를 '종교'로 만들던 이들에게는 참으로 불경하기 이를 데 없는 문구다. 이들에게 "위원회 모임이 없는 행복한 저녁 시간"을 상상하기란 힘든 일일지 모른다. 그러나 가장 위대한 사회주의자들, 이를테면 장 조레스는 이미 100년 전에 이렇게 말한 바 있다. "제대로 된 사회주의 사회라면, 더 이상 '사회주의' 란 말을 떠들 필요가 없을 것이다."

마르크스의 옳음을 증명하는 이글턴의 방식

『왜 마르크스가 옳았는가』에서 이글턴은 마르크스의 사상 체계를 정연하게 정리하고 이것이 현재 위기에 처한 자본주의 현실에 얼마나 잘 들어맞는지 따지는 식으로 논의를 전개하지는 않는다. 대신 마르크스 사상이나 마르크스주의에 흔히 따라붙는 반론들을 10개의 물음으로 요약하여 이 물음에 답하는 방식을 취한다. 가령 "마르크스주의는 결정론이다?", "마르크스주의는 만사를 경제로 환원한다?", "마르크스주의는 이미 사라진 노동계급에만 집착한다?" 등의 물음이 곧 각 장의 제목을 이룬다.

　이러한 물음들에 답하면서 이글턴은 다양한 방식으로 마르크스의 '옳음'을 증명한다. 그중 한 방식은 마르크스 사상에서 잘못되었거나 과장되었다고 비판받는 내용들이 실은 마르크스 이전 계몽사상가들도 이미 주장한 바임을 환기시키는 것이다. 계몽사상가들 중에서도 특히 '계몽주의에 대한 내재적 비판자'라 평가받는 장 자크 루소가 자주 동원된다. 마르크스가 역사에서 경제적인 것의 중요성을 강조했다거나 국가를 지배계급의 도구로 파악했다고 해서 비판받아야 한다면 루소 또한 그래야 한다는 것이다.

　이글턴이 구사하는 또 다른, 그리고 보다 빈번한 전략은 마르크스의 주장들 중 잘 안 알려진 내용이나 마르크스 사상의 여러 측면들 중 기존 마르크스주의에 의해 상대적으로 덜 부각된 면모를 들추어내어 비판에 맞서는 것이다. 예를 들어, "마르크스주의는 결정론이다?"라는 반론에 답하면서 이글턴은 계급투쟁이 투쟁하는 계급들 모두의 공멸로 끝날 수도 있다는 『공산당 선언』의 한 대목을 인용한다. 이것은 마르크스·엥겔스가 마치 역사 속에서 프롤레타리아 계급의 승리가 이미 정해진 것처럼 생각했다는 주장에 대한 반증이 된다.

이글턴의 이러한 반박 전략 덕분에 우리는 『왜 마르크스가 옳았는가』에서 우리가 이제껏 잘 몰랐던 마르크스를 새삼 새롭게 발견하게 된다. 유대교 예언자들에게서 정신적 유대감을 느끼는 마르크스(148~149쪽), 아리스토텔레스의 덕의 윤리를 계승하는 마르크스(149쪽)를 만나게 된다. 마지막 제10장에서는, 마르크스주의가 여성주의나 탈식민주의, 생태주의에 무심하거나 적대적이라는 탄핵과는 달리, 마르크스·엥겔스가 이들 각 주제에 대해 누구보다 먼저 치열한 고민과 나름의 성취를 남겼음을 집중 검토한다.

이런 식의 접근들 중에서 아마도 가장 충격적인 대목은 마르크스가 '평등' 개념을 비판했다는, 혹은 최소한 이에 대해 그렇게 열광적이지는 않았다는 지적일 것이다. 이글턴은 마르크스가 '평등'을 '부르주아적 가치'라고 규정한 언급들을 풍부히 제시한다. 심지어 청년 마르크스는 평등의 기계적 실현이 "문화와 문명 세계에 대한 추상적인 부정"(『경제학-철학 수고』)이라고까지 힐난했다. 마르크스주의에 대한 자유주의자들의 흔한 비판을 마르크스 자신에게서 듣는 것만 같다.

물론 마르크스는 부르주아 계급의 다른 모든 성취들과 마찬가지로 '부르주아적 가치'로서의 '평등' 개념 역시 자본주의 이후 사회에 일정하게 계승되어야 한다는 점을 분명히 한다.(『고타 강령 비판』) 하지만 이것은 어디까지나 새 사회가 딛고 일어설 출발점일 뿐이다. 정작 새 사회가 모든 노력을 다해 다가가야 할 목표는 이런 유의 '평등'을 넘어선 '다양성'의 만개다. 이글턴의 표현에 따른다면, "마르크스에게 평등은 차이를 위해 존재"할 뿐이다.

이글턴은 이러한 반박 전략에서 한발 더 나아가 마르크스 사상의 단순 옹호가 아닌 그 재구성을 시도하기까지 한다. 마르크스 사상에서 이미 잘못된 시도임이 분명해진 것은 과감히 잘라내 버리고(가령 사유가 물질적 상황의 단순한 반영인 것처럼 정식화한 것 따위[136쪽]) 마르크스 자신이 충분히 발전시키지 못한 영감에 찬 단편들을 확대하여 새로운 사유의 지평을 열려 한다. 즉, 우리가 따르거나 선택해야 할 '체계'로서 마르크스의 옳음이 아니라 우리의 새로운 사색과 실천의 '재료'로서 그 옳음을 말하는 것이다.

예를 들어 이글턴은 마르크스의 유물론을 19세기식 기계적 유물론이 아니라 정신과 물질이 만나는 장으로서의 '몸'의 사상으로, 혹은 현실의 카니발적 측면을 들춰내는 '속된 것'의 사상으로 재구성한다(모두 제6장의 논의다). 또한 수직적 비유인 '토대-상부구조' 도식을 변형시켜, '토대'를 '(자본주의에서의—장석준) 정치적 가능성의 외부적 한계'라는 수평적 비유로 제시하기도 한다.(147쪽)

이러한 '창조적 변형'의 시도들 중에는 사뭇 감동을 느끼게 하는 것도 있다. 마르크스주의가 자유주의와 단순 대립 관계에 있는 것이 아니라 자유주의의 성취를 계승하면서도 그 모순과 한계를 넘어서려는 시도라는 것을 보여주는 부분(87~88쪽)이다. 여기에서 이글턴은 마르크스의 파편적 언급으로부터 사회주의-코뮌주의의 윤리적 기초라고 할 만한 사상을 뽑아낸다. 아니, 어쩌면 이글턴이 마르크스로부터 얻은 것은 사상 내용 자체라기보다는 자신의 사유를 밀어붙일 용기 쪽에 더 가까웠을지도 모른다. 이글턴의 문장을 그대로 인용해보겠다.

마르크스가 『공산주의자 선언』에서 표현했듯이, "한 사람 한 사람의 자유로운 발전이 모두의 자유로운 발전의 조건이 된다." 이렇듯 사회주의는 개인에게 열렬히 헌신한다는 측면에서 자유주의 사회의 단순한 거부가 아니다. 오히려 자유주의 사회를 토대로 삼아 이를 완성한다. 그럼으로써 자유주의가 가진 모순, 즉 너의 자유가 오직 나의 자유를 대가로 삼아서만 번영할 수 있다는 모순이 어떻게 해소될 수 있는지 보여준다.

오직 다른 사람들을 통해서만 마침내 우리 자신이 될 수 있다. 이는 개인의 자유를 줄이는 게 아니라 풍부하게 만드는 일을 뜻한다. 이보다 더 멋진 윤리를 생각하기 어렵다. 개인적인 층위에서는 이것이 사랑으로 알려져 있다.

—『왜 마르크스가 옳았는가』, 88쪽

이글턴이 옳다고 한 '마르크스'는?

『왜 마르크스가 옳았는가』에서 가장 압권은 '마르크스는 만사를 경제로 환원한다?'(제5장), '마르크스주의는 이미 사라진 노동계급에만 집착한다?'(제7장), 이 두 반론에 대한 응수다. 이 두 물음에 맞서며 이글턴은 위의 다양한 전략들을 총동원한다. 한편으로는 마르크스의 중심 주장에 일리가 있다고 대꾸하면서도, 다른 한편으로는 그 주장의 이면에서 제대로 부각되지 못한 마르크스의 진의를 재조명하고 더 나아가서는 이글턴 자신이 적극 개입해 마르크스 자신의 주장은 아니지만 '일반화된 마르크스주의'라 할 만한 새로운 명제를 제시한다. 그러니까 이런 식이다. 마르크스 사상이 '경제결정론'이라는 비판에 대해서 이글턴은 우선 자본주의의 등장 이후 실제로 경제적인 것이 역사에서 중심적인 역할을 했으며 그래서 마르크스뿐만 아니라 다른 많은 사상가들이 이미 마르크스보다 먼저 경제적 요인을 강조했음을 환기시킨다.

그러면서도 이글턴은 마르크스주의가 자본주의의 경제만능론의 단순한 '거울상'이 아님을 애써 강조한다. 이 대목에서 그는 좁은 의미의 경제적 지평을 넘어서는 인간 행위에 대한 마르크스의 숨어 있던 언급들을 풍부히 인용한다. 그리고 마르크스가 대안 사회의 주된 목표로 바라봤던 것은 "경제적인 것이 이토록 많은 시간과 에너지를 독점"(121쪽)하지 않게 되는 것임을 일깨운다. '경제결정론'이 아니라 오히려 '경제의 결정성을 극복'하려 한 게 마르크스의 진심이고, 그래서 그가 옳다는 것이다.

마르크스 사상이 '계급환원론'이라는 비판에 대한 대거리도 비슷하다. 일단은 신자유주의자들이야말로 가장 조야한 계급환원론에 따라 현실을 만들어왔다는 것을 비꼬면서 마르크스의 계급론을 옹호한다. 하지만 여기에 그치지 않는다. 마르크스의 계급론 중에서 이 시대에 우리가 '옳음'을 주장해야 할 것이 무엇인지 묻는 작업을 병행한다. 그래서 청년 마르크스가 애초에 프롤레타리아 계급에 주목하게 된 그 이유가 무엇인지부터 다시 캐묻기도 하고, '프롤레타리아트'의 어원이 고대 사회에서 우리가 흔히 연상하는 남성 노동자가 아니라 하층계급 여성(!)을 의미했다는 뜻밖의 사실을 함께 부각시키기도 한다. 이런 재검토와 재발견이 서로 부딪혀 불꽃을 튀기는 가운데 우리는 단순히 기존 마르크스주의 계급론을 검증하는 게 아니라 계급에 대한 마르크스의 탐색을 우리 자신의 생각 속에서 다시 전개해볼 수 있게 된다.

이글턴의 경우 이러한 사고의 재전개는 지구 자본주의가 대량생산한 슬럼 거주자들에 대한 주목으로 나타난다. "저임금 비숙련의 일용직 서비스업" 노동자가 중심을 이루는 이 슬럼 거주자들은 전통 마르크스주의가 중시하는 '공장 노동자'들과는 분명 다른 사람들이다. 하지만 마르크스가 애초에 프롤레타리아트에 주목하게 된 이유가 "자본주의 체제에 필요하면서도 동시에 그로부터 배제된다"는 이중성에 있었다는 것을 돌이켜본다면, 어쩌면 오늘날 '프롤레타리아트'라는 자리에 합당한 것은 오히려 이 슬럼 거주자들일지 모른다.

이렇게 이글턴 식으로 '옳음'을 확인한 마르크스는 결국 '어떠한' 마르크스인가? 두 쪽짜리 짤막한 결론(216~217쪽)은 이를 간단명료하게 정리하고 있다. 그는 평등의 화신이 아니었다. 그는 "평등이란 관념을 경계"했다. 그는 "등에 사회보험 번호가 찍힌 작업복을 입는 미래를 꿈꾸지 않았다." 그가 꿈꾼 것은 "다양성"이었다. 그는 국가사회주의의 주창자도 아니었다. 그는 "국가에 대해서는 우파 보수주의자들보다 더 적대적이었다." 그는 물질적 생산이나 경제적인 것에 애착이 있지도 않았다. "그의 이상은 여가이지 노동이 아니었다." 그는 폭력 혁명 유일 노선의 제창자도 아니었다. 그는 "어떤 혁명은 평화적으로 완수될 수 있다고 믿었고, 사회 개혁에 결코 반대하지 않았다."

이런 마르크스라면, 흔히 그의 정신적 자손들로 이야기되는 군상들과는 거리가 멀어도 너무 멀다. 사회민주주의 정치인들뿐만 아니라 소련공산당 간부나 문화대혁명의 홍위병도 굳이 친부 확인을 위해 DNA 검사까지 받아볼 필요는 없을 것 같다. 이들에 비해 한 번도 권력을 직접 잡아본 적이 없다는 것만이 유일한 미덕인 상투적 극좌파 추종자들도 사정은 마찬가지다. 이글턴 자신의 언급들 속에서 이러한 마르크스상의 좀 더 간명한 집약을 찾아본다면, 다음의 문장을 들 수 있겠다.

18세기 유럽 중간계급의 가슴 속에 솟구친 자유와 이성과 진보를 향한 그 엄청난 운동은 폭정에서 벗어나려는 매혹적인 해방이면서 동시에 그 자체가 미묘한 형태의 전제 정치였고, 어느 누구보다 마르크스가 우리에게 이런 모순을 일깨워주었다. 그는 자유와 이성과 진보라는 위대한 부르주아의 이상을 옹호했지만, 어째서 그것들이 실천에 옮겨질 때마다 스스로를 배반하는 경향을 보이는지를 알고 싶어 했다.

이렇게 해서 그는 계몽의 비판자가 되었지만, 가장 효과적인 형태의 비판이 그러하듯이 그의 비판은 내부로부터의 비판이었다. 그는 계몽의 확고한 옹호자이자 사나운 반대자였다.

—『왜 마르크스가 옳았는가』, 204~205쪽

마르크스는 한마디로 역사적 계몽에 대한 내재적 비판자였다. 여기에서 '역사적' 계몽이란 유럽의 백인 남성 자본가로부터 시작돼 확산된 지난 400여 년간의 돌이킬 수 없는 과정을 말한다. 그것은 전지구적으로 개인의 해방을 자극했다는 점에서 분명 '계몽'이기는 하되, 유럽 백인 남성의 자본주의-제국주의를 통해 전개되었다는 점에서 '역사적' 계몽, 즉 '비극적' 계몽이자 '저질러진' 계몽이었다. 그래서 이글턴 같은 이들로 하여금 끊임없이 "자본주의적 근대는 정말로 필요했을까?"라는 물음(66~67쪽)을 던지게 만드는 인류사의 갈림길이었다.

마르크스(그리고 이글턴 자신이 부언하는 것처럼, 그의 벗 엥겔스)는 이 '역사적' 계몽의 위선과 역설, 한계와 모순을 누구보다 직시했던 인물이다. 그러면서도 이 '역사적' 계몽의 전개 과정 그 속에서, 즉 우리가 알고 있고 살고 있는 이 역사 안에서, 이 역사(마르크스의 표현에 따르면, 차라리 '전사[前史]')를 극복할 희망을 찾아내려 한 인물이다. 희망은 다름 아닌 비극적 모순 그 속에 분명히 있다고 스스로에게, 그리고 동료 인간들에게 외친 인물이다.

어쩌면 이글턴이 마르크스에게서 끝까지 그 '옳음'을 증명하고 옹호하려 한 것은 어떤 명제나 착상만은 아닐지 모른다. '역사적 계몽에 대한 내재적 비판'이라는 근본적인 포즈야말로 이글턴이 정말 끝까지 지켜내려 한 핵심이 아닐까. 이미 저질러진 이 비극적 역사 한가운데에서, 다름 아닌 거기에서 희망을 찾고 그 겨자씨 하나를 키워내려 분투한 삶의 방식(way, 道) 말이다.

그러나 과연 '마르크스주의'는 옳았는가

이글턴은 마르크스주의에 대해 통상적인 선입견 정도만을 지닌 독자들을 염두에 두고 이 책을 쓴 것 같다. 쉽고 재미있으며(유머 코드가 영어권과 우리가 좀 다르기는 하지만) 설득력이 있다. 마르크스 사상의 초심자가 입문서로 읽으면 좋을 책이다.

그렇다고 입문용만은 아니다. 위에서 누누이 밝힌 것처럼 이 책에는 마르크스 사상에 대한, 더 나아가 현대 자본주의와 그 극복의 길에 대한 꽤 깊이 있고 독창적인 논의가 가득하다. 『왜 마르크스가 옳았는가』는 그 자체로 마르크스주의 전통 내의 중요한 한 성과로 평가받을 만하다.

하지만 아쉬움이 없는 것은 아니다. 이 책의 수호 대상에는 마르크스의 상당히 중요한 얼굴 하나가 빠져 있다. 그것은 『자본』에 주로 정리되어 있는 마르크스의 경제 이론이다. 노동가치, 상품화폐, 잉여가치, 가치의 가격으로의 전형, 평균 이윤율, 이윤율의 경향적 저하 법칙, 공황 등등. 『왜 마르크스가 옳았는가』는 이런 주제들은 다루지 않는다. 이런 쟁점들에서 마르크스가 과연 옳았는지, 얼마나 옳았는지, 혹은 재구성이 필요하다면 그 방향은 무엇인지에 대한 궁금증은 이 책으로는 풀 수 없다.

본업이 문학이론가이자 비평가인 이글턴에게 요구하기에는 벅찬 작업 과제일 것이다. 마르크스의 경제 이론만을 놓고 『왜 마르크스가 옳았는가』 제2권을 쓰라고 한다면, 그는 차라리 '왜 예수가 옳았는가'를 쓰면 안 되겠냐고 답할지 모른다(실제로 이글턴은 버소 출판사에서 나온 '혁명가들' 시리즈의 『예수』편 서문을 썼다).

이글턴이 경제 쪽에 관심이 없어서는 아니다. 『왜 마르크스가 옳았는가』만 해도 시장사회주의나 참여계획과 같은 경제 대안들에 대한 진지한 검토를 담고 있다. 하지만 『자본』의 체계에서 비롯된 마르크스주의 경제학의 세계는 이글턴 정도의 르네상스적 지식인조차 감히 손대기 힘든 전문 영역이 되어 있다. 그리고 어쩌면 이것이야말로 마르크스주의 중에서도 그 경제 이론이 봉착해 있는 궁지의 핵심 중 하나일 것이다.

또 하나 꼭 언급해야만 할 것은 이 책이 '마르크스'의 옳음에 대해 설득력 있게 이야기하지는 하지만 그렇다고 이게 꼭 '마르크스주의'의 옳음까지 뒷받침하는 것은 아니라는 점이다. 이글턴은 책 곳곳에서 '마르크스 사상'과 '마르크스주의'를 서로 뚜렷이 구별하지 않고 사용하지만, 둘 사이에는 분명 간극이 있다. 더군다나 이글턴이 이 책에서 제시하는 마르크스 상에 공감한다면, 그 간극은 더욱 커진다.

비록 이글턴이 경제결정론이나 계급환원론을 넘어서는 마르크스의 또 다른 얼굴들을 성공적으로 복권시킬 수 있었다 할지라도, 마르크스 '주의'의 큰 줄기가 역사적으로 경제결정론, 계급환원론의 형태를 취해 왔다는 사실은 그대로 남는다. 그리고 이런 식의 마르크스주의는 자본주의를 바꾸는 데 그다지 강력한 무기가 되지 못했다. 아니, 어떤 경우에는 변혁의 장애물이 되기도 했다.

가령 마르크스주의의 추상적인 '노동계급 중심성' 사상이 그렇다. 이것은 현실의 노동자들을 쉽게 이론 속의 변혁 주체와 등치시키도록 만들었고, 이에 따라 현실 노동운동의 노동조합주의적 실천들에 대한 환상을 양산했다. 노동계급이 사회 전체의 대변자로서 자기 변신을 감행하도록 채근하기보다는 협소한 부문적 이해를 추구하는 것을 '계급투쟁'을 명분으로 정당화, 신화화한 것이다. 마르크스주의 전통 내에서 희귀하게 등장한 개혁자들('종교개혁'이라고 할 때의 그 '개혁')은 사실 이러한 환상을 타파하는 데 앞장선 인물들이었다. 『무엇을 할 것인가』의 블라디미르 레닌이나 안토니오 그람시 같은 사람들 말이다.

이런 점에서, 지금 우리에게는 『왜 마르크스가 옳았는가』와 같은 저작만큼이나 '왜 마르크스주의는 옳지 못했는가'도 필요하다. 이글턴 식의 마르크스 다시 읽기는 역사적 마르크스주의들에 대한 철저한 비판 및 극복과 함께 해야만 한다. 『왜 마르크스가 옳았는가』에 대한 공감이 크면 클수록 그런 작업의 필요성이 더욱 절실하게 다가온다.

함께 읽으면 좋을 책

『마르크스, 21세기에 끌려오다: 21세기의 마르크스는 어떤 세상을 꿈꿀까』 마토바 아키히로 (최민순 옮김, 시대의창, 2008)

이글턴의 책처럼 마르크스 사상을 21세기 현실과 대면시키면서 그 현재적 의미를 곱씹는다.

『마술적 마르크스주의』 앤디 메리필드 (김채원 옮김, 책읽는수요일, 2013)

이글턴만큼이나 당황스러우면서도 발칙하게 마르크스와 그 후예들의 사상을 다시 읽고 우리 시대를 배경으로 이를 재구성한다. 그 결과는 낯설면서도 매력적이다.

『신을 옹호하다: 마르크스주의자의 무신론 비판』 테리 이글턴 (강주헌 옮김, 모멘토, 2010)

부제는 '마르크스주의의 무신론'을 비판한다는 게 아니라 '마르크스주의자가 무신론을 비판'한다는 것이다. 리처드 도킨스류의 무신론을 말이다. 이글턴이 얼마나 엉뚱하면서도 '영적'인(!) 저자인지 확인해보자.

사회주의는 문명적 대안이어야 한다

—

『윌리엄 모리스: 낭만주의자에서 혁명가로 1, 2』 에드워드 파머 톰슨
윤효녕 외 옮김, 한길사, 2012.

영국 역사학자 에드워드 파머 톰슨이 집필한 윌리엄 모리스의 전기가 번역돼 나왔다. 한국어로 번역될 가능성은 제로이겠다 싶어 비싼 돈 주고 영문 원서로 사서 고이 모셔놓았던 책이다. 그런데 뜻밖에도 국역본이 나왔다. 무려 12명의 영문학자가 번역 작업에 뛰어든 결과다. 국역본을 보니 겉만 봐도 참으로 위압적이다. 양장본 두 권에 도합 1,200여 쪽이다. 독자를 주눅들게 하기 딱 알맞은 분량이다. 축구팀보다 더 많은 번역자 숫자가 이해가 간다.

한데 위압감을 느낄 이유는 단지 분량에만 있지 않다. 톰슨이 지은 모리스의 전기라는 점부터가 사뭇 경외감을 불러일으킨다. 톰슨 자신이 현대 사상사의 주역 중 한 명이다. 그런 사람이 19세기 후반의 가장 문제적인 사상가 중 한 명의 생애와 사상을 다뤘다. 주인공인 모리스와 대화하기도 벅찬데 화자인 톰슨 역시 정색하고 이야기 나눠야 할 상대다. 예수와 바울을 한꺼번에 만난 격이랄까.

더구나 톰슨의 모리스 전기는 단순한 한 권의 명저만이 아니라 역사적 사건의 범주 안에 든다. 톰슨이 이 책을 낸 게 1955년이었다. 그리고 3년 뒤에 영문학자이자 이후 문화이론가로 이름을 떨치게 되는 레이먼드 윌리엄스가 『문화와 사회』(이화여대출판부, 1988)라는 저작을 내면서 또

한 윌리엄 모리스를 중요하게 다뤘다. 두 저자 다 좌파였고, 바로 그 좌파의 시각에서 모리스를 재평가했다.

톰슨의 책과 윌리엄스의 책 사이에는 1956년이 있었다. 헝가리 봉기를 정점으로 현실 사회주의권 전체(북한도 예외가 아니었다)가 탈스탈린주의 물결로 들썩인 그 1956년 말이다. 영국 공산당 당원이었던 톰슨은 부다페스트 시가에서 소련군 탱크와 헝가리 민중이 대치하는 광경을 목격하고는 미련 없이 당을 떠났다.

그렇다고 좌파의 신념까지 버린 것은 아니었다. 무당적자 톰슨은 오히려 전보다 더 적극적으로 정치 일선에 뛰어들었다. 어떤 절박감이 그를 재촉했다. 톰슨이 보기에는 스탈린주의의 속내가 여과 없이 드러난 지금이야말로 사회주의 운동의 전환과 재구성이 시급히 필요한 시점이었다.

톰슨만이 아니라 윌리엄스, 그리고 정치학자 랠프 밀리밴드, 문화이론가 스튜어트 홀 등도 같은 심정이었다. 이들은 독립 좌파 저널들(그중 하나가 현재의 『뉴레프트리뷰』로 발전한다)을 창간했고 핵무장 철폐 운동(CND)에 앞장섰으며 각지에 토론 모임을 만들었다. 이들에게는 노동당과 공산당을 넘어선 새로운 좌파 정치 흐름을 만들어보려는 야무진 꿈이 있었다. 세인들은 이들을 '신좌파(New Left)'라 불렀다. 영국 신좌파 1세대의 등장이었다.

톰슨이나 윌리엄스가 이런 모험에 나선 것은 비단 1956년의 충격 때문만은 아니었다. 이것뿐이었다면 이들은 선배 세대인 조지 오웰처럼 비판적 좌파와 반공주의 사이의 아슬아슬한 경계선 위에서 헤맸을지 모른다. 그러나 부다페스트의 환멸과 조우해야 했던 그 무렵에 이들이 경험한 또 다른 만남이 이들을 치유하고 '신좌파'의 길을 찾아나설 용기를 불어넣어주었다. 바로 윌리엄 모리스와의 만남이었다.

톰슨의 모리스 전기는 이런 만남의 기록이다. 막다른 골목에 다다른 복잡한 역사적 맥락을 배경으로 하면서도 또한 새로운 역사의 길을 살며시 열어 보이는 작은 문틈 같은 역할을 한 책이다. 그래서 우리는 이 책을 읽으며 모리스와 톰슨만이 아니라 20세기 사회주의 운동사라는 세 번째 대화 상대까지 마주해야만 한다.

르네상스적 인간, 윌리엄 모리스 — 누가 감히 그를 그려낼 수 있으랴

참으로 어려운 대화다. 이 짧은 지면에 이 대화를 요령 있게 담아내기란 불가능한 일이다. 그래서 나는 일단 이 글에서는 모리스와의 대화에만 집중하고자 한다. 그만큼 모리스 한 사람만으로도 그 중요성이 차고 넘치기도 하거니와 우리의 지적 상황에서는 아직 그를 소개하는 작업조차 초보적인 단계에 있기 때문이기도 하다.

그렇다고 그의 이름이 전혀 낯선 것은 아니다. 한국 저자가 쓴 모리스의 전기가 이미 한 권 나와 있다. 박홍규, 『윌리엄 모리스 평전』(개마고원, 2007)이 그 책이다. 이 책의 저자 박홍규는 원제가 'News from Nowhere(없는 곳으로부터의 소식)'인 모리스의 유토피아 소설 『에코토피아 뉴스』(필맥, 2008)를 번역해서 출간하기도 했다.

사실 모리스 같은 사람의 생애를 소개하기란 쉬운 일이 아니다. 전형적인 르네상스적 인간, 즉 팔방미인이기 때문이다. 그 자신은 자기 직업이 '디자이너'라고 말했다고 한다. 사회주의 정치 조직에 가입하면서 그가 회원증에 기입한 직업명이 '디자이너'였다.(『윌리엄 모리스 1』, 201쪽) 그의 이름이 널리 알려진 1차적인 이유도 여기에 있다. 라파엘 전파(前派)의 영향에서 출발해 중세적 미를 현대에 재현한 미술공예운동가, 이것이 항상 그를 소개하는 글의 첫머리에 붙는 내용이다. 그는 책 장식, 가구 디자인, 인테리어 설계의 영역들을 개척했고, 디자인 회사를 설립해서 예술과 사업의 경계를 넘나들기도 했다.

그런데 그는 또한 문학가이기도 했다. 영문학사에서 낭만주의의 마지막 횃불을 이은 시인으로 거론되는 인물이면서 또한 북구 설화로부터 영감을 얻은 판타지 소설들의 작자이기도 했다. 그의 판타지 소설들은 이후 J. R. R. 톨킨 등의 작가들에게 심대한 영향을 끼쳤다. 『반지의 제왕』의 저자인 그 톨킨 말이다. 톨킨에게 영향을 준 작가들의 작품들을 모은 『톨킨의 환상 서가』라는 단편집(더글러스 A. 앤더슨 편, 황금가지, 2005)에서 우리는 윌리엄 모리스의 이름을 발견할 수 있다. 반지 원정대의 모험에 가슴 졸였던 기억이 있는 이들이라면 누구나 이미 자신도 모르게 윌리엄 모리스라는 사람의 그림자를 마주한 적이 있었던 것이다.

미술가이자 사업가이고 시인이자 소설가였던 인물. 그 누가 이런 사람의 삶을 쉽게 정리할 수 있겠는가? 모리스만큼이나 폭넓은 관심과 재능을 소유한 이가 아니라면, 사실 불가능한 작업이다. 톰슨이라고 예외는 아니었다. 그래서 그는 처음부터 자신의 저작이 일반적인 전기와는 궤를 달리 한다는 점을 전제한다. 모리스의 삶의 모든 양상을 포괄하려 하기보다는 그 중요한 한 궤적에 관심을 집중한다는 것을 미리 강조한다. 이 책의 부제가 이 집중점을 고스란히 드러낸다. "낭만주의자에서 혁명가로".

톰슨의 관심 ─ 낭만주의자에서 혁명가로

톰슨은 모리스의 미술가로서의 이력, 작가로서의 활동 등을 모두 '낭만주의자'라는 범주로 뭉뚱그린다. 그러면서 빅토리아 시대 부르주아 문명에 대한 반발을 연료 삼아 중세적 미의 세계를 항해하던 이 낭만주의자가 어떻게 사회주의 운동이라는 신대륙으로 나아가게 되었는지, 아니 그럴 수밖에 없었는지를 추적한다. 이 방대한 책의 모든 관심은 이 한

가지 물음에 쏠려 있다.

이 때문에 어떤 독자들은 좀 실망감을 느낄 수도 있겠다. 다소 퉁명스럽게 느껴질 정도로, 톰슨은 모리스의 삶에 대한 다른 측면의 관심들을 뒤로 밀어놓는다. 가령, 모리스의 일생에서 세인들의 관심을 끌 만한 가장 흥미로운 이슈 중 하나인 그와 그의 부인 제인 모리스, 그리고 그의 친구이자 라파엘 전파의 거장 단테 가브리엘 로세티 사이의 삼각관계가 톰슨의 책에서는 그저 지나가는 이야기들 중 하나에 불과하다. 이에 대한 상세한 정보를 얻고자 한다면, 우리는 이 책이 아니라 다른 전기를 찾아봐야 한다.

하지만 다재다능하고 사회적으로도 인정받은 예술가와 혁명적 사회주의자라는 상반돼 보이는 이력이 한 사람의 삶 속에서 뜻밖의 필연적 연관성을 확보하며 하나의 전체를 이뤄가는 것을 좇아가는 여정은 예상외로 흥미진진하다. 다른 전기에서 흔히 기대하는 인간미가 부족한 것 아니냐는 불만을 가질 독자들도 이 책을 중도에 손에서 놓지만 않는다면 예기치 않은 다른 방향에서 엄습하는 인간의 냄새와 자취에 끌려들어가고 말 것이다.

여기에는 자신의 끓어오르는 예술적 열정과 자본주의 사회의 차가운 현실 사이의 모순을 직시했던 한 인간이 있다. 이 모순에 직면해 더 고립된 환상의 밀실로 침잠해 들어간 이들이나 아니면 자신의 동류들, 중간계급의 위선에 합류하고만 이들과는 달리, 모리스는 참으로 고뇌했고 해답을 찾아나섰다. 그의 스승 존 러스킨의 다음과 같은 예언자적 외침이 곧 그의 절규였다.

용광로의 바람소리보다 더 크게 우리의 공업도시들에서 울려퍼지는 구호는 실로 우리는 사람 이외의 모든 것을 제조한다, 우리는 면화를 표백하고, 강철을 단련하며, 설탕을 정제하고, 도기를 빚는다, 이 것밖에 없다. 그러나 단 한 사람의 정신이라도 깨우치고, 단련하고, 정화하고, 형성하는 일을 우리는 전혀 장점으로 평가하지 않는다.

—『윌리엄 모리스 1』, 94쪽

그리고 비로소 모리스는 구원의 실마리를 찾았다. 단서는 모든 예술의 성취를 둘러싸고 있는, 그러한 성취에 반드시 필요한 토대인 당대의 대중이었다. 그 대중은 결코 자본주의 현실의 수동적 희생자만은 아니었다. 이들은 모든 예술가들의 꿈을 다 합친 것보다 더 거대한 꿈을 역사라는 캔버스 위에 작품으로 구현하기 위해 꿈틀거리는 또 다른 범주의 예술가, 즉 혁명의 주역들이었다.

역사에 대한 연구와 예술에 대한 사랑과 실천을 통해 나는, 세상이 현재대로 멈춰버린다면 역사를 말도 안 되는 헛소리로 만들어버릴 것이고 예술을 현재의 삶과 중요한 관련이 없는 과거 골동품 수집 따위로 만들어버릴 문명을 증오하지 않을 수 없었다.

그러나 우리가 증오하는 현대 사회 속에서 혁명이 싹트고 있다는 의식이, 예술적 지각을 갖춘 다른 이들보다 운이 좋게도, 내가 한편으로는 그저 "진보"에 악담을 퍼붓는 사람으로 굳어지는 것을 막아주었고, 다른 한편으로 뿌리가 없는 데도 예술을 성장하게 만들기를 희망하는 중간계급 사이비 예술의 다양한 기획들 어떤 것에도 시간과 에너지를 낭비하는 것을 막아주었다. 그렇게 해서 나는 실천적 사회주의자가 되었다.

—『윌리엄 모리스 1』, 292쪽

지금 당장 모순을 타파할 환상적 처방이란 존재하지 않는다. 우리는 다른 인간 동료들과 함께 이 모순에 맞서 싸워야 할 뿐이다. 모순이 해결된 새로운 삶의 대지는 이러한 운동이 한 걸음 한 걸음 다가갈 저 미래의 방향 어딘가에 있다. 그것은 '아직' 오지 않았지만, 그 싹은 '이미' 우리 사이에 존재한다. 이 '아직'과 '이미'의 사이에서 모리스의 가슴은 다시 찾은 젊음과도 같은 희망으로 달아올랐다.

오늘날의 노동자는 전혀 예술가가 아닙니다. 언젠가 이런 상황이 바뀌어, 우리 사이에서 대중예술이 다시 성장하고, 그래서 한 시대의 산물이며 동시에 전 역사와 연결된 건축 스타일을 갖는 것, 그것이 제 평생 희망입니다.

—『윌리엄 모리스 1』, 379~380쪽

벌써 50세를 바라보는 성공한 예술가이자 사업가가 '사회주의자 선언'을 하는 것은 오늘날에도 센세이션을 불러일으킬 만한 사건임에 틀림없다. 하물며 19세기 후반 영국 사회라면 그 충격이 어떠했겠는가. 하지만 이 중년의 거장은 그래야만 했다. 그것만이 그의 지난 반세기간의 미(美)의 여정을 무의미한 것으로 만들지 않을 유일한 선택이었다. 그래서 그는 희망을 좇는 자들의 명부에 단호히 자신의 이름을 더했다. 1883년 '디자이너' 윌리엄 모리스는 사회주의 정치 조직, 민주연맹(사회민주연맹의 전신)의 회원이 되었다.

'윤리적 결단'으로서의 사회주의

『윌리엄 모리스』의 제1권에서 제2권으로 넘어가면, 그러니까 제2부 '갈등의 세월'에서 제3부 '실천적 사회주의'로 넘어가면, 책의 분위기가 확

달라진다. 주인공인 모리스의 사회주의 운동 투신과 함께 수많은 또 다른 주역들이 등장한다. 모리스의 동지들, 즉 1880년대와 1890년대의 영국 사회주의자들이 시끌벅적한 토론과 혁명가(歌)의 합창, 결의에 찬 가두행진을 시작한다.

이 점에서 제3부는 윌리엄 모리스라는 한 개인을 넘어선 집단적 전기다. 모리스가 중요하게 다뤄지는 것만큼이나 프리드리히 엥겔스, 헨리 메이어스 하인드먼, 에드워드 에이블링, 존 링컨 머혼 같은 당대 사회주의자들의 활약상이 생기 있는 필치로 전달된다. 『영국 노동계급의 형성』(전2권, 창비, 2000)의 저자인 톰슨은 이 대목에서 역사학 거장의 솜씨를 유감없이 발휘한다. 한마디로 『영국 노동계급의 형성』의 19세기 후반 버전이다.

사회주의자들이 등장했으니 논쟁이 빠질 수 없다. '사회주의자' 모리스 역시 여기에서 예외가 아니었다. 사회민주연맹을 이끌던 하인드먼의 독단과 전횡이 심해지자 모리스는 사회주의 세계에 입문한 지 1년 만인 1884년에 에이블링, 엘리너 마르크스(칼 마르크스의 막내딸) 등 엥겔스 주위의 그룹과 함께 조직 분리를 단행했다. 이들이 만든 새 조직의 이름은 '사회주의동맹'이었고, 이후 이 조직의 해머스미스 지부가 모리스의 정치활동에서 주된 기반이 된다.

그런데 사회주의동맹 안에서도 갈등이 끝난 게 아니었다. 조직 안에는 에이블링 같은 충실한 마르크스주의자들도 있었고, 미하일 바쿠닌이나 표트르 크로포트킨의 영향을 받은 아나키스트들도 있었다. 모리스는 아나키스트들과 거리를 두었지만, 그렇다고 에이블링 일파와 견해가 일치한 것도 아니었다. 사회주의동맹이 취해야 할 정치활동의 내용을 둘러싸고 이견이 나타났다.

창립 당시 에이블링이 제출한 규약 초안은 다음의 과제들을 제시했다. "지방 정부와 학교위원회, 그리고 다른 행정단체에서의 사회주의자 선출을 활성화함으로써 정치력을 갖도록 노력한다." "노동조합주의와 협동조합, 그리고 노동자의 권익을 위한 모든 실제 운동을 돕는다."(『윌리엄 모리스 2』, 159쪽) 이런 방침의 뒤에는 엥겔스가 있었다. 엥겔스는 사회주의자들이 선거 등의 현실 정치와 노동조합 운동 같은 대중운동에 적극 개입해야 한다는 입장이었다.

모리스는 이러한 견해에 선뜻 동의할 수가 없었다. 당시에 이미 페이비언 협회는 '지방자치 사회주의'라는 깃발 아래 지방선거에 적극 참여했고 몇몇 지방자치단체에서 상당한 성과를 거두고 있었다. 문제는 이 과정에서 이들이 노동계급의 정치를 자유당과의 선거연합에 끼워맞췄다는 것이고, 이들의 '사회주의'란 것도 지방 관료제를 통한 몇몇 시혜적 조치들에 제한되었다는 것이다('수도와 가스의 사회주의').

모리스는 여기에서 '사회주의'의 희화화를 보았다. 그는 노동계급을 "현재의 '세련된' 중간계급의 생활로 끌어올리는 것"(『윌리엄 모리스 2』, 624쪽)을 '사회주의'라 칭하는 것을 결코 받아들일 수 없었다. 이것은 자본주의 문명과 과감히 단절하고 새로운 삶의 양식들을 창조한다는 사회주의의 본래적 이상의 실현을 늦추거나 방해하는 사기극일 뿐이었다.

아마 우리는 노동자가 사람으로서가 아니라 노동자로서 살기가 지금보다 더 쉬워질 시대를 죽기 전에 볼지도 모른다. 그리고 번영의 시대가 낳은 그런 결과에 만족할 일종의 공리주의적인 가짜 사회주의가 있다. 참으로 우리가 할 일은 어떤 계급체제도 그들에게 줄 수 없는 충만되고 온전한 삶에 대한 노동자들의 정당한 주장을 꾸준히 계속하도록 강력히 권함으로써 이러한 사기와 대결하는 것이다.

—『윌리엄 모리스 2』, 222쪽

'공리주의적인 가짜 사회주의'에 대한 모리스의 염려와 환멸은 완강한 반의회주의 입장으로 이어졌다. 그는 선거 정치에 참여하기를 거부했을 뿐만 아니라 1880년대 말 막 타오르기 시작한 신노동조합주의의 물결을 수용하는 데도 소극적인 태도를 취했다. 모리스가 사회주의동맹의 중점 과제로 제시한 것은 오직 교육, 즉 지속적인 사회주의 교육 활동뿐이었다.

이 대목에서 톰슨은 자신이 결코 성인전(聖人傳) 기록자는 아님을 환기시킨다. 그는 모리스가 사회주의동맹을 신노동조합주의의 파업 물결에 합류시키지 못한 것을 매섭게 비판한다. 당시 영국 사회주의 운동에 필요한 정치 방침은 엥겔스의 그것이었다. 의회사회주의 비판이 곧 현실 정치나 운동에 대한 기권으로 이어져야만 하는 것은 아니었다. 모리스는 막대를 한쪽으로 구부려도 너무 구부렸다.

톰슨에 따르면, 모리스 자신도 결국에는 이 점을 인정했다. 모리스와 엥겔스 주위의 그룹 사이의 간극이 커질수록 사회주의동맹은 아나키스트들의 온상이 되어갔다. 모리스는 그제야 막대를 반대쪽으로 다시 구부려야 할 때임을 절감했다. 그래서 만년의 모리스는 사회주의동맹 활동을 정리하고 통합 사회주의정당 건설 운동에 나섰다. 의회나 지방자치단체에 참여할 필요성도 인정했다. 1896년 사망하기 직전까지 노동자 후보의 선거운동 지원 유세를 벌이기도 했다.

그러나 이것으로 이야기가 끝은 아니다. 모리스가 제대로 답을 찾았다고는 할 수 없지만, '공리주의적 거짓 사회주의'에 대한 애초의 불신과 비판은 여전히 강력한 메아리로 남는다. 누구보다도 톰슨 자신이 이 여운을 최대한 증폭시킨다. 제2권 말미에 수록된 1976년의 후기에서 그는 이것이 윌리엄 모리스의 도움으로 마르크스주의의 맹점과 한계를 돌파하려는 시도였음을 내비친다.

노동계급을 자본주의 문명의 수혜자 대열에 합류시키는 정도로는 결코 만족할 수 없다던 모리스의 외침은 역사적 사회주의의 두 중간 기착지, 복지자본주의와 국가사회주의 그 '너머'를 탐색하려던 톰슨에게 더없는 정신적 원군이자 영감의 창고였다. 톰슨은 이 무기고에서, 노동자들이 갖춰야 할 것으로 '지성'과 '힘'뿐만 아니라 '용기', 즉 도덕적 자질'(『윌리엄 모리스 2』, 630쪽)을 강조하는 사회주의를 발굴해낸다. 다시 말하자면, 대중의 윤리적 결단을 그 핵심 내용으로 하는 사회주의 말이다. 모리스는 '사회주의동맹 선언'(1885년)에 이에 대한 명쾌한 요약을 남긴 바 있다.

우리가 옹호하는 경제적 변화는 그것에 상응하는 윤리의 혁명을 동반하지 않고서는 안정적이 되지 않을 것이다. 그런데 윤리의 혁명은 반드시 경제적 변화에 동반될 것이다. 양자는 하나의 전체, 즉 사회진화의 불가분한 요소들이기 때문이다.

—『윌리엄 모리스 2』, 643쪽

21세기 생태사회주의의 선구자, 윌리엄 모리스

윤리적 회심(메타노이아) 없는 사회 변혁은 불가능하며, 진정한 사회 변혁의 조악한 모조품에 그칠 수밖에 없다. 그럼 무엇으로부터의 회심인가? 자본주의 문명이다. 모리스만큼 치열하고도 끈질기게 유럽 자본주의-제국주의 문명을 극복과 전복의 대상으로 바라본 이도 드물다. 그는 일찍이 영국의 제국주의 전쟁을 비판하고 이에 맞서 싸우면서 자본주의적 '진보'의 근저에 도사린 이 '야만'의 맨 얼굴을 절감했다. 그는 이렇게까지 말한다.

문명이 이 이상 더 앞으로 나아갈 수 없다면, 그렇게 멀리 나가지 않는 게 낫다. 문명이 이러한 불행을 없애고 문명에서 생겨난 삶의 행복과 위엄을 어느 정도 모든 사람과 나누고자 하지 않는다면 (중략) 그것은 단순히 조직적인 부당함이자 억압을 위한 도구에 지나지 않고 현재의 문명은 허세가 더 심하고 더 교묘한 노예제를 강요하지만 전반적인 안위와 행복을 증진시킨 것처럼 보여 전복하기가 어렵고, 그래서 더욱더 나쁘다. 그 전에 사라진 문명보다 더 나쁘다.

—『윌리엄 모리스 1』, 399쪽

하루라도 더 빨리 거짓 진보의 질주를 중단시켜야만 한다. 그러지 않으면 변화와 대안의 가능성마저 말살되어버리고 말 것이다. 따라서 "더 이상은 안 돼!"라고 외치는 노동 대중의 회심이야말로 '가장 급박한' 과제다. "사회라고 잘못 이름 붙여진 현재의 무정부적 독재"(『윌리엄 모리스 2』, 54쪽) 대신 노동 대중이 비로소 "사회 전체가 되어야 한다."(『윌리엄 모리스 2』, 161쪽) 톰슨이 예리하게 지적하는 것처럼, 이러한 모리스의 역사관은 로자 룩셈부르크의 '사회주의냐 야만이냐'라는 선택지를 예견하는 것이었다.

19세기 후반만 해도 모리스의 문명 비판은 동시대인의 비평이라기보다는 예언자의 경고에 더 가까워 보였을 것이다. 그러나 지금 우리에게는 그렇지 않다. 모리스가 폭로한 문명 속의 야만은 곧 우리의 일상의 현실이다. 만년의 톰슨은 1980년대 미-소의 제2차 핵군비 경쟁에서 이 야만을 보았고, 그래서 핵무장 철폐 운동에 모든 것을 걸었다. 톰슨이 떠나고 난 지금, 우리는 아직도 핵무기 더미와 함께 살고 있을 뿐 아니라, 경제 위기와 생태 위기라는 '이중의 위기'의 포로 상태다.

이 혼돈 속에서 우리에게 더없이 위안이 되는 대화 상대가 바로 윌리엄 모리스다. 우리는 마치 1950년대의 영국 신좌파 1세대가 그랬던 것처럼 그의 사회주의 구상에서 우리 시대에 필요한 영감들을 길어낼 수 있다. 그것은 어쩌면 톰슨이 『윌리엄 모리스』에서 탐사한 것보다 더 풍부한 광맥일지 모른다. 가령 1950년대의 톰슨이 아직 분명히 인식하지 못했던 생태 위기의 견지에서 볼 때 모리스의 대안 사회 구상은 21세기 생태사회주의의 한 원형을 제시해준다.

『에코토피아 뉴스』 등에 드러난 모리스의 대안 사회는 자본주의 시기에 등장한 중앙집권적 조직들과 과학 기술이 그 극단까지 발전한 사회와는 거리가 멀다. 오히려 그것은 전자본주의 농촌 공동체와 현대 도시 문명 사이의 새로운 종합에 가깝다. '사회주의동맹 선언'의 정식화에 따른다면, "새로운 발전은 옛 원리가 더 높은 수준으로 고양된 것을 나타내는 지점으로 돌아간다."(『윌리엄 모리스 2』, 642쪽) 예를 들어, 모리스의 사회주의에서 20세기 사회주의의 핵심 중 하나인 거대 국가 관료 기구는 분권화된 민중 자치에 길을 내준다.

> 내 생각으로는 새로운 사회에서 우리는 지방자치제, 각종 지방위원회와 교구와 같은 단체를 구성해야만 한다. 그리고 거의 모든 실질적인 공공작업은 구성원들이 일상적인 작업을 하며 일하고 살아갈 그 단체에 의해 이루어져야 할 것이다. 그리고 …… 그러한 일을 할 어떤 능력이라도 가졌다면 누구든지 거기에 한몫해야만 할 것이다.
>
> —『윌리엄 모리스 2』, 571쪽

이것이야말로 경제 권력의 역전과 에너지 전환 이후 인류 사회가 나아가야 할 모습의 정확한 소묘가 아닐까? 물론 이러한 대안 사회가 쉽사리 달성될 수 있는 것은 아니다. 모리스도 이것을 너무나 분명히 알고 있었다. 그래서 그는 『에코토피아 뉴스』에서 20세기 인류가 국가사회주의라는 긴 우회로를 거칠 것이라고 예언한다. 모리스에게는 예언이었지만, 21세기의 우리에게는 정확히 지금까지 우리가 경험한 역사 그것이다.

그러면서 『에코토피아 뉴스』의 저자는 자본과 노동 사이의 어설픈 타협이 새로운 계급투쟁으로 붕괴한 뒤에 샘솟을 대중의 각성에 희망을 건다. 또다시 대결이 있고 고통이 따르겠지만, 이제 인류는 좀 더 나은 사회주의를 향해 나아갈 것이다. 복지자본주의와 현실 사회주의의 한계를 딛고 일어설 민주적·생태적 사회주의 말이다.

모리스가 희망의 판돈을 건 이 내기의 결과는 과연 어떻게 될 것인가? 좀 더 온화한 인상의 칼 마르크스 같기도 하고, 함석헌을 연상시키기도 하는 이 덥수룩한 수염의 작달만한 노신사가 지금 바로 우리 뒤에서 우리 어깨에 손을 얹으며 이렇게 말하는 듯하다. "바로 너한테 건 거야! 너한테 달렸어." 그러면서 100년 전 영국의 노동자들 앞에서 토해냈던 그 말들을 다시 들려줄 것만 같다.

내가 오늘밤 여기 있는 것은 여러분이 조금으로 만족하지 않도록 여러분을 흔들어놓기 위함입니다. 만약 그 조금으로 만족한다면 여러분은 그 조금도 얻지 못할 것입니다. 여러분은 노예가 되거나 자유로워지거나 둘 가운데 하나일 수밖에 없습니다.

—『윌리엄 모리스 2』, 64쪽

함께 읽으면 좋을 책

『에코토피아 뉴스』 윌리엄 모리스(박홍규 옮김, 필맥, 2004)

모리스의 육성으로 그가 생각한 대안 사회의 비전을 살펴보자.

『영국 노동계급의 형성』 에드워드 파머 톰슨(전2권, 나종일 외 옮김, 창비, 2000)

내친 김에 영국 노동계급의 초기 형성사를 다룬 톰슨의 대표작을 직접 읽어보는 것도 좋겠다. 세상을 바꾼 장삼이사(張三李四)들의 분투 속에서 우리는 모리스·톰슨 식 윤리적 사회주의의 예기치 않은 설득력을 발견하게 된다.

돈이 있기 전에 부채가 있었다

—

『부채, 그 첫 5,000년: 인류학자가 다시 쓴 경제의 역사』 데이비드 그레이버
정명진 옮김, 부글북스, 2011.

2008년 이전에는 '빚을 진다'는 게 흉이 아니었다. 아니, 차라리 미덕이었다. 노무현 정권 시기에 중산층 정도 되는 사람들은 누구나 은행 빚을 져서 집을 샀다. 집 사고 그걸 담보로 해서 빌린 돈으로 또 샀다. 집을 사놓기만 하면 집값은 오를 테니, 지금 빚을 진다 해도 그게 '투자'지 '부채'는 아니라는 셈속이었다. 우리만 그랬는 줄 알았더니 그게 아니었다. 좀 산다 하는 자본주의 나라들에서는 비슷한 시기에 다 그랬다. 그중에서도 절정은 역시 미국이었다. 이곳에서는 아예 상환 능력조차 없는 저소득 가구에까지 대출금을 떠안기면서 집 사라고 부추긴 '서브프라임 모기지'라는 신기한 일이 벌어지고 있었다.

이 기이한 도박판이 무너진 게 2008년 미국 금융 위기였다. 그러고 나서는 상황이 180도 바뀌었다. 심판의 날이 시작됐다. 구원이 예정된 선택받은 자들, 거대 금융 기관은 하늘로 들어올려졌다. 그들의 부실 채권은 모두 깨끗이 죄 사함을 받았다. 그러나 한때나마 자신들도 구원의 명부에 올라와 있는 줄 착각하는 대죄를 범한 중생들의 경우는 이야기가 달랐다. 구원의 천사들은 이들에게, 그들의 이름과 붉은 숫자들이 나란히 적혀 있는 운명의 장부를 들이밀었다. 지불의 시간이 도래한 것이다. 그들에게 채무는 고스란히 그들 각자의 몫이 되어 지상의 온갖

고통으로 강림했다. 저 방종한 이교도 신화의 나라 그리스는 아예 민족 전체가 지옥불로 던져졌다. 이제 인류에게 빚은 곧 영원한 족쇄를 의미한다.

이렇듯 '부채'는 최근 인류 사회의 가장 중요한 화제 중 하나다. 2008년 이후 지속되고 있는 21세기 세계 경제 위기가 이전의 대불황과 다른 점이 있다면, 부채 문제가 유독 부각된다는 점일 것이다. 그전의 위기 때도 물론 채무는 공황 발생과 확대의 중요한 연결 고리 중 하나였다. 하지만 지금처럼 부채 문제가 위기의 핵심에 자리하면서 사회 전체에 확산된 적은 없었던 것 같다. 이번의 위기를 낳은 신자유주의적 축적이, 위에서 묘사한 것처럼, 최대한 많은 인구 집단을 신용 확대를 통한(이른바 '레버리지 투자') 자산 시장 부양에 동원한 탓이다. 그래서 단순히 과잉 투자하거나 부도 위기에 처한 기업뿐만 아니라 일반 가계부터 국가 재정까지 모두 부채의 덫에 빠져 있다.

불행히도 사회과학계는 이런 현실의 전개 속도를 잘 따라잡지 못하고 있다. 이것은 주류 경제학이든 마르크스주의 경제학이든 마찬가지다. 이러한 기존 패러다임들에서 부채는 전혀 중심 주제가 아니었다. 이것은 이들 패러다임이 하나같이 '실물'경제/'금융'경제의 이분법에 바탕을 두면서 후자를 단지 전자의 반영 혹은 파생물쯤으로 바라봤기 때문이다. 부채는 실물경제의 위기가 투사된 것이거나 아니면 그 부산물일 뿐이었다. 기존 패러다임들이 현재의 전면적 채무 위기 상황을 설명하거나 그 대안을 제시하는 데 힘겨워하는 것은 이런 이유 때문이다.

이런 점에서 데이비드 그레이버의 『부채, 그 첫 5,000년: 인류학자가 다시 쓴 경제의 역사』(이하 『부채』)는 참으로 시의적절한 책이다. 그레이버는 최근 왕성한 활동을 보이는 미국의 인류학자다(현재는 런던대학교 교수). 국내에는 이미 그의 또 다른 대작 『가치이론에 대한 인류학적 접근: 교환과 가치, 사회의 재구성』(그린비, 2009)이 소개돼 있다. 이 전작에서 그레이버는 프랑스의 고전적 인류학자이자 사회주의자 마르셀 모스를 마르크스, 칼 폴라니 등과 대질시키면서 시장을 넘어선 인간 행위의 존재와 가능성을 탐색했다.

이 단편적 소개만으로도 쉽게 감지할 수 있듯이, 그레이버는 '좌파'다. 스스로 '아나키스트'를 자처한다. 그는 자신의 인류학 연구가 신자유주의 '이후' 문명을 모색하려는 작업임을 분명히 한다. 그러면서 실천에도 열심이어서, 세계산업노동자동맹(IWW) 조합원으로 활동해왔으며 2011년 가을 월스트리트 점거의 중요한 지원자이기도 했다.

부채와 함께 지배가 시작되었다

그레이버는 『부채』에서 거대한 시도에 나선다. 그것은 '부채'를 키워드 삼아 인류사 전체를 재정리하는 작업이다. 마치 전세계적 채무 위기의 현실과 사회과학 이론 사이의 간극을 한걸음에 뛰어넘으려는 것만 같다. 그래서 책의 분량도 무려 700쪽이다. 이 정도 두께인데 원서가 나오자마자 같은 해에 한국어 번역본을 냈다니 번역자의 노고가 놀랍지 않을 수 없다.

아무튼 이 책은 선사시대부터 고대, 중세에서 2008년 금융 위기에 이르기까지 5,000년간의 인류사를 부채 문제라는 하나의 실로 꿰나간다. 지리적 범위도 넓어서 유럽뿐만 아니라 중국, 인도, 아랍 등 아시아 문명들을 시야에서 놓치지 않는다. 이런 이유 때문에 『녹색평론』이 내게 이 책의 서평을 부탁했을 때 이에 선뜻 응할 용기가 생기지 않았다. 지금도 나는 내가 이 책의 깊이와 넓이를 제대로 포착했는지에 대해 자신이 없다.

하지만 능력에 부치는 대로 엉성하게나마 이 책의 윤곽을 정리해보면, 일단 그레이버는 인간 사회에는 세 가지 원리가 존재함을 밝힌다. 하나는 '공산주의'이고, 또 하나는 '계급 조직', 그리고 마지막은 '교환'이다. 여기에서 '공산주의'는 그 일본식 번역어의 부실함 때문에 오해의 소지가 많다. 그래서 요즘은 '코뮌주의' 같은 표기가 더 애용되기도 한다. 아무튼 공산주의(communism)는 공동체적인 유대의 확장을 뜻한다. 그레이버는 이를 마르크스의 정의에 따라 "능력에 따라 일하고 필요에 따라 분배한다는 원칙에 따라 이뤄지는 인간관계"라고 규정한다.

다만 마르크스는 이것을 현대 사회가 도달해야 할 궁극적 이상으로 설정한 데 반해 그레이버는 모든 인간 사회에는 어느 정도 공산주의적 원리가 존재하며 작동한다고 정식화한다. 공산주의, 계급 조직, 교환 중 어느 것이 더 지배적이냐에 따라 사회 성격이 달라지겠지만 어느 사회에서나 이 세 가지 원리가 서로 혼용하며 공존할 수밖에 없다는 것이다. 폴라니에 관심 있는 독자라면 그레이버의 이 세 가지 원리가 폴라니의 저 유명한 '호혜·재분배·교환'의 세 가지 원리와 대응한다는 것을 쉽게 눈치챌 수 있을 것이다.

그레이버는 공산주의가 다른 두 가지 원리를 압도하던 문명 이전의 살림살이를 '인간경제'라 부른다. 『부채』의 전반부는 이 인간경제에서 어떻게 부채가 출현하게 되었는지 추적하는 데 집중한다. 여러 부족 사회에 대한 인류학 연구 성과를 바탕으로 그레이버는 인간경제에 "사회적 통화, 부채 담보" 같은 장치들이 존재했다고 소개한다. 하지만 일단 부족 사회가 폭력을 통한 확장을 추구하기 시작하면, 상황이 돌변한다. 인간경제의 부속품이던 메커니즘들로부터 곧바로 채무 관계가 등장하고, 이것은 노예제도를 수반한다. '문명'과 함께 '지배'가 시작된다. 그레이버는 이렇게 말한다.

놀라운 것은 이 모든 것들이 바로 그 인간경제의 메커니즘을 통해 이뤄졌다는 사실이다. 인간의 생명은 절대적인 가치를 지니며, 그 어떤 것과도 비교될 수 없다는 원칙을 바탕으로 한 그 인간경제 말이다. 인간경제의 모든 제도들이, 이를테면 입회비, 범죄에 대한 배상을 계산하는 수단, 사회적 통화, 부채 담보 같은 제도들이 정반대로 변했다. 말하자면 갑자기 기계가 거꾸로 돌게 된 셈이었다. 그리고 티브 족도 알고 있었듯이, 인간 존재의 창조를 위해 설계된 장치와 메커니즘들이 그들 위로 붕괴하면서 그들을 파괴하는 수단이 되어버렸다.

—『부채』, 277~278쪽

『부채』는 이렇게 시작된 문명의 역사에서 채무 관계가 늘 중요한 줄기 역할을 했음을 보여준다. 가장 오래된 고대 문명인 메소포타미아 문명에서 신전이 수행하던 기능은 대부였다. 바빌론 신전은 은 덩어리를 기본 단위로 해서 농민들에게 대출하는 신용 시스템을 운영했다. 메소포타미아뿐만 아니라 그리스에서도, 중국에서도, 인도에서도 고대 문명의 역사는 곧 신용제도(흔히 '고리대'라는 혐오스러운 이름으로 불리는)와 노예제도의 동시 발달사였다.

그러다가 전환점이 등장한다. 중국, 인도, 지중해 세계에 각각의 고대 문명을 통일한 세계 제국들이 나타났다. 그리고 이와 함께 주화의 시대가 시작됐다. 즉, 고대 문명에서 신용제도가 충분히 발전하고 나서야 주화가 활발히 유통되기 시작한 것이다. 다시 말하면, 부채가 먼저이고 그다음에 돈이 등장한 것이다. 주화는 이를 발행할 제국 권력 없이는 유통될 수 없었다. 역으로 제국 권력은 군대를 부양하고 전시에 자원을 동원하기 위해 이제 신용제도보다는 화폐제도에 의존하게 됐다. 강력한 군사력과 노예제도에 기반을 둔 세계 제국과 화폐제도가 서로 결합했다. 그래서 그레이버는 이 시기에 등장한 사회 시스템을 '군사-주화-노예 복합체'라 명명한다.

하지만 『부채』가 그리는 세계사는 진자운동을 한다. 고대 제국의 전성기가 지나고 역사학자들이 흔히 '중세'라 부르는 시대에 들어서면, 주화가 아닌 신용제도가 다시 전면에 등장한다. 여기에서 그레이버는 이른바 '차축(車軸) 시대'(루이스 멈퍼드를 다룬 이 책의 제4장 '거대 기계에 맞서' 참고)에 등장한 고등 종교들의 역할에 주목한다. 그는 이들이 군사-주화-노예 복합체가 내세우는 물질주의 철학에 맞섰다고 본다. 권력에 저항한 대중운동과 공동전선을 펴며 인간성에 기반을 둔 새로운 윤리, 그리고 무엇보다도 평화를 외쳤다는 것이다.

이것은 루이스 멈퍼드가 『기계의 신화』(The Myth of the Machine, A Harvest Book, 1967) 제1권에서 제시한 '차축 시대' 해석과 비슷한 데가 있다. 그 책에서 멈퍼드는 그레이버가 '군사-주화-노예 복합체'라 칭한 것을 '거대 기계'라 부르며 고등 종교들은 이에 맞서 인간성을 회복하기 위한 노력이었다고 주장한다. 세계 제국은 얼마 안 가 예외 없이 해체되고 말았지만, 고등 종교 이념은 제국보다 오래 살아남아 중세 시대를 지배했다. 그리고 이 시기에는 채무 관계가 도덕경제에 의해 규제되면서 시장이 사회의 다른 제도들에 끼워맞춰진 상태를 유지했다.

또 다른 거대한 전환은 16세기를 전후한 유럽 자본주의의 등장과 함께 시작된다. 유럽인들의 아메리카 대륙 정복과 함께 금속 화폐가 다시 전면에 나섰다. 이와 동시에 거대한 중국 경제가 주요 교환 수단을 지폐에서 은으로 바꾸었다. 이 두 가지 변화가 서로 맞물려 금속 화폐 유통의 세계 경제 시스템이 구축되었다(말년의 안드레 군더 프랑크의 논의를 떠올려 보라). 이 시스템 속에서 그간 후진적 수준에 머물렀던 유럽의 금융 세력이 급속도로 성장했다. 이들이 생산과 유통을 재조직하자 이제까지 사람들의 살림살이를 규제하던 도덕경제가 무너지기 시작했고, 애덤 스미스 등이 이상시한 자기조정적 시장이 등장했다. 드디어 시장이 사회의 다른 제도들로부터 빠져나와 이들을 제압하기 시작한 것이다. 자본주의 시대의 등장이었고, 『부채』의 문제틀에 따르면 주화의 시대의 재등장이기도 했다.

이 대목에서 그레이버는 이번에도 화폐 유통의 이면에는 강력한 군사력이 자리한다는 점을 강조한다. 유럽 각지의 신흥 금융 세력들이 힘을 얻자마자 항상 가장 먼저 시도한 것은 군사 정복이었다. 베네치아 은행가들이 뒷돈을 댄 제4차 십자군 원정, 아니 폭력배들의 비잔티움 약탈 작전은 그 최초의 사례였다.

이런 장대한 세계사 스케치에 비하면, 최근의 채무 위기에 대한 분석은 좀 소략하다. 그레이버는 1970년대 브레턴우즈 체제의 붕괴와 달러 본위제의 등장이 갖는 세계사적 의미를 곱씹는다. 그의 문제틀에 맞춰서 보면, 이것은 자본주의의 등장을 수반한 주화 주도 국면이 다시 신용 주도 국면으로 넘어간 것이라 할 수 있다.

하지만 고대 세계 제국의 주화-군사-노예 복합체가 중세의 신용 중심 도덕경제로 이행한 것과는 결정적 차이가 있다. 고대에서 중세로의 이행 과정에는 세계 제국의 군사적 지배와 경제활동을 서로 격리시키는 변화가 함께했다. 그런데 1970년대 이후 등장한 신용 중심 시스템은 자본주의 금융 과두 세력을 해체한 게 아니라 오히려 이들의 권력을 유례없이 강화하는 방향으로 나아갔다. 그레이버는 이것을 "역사의 교훈과 정반대 방향"(646쪽)이라고 경고한다.

상품에서 화폐가? 아니다, 부채가 먼저다

지금까지 『부채』가 재구성한 세계 경제사의 골격을 소개해봤다. 하지만 무려 700쪽에 걸쳐 경제사의 여러 상식들을 깨고 혁신적 관점을 제시하려는 이 거창한 시도를 짧은 지면에 온전히 소개하기란 불가능한 일이다. 역시 직접 읽어보는 수밖에 없다. 현기증을 느끼게 하는 길이에도 불구하고 통상적인 학술서와는 달리 박진감 넘치게 읽을 수 있다는 것만은 보증할 수 있으니, 다들 이 책을 손에 들기를 주저하지 마시라. 정말 어지러울 정도로 연거푸 등장하는 번뜩이는 착상들은 매력이 아닐 수 없다. 세계사와 우리 현실에 대해 새롭게 바라보게 해주는 대목이 곳곳에 널려 있다.

그중에서도 나의 눈을 확 뜨게 해준 것은 돈이 있고 나서 부채가 생겼다는 통설에 대한 반박이었다. 흔히 물물교환 과정에서 화폐의 필요성이 생겨 상품 중 일부가 화폐로 사용되기 시작하고 결국에는 금이 그 자리를 차지하게 되었다고 생각한다. 주류 경제학 교과서도 그렇게 설명하고, 마르크스주의도 여기에서 예외가 아니다. 이른바 '상품화폐론'이다. 그런데『부채』는 이러한 상품화폐론이 허구에 불과하다고 일갈한다. 이제까지의 어떠한 인류학 연구 결과에서도 화폐 없는 순수한 물물교환 따위의 존재를 찾아볼 수는 없다는 것이다. 그레이버는 동료 인류학자 캐롤라인 험프리의 말을 빌려 이렇게 단언한다. "순수하고 단순한 물물교환 경제에서 화폐가 탄생했다는 증거는 차치하고, 그런 경제의 예조차 보이지 않는다."(55~56쪽)

그레이버는 상품화폐론의 대안으로, 앨프리드 미첼-인스나 게오르크 프리드리히 크나프 등의 국정화폐론 혹은 청구권화폐론을 지지한다. 이들 이론은 물물교환이 아니라 신용 관계로부터 화폐가 등장했다는 입장을 취한다. 신용 관계란 결국 채무자와 채권자의 관계다. 즉, 돈이 있기 전에 부채가 먼저 있었다는 것이다. 참으로 우리의 상식을 뒤흔드는 진실이 아닐 수 없다.

이것은 여러모로 중대한 인식의 전환이다. 이렇게 되면 주류 경제학이 흔들릴 뿐만 아니라 마르크스주의의 이론적 골격(노동가치론에서 상품화폐론을 거쳐 잉여가치론으로 이어지는)도 균열을 일으키게 된다. 그러면서저 오랜 이분법, 즉 '실물'경제라는 것이 있고 '금융'경제는 그것을 반영할 뿐이라는 사고방식이 더 이상 버틸 수 없게 된다. 『부채』가 자본주의등장 과정을 서술하며 강조하듯이 자본주의의 조직자는 처음부터 금융 세력이었다. 상품 교환의 세계는 신용 관계라는 지반 없이 존립해본적이 없으며, 태초부터 지금까지 채무 사슬의 지배가 생산력과 군사력발전을 이어주고 있다.

이런 이론적 대전환이 사회 변화를 추구하는 세력에게 어떠한 실천적 함의를 지니는지는 아직 명확하지 않다. 『부채』 자체가 이 정도까지논의를 깊이 끌고가지는 못했다는 느낌이다. 이런 점에서 우리는 그레이버의 책과 마찬가지로 상품화폐론을 비판하면서 이런 이론적 반성이현재의 채무 위기에 던지는 함의를 보다 명료하게 정리하는 다른 책들을 함께 읽어보아야 한다. 그레이버 자신도 『부채』에서 인용하고 있는제프리 잉햄의 『돈의 본성』이 그런 책이고, 가장 최근에 나온 책으로는마우리치오 라자라토의 『부채인간: 인간 억압 조건에 관한 철학 에세이』가 있다. 이 주제는 앞으로 비판적 사회 이론의 비옥한 새 개척지가될 것이다.

부채 경제를 지탱하는 '믿음', 과연 지속 가능할까

그렇다고 『부채』에 사회운동의 실천 방향에 대한 단서가 전혀 없는 것은 아니다. 자본주의 경제에 '실물'과 '금융'의 이분법 따위는 없다고 본다면, 우리는 '신용', 즉 예측과 기대가 지배하는 이 영역이 자본주의의존립과 확대에 핵심 역할을 한다는 점을 직시하게 된다. 자본주의를 확장시키는 것은 자본주의가 무한히 확장될 것이라는 믿음 그 자체다. 그레이버는 이를 "자본주의 자체가 영원할 수도 있겠다는 예상이 나오자, 자본주의가 그냥 폭발적으로 커졌다"(633쪽)는 문구로 정리한다. 이것이, 다시금 신용 주도 국면과 결합된 자본주의가 신용을 천문학적으로 팽창시킨 이유이기도 하다. 자본주의가 우주적 팽창을 계속한다면, '거품'이란 있을 수 없다.

그러나 지구별 위에서 과연 그런 우주적 팽창이 가능할까? 혹은 그게 지속되리라는 대중적인 믿음이 언제까지고 유지될 수 있을까? 그레이버는 다름 아닌 그 믿음의 전향(혹은 회심metanoia)을 호소한다. 그레이버는 결론부에서 이렇게 말한다.

> 만일 일은 당연히 미덕이라는 전제에 동의한다면, 아마 그 주장도 일리가 있다. 일이 당연히 미덕인 이유는 하나의 종으로서 인간의 성공을 결정하는 종국적인 척도가 지구촌 전체의 재화와 서비스의 산출을 연 5% 이상 증가시키는 능력이기 때문이다. 문제는 우리가 이 노선을 계속 밟을 경우 모든 것이 파괴될 위험이 있다는 점이다. 지난 5세기 동안 점점 더 많은 세계 인구를 도덕적으로 스페인 정복자나 다름없도록 만든 거대한 부채 기계가 곧 사회적 및 생태적 한계를 벗어날 것이다. 스스로를 파괴하려 드는 자본주의의 뿌리 깊은 속성 때문에 지난 반세기 동안 이 세상은 몇 가지 파괴의 시나리오 쪽으로 착실히 다가가고 있다. 이런 치명적인 성향이 언젠가는 사라질 것이라고 믿을 이유가 하나도 없다. 지금 이 순간 진정으로 던져야 할 물음은 사람들이 더 적게 일하면서 더 알차게 살 수 있는 사회를 향해 나아가도록 어떻게 방향을 돌려놓느냐 하는 것이다.
>
> —『부채』, 683쪽

2~3년 안에 한국 사회에서도 부채 폭탄이 터질 것이라고 한다. 그 전망에 몸서리치는 50대들의 몰표로 박근혜 새누리당 후보가 대통령 선거에서 당선됐다고 한다. 박정희식 고도성장을 넘어서는 비전의 부재가 박정희의 딸이 청와대에 입성하는 결과를 낳았다고도 한다. 지금 한국 사회가 밟아가는 이 한 걸음 한 걸음은 결국 어디로 향하는 것인가? 바로 그레이버의 이 물음 아닐까? "어떻게 더 적게 일하면서 더 알차게 살 것인가?" 부채와 노예제가 이끌어온 인류사가 직면한 이 궁극의 물음 앞에서 지금 한국인들도 예외가 아니다.

함께 읽으면 좋을 책

『돈의 본성』 제프리 잉햄(홍기빈 옮김, 삼천리, 2011)

본문에서도 소개했지만, 화폐에 대한 이론적 논의들을 빠짐없이 포괄하면서 새로운 안목을 열어주는 책이다. 주류 경제학과 마르크스주의의 화폐관을 모두 비판하며 그 대안을 제시한다.

『부채인간: 인간 억압 조건에 관한 철학 에세이』 마우리치오 라자라토(허경·양진성 옮김, 메디치미디어, 2012)

위의 책과 비슷한 방향에서 기존 화폐 이론을 비판하지만, 그 방식은 좀 다르다. 초기 마르크스의 숨은 착상을 복권하는 접근법을 취한다.

2.

잃어버린
역사적 가능성을
되짚다

이제 우리 자신의 역사를 쓰자

—

『The Left 1848~2000: 미완의 기획, 유럽 좌파의 역사』 제프 일리
유강은 옮김, 뿌리와이파리, 2008.

쪽수는 무려 천 쪽이 넘고 양장본에 판형까지 커서 흉기로 써도 손색
이 없으며 책값도 거금 5만 원인 책. 이런 책을 독자들에게 '꼭 사서 읽
어보시라'고 권유하는 일이라면 그것은 분명 악역(惡役)이다. 지금 내가
해야 할 일이 바로 그 악역이다.

무슨 책이 이리도 무지막지한가? 영국 태생의 역사학자 제프 일리가
유럽 좌파의 백 수십 년 역사를 사회주의와 노동운동부터 여성주의와
신사회운동에 이르기까지, 마르크스·엥겔스의 시대부터 21세기의 문
턱까지 한 권의 통사로 정리한 『The Left 1848~2000: 미완의 기획, 유
럽좌파의 역사』가 그 책이다. 이 책의 원 제목은 사실 좀 더 문학적이
다. 'Forging Democracy', 즉 '민주주의 벼리기'다. 좌파가 유럽의 민주
주의를 제련한 주인공이라는 주장이 제목 안에 함축돼 있다.

'민주주의'도 그렇지만 '좌파'도 지금 이 나라에서는 그렇게 환영받는
말이 아니다. 두 우파정당 중에서도 그중 더 우파적인 정당의 후보가
압도적 지지로 대통령에 당선된 게 불과 몇 달 전이다. 민주화운동의 계
승자니 진보 좌파니 하는 세력들은 모두 대중으로부터 받은 '불신임' 통

보를 어떻게 해석해야 할지를 놓고 심란하고 시끄럽다. 이런 형편에 '좌파'니 '민주주의'니 하는 말들을 열쇠말로 하는 천여 쪽짜리 책을 내는 사람들이 있고 또 돌 맞을 각오로 이 책을 꼭 읽어야 한다고 쓰려는 나 같은 사람이 있다.

시대를 몰라도 한참 모르는 걸까? 그런데 사실 이 책을 반드시 읽어야 한다는 이유는 다름 아닌 그 '시대'에 있다. 우리가 서 있는 이 혼란의 시대를 알기 위해 우리는 지금 한 좌파 역사학자의 이 노작을 펼쳐 들어야만 한다.

이론가가 아니라 대중의 드라마인 유럽 좌파 역사

책 칭찬부터 좀 해보자. 이 책은 한 세기하고도 반백 년의 세월을 수놓은 유럽 좌파의 다양한 흐름들을 어느 한쪽에 치우침 없이 폭넓게 정리한다. 사회민주주의와 공산주의는 물론이고 여성주의나 좌파 문화운동도 지속적인 관심의 대상이 된다.

유럽 좌파의 역사를 이만큼 총체적으로 소개한 책은 우리나라에서 이게 처음이 아닌가 싶기도 하다. 아니 사실은 전세계적으로도 유례가 없다. 일리의 저작과 맞수가 될 만한 책으로는, 유럽 사회주의의 역사를 정리한 또 다른 영국 학자 도널드 서순의 책(*One Hundred Years of Socialism*, I. B. Tauris, 2010)이 거의 유일하다.

관심의 무게에 치우침이 없다고 해서 저자가 정치적으로 무덤덤한 사람인 것은 결코 아니다. 저자는 자기 스스로 복지제도의 수혜자임을 고백하는 데서 알 수 있듯이 복지국가의 의의를 폄훼하지 않으면서도, 신자유주의에 쉽게 주도권을 내준 유럽 사회민주주의의 최근 역사에 대해서는 사뭇 비판적이다. 또한 러시아 10월 혁명의 의의를 당시의 세계사적 정세 속에서 적극적으로 평가하면서도, 그 변질과 스탈린주의의 과오에 대해서는 어떠한 변호도 하지 않는다.

저자의 준거는 항상 사람들에게 있다. 그가 다루는 시대를 실제 산 사람들, 그중에서도 식상한 저명인사들 말고 민초들에게 애정의 눈길을 거두지 않는다. 자칫 지루하거나 건조할 수도 있는 사회구조의 변화나 정치적 사건의 서술들 사이사이에 바로 그 풀뿌리의 이야기가 등장한다.

가족제도의 억압에 항의하며 자유연애 결합을 시도했다가 정신병원에 갇힌 19세기 말 영국의 한 여성 사회주의자 이야기가 나오고, 게토에서 나치에 맞서 싸우다 희생당한 한 유대인 공산주의자 이야기도 등장하며, 체코 공산당의 열혈당원이었다가 프라하의 봄 이후 반체제 투쟁에 나선 사람들의 이름도 보인다.

어쩌면 이게 이 책의 가장 큰 미덕일지 모른다. 이 책은 좌파의 역사를 몇몇 날고 기는 이론가들 사이의 지적 활극의 무대쯤으로 보지 않는다. 그것은 기본적으로, 세대와 세대를 이어 스스로 보다 나은 삶을 묻고 그 답을 찾는 여정(이 책의 표현에 따르면 '민주주의를 벼리는' 길)을 중단하지 않은 대중 자신의 드라마다.

간혹 번역이 너무 직역에 가까운 게 이 드라마를 읽는 감흥을 좀 떨어뜨리기도 한다. 하지만 이 방대한 저작을 이토록 성실하게 번역했다는 사실에 비하면 정말 사소한 흠에 불과하다. 역자의 노고는 아마도 평범한 박사학위 논문 한 편보다 훨씬 더 큰 학문적 기여라고 해야 할 것이다.

150여 년의 유럽 좌파 역사에서 우리 시대를 읽는다

칭찬은 이쯤 하고, 이제는 위에 제시한 이 책의 필독 이유를 좀 더 상세히 이야기할 차례다. 일전에 나는 우리 시대 한국 좌파의 상황을 원효 시대 불교의 상황에 견준 적이 있었다. 무슨 뜬금없는 이야기냐 싶기도 하겠지만, 가만 들여다보면 그 복잡함과 어려움이 서로 통하는 데가 있다.

원효 당대에 불교의 역사는 이미 천 년이 훨씬 넘었다. 그동안 불교의 본고장에서는 원시불교, 소승불교(부파불교), 대승불교가 각각의 시대적 맥락을 배경으로 등장했다. 한데 중국이나 한국에는 그 천여 년의 역사가 한꺼번에 쏟아져 들어왔다. 인도에서 소승불교와 대승불교가 역사의 흐름이었다면, 동아시아에서 그것은 평면적 선택의 갈랫길로 다가왔다. 과연 어느 것이 진정한 불교인가? 원효 같은 사람이 해결해야 할 게 다름 아니라 이 물음이었다.

작금의 한국 좌파도 비슷한 물음에 봉착해 있다. 유럽 좌파의 역사가 이미 150여 년이 넘고 그 과정에서 사회민주주의, 혁명적 사회주의, 여성주의, 생태주의 등등이 부상했다. 그런데 지금 우리는 이 모든 흐름을 한꺼번에 접하고 있다. 이 어지러운 만화경 앞에서 혹자는 사회민주주의를 교과서로 삼아야 한다고 말하고, 또 혹자는 혁명적 사회주의가 우리의 바이블이 되어야 한다고 주장한다. 하지만 과연 이렇게 간단명료하게 정리할 수 있는 문제일까?

제프 일리의 책을 읽다 보면 이 점을 보다 실감나게 느낄 수 있다. 유럽 좌파의 역사 곳곳에 지금 우리의 이야기들이 숨어 있다. 19세기 말 유럽 여러 나라의 노동자들이 최초로 자신들의 조직을 만들던, 그러니까 노동 현장에서 산업 노조를 결성하고 지역에서 좌파정당을 건설하던 과정을 보자. 이것은 영락없이 요즘 한국의 노동운동이 해야 할 일, 그것이다.

장을 뛰어넘어 1956년 즈음으로 넘어가 봐도 거기에 또 우리의 이야기와 겹치는 대목이 있다. 이 무렵 소련에서 스탈린 격하 운동이 시작되면서 유럽에서는 좌파 전체가 들썩였다. 스탈린주의의 비극에 이제는 더 이상 눈감을 수 없게 되었고 좌파 전반에 스탈린주의의 유령을 떨쳐 버리려는 몸부림이 일어났다. 이것은 지난 몇 년간 한국 진보정당 운동을 뒤흔든 종북주의 청산 문제와 잇닿아 있다.

그런가 하면 또 1970년대 서유럽 좌파와 노동운동이 맞부딪힌 새로운 상황도 지금 우리의 현실과 흡사하다. 신자유주의가 그 최초의 모습을 드러낸 이 당시부터 유럽에서는 노동계급 내의 분열이 좌파 정치의 난제로 등장했다. 한국의 독자라면 누구나 여기서 우리의 정규직-비정규직 문제를 떠올리지 않을 수 없을 것이다.

그렇다. 단순히 유럽 좌파의 여러 흐름들이 역사적 맥락과 상관없이 동시에 한국 사회에 쏟아져 들어온 게 문제가 아니다. 이념의 수용사가 사태의 본질이 아니라는 것이다. 핵심은 이것이다—지금 한국 자본주의에는 유럽 자본주의의 여러 시대가 서로 공존하며 중첩돼 있다는 것. 19세기 말의 사회민주주의, 1956년의 신좌파, 최근의 신사회운동 등이 맥락 없이 수용된 게 문제가 아니라 실제 우리 자신이 19세기 말의 시간대, 1956년의 시간대, 그리고 신사회운동 등장의 시간대를 동시에 살고 있다는 이야기다.

그렇다면 유럽 좌파의 어느 시점에 눈길을 붙박아놓고 그것을 기준점으로 어떤 정통을 논하거나 교과서를 만들려는 태도는 얼마나 일면적이고 허망한 일이겠는가? 그것은 우리 시대를 얼마나 단순화하고 희화화하는 것인가? 양극화의 시대에 뒤늦은 민주화 숙제에만 골몰하던 이전의 '민주' 정부들도, 외래 교과서만을 믿고 따르던 진보 세력도 이런 자신들의 편협한 안목의 희생자들은 아닌가?

그럼 2008년 한국 좌파의 역사는?

그래서 나는 이 책의 일독을 강권하는 것이다. 무작정 북유럽 모델을 따르자고 말하는 분들에게 이 책을 권한다. 오랫동안 자기가 속한 정파나 서클의 교과서에만 익숙한 분들에게 이 책의 강독을 제안한다. 조선 민족과 미제의 대결이라는 멜로드라마로만 현대사를 바라보던 분들에게도 이런 책 한 번쯤 읽어보시라고 권유하겠다.

하지만 이런 '선수'들 말고도 이 혼란의 시대에 길을 묻는 모든 분들에게 『The Left 1848~2000』을, 유럽 좌파의 역사를 음미하는 지적 여행을 권하고 싶다. 나도 천 쪽짜리 책 한 권 읽어봤다고 자랑할 거리도 되겠거니와 그보다 더, 역사란 어떻게 만드는 것인지, 그것을 다시 한 번 확인할 기회이기 때문이다.

한때 우리는 다른 누구보다 그것을 더 잘 알고 있다고 자부했었다. 우리의 1987년은 그럴 만했다. 하지만 지금 우리는 어떠한가? 보통선거권 쟁취 운동에서, 10월 혁명 직후의 세계 혁명 운동에서, 인류 역사를 야만의 위기로부터 구한 반파시즘 투쟁에서, 1956년 스탈린주의 비판의 격랑 속에서 유럽의 선배 동지들이 보인 그 결단을, 가장 철저한 시장지상주의 정부의 등장과 진보의 한 세대의 붕괴 앞에서 지금 우리는 과연 그만한 결단을 두려움 없이 감행하고 있는가? 어쩌면 기존의 조직을 지키고 관성을 깨고 싶지 않다는 욕망이 더 큰 것은 아닌가?

1968년 혁명 운동의 여진을 영상에 담은 장 뤽 고다르의 영화 〈만사형통(Tout Va Bien)〉은 이러한 내레이션과 함께 끝난다. "이제 당신 자신의 역사를 써라!" 제프 일리의 역사 여행이 남기는 화두도 결국은 이것이다.

함께 읽으면 좋을 책

『1968년 이전의 유럽 좌파(1848~1968)』볼프강 아벤트로트(신금호 옮김, 책벌레, 2001)

300쪽이 안 되는 분량에도 불구하고 유럽 좌파의 역사를 깔끔히 정리한 책. 저자 아벤트로트 자신이 서독 좌파의 역사적 이론가였다. 석탑출판사에서 1980년대에 낸 번역서를 복간한 것인 데, 안타깝게도 지금은 절판 상태다.

『세계 노동운동사』김금수(전3권, 후마니타스, 2013)

그나마 나온 번역서들조차 다 절판인 상황에서 세계 변혁운동사를 다룬 묵직한 저작으로는 『The Left』와 이 책 말고는 다른 대안이 없다.

『혁명의 시대』에릭 홉스봄(정도영 외 옮김, 한길사, 1998)

『자본의 시대』에릭 홉스봄(정도영 옮김, 한길사, 1998)

『제국의 시대』에릭 홉스봄(김동택 옮김, 한길사, 1998)

그 이름도 유명한 홉스봄의 19세기사 3부작. 좌파 운동사만 다룬 책들은 아니지만, 이와 관련 한 정보와 사색도 풍부하다.

민중의 집에 미치자

—

『민중의 집』 정경섭
레디앙, 2012.

노르웨이 역사학자 프란시스 세예르스테드가 쓴 『사회민주주의의 시대』(*The Age of Social Democracy*, Princeton University Press, 2011)라는 책이 있다. 노르웨이와 스웨덴의 사회민주주의 운동사를 서로 비교하면서 그 성취와 과제를 논한 역저다. 번역하기에는 만만치 않은 분량과 깊이를 자랑하지만, 국내에 꼭 소개되었으면 하는 저작이다.

그런데 이 책의 영어판 표지가 인상적이다. 표지에는 그림 하나가 크게 실려 있다. 북구 분위기를 물씬 풍기는 어두운 풍광을 배경으로 사람들이 집을 짓는 장면이다. 아직 미완성인 복층 건물 맨 위에는 붉은 깃발이 휘날리고 있다. 화풍은 양차 대전 사이의 독일 표현주의를 연상시키는데, 누구의 그림인지, 어떤 이야기를 담은 것인지 사뭇 궁금증을 불러일으킨다.

책날개의 소개를 보니, 레이다르 에울리라는 사람의 1935년도 작품이다. 나중에 위키피디아에서 찾아본 바로는 에울리는 20세기 초반에 주로 활동한 노르웨이 화가다. 노르웨이에서는 꽤 유명한 인물인 듯한데, 흥미로운 것은 사회주의자로서 노동운동과 관련된 작품을 많이 남겼다는 사실이다. 이런 이력은 화면의 붉은 깃발이 분명한 정치적 의미('좌파')를 지닌다는 것을 말해준다.

그럼 적기가 휘날리는 이 집의 정체는 무엇일까? 책날개는 화제(畵題)가 '민중의 집의 건설'이라고 알려준다. 민중의 집? 우리에게는 생소하기만 한 이름이다. 도대체 어떤 용도의 건물이며, 에울리는 왜 이 건물의 공사 모습을 화폭에 담은 것일까? 어쩌면 그냥 비유가 아닐까도 생각된다. 노동자들이 자신들의 세상을 만들어가는 모습을 집짓기로 형상화한 상징화(畵). 하지만 과연 그것뿐일까?

몇 개의 역사적 장면들, 그리고 이들을 꿰뚫는 공통의 장소

에울리의 그림에 담긴 '민중의 집'이 무엇인지 답하기 전에 눈을 유럽 대륙의 남쪽으로 한번 돌려보자. 북구의 잿빛 하늘과 정반대되는 태양의 나라, 이탈리아. 이 나라는 박노자의 책 정도로나 소개된 노르웨이에 비해서는 우리에게 그나마 낯설지 않다. 그런데 이 나라의 현대사를 담은 책이나 영화를 접하다 보면, 우리에게 참으로 생소한 공통의 장소가 출몰한다. 지금부터 그 몇 장면을 살펴보자.

장면 1. 베르나르도 베르톨루치 감독의 영화 〈1900년(Novecento)〉. 20세기 벽두부터 제2차 세계대전 종전까지의 이탈리아 현대사를 다룬, 감독판이 무려 6시간에 육박하는 '대하' 영화다. 제라르 드파르디외가 소작농 출신 좌파 투사인 주인공 올모 역할로, 로버트 드니로가 그의 친구이자 지주 역으로 나와 20세기 초 포(Po) 강 지역의 계급투쟁의 축도를 보여준다.

이 영화 중반쯤, 그러니까 연대로 따지면 1920년 무렵에 지주들의 사주를 받은 파시스트 세력이 날뛰는 장면이 나온다. 검은 제복을 차려입은 파시스트 깡패들은 좌파를 겁주려고 폭행과 방화를 일삼는다. 그런데 영화에서 이들이 제일 먼저 방화하는 건물이 하나 있다. 파시스트

행동대원들은 야밤에 몰래 이 건물에 불을 지른다.

건물 안에는 몇 명의 노인들이 있었다. 이들은 불길에 휩싸여 결국 죽음을 맞이한다. 이 밤중에 그들은 무엇을 하고 있었을까? 일생을 중노동에 시달리느라 문맹이었던 노인들은 뒤늦게 글 읽는 법을 배우고 있었다. 파시스트의 공격 대상 1순위이자 늙은 노동자들이 만학의 수업을 받던 건물인 이 장소는 베르톨루치가 이탈리아 현대사를 영화화면서 결코 빠뜨려서는 안 되는 이야깃거리였다.

장면 2. 나중에 이탈리아 공산당의 지도자가 되는 안토니오 그람시는 벽지 사르디니아 섬 출신의 고학생이었다. 그는 순전히 장학금 덕분에 토리노 대학에서 언어학을 전공할 수 있었다. 하지만 제1차 세계대전이 닥치고 그람시 자신의 건강 상태가 나빠지면서 더 이상 장학금을 받기 힘들어졌다. 장학금을 받으려면 매학기 시험을 계속 통과해야 했는데, 심신이 쇠약해진 상황에서 그게 쉽지 않았던 것이다.

청년 그람시는 1916년 결국 대학을 아예 때려치우고 만다. 그렇게 해서 시골 출신 고학생은 사고무친의 낯선 도시에서 백수가 되었다. 하지만 학업을 그만둔 그람시는 오히려 해방감을 느꼈다. 이제는 장학금 받으려고 억지로 공부할 필요 없이, 평소 마음이 향했던 좌파 정치활동에 전념할 수 있었기 때문이다.

물론 당장 입에 풀칠하는 게 문제였다. 잠자리도 걱정이었다. 하지만 이 스물다섯 살의 젊은이는 별로 두려워하지 않았다. 의식주를 어느 정도 해결할 수 있는 공간이 있었기 때문이다. 마치 우리나라 대학가 운동권 학생들이 동아리방에서 먹고 자고 하는 것처럼, 그렇게 젊은 그람시가 의지할 수 있는 장소가 있었던 것이다.

토리노 시내의 3층짜리 건물. 그곳 지하에는 커다란 식당과 찻집이 있었고, 1층에는 노동자들을 위한 진료소도 있었다. 사회당 활동가인 그람시는 이 시설들을 거의 공짜로 이용할 수 있었다. 게다가 그 위층에는 바로 그람시의 새 일터가 있었다. 사회당 토리노 지부와 사회당 신문 『아반티(전진)』의 피에몬테 지국이 거기 있었다. 이 건물 한 채가 온통 그람시 같은 열혈 청년들의 집이자 일터였고 더 나아가 마음의 고향이었다.(쥬세뻬 피오리, 『안또니오 그람쉬』, 이매진, 2004, 제12장 참고)

장면 3. 1980년대부터 우리나라에 소개돼 널리 읽힌 '돈 카밀로와 페포네'라는, 이탈리아 작가 조반니 과레스키의 연작 소설이 있다. 이탈리아에서는 몇 차례 영화로까지 만들어진 유명한 작품이다. 노무현 정부에서 문화관광부 장관을 맡은 김명곤이 해직 기자 시절에 한국어로 옮겨서 냈었고, 요즘도 서점가에서 다른 이들의 번역으로 쉽게 접할 수 있다.(가령 『신부님, 우리 신부님』[문예출판사, 1999])

주인공 돈 카밀로는 위의 영화 〈1900년〉의 무대이기도 한 포 강 유역 농촌의 가톨릭 신부다. 한때 반파시스트 투쟁에 참여하기도 한 이 왈패 신부는 이제는(1940년대 말~1950년대) 기독교민주당의 열혈 지지자다. 공산당 소속의 선출직 읍장인 또 다른 주인공 페포네는 그의 정적이자 라이벌이고 또 얼마간은 동지이기도 하다(무솔리니 정권에 맞설 때는 함께 싸웠었다). '돈 카밀로와 페포네' 시리즈는 이 두 사람이 수십 년에 걸쳐 티격태격하는 모습을 통해 전후 이탈리아사를 풍자한다.

돈 카밀로와 페포네의 경쟁은 수도 없이 되풀이되지만, 가장 재미있는 것 중 하나는 집짓기 싸움이다. 돈 카밀로 신부는 마을에 '민중 휴양소'라는 건물을 지어 읍민들을 불러모은다. 이 건물에는 공연이나 회의를 할 수 있는 대집회실이 있고, 소규모의 도서관도 있으며, 실내 체육관도 갖춰져 있다. 그리고 운동장, 수영장, 어린이 놀이터 등이 딸려 있다.

돈 카밀로 신부가 민중 휴양소를 지은 것은 다 페포네 읍장이 주도하여 신축하고 있던 또 다른 건물에 맞서기 위해서였다. 민중 휴양소의 모든 시설들은 사실은 페포네 읍장과 그의 동지들이 만들려고 했던 건물의 그것을 모방한 것이었다. 그러면서도 페포네 무리보다 더 많은 돈을 끌어들여와 먼저 완공하게 된 것이다. 페포네 측이 만들려고 했던 장소는 그만큼 당시 이탈리아 사회에서 중요한 의미를 지니는 것이었다.

위의 세 장면 모두를 관통하는 공통의 장소가 있다. 영화 〈1900년〉에서 파시스트들이 가장 증오 혹은 질시했던 곳, 그람시 같은 혁명가에게 가정이나 다름없었던 곳, 페포네 읍장과 그의 동지들이 짓고자 했고 그래서 돈 카밀로 신부가 그 복제품을 만들지 않을 수 없게 만든 곳. 그곳이 바로 '민중의 집'이다.

옛날 책에는 '인민회관'으로 번역되기도 한 이 '민중의 집'은 이탈리아뿐만 아니라 유럽 곳곳에서 노동운동, 사회주의 운동, 아나키스트운동의 초기에 중요한 거점이자 토대였다. 벨기에에서 그랬고, 스웨덴에서 그랬으며, 스페인에서도 그러했다. 그리고 노르웨이도 예외가 아니었다. 이 글 서두에서 소개한 에울리의 그림 속 '민중의 집'은 그 한 사례였다. 즉, 그림 속에서 노동자들이 건설하는 '민중의 집'은 단순한 상징이 아니라 분명한 실물이었던 것이다.

민중의 집에 '미친' 사람이 쓴 민중의 집 이야기

위키피디아에서 'people's houses(민중의 집)'를 검색해보면, "노동계급이 문화 활동에 참여할 수 있게 하려는 목적으로 만들어진 여가 및 문화 센터"라는 설명이 나온다. 맞는 이야기이기는 한데, 좀 일면적이기도 하다.

민중의 집은 일종의 문화 센터다. 우리가 아는 문화 센터들처럼 그 기본 설비는 집회실, 오락실, 식당, 정원 등이다. 하지만 중요한 것은 관청이나 기업이 만들어준 것이 아니라 민중이 직접 만든 시설이라는 점이다. 지금은 몰라도 한 세기 전 유럽의 민중의 집들은 분명 그랬다.

일단 스스로 이런 시설을 만든 사람들은 이 건물을 통해 자신들이 꿈꾸던 공동체적 삶을 꾸려나갔다. 노동조합원들은 공장에서 일할 때나 간혹 파업 투쟁을 벌일 때만 서로 만난 게 아니라 민중의 집의 식당이나 오락실에서 만나 이야기를 나누고 함께 시간을 보냈다. 조합원뿐만 아니라 이들의 가족도 이 장소에 모여 같이 공부하거나 여가 활동을 벌였다. 많은 경우, 소비협동조합이나 노동자 진료소 등이 입주해 그야말로 생활 공동체의 역할을 톡톡히 하기도 했다.

이들에게 정치는 기피해야 할 대상이나 선택의 문제가 아니라 민중의 집을 처음 만들 때부터 당연한 전제였다. 유럽 여러 나라에서 민중의 집을 만든 이들은 좌파정당의 당원 혹은 지지자들이거나 노동조합원들이었다. 이들은 공공연한 사회주의자, 공산주의자 혹은 아나키스트들이었다.

민중의 집은 좌파정당의 초기 성장 과정에서 분명 중대한 역할을 했다. 민중의 집을 짓고 거기에서 새로운 삶의 방식들을 만들어간 체험은 노동자들이 노동'계급'으로 결집하는 데 단단한 이음매 역할을 했다. 또한 노동운동의 주장이 좁은 의미의 노동자 집단을 넘어 지역 사회의 다양한 대중 사이로 확산되는 데도 사통팔달의 통로가 되었다.

그러나 한국 사회에 소개된 유럽 좌파정당이나 노동운동의 역사에서는 민중의 집 같은 시도와 경험들이 별로 중요하게 부각되지 않았다.

이론 논쟁이나 당의 득표율 혹은 노동조합 조직률 추이만을 소개하는 자료에서는 그럴 수밖에 없었다. 정작 일상의 실천에서 가장 중요한 고리였던 게 빠진 셈이었다. 이에 따라 좌파 정치는 계속 추상적인 수준에서 이해될 수밖에 없었고, 우리의 상상력 역시 제약받게 되었다.

이번에 이탈리아, 스웨덴, 스페인의 민중의 집 사례에 대한 탐방기 『민중의 집』을 낸 정경섭은 이런 '빠진 고리'를 감지한 최초의 사람들 중 한 명이었다. 민주노동당, 진보신당에서 항상 지역조직의 일선을 맡아온 정경섭은 유럽 민중의 집에 대한 단편적 소개들을 조합해 이 '빠진 고리'를 우리 운동에 채워넣는 일에 나섰다. 처음부터 그의 관심은 지극히 실천적이었다. 그는 책을 내기 전에 먼저 마포에 대한민국 민중의 집 제1호부터 만들었다.

그러고 나서 정경섭은 민중의 집 역사에 대한 조각 정보를 뛰어넘는 일에 나섰다. 유럽 민중의 집 현장들을 심층 탐방할 계획을 잡은 것이다. 마포 민중의 집을 만들 때에도 그는 좀 돈키호테 같았다. 아니, 성령이 임한 열혈 전도사 같았다. 완전히 민중의 집에 '미쳐' 있었다. 그리고 자신뿐만 아니라 남들도 '미치도록' 만들었다. 그랬기에 배낭여행 값도 안 되는 예산으로 말도 잘 안 통하는 유럽 세 나라를 향해 떠나는 일도 가능했을 것이다.

하지만 그 덕분에 지금 우리는 『민중의 집』이라는 알찬 경험과 정보의 집약체를 손에 쥘 수 있게 되었다. 진보정당의 지역 활동가 이전에 오랫동안 기자이기도 했던 정경섭은 독자가 마치 저자의 여행에 동행하기라도 한 것처럼 생생하게 유럽 민중의 집 견학 체험을 전달한다.

최근 전세계 협동조합 사례들을 직접 눈으로 보듯 전달해주는 『협동조합, 참 좋다』라는 책에 감탄한 바 있는데, 『민중의 집』도 그에 못지않다. 이 책 읽기는 그야말로 독서 '여행' 그것이다.

『민중의 집』이 이렇게 생동감 있게 읽히는 이유 중 하나는 아마도 저자가 결코 선진 문물 견학단의 자세를 취하지는 않았다는 점일 것이다. 정경섭은 이탈리아나 스웨덴의 민중의 집을 우리가 따라 배워야 할 교과서로 접근하거나 정리하지 않는다. 물론 이들 사례는 우리에게 풍부한 영감을 던져주지만, 결코 한계나 도전 과제가 없지는 않다. 저자는 이런 문제들도 냉정하고 깊이 있게 짚는다.

가령, 이탈리아에서는 '반베를루스코니 연합' 문제로 인한 좌파정당의 분열이 각지의 민중의 집에 어두운 그림자를 드리우고 있다. 스웨덴에서는 민중의 집 중 많은 수가 스웨덴 사회민주주의의 노화와 함께 예전의 운동적 성격을 잃어버린 상태다. 마침 총선 시기에 스웨덴에 방문하게 된 저자는 좌파의 총선 패배와 민중의 집의 동맥경화 상태를 오버랩시켜 스웨덴 복지국가에 관심 있는 모든 이들에게 무거운 고민거리를 던진다.

특히 이탈리아의 산업도시 토리노 남동쪽에 있다는 작은 도시 아스티에서 만난 젊은이들의 이야기는 감동적이기까지 하다. 이 도시에서는 100여 명의 젊은이들이 십시일반으로 돈을 모아 새롭게 민중의 집을 시작하고 있었다. 이들의 모습은 백 년 전 그들 조상의 노력의 반복이기도 하고, 이제 막 민중의 집을 시도하기 시작한 우리와 동시대의 분투이기도 하다. 그들은 이렇게 말한다.

70년대에는 민중의 집이 많았는데, 지금은 거의 없다. 근처에 50년 된 민중의 집이 있는데 지금은 그냥 식당이다. 우리는 과거의 민중의 집을 복원하고 싶다. 우리는 새로운 지역 정치활동으로 다시 시작하려고 한다. 사람들이 다시 정치 그 자체, 그리고 좌파정당을 신뢰하게 만들고 싶다. 그러기 위해 지역운동 네트워크를 하나의 도구로 활용하려는 것이다. 이탈리아 정치 상황이 이런 것을 요구한다고 생각한다.

—『민중의 집』, 151쪽

이제라도 좌파정당이 제대로 미쳐야 할 것

이렇게 보면, 민중의 집은 단순히 우리 운동의 빈구석을 채우는 것 이상의 의미를 지니는 것 같다. 한때 민중의 집 등을 통해 민중의 일상 생활에 깊게 뿌리내렸던 유럽의 노동운동도 지금은 그렇지 못하다. 이들에게도 어느덧 채워넣어야 할 빈구석이 생기게 된 것이다. 어쩌면 이것이 각국의 좌파가 신자유주의 물결에 계속 밀려왔던 이유 중 하나일지도 모른다. 지구화, 금융화 바람이 생활 세계를 장악해갈 때, 좌파는 이에 속수무책이었다.

한국을 비롯해 세계 곳곳에서 대중운동의 새로운 출발이 필요하다. 운동을 풀뿌리 대중의 생활 세계와 (재)접속해야 한다. 한 세기 전 그 접속의 시도는 민중의 집으로 나타났고, 이 경험은 지금의 우리에게도 훌륭한 참고가 되어준다. 생태사회주의자 앙드레 고르는 이 과제를 다음과 같이 제기한 바 있다.

노동조합은 사람들이 밤늦게 찾아갈 수 있는 '개방 센터'를 만들어서 모임장소를 제공하고, 서비스와 상품을 소개하는 역할을 하고, '민중대학'이나 영국의 '지역사회 센터' 혹은 덴마크의 '생산 학교' 등을 본떠서 노동자들과 실업자들—그리고 그 가족들—그리고 퇴직자들, 연금수혜자들, 사춘기 연령의 젊은 부모들을 위해서 교육과정과 주제토론회, 영화클럽, 수리점 등등을 제공할 필요가 있을 것이다. 노동조합은 보수를 받는 노동 이외에는 오직 소극성과 지루함만이 있을 수 있다는 생각을 실제적인 방식으로 반박해야 할 것이다.

또 노동조합은 상업적 소비 문화와 오락에 대해서 적극적인 대안을 제시해야 할 것이다. 즉, 노동조합은 애초에 자신들이 발생하게 되었던 협동조합과 결사의 전통과 노동자계급문화 서클로 되돌아가야 할 것이고, 또 자발적인 조직 활동과 협동적 서비스, 그리고 그들 자신을 위해서 스스로 수행할 공통적인 이해가 걸린 작업계획에 대해서 시민들이 토론하고 결정할 수 있는 광장이 되어야 할 것이다.

—이병천 외 편, 『후기 자본주의와 사회운동의 전망』, 385~386쪽

수십 년 묵은 좌파정당과 노동운동의 관성을 타파하자면, 우리 모두 얼마간 '미쳐야' 한다. 운동의 토대에는 아무 관심도 없이 허황된 의석 수 따위에 '미치는' 게 아니라 제대로 '미쳐야' 한다. 민중의 집에 '미친' 정경섭의 그 열정이 『민중의 책』을 통해 독자들에게 전염되어야 한다.

이 글에서 나는 일부러 『민중의 집』의 내용을 상세히 소개하지는 않았다. 독자들이 직접 이 책의 흥미로운 대목들과 만났으면 하는 마음 때문이다. 그만큼 이 책이 널리 읽히고 이 책을 읽은 누구나 새로운 실천의 의욕을 다지면 좋겠다.

사회민주주의자도 읽고, 혁명적 사회주의자도 읽고, 아나키스트도 읽으면 좋겠다. 사회민주주의자라면 복지국가의 참된 뿌리를 발견하게 될 것이고, 혁명적 사회주의자라면 노동계급의 혁명적 문화를 꽃피울 길을 찾게 될 것이며, 아나키스트라면 지금 여기에 공동체적 삶을 구현할 의지를 다지게 될 것이다. 모두들 『민중의 집』을 읽고, 민중의 집을 짓자!

함께 읽으면 좋을 책

『유럽의 산업화와 노동계급』안병직 외(까치, 1997)

유럽 각국의 노동계급 형성 과정을 거시사와 미시사를 아우르며 살펴보는 논문들을 모아놓고
있다. 특히 안재흥의 「스웨덴 노동계급의 형성과 노동운동의 선택」은 국내에 스웨덴 민중의 집
경험을 알린 선구적인 글이다. 아쉽게도 이 책은 절판이다.

『지식인이란 누구인가』노서경(책세상, 2001)

제1장 '노동운동과 지식인: 페르낭 펠루티에'에 생디칼리슴의 선구자 펠루티에가 프랑스판 민
중의 집이라 할 수 있는 지역 노동자 거점들을 만든 사례가 소개되어 있다.

어디 이런 정치가, 없나?

—

『장 조레스, 그의 삶: 프랑스 사회주의 통합의 지도자』막스 갈로
노서경 옮김, 당대, 2009.

벨기에 출신의 전설적인 싱어송라이터 자크 브렐. 한국에도 상당히 이름이 알려진 샹송 거장이다. 그의 작품 중에 〈장 조레스(Jean Jaures)〉라는 곡이 있다. 이 노래는 다음과 같은 후렴을 반복한다.

> 멋진 젊음이여, 당신들은 질문하라
> 어두운 추억의 시절을
> 한숨 쉰 시절을
> 그들은 왜 조레스를 죽였는가
> 그들은 왜 조레스를 죽였는가
>
> —『장 조레스, 그의 삶』, 14쪽에서 재인용

벌써 3년이 지난 2009년에 '프랑스의 꽃다지' 격인 밴드 '제브다(Zebda)'는 자크 브렐의 이 곡을 리메이크해 뮤직비디오로 만들었다(유튜브에서 쉽게 찾아볼 수 있다). 이 비디오의 맨 앞에는 19세기풍 정장을 차려입은 긴 수염의 사내가 나와 차분한 음성으로 연설을 한다. 프랑스 말이라 알아들을 수 없지만, '이상'이니 '용기'니 하는 단어는 귀에 들어온다. 그러고 나서 광산 노동자들, 여성 노동자들, 그리고 참호 속의 병

사들이 차례로 등장해 되뇐다. "그들은 왜 조레스를 죽였는가?" 마지막에는 등장인물들이 현대의 노동자들로 바뀌는데, 그중에는 북아프리카계로 보이는 다수의 이주 노동자들도 포함돼 있다. 이들 역시 합창한다. "그들은 왜 조레스를?"

그들은 왜 조레스를 죽였는가? 아니, 그 전에 조레스는 누구인가? 그는 1859년에 태어난 프랑스의 사회주의 정치가다. 서양 현대사에 관심이 있는 분들은 제1차 세계대전을 막아보려다 암살당한 인물로 기억할 것이다. 제브다의 뮤직비디오는 그의 탄생 150주년을 기념하기 위한 것이었다. 한 세기도 더 전 사람인데, 단지 역사 교과서가 아니라 대중의 노래와 영상물로 끊임없이 기억되고 있는 것이다. 조레스는 프랑스 민중에게 그런 인물이다. 지금도 늘 '인민의 호민관'이라는 별칭을 동반하는 그런 사람이다.

1981년에 프랑스 사회당의 프랑수아 미테랑이 대통령에 당선됐을 때 제일 먼저 찾아간 곳이 조레스의 무덤이었다. 또한 사회당이 운영하는 재단 이름도 '장 조레스 재단'이다. 그런가 하면 프랑스 공산당의 기관지 『뤼마니테(인류)』는 1904년에 조레스가 창간한 신문의 제호를 이어받은 것이다. 이렇게 사회당, 공산당 모두 경쟁적으로 추앙하는 인물이 또한 조레스다.

인민의 호민관의 전기

프랑스에서의 명망과는 달리 한국에서는 '조레스'라는 이름이 그렇게 낯익지는 않다. 그에게 관심을 가질 만한 운동권 안에서도 그는 간혹 부정적인 맥락에서나 언급되곤 했다. 독일에 에두아르트 베른슈타인이 있었다면 프랑스에는 장 조레스가 있었다는 식으로, 마르크스·엥겔스의 혁명 노선을 수정하고 의회주의를 연 인물쯤으로 이해되었다.

실제 조레스 생전에 혁명적 사회주의자들의 입장이 그러했다. 이들은 무엇보다도 조레스가 동료 사회주의자 알렉상드르 밀랑의 입각(入閣)을 적극 지지한 것을 용납할 수 없었다. 밀랑은 드레퓌스 사건 때문에 프랑스 사회가 수구파와 개혁파로 양분된 것을 이유로, 개혁파 정부가 들어서자 '반수구 개혁'의 기치 아래 장관 자리를 받아들였다. 개혁파라고는 하지만, 다른 많은 사회주의자들의 눈에는 여전히 자본가 계급 정부였는데도 말이다.

그래서 블라디미르 레닌은 밀랑의 친구 조레스를 "애매한 말의 구사자", "소부르주아 이념가", "부르주아 개혁(개량)주의 이론가"라고 혹평했다. 코민테른 지도자 그리고리 지노비예프는 "두 얼굴의 야누스"라는 비난을 퍼부었다. 물론 같은 혁명적 사회주의자라 해도 레온 트로츠키는 "기회주의자이면서 동시에 혁명가"라며, "프랑스 제3공화국의 출구 없는 모순 속에 빠졌지만 어정쩡한 타협 정치가는 아니었다"는 평가를 내렸지만 말이다.

이런 와중에도 국내에서 일찍부터 조레스에 주목하고 그를 학문적 연구의 대상으로 삼아온 이가 있다. 노서경 박사가 그 사람이다. 그의 박사학위 논문은 「프랑스 노동계급을 위한 장 조레스의 사유와 실천 (1885~1914)」이다. 이 논문 자체가 조레스에 대한 깊이 있고 상세한 평전이다. 나는 다른 책이 아니라 이 논문을 통해 조레스라는 사람을 처음 제대로 알게 되었다.

아쉬운 것은 이 논문이 단행본으로 출판된 적이 없다는 사실이다. 하지만 노서경은 다른 지면을 통해 지속적으로 조레스를 알리고 그의 삶을 곱씹었다. 『지식인이란 누구인가』(책세상, 2001)에서는 프랑스의 참여 지식인들을 소개하면서 그중 한 명으로 조레스를 다루었다. 더 나아가, 조레스의 글들을 직접 번역하여 독창적인 윤리적 사회주의 사상가로서 그의 면모를 소개하기도 했다.(장 조레스, 『사회주의와 자유 외』, 책세상, 2008) 그러다가 2009년에 드디어 한국에도 조레스의 전기가 출판되었는데, 그 번역자는 역시 노서경이었다. 막스 갈로의 『장 조레스, 그의 삶: 프랑스 사회주의 통합의 지도자』가 바로 그 책이다.

『장 조레스, 그의 삶』을 읽기 전에 내가 접한 조레스 전기는 하비 골드버그의 『장 조레스의 생애』(The Life of Jean Jaures, University of Wisconsin Press, 2002)였다. 무려 600여 쪽의 대작이다. 영어로 쓰인 책들 중에서는 아마 더 나은 게 없을 것이다. 언젠가는 이 책도 한국어로 번역되길 바란다. 골드버그의 책이 차분한 어투로 조레스의 삶과 사상을 다루고 있다면, 갈로의 책은 시적 산문으로 일관한다. 마치 조레스를 동행 취재한 것처럼 현재 시제로 서술하고 있고 이게 처음에는 영 낯설게 다가올 수도 있다. 하지만 읽다 보면 어느덧 그 박진감에 빠져들게 된다.

이 박진감은 막스 갈로라는 저자의 이력, 그리고 『장 조레스, 그의 삶』의 집필 시기와 연관된다. 갈로는 국내에도 나폴레옹, 로자 룩셈부르크 등의 전기로 꽤 알려진 저작가다. 하지만 그 이전에 그는 프랑스 사회당의 열혈 활동가다. 사회당 소속으로 유럽의회 의원을 역임하기도 했다. 『장 조레스, 그의 삶』을 보면, 그가 프랑스 사회당과 공산당을 다룰 때 사회당 쪽 당파성을 주저 없이 드러내는 것을 발견할 수 있다.

『장 조레스, 그의 삶』은 그런 그가 1984년에 낸 책이다. 1984년이라면, 미테랑의 좌파연합(사회당-공산당) 정부가 외환위기 때문에 결국 좌파적 정책 기조를 포기한 '1983년의 U턴'으로부터 불과 한 해 뒤다. 프랑스 좌파의 역사적 패배가 진행되고 있을 때 갈로는 프랑스 좌파의 영원한 사표(師表)라 할 인물의 전기를 쓰고 있었던 것이다. 갈로의 조레스 전기가 한 세기 뒤에 쓰인 기록답지 않게 시종 팽팽한 긴장과 절박감을 유지하는 것은 아마도 이런 이유 때문일 것이다.

읽는 사람 입장에서는 나쁘지 않다. 태평한 영웅 신화를 읽는 기분이 아니라 현대의 정치 현실을 두고 마치 조레스와 대화하는 듯한 느낌을 받게 되기 때문이다. 물론 단점도 있다. 조레스의 예고된 죽음을 앞두고 갈로는 비극적 어조의 과잉을 보인다. 집필 시점의 패배적 정세를 제1차 세계대전을 앞둔 선배 좌파들의 패배에 투영하면서 지나치게 감정이입한 결과일 것이다.

하지만 아무튼 갈로의 전기가 나옴으로써 한국의 독자들도 이제 조레스의 생애와 사상을 총체적으로 바라볼 수 있게 되었다. 또한 이로써 조레스가 상징하는 독특한 인간상, 즉 '이념적 정치가'에 대해 성찰해볼 기회를 가질 수 있게 되었다.

오른쪽으로가 아니라 왼쪽으로 '전향'한 사람

가장 좋은 것은 갈로의 책을 직접 읽는 것이지만, 여기에서는 조레스의 생애에서 인상 깊은 몇 단락을 소개하고 싶다. 그중 첫 번째는 그가 사회주의자가 된 사연이다. 이 이야기를 훑어가다 보면, 우리에게 익숙한 운동권 출신 정치인들의 모습과 극명히 대조되는 인생 역정을 마주하게 된다. 너무 상반돼서 비교 대상이 되는 이들을 하나하나 떠올리지 않을 수 없을 정도다. 그들 모두 왼쪽에서 오른쪽으로 '전향'한 사람들인 데 반해 젊은 조레스의 전향의 방향은 정반대였다. 오른쪽에서 왼쪽으로. 그것도 재벌과의 대결 때문에.

1885년 총선에서 스물여섯 살의 나이로 국회의원에 당선된 장 조레스는 사회주의자가 아니었다. 그는 공화파의 정당명부 비례대표제 당선자였다. 즉, 개혁적 부르주아 정치인이었다. 남프랑스의 소부르주아 가문 출생이며 프랑스 최고의 엘리트 양성기관인 고등사범학교를 나와 중학교 교사, 대학 철학 강사 등의 경력을 갖고 있던 그는 당시의 기준으로만 보면 노동운동과 거리가 멀어도 한참 먼 부류였다.

그런 그가 어떻게 프랑스 사회주의 운동의 지도자로까지 부상할 수 있었던 것일까? 그것은 우선 공화파 의원으로 등원하고 나서 그가 겪은 이상과 현실의 괴리 때문이었다. 프랑스 대혁명의 계승을 위해 공화파를 선택한 이상주의자 조레스가 목격한 현실은 민주주의의 실현이라는 대의보다는 대자본가의 뇌물에 목매단 동료 공화파 정치가들의 추태였다. 게다가 그는 남프랑스의 공화파 내부에서, 금권정치를 일삼는 재벌 솔라주 가문과 경쟁해야 했다. 정당명부 비례대표제에서 소선거구제로 바뀐 1889년 선거에서 낙선한 뒤, 그는 정치 일선에서 물러나 박사학위 논문을 집필하는 데 몰두했다. 논문의 제목은 「독일 사회주의의 기원」. 이렇게, 한 좌절한 이상주의자는 사회주의의 세계로 접근해갔다.

하지만 보다 결정적인 계기는 조레스의 지역구가 될 남프랑스 카르모의 광산 노동자 투쟁이었다. 카르모의 광부들은 광산 소유주인 솔라주 가문과 싸우면서 굳건한 투쟁의 전통을 다져왔다. 1884년 지방자치제가 처음으로 도입되자 이들은 상대적으로 쉽게 정치세력화를 이룰 수 있는 장으로 시장 선거에 주목했다. 이에 따라 1892년 지자체 선거에 카르모 광산 노동자 운동의 지도자인 칼비냐크가 시장 후보로 나섰다. 카르모의 노동자와 그 가족들은 투쟁가를 합창하면서 대열을 이뤄 투표소로 향했다. 결과는 칼비냐크의 당선이었다.

문제는 그다음부터였다. 솔라주 가문은, 더 이상 현장에서 작업을 수행할 수 없다는 이유로 새 시장 칼비냐크를 광산에서 해고해버렸다. 이는 노동자 참정권에 대한 정면 도전이었다. 광부들은 파업으로 이에 대응했다. 1893년 총선은 이 파업 투쟁의 열기가 채 식지 않은 상황에서 닥쳐왔다. 카르모 광산 노동자들은 칼비냐크 시장을 중심으로 선거대책위원회를 조직해서 '노동자 후보'를 내기로 결의했다. 그런데 당시 카르모 시는 농민 유권자가 과반수였다. 소선거구제 아래서 승리하자면 농민들로부터도 지지를 얻을 수 있는 후보가 필요했다.

이 무렵 사회주의자로 전향했지만 사회주의자보다는 공화파로 더 잘 알려져 있는 젊은 정치인, 솔라주 가문의 정적(政敵), 전해의 파업 투쟁에 신문 논설로 지원을 아끼지 않은 인물, 선거대책위원들의 마음을 사로잡은 웅변가, 조레스가 그 적임자였다. 조레스는 카르모 광부들의 '노동자 후보'로 선출됐고, 결국 당선됐다. 이때부터 조레스의 이름 앞에는 늘 "카르모 광부들의 대표"라는 말이 따라붙게 됐다.

밀랑 논쟁을 넘어 '혁명적 개혁주의' 노선의 구심으로

공화주의에서 출발해 사회주의자가 된 조레스는 몇 년 뒤 드레퓌스 사건의 소용돌이 속에서 공화주의자들과 연대해 드레퓌스파의 열혈 투사가 된다. 그리고 이게 나중에 드레퓌스파를 중심으로 새 정부가 들어설 때 동료 사회주의자인 밀랑의 입각을 찬성하는 근거가 되었다. 로자 룩셈부르크나 레닌의 조레스 비판은 바로 이 시기의 그의 노선에 집중된 것이었다.

밀랑의 입각을 놓고 프랑스뿐만 아니라 제2인터내셔널 내에서도 격심한 논쟁이 벌어졌다. 한편에서는 조레스가 밀랑의 입각을 지지하고 나선 반면, 다른 한편에서는 쥘 게드와 폴 라파르그(마르크스의 사위)가 이를 신랄하게 규탄했다. 베른슈타인의 수정주의 지지자들이 조레스를 암묵적으로 지지한 데 반해 아우구스트 베벨 등 독일 사회민주당 지도부는 반대 여론을 주도했다. 밀랑 논쟁은 이렇게 당시 독일 사회민주당 안에서 벌어지던 수정주의 논쟁과 복잡하게 얽혀 들어갔다.

과연 노동계급 정치세력이 부르주아 국가에 참여하는 게 옳은가 하는 것이 인터내셔널 내의 이론적 쟁점이었다. 하지만 사실 프랑스 사회주의자들에게 심각한 문제는 다른 것이었다. 밀랑이 참여한 내각의 국방장관은 바로 파리코뮌을 잔인하게 진압한 장본인, 갈리페 후작이었다. 어떠한 논리를 들고 나온다 하더라도, 사회주의자가 갈리페와 마주앉아 국사를 논한다는 것은 받아들이기 힘든 일이었다.

아무튼 밀랑의 입각에 대한 입장 차이로 인해 프랑스 사회주의자들은 두 개의 당으로 분열했다. 1902년 입각반대파인 게드를 중심으로 '프랑스의 사회당(PS de F)'이 출범했고, 조레스 등 나머지 세력은 '프랑스 사회당(PSF)'을 창당했다. 그러나 1903년부터 밀랑이 노골적으로 반사회주의적 입장을 취하기 시작하고 이에 따라 PSF조차 밀랑 반대의 입장으로 돌아서자, 통합의 가능성이 다시 대두했다. 게다가 당시에는 두 사회주의 정당의 통합을 강요하는 절박한 요인들이 등장하고 있었다.

그중 가장 강력한 것은 생디칼리슴의 득세였다. 1901년에 프랑스에서 최초로 노동자의 단결권이 완전히 인정되자 1902년에 노동조합 전국조직인 노동총동맹(CGT)이 등장했다. 사회민주당을 적극 지지한 독일 노동조합과는 달리 CGT의 노동조합 운동가들은 두 사회주의 정당 모두를 불신하고 노동조합 스스로 혁명의 주체가 될 것이라고 주장했다. 이전까지는 지역의 노동조합 서기가 당조직 서기를 겸임하는 등 당과 노동조합이 일체를 이루고 있었으나, 이제 둘은 서로 경쟁하는 두 기관이 되어버렸다. '혁명적 생디칼리슴'(라틴 유럽 국가에서 노동조합은 '생디카'라고 불렸으며, 따라서 '혁명적 생디칼리슴'이란 '혁명적 노동조합주의'를 뜻한다) 노선이 등장한 것이다. CGT 지도자들은 총파업이 유일한 혁명의 길이라고 주장하면서, 그 밖의 어떠한 전술도 거부했다.

이러한 제3의 경쟁자의 부상은 두 사회주의 정당의 시급한 공동 대응을 요구했다. 결국 1905년 4월 '노동자 인터내셔널 프랑스 지부(SFIO)'라는 아주 이상한 이름을 달고 통합 사회당이 창당됐다. 이 합당 과정에서 조레스는 밀랑 사태에 대한 역사적 책임을 지고 무대의 뒤편에 머물러 있어야 했다.

그러나 조레스의 드라마는 오히려 이때부터였다. 통합 사회당은 여전히 유기적인 당이라기보다는 정파연합의 성격이 강했다. 상임집행위원회와 사무총장 외에는 중앙당 기구가 존재하지 않았다. 지구당은 없고 광역지부가 사실상의 기초 단위였으며, 각 광역지부는 특정 정파가 선점하고 있었다.

SFIO가 비로소 하나의 당으로 다시 태어난 것은 1908년의 툴루즈 당대회를 통해서였다. 이 당대회에서는 당내 우파의 개혁 노선과 좌파의 혁명 노선이 첨예하게 맞붙었다. 게다가 당 바깥에서는 생디칼리슴의 공세가 한창 달아오르고 있었다. 자타가 공인하는 대웅변가 조레스는 각각의 주장을 이상할 정도로 묵묵히 경청만 했다. 그러다가 대회 막바지에 회심의 열변을 토했다. 이 연설에서 그는 당이 제대로 된 개혁을 추진하는 것은 오직 당이 혁명적 성격을 잃지 않을 때만 가능하다고 못박았다. 역으로 그는 개혁의 주체가 되는 노동계급이야말로 비로소 혁명의 주체도 될 수 있다고 지적했다.

조레스는 말했다. 개혁이 누적된다고 해서 혁명이, 즉 노동자계급이 생산수단과 권력을 장악하는 일이 벌어지는 것은 아니다. 둘 사이에는 "충돌과 위기, 파탄과 도약"이 필요하다. 하지만 이러한 "위기와 도약"의 시기에 보다 나은 역사를 만들어낼 수 있는 것은 오직 개혁 투쟁을 통해 단련된 프롤레타리아뿐이다. 제도 정치의 타협에 얽매인 "수동적이고 냉담한 개혁"이 아니라 "투쟁의 정신"과 "이상의 순수성"을 갖춘 "능동적이고 열광적인 개혁"이 비로소 혁명을 현실적인 것으로 만든다. 즉, 혁명이 필요한 때 혁명을 단행할 주역, 혁명적 노동계급을 탄생시킨다. 이렇게 조레스는 '노동계급의 주체적 능력의 고양'을 중심축으로 삼아,

개혁과 혁명 사이의 '긴장 속의 연속성'을 찾아내려 했다.

툴루즈 당대회에서의 조레스의 연설 장면을 갈로는 다음과 같이 스케치한다.

그가 기다리던 시간이다. 당은 불확실하고 분열되어 있다. 서로 다른 각각의 감수성을 고려하면서 공동의 사상을 중심으로 당을 하나로 모아야 했다. 그는 힘차게 말하면서 자신의 말을 중단시키는 이들에게 "나는 지나치지 않고 모욕을 주지 않고 술수를 부리지 않는다. 이 자리에는 친구들만 있다고 믿는다"고 응수한다. 그는 자신을 믿는다. 우파든 좌파든 그는 이렇게 답한다. "새 질서가 솟아오르게 하기 위해서는 단번에 치자는 것도, 다수가 치자는 것도 아니다."

프롤레타리아는 준비되어 있어야 한다. 혁명정신과 개혁적 행동은 대립되지 않는다. "근본적으로 혁명적인 당은 가장 적극적이고 가장 실질적인 개혁의 당이다. 모든 개혁이 진보로 나아가는 한 걸음이다." 그는 말했고 그는 대회를 준비했으며 그는 대회를 끌고 가고 통일시켰다. (중략)

회의적인 라파르그에게 "인간은 멍에를 쓰고도 채찍질을 당해도 자기 힘을 의식한다"고 말하는데, "사회주의자로서 나는 노동자의 해방을 인류의 교양과 분리시켜 생각하지 않는다"고 깊은 목소리로 울부짖는데, 아픈 사회현실에 대해 말하고 "우리는 결코 프롤레타리아의 이름으로 이 봉기의 권리를 포기하지 않을 것이다"라고 말하는데, 통합에 대한 열정, 조레스의 종합에 어떻게 저항할 수 있겠는가?

조레스 안에서 모든 경향이 서로 만난다. 그는 퍼즐을 맞추고 있다. 세 가지 관점을 펼쳐 보인다. 하나는 멀리 보고 마침내 사회주의에 도달하는 것이다. 또 하나는 상황적이다. 총파업과 봉기의 방도를 차용할 수 있다. 마지막으로 당장 급한 것은 의회주의, 시정활동, 노조, 조합활동, 개혁에 끼어드는 것이다.

　조레스의 동의안은 한 표를 뺀 만장일치로 가결되었다. (중략) 둥근 천장 아래로 〈인터내셔널〉이 울려퍼진다. "단합, 당의 통합이 툴루즈 대회에서 막 이루어졌다. 새로운 걸음이고 거인의 걸음이다. 당의 정신적 통일이 결정적으로 이루어지는 중이다"라고 최종 본회의를 주재한 마르셀 상바는 선언한다.

—『장 조레스, 그의 삶』, 605~606쪽

　툴루즈 당대회 결의안에 표명된 조레스의 기본 원칙들을 후세 사람들은 '혁명적 개혁주의(revolutionary reformism)'라 칭했다. 그러면서 의회 표결 안에 갇힌 개혁주의에 답답함을 느낄 때마다, 코민테른식 혁명 전략이 서구의 현실 앞에서 한 치 앞도 더 앞으로 못 나갈 때마다, 어두운 방 안에서 빛이 새나오는 작은 창문 틈을 찾듯, 조레스의 저 웅변을 떠올리곤 했다.

　조레스의 주장은 '개혁과 혁명의 변증법'인가, 아니면 서로 대립하는 프랑스 좌파의 여러 정파들을 다독이고 봉합하기 위한 애매모호한 요설이었을 뿐인가? 어쩌면 둘 다였을지 모른다. 어쨌든 중요한 것은 조레스가 당대의 민중에게 설득력을 지닌 '비전'을 제시했다는 사실이다. 기계적 통합이 아니었다. '비전'을 통한 통합이었다. 그리고 이와 함께 그는 밀랑 스캔들 이후의 슬럼프를 딛고 프랑스 좌파 전체의 지도자로 우뚝 섰다.

'이념적 정치가'를 찾아

이후 조레스는 자신의 비전을 당시 막 점화하고 있던 전쟁 위험에 맞선 투쟁으로 구체화했다. 제1차 세계대전의 조짐은 이미 몇 년 전부터 유럽 상공에 먹구름으로 피어오르고 있었다. 조레스는 전쟁을 막기 위해 의회에서 싸우고 거리에서 싸웠으며 반전 총파업을 경고했다. 그는 프랑스뿐만 아니라 유럽 전체에서 반전 평화의 상징이 되었다.

그다음 이야기는 이미 잘 알려져 있다. 전쟁을 일으키기 위해서는 결국 이 반전 투쟁의 구심을 쓰러뜨려야 했다. 오스트리아, 러시아 등이 이미 전쟁을 선포한 1914년 7월 31일 저녁, 조레스는 『뤼마니테』에 반전 논설을 쓰고 노천카페에서 휴식을 취하다가 한 극우 청년의 총탄에 숨진다. 그리고 사흘 뒤, 그의 장례식 전날 프랑스도 전쟁에 뛰어들었고, 20세기에 지울 수 없는 상처를 남긴 첫 세계 전쟁이 노도와 같이 유럽 대륙을 덮쳤다.

이 글의 주제가 현대사 서술은 아니니, 다시 조레스로 돌아오자. 800쪽이 넘는(그럼에도 마치 잘 쓰인 소설처럼, 결코 길다고 느껴지지는 않는) 갈로의 책을 덮은 뒤 우리에게 남는 것은 어떤 독특한 인간형의 잔상이다. 그것은 우리가 '좌파'라고 하면 흔히 떠올리는 이념가는 아니다. 그렇다고 지금도 발에 차일 만큼 흔한 상투적 정치인도 아니다. 이념을 공식처럼 여기며 현실을 거기에 끼워맞추려는 사람도 아니고, 젊었을 적 익힌 이념의 수사로 현실의 이해관계들을 치장하는 그런 사람도 아니다. 대중의 언어로, 하지만 이상주의를 결코 양보하지 않으며 비전을 제시하고 이를 견지하며 관철시키는 정치가다. 막스 베버가 『소명으로서의 정치』에서 제시한 '혁명가 대 (책임)정치가'의 숨막히는 이분법을 넘어선 사람이다. 아마도 '이념적 정치가'라고 부를 수 있을 인간형이다.

사실 두 세기 가까이 되는 세계 사회주의 운동의 역사에서도 이런 인간형은 그렇게 흔하지 않았다. 아니, 아주 진귀했다. 혁명 노선 쪽에서는 레닌 외에 뚜렷이 떠오르는 인물이 없고, 개혁주의 진영에서는 조레스를 포함해 다섯 손가락으로 꼽을 수 있을 정도다. 그만큼 만들어내기 힘든 지도자상이다. 달리 말하면, 좌파 정치가 각고의 노력으로 반드시 쟁취해야 할 어려운 목표들 중 하나다.

지금 이 나라에서 '진보정치'라 불려온 제도 정치 내의 한 부분은 완전히 파산한 상태다. '진보' 정치가의 한 세대가 모두 낙제했다. '진보'를 자처하던 언론과 지식인에 노총까지 총출동한 통합의 도박판은 가장 추한 싸움판으로 끝났다. 어떤 정권이 들어서든 이쪽 동네에서는 뿔뿔이 흩어진 파편들 중 쓸 만한 것들을 추려내 뭔가를 처음부터 다시 만들어야 할 판이다.

이런 상황에서 가장 아쉬운 것은 조레스와 같은 사람, 이념적 정치가다. 실패를 책임지고 그것을 새로운 비전의 제시로 갚을 줄 아는 사람, 산술적 통합이 아닌 이상과 열정의 공유를 통한 통합을 만들어내는 사람이다. 『장 조레스, 그의 삶』은 역사 속에서 이런 일도 가능하다는 것을 우리에게 말해준다. 언젠가 가능했던 일이라면 지금이라고 가능하지 않으라는 법은 없다. 이것을 확인할 수 있다는 점에서 이 책은 이 정치의 겨울에 우리가 벗할 만한 더없이 좋은 읽을거리다.

함께 읽으면 좋을 책

『사회주의와 자유 외』 장 조레스(노서경 옮김, 책세상, 2008)

조레스의 논설들을 모은 책. 특히 제2장 '다수 혁명론'에서는 뛰어난 정치가일 뿐만 아니라 탁월한 사상가였던 그의 면모가 여실히 드러난다.

『티보가의 사람들』 마르탱 뒤 가르(제3, 4, 5권, 정지영 옮김, 민음사, 2000)

20세기 프랑스 문학의 걸작으로 인정받는 대하소설. 그 마지막 편인 '1914년 여름'은 제1차 세계대전 발발 직전의 긴박한 상황을 다루고 있는데, 여기에서 조레스의 반전 활동에 대한 생생한 보고를 접할 수 있다.

개혁이냐 혁명이냐, 아니면 그 둘의 변증법?

『사회 개혁이냐 혁명이냐』 로자 룩셈부르크
김경미·송병헌 옮김, 책세상, 2002.

누구에게나 '내 인생의 책'이라 할 만한 서적 몇 권은 있게 마련이다. 물론 책 읽기는 지극히 일상적이고 평범한 행위여서 여기에 '인생'까지 들먹이는 게 너무 거창해 보일 수도 있겠다. 더구나 지금 우리는 인류 역사상 유례없이 정보와 텍스트가 범람하는 시대에 살고 있어서 독서에서 어떤 신비로움(발터 벤야민이 말한 '아우라') 따위는 느끼기 힘들다.

하지만 그럼에도 불구하고 독서는 때로 일상의 평온함을 깨곤 한다. 너무도 흔한 정보의 더미들 속에서 가끔 우리는 책이라는 창문을 통해 느닷없이 하나의 세계와, 낯선 세상과 마주치기도 한다. 그러면 우리는 그에 저항하고 의아해하다가도 이내 그것에 빠져들게 된다. 독자의 삶 자체가 이 독서 체험의 색깔로 물들어간다. 이제 삶은 이 체험 '이전'과 '이후'로 나뉜다.

내게 이런 만남으로 다가온 책들 중 하나는 파울 프뢸리히의 『로자 룩셈부르크의 사상과 실천』(석탑 출판사, 1984. 이 책은 2000년에 책갈피 출판사에서 정민·최민영 번역으로 다시 나왔지만 현재는 모두 절판 상태다)이었다. 대학 합격 통지를 받고 이것저것 닥치는 대로 읽다가 집어든 책이었다. 그런데 이 책이 나를 '의식화'하고 말았다. 주인공 로자의 삶과 사상은 입시 교육의 지옥에서 막 벗어난 한 넋을 송두리째 뒤흔들어놓았다.

이후 오랫동안 나는 블라디미르 일리치 레닌이나 레온 트로츠키보다도, 심지어는 칼 마르크스보다도 로자 룩셈부르크를 더 존경하고 사랑했다. 그리고 다른 누구가 아니라 그녀를 통해 사회주의에 호감을 갖게 되었기 때문에 당시 유행하던 소련 교과서 내용들에는 일찌감치 비판적 안목을 갖게 되었다. 현실 사회주의권이 차례로 무너지는 것을 보면서도 내 딴에는 크게 동요하지 않았던 것 역시 이미 로자 룩셈부르크를 따라 10월 혁명의 공과를 냉정히 바라볼 줄 알게 된 덕분이었다.

한참 뒤 카프(KAPF, 조선프롤레타리아예술가동맹) 작가 조명희의 단편 소설 『낙동강』을 읽다가 이 소설의 여주인공 이름이 '로자'인 것을 알게 되었다. 1920년대 초 이제 막 좌파 사상을 받아들이던 식민지 조선 젊은이들에게도 몇 년 전 독일 혁명 와중에 순교한 로자의 삶은 해방 투쟁에 뛰어들 것을 촉구하는 전지구적 메시지로 다가왔던 것이다. 눈이 트이는 또 다른 독서 체험이었다.

막상 조명희 자신은 스탈린 치하 소련에서 '동지'라 생각한 그 정권에 의해 숙청, 총살당했다. 스탈린 정권이 학살한 다른 많은 조선인 혁명가들처럼 '일본 첩자'라는 죄명이었다. 로자만큼 신산한 삶이었다. 하지만 로자 룩셈부르크에서 조명희로, 그리고 다시 우리에게로 이어지는 이 뜻밖의 정신적 계보는 내게는 커다란 힘의 원천이었다. 이 면면한 흐름 덕분에 '사회주의'는 '스탈린주의'와 동일시될 위험으로부터 끊임없이 구원받을 수 있을 것이기 때문이었다.

뒤늦게 만난 대표작 『사회 개혁이냐 혁명이냐』

그런데 로자 룩셈부르크를 존경하면서도 그녀의 저서를 직접 접하는 것은 쉽지 않았다. 프뢸리히가 쓴 전기를 읽고 나서 곧바로 찾아 읽을 수 있었던 책은 『러시아 혁명, 레닌주의냐 마르크스주의냐』(두레, 1989)

뿐이었다. 로자 룩셈부르크의 다른 저서들은 한국어로 나와 있지 않았다. 물론『러시아 혁명, 레닌주의냐 마르크스주의냐』라도 나와 있었으니 다행이었다. 이 책은 짧지만 굉장히 중요한 저작이다. 또한 국가사회주의 체제들이 무너지던 1980년대 말~1990년대 초 정세에서 반드시 소개되어야만 했던 문헌이기도 하다. 10월 혁명에 대한, 특히 그 일당독재화 경향에 대한 예언자적 경고를 담고 있기 때문이다.

하지만 이 책만으로는 로자 룩셈부르크 사상의 전모를 파악할 수 없었다. 그녀의 이름을 처음 세상에 알린『사회 개혁이냐 혁명이냐』도, 경제학 대저인『자본의 축적』도 모두 책 제목만 알려져 있는 형편이었다. 정치이론 분야의 또 다른 대표작『대중파업론』의 경우 한때 번역본(풀무질, 1995)이 출간된 적이 있는데, 이마저도 이내 절판되고 말았다.

그나마 다행인 것은 2000년대 들어 책세상 출판사의 문고본 시리즈 '고전의 세계'의 한 권으로, 저 유명한『사회 개혁이냐 혁명이냐』가 온전히 번역돼 나왔다는 사실이다. 최근에는『자본의 축적』도 한국어로 선보였다.(전2권, 지만지, 2013) 지금은 이 두 책이 서점에서 국역본을 구할 수 있는 로자 룩셈부르크 저작들이다.

『사회 개혁이냐 혁명이냐』는 19세기가 저물고 20세기가 동터올 무렵 독일 사회민주당에서 벌어진 이른바 수정주의 논쟁 와중에 발표한 논설들 모음이다. 긴 분량은 아니지만, 쉽게 읽히지만은 않는다. 저자의 논지나 어조가 현학적이기 때문은 아니고, 당시 논쟁을 어느 정도 알고 있어야만 이해되는 대목들이 많기 때문이다. 여기에서 로자 룩셈부르크의 호적수, 에두아르트 베른슈타인의 이름을 꺼내지 않을 수 없다.

본래 베른슈타인은 1891년에 칼 카우츠키와 함께 독일 사회민주당 강령('에르푸르트 강령')을 집필할 정도로 당 안에서 존경받던 이론가였다. 그런데 그런 그가 1899년에『사회주의의 전제와 사민당의 과제』(한길사,

1999)로 묶여 나온 일련의 논설들을 발표해, 당 강령이 표방하던 정통 마르크스주의를 정면 공격하고 그 '수정'을 주장했다. 이 때문에 독일 사회민주당뿐만 아니라 유럽 사회주의 운동 전체에 커다란 파문이 일었다.

베른슈타인의 핵심 결론은 하나로 집약된다. 자본주의가 계속 성장해가는(제국주의의 전성기이던 1890년대 말에는 실제 그렇게 보였다) 상황에서는 노동조합의 단체협상과 협동조합의 자조 노력, 그리고 사회민주당의 입법 활동을 통해 점진적으로 개혁을 쟁취하는 것만이 유일하게 가능한 일상 실천이라는 것이다. 이것이 곧 사회주의로 나아가는 단 하나의 현실적 길이다.

즉, 이제 더 이상 '혁명'이라는 강령문서 속 목표 때문에 지금 이 순간에 당이 벌이고 있는 실제 '개혁' 투쟁에 대해 주저할 필요가 없다. 현재 당이 벌여나가는 개혁 투쟁이 곧 사회주의의 '전부'다. 베른슈타인은 이렇게 단언했다, "내게는 운동(즉, 개혁)이 전부다. 궁극 목표(즉, 혁명)란 것은 아무 의미도 없다."

당 강령 작성자 중 한 명이 강령의 '수정'을 주장하고 나서는 이 사태 앞에서 사회민주당 지도부는 단지 침묵과 무시로 일관했다. 당의 얼굴 격인 아우구스트 베벨을 이론적으로 뒷받침하던 또 다른 강령 집필자 카우츠키가 주로 이런 태도를 보였다. 당내 좌우 어디에도 베른슈타인만큼 현실을 고민하면서 제 할 말 다 하는 사람은 없는 듯 보였다.

그런데 이런 상황에서 당시 막 독일 거주 폴란드계 노동자들을 조직하기 위해 사회민주당에 입당한 한 젊은 유대계 폴란드인 여성 당원이 논박의 포문을 열었다. 독일인이 아닌 폴란드인이고 유대인이라는 것만도 핸디캡이었는데, 더구나 젊은 여성이었다. 당시는 아직 여성이 참정권도 없었을뿐더러 정당에 가입하는 것만으로 풍기문란죄 처벌을 받아야 하던 시대였다. 그런데 불과 20대 후반의 여성이 쟁쟁한 고참 당 이론가들에 맞서고 나선 것이다. 그녀가 바로 로자 룩셈부르크였다. 그리고 그녀가 이때 발표한 논설들을 모은 책이 『사회 개혁이냐 혁명이냐』다.

『사회 개혁이냐 혁명이냐』를 읽는 한 방법—100년 전 논쟁의 대질 심문

『사회 개혁이냐 혁명이냐』는 논쟁서다. 주식회사와 독점 대기업이 등장하면서 자본주의가 붕괴할 가능성이 사라졌다거나 개혁의 축적으로 사회주의를 도입할 수 있다는 베른슈타인과 그 추종자들의 주장을 꼼꼼히 논박해나간다. 위에서도 말했듯이, 이런 논쟁적 맥락이 한 세기 뒤 독자들의 독서를 쉽지 않게 만든다.

이런 점에서 차라리 『사회 개혁이냐 혁명이냐』를 그 논적들의 책과 함께 읽는 게 더 좋은 접근법이 될 수 있다. 이 책들의 대질 심문을 통해 당시 논쟁을 실감나게 재연해보는 것이다. 다행히도 현재 우리에게는 이런 독서를 위해 필요한 최소한의 기본 문헌들이 소개되어 있다. 크게 주목받지 못하면서도 이때의 역사와 문헌을 소개하는 데 힘써온 송병헌이나 노서경 같은 학자들의 노고 덕분이다.

우선 카우츠키의 『에르푸르트 강령』(범우사, 2003)이 있다. 독일 사회민주당의 '에르푸르트 강령'을 충실히 해설하는 이 책을 통해 우리는 당시 당론의 한계를 확인할 수 있다. '에르푸르트 강령'은 궁극 목표를 밝히는 전반부와, 당면 실천 과제를 밝힌 후반부로 구성되어 있었다. 전자는 이른바 '최대 강령'으로 카우츠키가 작성했고, 후자는 '최소 강령'으로 베른슈타인이 썼다.

그런데 최대 강령과 최소 강령 사이에는 커다란 간극이 있었다. 일상 투쟁 과제들(보통선거권, 8시간 노동, 누진세 도입, 무상의료 등)이 자본주의 사회를 근본적으로 바꾸는 데 어떠한 의의와 전망을 지니는지 분명하지 않았다. '최대 강령' 부분 집필자인 카우츠키는 단지 궁극 목표는 '미래'에 자본주의가 붕괴하면 혁명을 통해 실현하면 되고 '지금 당장'은 개혁 투쟁에 매진하자는 식으로 이 간극을 메우려 했다. 한마디로, 단계론적 봉합이었다.

베른슈타인의 주저 『사회주의의 전제와 사민당의 과제』는 이런 엉성한 논리에 대한 시원한 논파였다. 그는 자본주의가 붕괴하는 '미래'는 결코 도래하지 않을 것이라는 전제에서 출발한다. 그런 때가 오지 않는 다면 사회주의 건설의 길은 오직 하나밖에 없다. 지금 우리가 이미 하고 있는 것, 즉 노동조합과 협동조합, 대중정당의 일상 개혁 투쟁을 계속 해나가는 것이다.

『사회주의의 전제와 사민당의 과제』는 분량이 꽤 된다. 그래서 읽기 부담스러울 수도 있다. 그런 분들에게는 대안이 있다. 문고본 베른슈타인 선집 『사회주의란 무엇인가 외』(책세상, 2002)가 그 책이다. 여기에는 『사회주의의 전제와 사민당의 과제』의 요약본이라 할 「사회민주주의에서 수정주의의 의미」라는 논문이 실려 있다.

둘 중 어느 쪽이든 베른슈타인의 글을 직접 읽다 보면, 누구나 한 가지 사실만은 인정하지 않을 수 없게 된다. 베른슈타인의 사회주의론의 타당성에 상관없이 이후 100년간의 사태 전개는 그의 예상과 크게 다르지 않았다는 것이다. 물론 베른슈타인의 장담과는 달리 대공황이 오기는 했다. 그러나 이 위기를 일단 극복한 뒤의 자본주의, 그리고 그 속에서 좌파 정치가 걸어온 여정은 대체로 그가 가리킨 바로 그 길이었다.

하지만 그만큼 분명한 또 다른 사실이 있다. 크게 보아 베른슈타인이 가리킨 그 길을 걸어온 좌파 운동은, 그의 낙관적 기대와는 달리, 아직 자본주의 아닌 어떤 사회를 실현하지는 못하고 있다. 베른슈타인은 현실을 냉철히 지적하기는 했지만, 사회주의는 본래 그러한 현실의 '극복'

에 대한 염원이고 시도다. 베른슈타인 유의 수정주의가 사회주의 이념, 전략으로서는 충분한 매력을 지니지 못해왔던 이유가 여기에 있다.

이미 수정주의 논쟁 당시에도 이것이 문제였다. 누구보다도 로자 룩셈부르크가 이를 가장 신랄하게 파고들었지만, 어찌 보면 베른슈타인과 더 가까운 입장이라고 할 수 있는 논자들 중에도 그의 이러한 한계를 지적한 인물이 있었다. 프랑스 사회당의 장 조레스가 그 사람이었다. 그의 문고본 선집도 『사회주의와 자유 외』라는 제목으로 나와 있다. 그중 제2장 '다수 혁명론'이 수정주의 논쟁에 대한 조레스의 개입의 산물이다. 여기에서 조레스는 '혁명적 진화'를 주장한다. 굳이 베른슈타인식 '진화(진보)' 앞에 '혁명적'이라는 수식어를 붙인 것이다. 그의 문제의식은 이렇다.

가장 저속하기만 한 경험주의 속에서 길을 잃지 않고, 규칙과 목표가 없는 기회주의 속에서 자진 해체되지 않고, 당은 자신의 모든 사상과 모든 행동을 공산주의적 이상을 위해 정돈해야 할 것이다. 아니, 오히려 그 이상이 당의 낱낱의 행위와 당의 낱낱의 말 속에서 언제나 현존하고 언제나 식별될 수 있어야 한다.

베른슈타인은 논쟁의 필요상 특히 자기 저술의 비판적 측면을 해명하게 되었던 것 같다. 어떻든 사회주의의 궁극적 목표가 미래의 안개 속에 녹아버린 듯 만든 것은 중대한 실책이고 중대한 잘못이리라. 공산주의는 모든 운동의 직접적이고 뚜렷한 사상이어야 한다.

—『사회주의와 자유 외』, 82쪽

조레스는, 베른슈타인과는 달리, "목표 없는 운동"이 대안일 수는 없다고 주장한다. 지금 여기의 개혁 투쟁이 의미와 활력을 갖기 위해서도 이러한 행위 안에 궁극 목표가 '살아 있어야' 한다는 것이다. 그럼 그러한 혁명과 개혁의 생생한 결합은 과연 어떻게 가능할 것인가?

이 물음은 『사회 개혁이냐 혁명이냐』와 그 이후 저서에서 로자 룩셈부르크의 일관된 문제의식이기도 하다. 실제로 그녀는 1898년 독일 사회민주당 슈투트가르트 당대회에서 이 같은 당돌한 진단을 내린 바 있었다. "우리 당에서는 극히 중요한 문제가 흐지부지되고 있습니다. 즉 그것은 우리의 마지막 목표와 일상 투쟁의 관계에 대한 이해입니다." 그리고 『사회 개혁이냐 혁명이냐』의 서문은 바로 다음의 문구로 시작한다.

> 이 글의 제목을 처음 본 순간 놀랄지도 모른다. 사회 개혁이냐 아니면 혁명이냐? 그렇다면 사회민주주의는 사회 개혁에 반대할 수 있단 말인가? (중략) 물론 그렇지 않다. 사회 개혁을 위한, 또 기존의 기반 위에서 노동하는 대중의 상황을 개선하기 위한, 그리고 민주적 제도를 위한 일상적인 실천 투쟁은 사회민주주의가 프롤레타리아 계급 투쟁을 지도하며, 정치권력을 장악하고 임금체계를 폐지한다는 최종 목표에 이를 수 있는 유일한 길이다.
>
> —『사회 개혁이냐 혁명이냐』, 10쪽

'사회 개혁이 아니라 혁명이 답'이라고 이야기하는 것 같은 책 제목의 인상과는 달리, 로자 룩셈부르크는 개혁 투쟁이야말로 일상 시기에 좌파정당이 혁명이라는 목표를 향해 나아갈 '유일한' 길이라고 못박으며 시작한다. 그러면서 "사회개혁과 사회혁명 사이"의 "분리될 수 없는 연관"을 밝히는 것이 근본 과제라고 천명한다. 혁명가 로자 룩셈부르크의 고민은 생각보다 더 복잡한 것이었다.

혁명과 개혁의 변증법—대중파업을 통하여

그럼 로자 룩셈부르크가 제시하는 개혁과 혁명 사이의 "분리될 수 없는 연관"은 무엇인가? 『사회 개혁이냐 혁명이냐』에서는 단지 한 문장의 짤막한 대답만 발견할 수 있을 뿐이다.

> 노동조합 투쟁과 정치 투쟁이 갖는 커다란 사회주의적 의미는, 그것이 노동자계급의 인식과 의식을 사회화한다(sozialisieren)는 것이다.(『사회 개혁이냐 혁명이냐』 1908년판에서 로자 룩셈부르크는 "사회화한다"는 다소 추상적인 문구 뒤에 이런 해설을 덧붙였다. "사회화한다, 즉 프롤레타리아를 계급으로 조직한다".—장석준)
>
> —『사회 개혁이냐 혁명이냐』, 55쪽

너무 추상적인 명제다. 좀 더 풀어 이야기하면, 이런 내용일 것이다. 개혁 투쟁에서 가장 중요한 것은 당장의 현실적 성과들이 아니다. 투쟁 과정에서 노동자계급의 의식과 조직의 성장을 꾀하는 것이 보다 중요하다. 노동 대중은 이렇게 집단적 체험을 쌓아감으로써 실제로 자본주의의 위기가 닥치는 순간에 혁명을 향해 나아갈 능력을 확보해나가게 된다. '개혁' 투쟁의 중심을 노동 대중의 '변혁 역량 형성'에 둠으로써 혁명과 개혁을 현재의 실천 속에 서로 만나게 해야 한다.

사실 이러한 입장은 마르크스·엥겔스의 『공산당 선언』에서 그 단초를 발견할 수 있다. 『공산당 선언』 제1장에는 이런 언급이 있다. "노동자들은 때때로 승리하나, 그것은 단지 일시적일 뿐이다. 그들의 투쟁들의 진정한 성과는 직접적인 전과(戰果)가 아니라 노동자들의 더욱더 확대되는 단결이다."(『칼 맑스·프리드리히 엥겔스 저작선집 1』, 박종철출판사, 1997, 409쪽)

이제 문제는 이러한 이론적 실마리를 어떻게 사회민주당의 일상 활동 속에서 구체적인 실천 프로그램으로 추진할 것인가이다. 다시 말하지만, 『사회 개혁이냐 혁명이냐』에는 이러한 실천 프로그램까지는 없다. 저자의 뛰어난 이론적 혜안은 더 이상 전진하지 못한다. 그 사정은 막스 갈로가 쓴 또 다른 로자 룩셈부르크 전기(『로자 룩셈부르크 평전』, 푸른숲, 2002. 안타깝게도 이 책 역시 절판 상태다)를 보면, 실감나게 파악할 수 있다. 사실 프뢸리히의 전기만 해도 좀 고리타분한 성인전(聖人傳) 냄새가 난다. 이에 반해 갈로의 전기는 이 무렵 로자의 집필 및 정치활동이 당시의 급박한 정치 상황과 어떤 직접적 연관을 맺고 있는지 생동감 있게 전한다.

　　이런 자료를 통해 알 수 있는 것은 『사회 개혁이냐 혁명이냐』 집필 당시 로자 룩셈부르크는 추상적 방향 제시 이상의 무엇을 제시할 정치적 기반이 없었다는 사실이다. 이 무렵 수정주의자들에게는 제도 정치를 중심으로 활동하던 다수의 당 소속 공직자들(제국의회 의원, 주의회 의원)이 있었다. 당 관료 조직은 베벨, 카우츠키의 중앙파가 장악하고 있었다. 반면 이 망명객 출신 여성 당원에게는 그런 손발이 없었다. 그래서 1900년대 초반에는 구체적인 전략으로까지 나아가지는 못했다.

　　시대를 뒤흔드는 바람은 뜻밖에도 동쪽으로부터 불어왔다. 1905년 2월 러시아에서 혁명이 발발했다. 그런데 이 혁명의 양상이 특이했다. 노동자들의 파업 투쟁이 마치 밀물, 썰물처럼 전진과 후퇴를 거듭하면서 놀랍게도 1년 넘게 지속됐다. 그러면서 이제까지 한 번도 노동운동 혹은 사회주의 운동을 접해보지 못했던 가장 낙후한 노동자층까지 투쟁에 결합했고, 심지어는 농민과 중산층까지도 합세했다.

　　로자 룩셈부르크는 혁명이 벌어지는 동안 고국인 폴란드(당시 러시아령)로 달려가 투쟁 양상을 직접 목격하고 돌아왔다. 그녀의 『대중파업론』은 그 관찰의 결과물이다. 이 책에서 로자는 일단 정치총파업이 벌어지면 전혀 새로운 차원의 투쟁 국면이 열린다고 주장했다. 저자는 이를 '대중파업'이라고 이름 붙였다.

대중파업의 물결 속에서 노동계급의 의식과 조직은 유례없이 확장되고 가장 낙후한 노동자층이 어느새 투쟁의 주역으로 등장하는 일이 빈번하게 일어난다. 이 경험은 노동 대중이 혁명적 주체로 성장하는 데 결정적 계기가 될 것이다. 이제 당의 역할은 이렇게 대중에게 새로운 성장의 무대를 제공하는 것이어야 한다.

로자 룩셈부르크는 여기에서 "노동자계급의 인식과 의식을 사회화"하는 개혁 투쟁의 구체적 방략을 발견했다. 당시 독일도 보통선거권이 완전히 보장된 민주주의 체제라고 할 수는 없었다. 성인 남성에 한정된 보통선거권은 그나마 제국의회 선거에서만 인정되었다. 주의회 선거에서는 소위 3계급 선거라는 계급별 선거가 실시됐다. 더구나 선거가 있을 때마다 정부는 제국의원 선출에도 계급별 선거제도를 적용하려는 선거법 개악 시도를 되풀이했다.

로자 룩셈부르크는 선거법 문제를 정치총파업으로 돌파하자고 주장하기 시작했다. 선거법 문제는 일상 개혁 투쟁의 과제에 속한다. 사회주의 혁명과 직결된 것은 아니다. 하지만 로자 룩셈부르크는 이 개혁 투쟁을 "프롤레타리아를 계급으로 조직"하는 데 중점을 둔 정치총파업 전술(더 나아가 대중파업)로서 추진하자는 것이었다. 그래서 민주 개혁을 쟁취함과 동시에 독일 노동 대중의 역량을 결정적으로 전진시키자는 것이었다.

놀랍게도 1905년 9월의 독일 사회민주당 예나 당대회는 로자 룩셈부르크 등 당내 좌파의 주장을 받아들여 총파업 투쟁을 당 전술의 하나로 채택했다. 이후 로자는 동지들과 함께 독일 전역을 순회하며 선거법 개혁 쟁취를 위한 총파업을 선동했다. 당내 좌파가 처음으로 구체적인 전략 대안을 제출하고 세력화하게 된 것이다.

하지만 이 모처럼의 기회는 오래가지 못했다. 독일 노동조합 운동 지도부는 정치총파업 전술을 못마땅하게 여겼다. 이들은 이 전술이 당국의 탄압을 불러와 노동조합 조직만 와해시키고 말 것이라고 우려했다. 당과 노동조합이 함께 보통선거권 쟁취 총파업을 벌인 이탈리아, 벨기에, 스웨덴 등과는 상황이 달랐다. 노조 측의 불만을 무시할 수 없었던 당 지도부는 1906년 9월 만하임 당대회에서 전년도 대회의 정치총파업 결의를 사실상 폐기해버렸다.

이와 함께 3계급 선거제 같은 난관을 뚫고 어떻게 권력을 향해 다가갈지에 대한 당의 전략 논의도 모두 중단되고 말았다. 사회민주당의 대중 기반을 변혁의 힘으로 약동시키려던 로자 룩셈부르크의 포부도 물거품이 되었다. 이후 몇 년간 그녀는 『자본의 축적』 집필과 당 연수원의 교수 활동에 침잠해 들어갔다. 이런 상태에서 제1차 세계대전의 검은 먹구름이 독일 사회민주당과 유럽 사회주의 운동에 닥쳐왔던 것이다.

서구 혁명 노선의 불발된 꿈

지금까지 주로 개혁과 혁명의 변증법을 중심으로 『사회 개혁이냐 혁명이냐』를 살펴봤다. 하지만 모든 고전이 다 그렇듯이, 이 책에는 또 다른 수많은 문제의식들이 복잡하게 교차하고 있다. 가령 우리는 "자본주의 질서 속에 들어 있는 미래 사회를 위한 모든 요소는 자본주의 질서가 발전함에 따라 사회주의에 접근하는 것이 아니라, 오히려 사회주의에서 멀어지는 형태를 취한다"(98~99쪽)는 문구로부터도 책 한 권 분량의 사색을 이끌어낼 수 있다. 이런 시대 인식은 '시기상조'의 위험(104쪽)을 무릅쓰고라도 노동계급이 하루빨리 권력을 장악해야 한다는 절박한 요청으로 이어진다.

수정주의 논쟁 당시에 이런 시대관은 사회주의 운동 내에서도 너무 낯선 것이었다. 이 시대의 사회주의는 진보사관을 자유주의와 공유했다. 세계사는 서구 문명의 승리와 함께 한 걸음 한 걸음 전진하고 있고 사회주의 운동의 과제는 단지 이 승리의 결실을 계승하는 것일 뿐이라는 생각이었다. 베른슈타인은 이런 시대정신을 가장 정직하게 정식화했을 따름이다.

그러나 오늘날 이런 역사관은 의문과 극복의 대상이 되어 있다. 이제는 오히려 로자 룩셈부르크의 시대 인식, 즉 자본주의를 이대로 조금이라도 더 방치한다면 인류 문명 자체가 파괴될 수 있다는 인식(저 유명한 "사회주의냐 야만이냐")이 설득력을 얻어가고 있다. 무엇보다 기후 변화 문제만 떠올려봐도 그렇다. 한 세기를 뛰어넘는 이런 동시대성 때문에 로자 룩셈부르크는 지금 새삼 뜨거운 주목을 받고 있다(최근 영국의 버소 출판사는 그녀의 영어판 전집을 새로 내기 시작했다).

하지만 이런 여러 문제의식들을 하나로 꿰뚫는 핵심 주제는 역시 발전된 자본주의 사회에서 어떻게 대중이 주도하는 변혁이 가능할까라는 고민이다. 이것은 로자 룩셈부르크의 필생의 숙제였다. 10월 혁명의 해법이 서유럽에서 그대로 반복되기에는 문제가 많다는 것을 누구보다 먼저 직시한 것도, 죽기 직전 칼 리프크네히트와 자신이 주도해 창당한 독일 공산당 안에서 제헌의회 참여 여부를 놓고 논쟁이 벌어지자 선거 참여를 역설한 것도 이런 지속적인 고민의 결과였다.

로자 룩셈부르크가 불의의 학살을 당한 뒤에는 그녀의 마지막 연인이자 정신적 계승자인 파울 레비가 독일 공산당을 이끌며 로자의 길을 이어갔다. 그는 레닌이 『좌익 공산주의: 하나의 유치한 혼란』(우리에게는 『공산주의에서의 좌익 소아병』이란 제목으로 알려진)을 쓰기 전에, 안토니오 그람시가 코민테른 노선에 대한 반성적 숙고에 돌입하기 훨씬 전에 이미 부르주아 민주주의 체제 아래서 변혁을 추진하자면 러시아와는 다른 고민이 필요하다는 것을 역설했다.

최근 파울 레비의 영어판 선집 『로자 룩셈부르크의 발걸음을 따라』 (*In the Steps of Rosa Luxemburg*, Haymarket Books, 2011)를 엮어낸 데이비드 페언바흐는 이러한 파울 레비의 노선이 만약 로자 룩셈부르크가 살아서 독일 공산당을 이끌었을 경우 어떤 길을 선택했을지 암시해준다고 말한다. '사회민주당 주적'론을 내세우다가 히틀러에게 권력을 내주는 일은 없었으리라는 것이다.

물론 가정은 어디까지나 가정일 뿐이다. 하지만 지구 자본주의가 로자 룩셈부르크가 말한 '자본주의의 붕괴'에 근접한 것만 같은 상황에 다시 빠져든 지금, 그녀의 여러 유산들 중 가장 치열하게 되새겨야 할 것이 혁명과 개혁의 변증법 혹은 발전된 부르주아 민주주의 체제에 맞는 변혁 노선의 모색이라는 점은 분명하다. 제2인터내셔널 안에서 모색만 되다 만 이 가능성을 다시 진지하게 검토하지 않는 한, 이번 위기도 인류의 기회로 반전되기 힘들 것이다. 로자 룩셈부르크가 제시한 아래의 딜레마는 또한 21세기의 우리의 것이기도 하다.

사실상 승리를 향한 프롤레타리아의 세계사적 전진은 '그렇게 간단한 일'이 아니다. 역사상 최초로 대중이 스스로 모든 지배계급에 대항해서 자신의 의지를 관철해야만 하며, 이 의지를 현 사회의 저편으로, 즉 현 사회를 초월해 밀고 나가야 한다는 데 이 운동의 특수성이 있다. 그러나 대중은 다시금 이러한 의지를 오로지 기존 질서와 끊임없이 투쟁함으로써만, 즉 기존 질서의 틀 속에서만이 완전하게 성취할 수 있다.

대다수 민중을 모든 기존의 질서를 초월하는 목표와 결합시키는 것, 일상적인 투쟁을 위대한 세계 개혁과 결합시키는 것, 바로 이것이 사회민주주의 운동의 큰 문제다. 사회민주주의 운동은 분명 그 발전의 전체 과정에서 두 개의 난관 사이를, 즉 대중적 성격을 포기하는 것과 최종 목표를 포기하는 것, 다시 말해 이단적 분파로 떨어지는 것과 부르주아 개혁 운동으로 변하는 것, 또 무정부주의와 기회주의 사이를 헤치고 앞으로 나아가야만 한다.

—『사회 개혁이냐 혁명이냐』, 116~117쪽

함께 읽으면 좋을 책

『로자 룩셈부르크』 토니 클리프 (조효래 옮김, 북막스, 2001)

200쪽이 안 되는 분량에 로자 룩셈부르크의 생애와 사상을 짜임새 있게 요약한 입문서. 로자 룩셈부르크에 대한 책들은 현재 거의 다 절판 상태인데, 이 책도 마찬가지다.

『룩셈부르크주의』 로자 룩셈부르크 (풀무질, 2002)

『대중파업론』, 『러시아 혁명』 등을 포함한 주요 논설들을 모은 책. 역시 지금은 서점에서 구할 수 없다.

그는 아나키스트였다, 왜?

—
『나는 사회주의자다』 고토쿠 슈스이
임경화 편역, 교양인, 2011.

여기 600쪽이 넘는 두툼한 책이 있다. 비록 길지 않은 생애였지만 한 인간이 평생에 걸쳐 발표한 글들을 모아놓은 책이다. '20세기의 괴물 제국주의', '사회주의 신수(神髓)' 등 각 장(章)의 제목도 범상치 않다. 이론적인 글들이 있는가 하면, 격문도 있다. 그런데 이 두꺼운 책에서 유독 우리의 눈길을 끄는 것은 그러한 수많은 글들 사이에 자리한 사진 한 장이다. 그것은 안중근 의사의 사진이다. 그 사진에는 한시가 한 수 적혀 있다.

> 捨生取義 생을 버리고 의를 취하고
> 殺身成仁 몸을 죽이고 인을 이루었네.
> 安君一擧 안중근이여, 그대의 일거에
> 天地皆振 천지가 모두 전율했소.

사진 밑에 실린 설명에 따르면, 이것은 놀랍게도 1910년 초에 일본에서 발행된 엽서다. 1910년 초라면 안중근 의사의 이토 히로부미 저격이 있고 나서 불과 몇 달 뒤다. 한데 다른 곳도 아닌 이토 히로부미의 나라 일본에서 안 의사를 '살신성인'의 위인으로 기리는 엽서가 만들어진 것이다.

물론 일본 당국은 이 엽서의 발매를 금했다. 그래서 미국 샌프란시스코에 체류하던 일본인들이 국외에서 제작하여 일본 국내로 밀반입했다. 이 사진이 실린 책『나는 사회주의자다』의 저자인 고토쿠 슈스이(幸德秋水)는 바로 그해에 천황 암살 모의 혐의로 체포되었는데, 그의 소지품들 중에서 이 엽서가 발견되었다.

사실 이 엽서에 실린 한시를 지은 이가 고토쿠 슈스이, 그 사람이었다. 그리고 자기네 나라 원로대신을 암살한 조선의 젊은이를 기리려고 굳이 태평양을 넘나들며 엽서를 인쇄한 이들은 그의 동지들이었다.

도대체 이 일본인들은 왜 안중근 의사를 원수로 여기기는커녕 마치 전우처럼 추념했던 것일까? 이 모든 일의 중심에 섰던 고토쿠 슈스이는 누구인가? 왜 그는 하필 안 의사의 의거가 있던 다음해, 일본이 조선을 최종적으로 식민지로 집어삼킨 그해에 자기 나라의 차디찬 감옥에 갇혀야 했던 것일까? 이 물음들에 대한 고토쿠 슈스이 본인의 답변이 이 책『나는 사회주의다』에 담겨 있다.

조선인들의 운명과 묘하게 얽혀 있던 사회주의자 고토쿠 슈스이

1871년생(로자 룩셈부르크와 동갑이다)인 고토쿠 슈스이는 일본 사회주의 운동의 선구자들 중 한 명이다. '일본의 루소'라 불리는 자유주의자 나카에 조민의 제자인 그는 1890년대 말부터 사회주의와 노동운동에 관심을 기울이기 시작했다.

일본인들에게 1890년대 말은 어떠한 시기였던가. 1880년대에 일본 사회를 뒤흔들고 10대의 고토쿠 슈스이를 들뜨게 만들었던 자유당의 입헌민주주의 운동이 보수파에게 흡수되어버린 시기였다. 마침 막 시작된 자본주의 산업화의 결과로 노동계급이 서서히 모습을 드러내던 시기였다. 그리고 또 하나, 청일전쟁의 승리로 일본이 제국주의 대열에 본격 합류한 시기이기도 했다.

이 모든 시대 상황이 청년 고토쿠 슈스이가 사회주의 쪽으로 기울도록 만들었다. 자유당의 훼절을 바라보며 그는 유신 운동, 입헌 운동의 뒤를 잇는 새로운 사회 변혁 운동이 필요하다고 절감했다. 그리고 그 불씨를 당시 막 등장하던 노동운동에서 찾으며 그 이념적 기반인 사회주의를 수용하기 시작했다.

게다가 사회주의 사상은 그에게 전쟁 광기에 휩싸인 일본 사회를 비판할 유효한 무기이기도 했다. 이러한 무기를 갖춘 덕분에 그는 아직 러일전쟁이 일어나기 4년 전인 1901년에 『20세기의 괴물 제국주의』를 발표할 수 있었다(이 책의 서문은 함석헌의 스승이기도 한 기독교 평화주의자 우치무라 간조가 썼다).

이 대목에서 우리는 조선인들의 운명과 고토쿠 슈스이의 생애가 묘하게 얽혀 있었다는 것을 감지하게 된다. 1894년 동학농민혁명이 일본의 개입으로 진압될 때 일본 국내에서 고토쿠 슈스이는 보수파와 자유당 사이의 야합에 좌절하며 새로운 대안을 찾아 나섰다. 그리고 한반도를 둘러싼 러시아와 일본의 무력 충돌 가능성이 높아질수록 그는 제국주의 성토의 목소리를 드높였다.

이런 인물인데도 정작 한국에는 그의 이름이 그렇게 널리 알려져 있지 않다. 아마도 반공 체제에서 거명하기 껄끄러운 '좌파' 인물이었기 때문에 그랬을지 모른다. 하지만 반공주의의 전성기에는 그랬다 치더라도 80년대 말 이후에는 소개의 기회가 없지 않았다. 그런데도 고토쿠 슈스이는 우리에게 여전히 낯선 이름으로 남아 있다. 한국 좌파 지식계의 어떤 치부를 드러내는 사례가 아닐 수 없다.

이번에 '동아시아 사회주의의 기원, 고토쿠 슈스이 선집'이라는 부제를 달고 나온 『나는 사회주의자다』는 이런 부끄러운 간극을 뒤늦게나마 메워준다. 이 책은 신채호 등 20세기 벽두 조선 지식인들이 처음으로 사회주의 사상을 접하는 계기가 되었다는 「장광설」을 비롯해서 고토쿠 슈스이의 중요한 저작과 논설들을 망라하고 있다. 그의 생애와 사상을 한눈에 담는 데 더없이 좋은 내용과 체계를 갖추었다 하겠다.

왜 그들은 아나키스트가 되어야만 했는가?

하지만 이것만으로 100여 년 전 외국 사상가의 글들을 읽을 이유를 대기에는 좀 부족한 감이 있다. 고토쿠 슈스이는 일본에 사회주의를 '소개'한 인물이지 그것을 일본 사회에 맞게 '전개'한 인물은 아니다. 모든 초기 소개자가 다 그렇듯이, 그의 글들에서도 어떤 독창적인 착상이나 이론을 발견하기는 어렵다. 말하자면 레닌이나 그람시의 저작을 읽을 때의 기대를 갖고 고토쿠 슈스이의 글들을 읽을 수는 없다는 것이다.

그렇다고 고토쿠 슈스이가 100년 전 일본인들을 위해 집필한 개론서를 21세기 한국인들의 사회주의 입문서로 활용할 수도 없다. 통일 직후의 독일 제국이나 러시아 차르 체제를 사례로 들며 사회주의 혁명의 필요성을 역설하는 글이 21세기 사람들에게 설득력을 갖기는 힘들기 때문이다. 이런 문헌은 사상사 연구자의 흥미로운 검토 대상은 될 수 있을지 몰라도 보통의 독자가 쉽게 손에 들 책은 못 된다.

그러나 이런 점들에도 불구하고 나는 이 뒤늦은 한국어본 고토쿠 슈스이 선집이 사상사 전문가들 외에 일반 독자들도 읽어볼 가치를 충분히 지니고 있다고 단언한다. 그것은 무엇보다도 이 책의 후반부 1/3 정도를 차지하는 만년의 논설들 때문이다.

그중의 한 편인 「앨버트 존슨에게 보내는 편지」(1905년)에서 고토쿠 슈스이는 다음과 같이 말한다. "사실 나는 처음에 마르크스파 사회주의자로서 감옥에 들어갔지만, 출옥할 때에는 급진적 무정부주의자가 되어 돌아왔습니다."(383쪽) '나는 사회주의자다'라는 제목이 무색하게 자신이 '사회주의자'가 아니라 '무정부주의자(아나키스트)'라고 선언하고 있는 것이다. 물론 '사회주의'를 아나키즘까지 포용하는 넓은 맥락에서 사용한다면, 책 제목이 문제될 것은 없다. 하지만 일반적인 용어법을 적용해서 보다 엄밀하게 말한다면, 고토쿠 슈스이 선집의 올바른 제목은 '나는 아나키스트다'이다.

그렇다. 고토쿠 슈스이는 1905년을 전후하여 아나키스트로 전향했다. 그리고 지금도 그는 일본 사회주의의 선구자이면서 동시에 일본 최초의 아나키스트로 기억되고 있다. 여기에서 중요한 것은 왜 하필 그 시점이 1905년인가이다. 이 대목에서 그의 삶은 다시 한 번 조선인들의 운명과 엮인다.

1905년은 바로 일본이 한반도를 둘러싸고 러시아와 벌인 전쟁에서 승리한 해다. 이 전쟁으로 인해 러시아에서는 제1차 러시아 혁명이 시작된 반면 일본은 조선의 식민지화를 착착 진행하게 된다. 고토쿠 슈스이는 바로 이 상황 앞에서 한편으로 절망하며 다른 한편으로는 희망의 서광을 보았다. 점점 더 제국주의의 야수가 되어가는 조국에 환멸을 느끼면서 동시에 러시아 혁명에서 노동자 직접행동(총파업)에 의한 혁명이라는 대안을 발견한 것이다.

사실 그전까지만 해도 고토쿠 슈스이는 천황제 국가 자체를 부정하지는 않았다. 『나는 사회주의다자』에도 실려 있는 「사회주의 신수」라는 저작(1903년)에서 그는 사회주의와 '국체'(천황제)가 서로 양립 가능하다고 주장하기까지 했다. 그러나 1905년 이후에도 이런 입장을 견지할 수는 없었다. 고토쿠 슈스이는 메이지 유신으로 들어선 일본 근대 국가를 전면 부정하고 대중 직접행동으로 이를 전복해야 한다는 아나키즘 노선을 제창하는 것으로 당대의 상황에 답했다.

이때부터 1910년 이른바 '대역사건'으로 체포될 때까지 '아나키스트' 고토쿠 슈스이의 활동이 계속된다. 내가 보기에 이 시기야말로 그의 가장 빛나는 시절이었고, 따라서 『나는 사회주의자다』에서 현대의 독자들이 읽어볼 만한 부분, 꼭 읽어야 할 부분이 바로 이 시기의 논설들이다.

이 시기에 고토쿠 슈스이의 조선관도 변화한다. 그전까지만 해도 그는 조선인들을 '동정'할망정 그들을 '연대'의 상대로 바라보지는 않았다. 하지만 아나키스트로 회심하고 나서 그에게 조선인들은 일본 국가를 전복하는 데 함께 힘을 합쳐야 할 동아시아의 동지들로 다가오게 된다. 그와 그의 동지들이 안중근 의사의 사진을 엽서로 발간하며 추념한 이면에는 다름 아닌 이러한 시각이 자리하고 있었다.

이러한 국제주의적 시각에 따라 고토쿠 슈스이는 1907년 일단의 중국 혁명가들과 함께 '아주화친회'를 결성하기에 이른다. 이 단체는 동아시아 최초의 반제국주의 국제연대 조직이었다. 훗날 대한민국 임시정부에서 활동하며 삼균주의를 창시하게 되는 조소앙도 이 조직의 참가자 중 한 명이었다.

오늘날 그들 아나키스트의 의미

1910년 6월, 고토쿠 슈스이는 천황 암살을 모의했다는 혐의로 구속된다. 그로부터 2개월 뒤, 대한제국이라는 나라가 지도 위에서 사라지고 한반도는 일제의 식민지가 된다. 다시 그 다음해, 고토쿠 슈스이는 결국 형장의 이슬로 사라진다.

그러고 나서 정확히 100년이 흘렀다. 100년 전의 그들이 미처 예상치 못했던 숱한 변화들이 동아시아를 휩쓸었다. 하지만 고토쿠 슈스이와 그의 동지들이 아나키즘을 선택하지 않을 수 없게 만들었던 그 한 가지 문제는 100년 전과 다름없다. 그것은 국가다.

동아시아만큼 이 근대 국가라는 질곡이 인민을 옥죄는 곳도 달리 없다. 일본에는 천황제 국가의 유제가 여전하다. 중국에는 '사회주의'를 내건 거대 국가가 실상은 자본주의의 버팀목 역할을 한다. 한반도에서는 하나도 아닌 두 개의 국가가 일촉즉발의 대결 상황을 60년 넘게 지속하고 있다. 100년 여정의 중간 기착지가 이것이다. 이것은 그야말로 100년 전 고토쿠 슈스이가 맞부딪혔던 일본 국가라는 현실의 지속, 아니 그 확대판이 아닌가.

그렇기에 '아나키스트' 고토쿠 슈스이는 우리의 동시대인이다. 고토쿠 슈스이만이 아니다. '아(我)와 비아(非我)의 투쟁'의 악무한적 반복에 대한 해답을 아나키즘에서 찾은 신채호도 있다. 노자와 장자의 원형적 아나키즘으로부터 출발해 국가주의를 쉼 없이 비판한 함석헌도 있다. 심지어는 마오쩌둥조차 젊은 시절에는 국가가 아닌 '인민의 대연합'을 제창한 바 있다.

비록 이러한 선각자들의 외침이 대안의 윤곽까지 제시해주는 것은 아니지만, 적어도 우리의 새로운 출발점을 환기시켜주는 것만은 분명하다. '나는 사회주의자다'라는 다소 어긋난 제목을 단 이 동아시아 아나키즘의 고전이 이 시대의 필독서 중 하나여야 하는 이유가 바로 여기에 있다.

함께 읽으면 좋을 책

『오스기 사카에 평전』오스기 사카에(김응교·윤영수 옮김, 실천문학사, 2005)

고토쿠 슈스이와 함께 일본 아나키즘의 개척자였던 오스기 사카에의 자서전. 오스기는 간토 대지진 때 학살당했다.

『무엇이 나를 이렇게 만들었는가: 일본 제국을 뒤흔든 아나키스트 가네코 후미코 옥중 수기』

가네코 후미코(정애영 옮김, 이학사, 2012)

남편인 재일 조선인 박열과 함께 이른바 '대역(천황 암살 모의)사건'으로 검거돼 형장의 이슬로 사라져간 여성 아나키스트 가네코 후미코의 옥중 수기. 고토쿠 슈스이의 글과는 또 다른 절실함이 육박해온다.

『동아시아 아나키즘, 그 반역의 역사』조세현(책세상, 2008)

20세기 전반 한국, 중국, 일본에서 치열하게 전개된 아나키즘 운동을 소개한다.

『아나키즘의 역사』장 프레포지에(이소희 외 옮김, 이룸, 2003)

세계 아나키즘 운동사를 조망할 수 있게 해주는 책. 불행히도 절판 상태다.

'종북'과 '반공'을 넘어 현대사를 다시 읽기

『이재유, 나의 시대, 나의 혁명: 1930년대 서울의 혁명운동』 김경일
푸른역사, 2007.

2012년 통합진보당 선거부정 사태는 결국 주체사상파에 대한 논쟁으로 비화했다. 보수든 진보든 수많은 매체들이 북한의 국가 이념이자 1980년대 중반부터 남한 민중운동에도 뿌리내리기 시작한 이 사상·운동에 메스를 들이댔다. 안타깝게도 언론의 접근법은 보수 우파의 여론 몰이 혹은 표피적·선정적 보도 수준을 넘어서지 못했다. 하지만 주체사상파 문제 자체는 한국 사회에서 언제고 치열하게 논의, 정리되었어야 할 사안이다. 오히려 2010년대 벽두에야 공개 토론의 쟁점이 된 게 너무 늦었다고 할 수 있다.

그런데 주체사상파 문제를 검토하면서 반드시 다뤄야 할 주제가 있다. 그것은 한국 사회주의 운동사에 대한 인식과 평가다. 주체사상은 어쨌거나 한반도 산(産)이고 더군다나 북한 내 사회주의 분파들 사이의 투쟁 속에서 등장했기 때문에 일제하 사회주의 운동에 대한 평가가 이 사상의 주요 구성 부분을 이룬다.

대학생 시절 주체사상에 감복했던 이들의 이야기를 들어보면, 열이면 열 다들 김일성의 만주 항일 무장투쟁사를 접한 것이 결정적인 계기가 되었다고 한다. 그만큼 만주 무장투쟁 경험은 주체사상의 원점이며 또한 이 사상이 한때 남한 젊은이들에게 호소력을 갖게 만든 강점이기

도 하다.

주체사상은 단지 만주파의 무장투쟁 경험을 '강조'하기만 하는 것이 아니다. 이것을 중심에 놓고 한국 사회주의 운동사 전체를 평가·배열한다. 한마디로, 1930년대 김일성의 동북항일연군-조국광복회 활동을 '정통'으로 놓고 좌파 항일운동의 다른 흐름들을 기껏해야 그 '전사(前史)'나 '주변'적 흐름, 더 부정적으로는 '이단'으로 치부한다.

'정통'과 '이단'의 역사관, 이것은 학문보다는 종교의 영역에 가깝다. 유일신교의 유구한 전통이고, 우리의 경우에는 조선 주자학을 통해 익숙해진 사고방식이다. 인류사를 보면, 이런 식의 역사관은 반드시 특정한 국가 권력과 연동돼 있으며, 역사 속의 '정통'과 현존 국가 권력의 일체화를 통해 체제 유지에 기여한다. 이 문장에 '주체사상(의 역사관)'과 '북한 국가'를 대입시켜 보면, 그대로 지난 반세기간 한반도 북쪽의 현실이 된다.

따라서 주체사상과의 참다운 대결은 보수 우파 식의 '종북' 매카시즘으로는 가능하지 않다. 그것은 반공 국가주의로 주체사상의 국가주의를 대신하려는 것, 말하자면 우상들끼리의 자리다툼일 뿐이다. 주체사상과 대결하려면 무엇보다도 국가주의 자체를 비판적으로 성찰해야만 하며, 이에 더해 역사 해석 투쟁을 벌여야 한다. 일제시기까지 거슬러 올라가 주체사상과는 다른 민족해방혁명 운동사의 전체상을 획득해야만 하는 것이다.

일제하 사회주의 운동사에 대한 연구 성과들

1980년대에 운동권 학생들이 쉽게 접할 수 있는 일제하 사회주의 운동사로는 다음과 같은 저작들이 있었다. 김준엽·김창순의 『한국 공산주의운동사(전5권)』(청계연구소, 1986), 로버트 스칼라피노·이정식의 『한국

공산주의운동사(전3권)』(돌베개, 1986), 서대숙의 『한국 공산주의운동사 연구』(화다, 1985). 모두 나름대로 명저들이고, 반공 분단 체제 때문에 남한에서 좌파 항일투쟁사를 본격적으로 연구하기 힘들 때 선구적 역할을 한 책들이다. 지금도 박헌영이나 김일성에 대한 1980년대 운동권 세대의 입담들을 들어보면, 위의 책들을 읽었던 기억에 여전히 의존하고 있음을 확인할 수 있다. 1980년대에 남한에서 출판된 일제하 사회주의 운동사의 1세대 연구서들이 한국 사회에서 그나마 이 주제에 관심을 갖고 있는 이들의 '상식'을 이루고 있는 것이다.

그런데 이들 저작을 통해 접하는 우리 사회주의 운동사의 모습은 그다지 자랑스러운 게 못 되었다. 오히려 비판과 극복의 대상으로 보였다. 전문 연구자들이야 행간을 읽어내는 신묘한 능력을 발휘했을지 몰라도, 보통의 독자라면 누구나 그런 인상에 머물지 않을 수 없었다. 수많은 분파들의 나열, 이들 사이의 논쟁과 분열의 어지러운 전개에 대한 평면적 서술, 그리고 결국에는 '해방'보다는 '분단'에 기여했다는 총괄 평가. 이것은 한계와 오류의 반복과 집적으로 보일지언정 가슴 뛰는 투쟁사는 아니었다.

어떤 측면에서는, 1세대 연구서들이 제시하는 과거 운동사의 이러한 부정적 인상이, 주체사상이 남한 젊은이들에게 호소력을 발휘하는 데 길을 닦아준 셈이 되었다. 김일성 등장 이전의 사회주의 운동사는 기회주의와 종파주의의 역사였고 김일성 일파야말로 이러한 전사를 극복한 '새 세대' 혁명 주역들이었다는 것이 주체사상의 일제하 운동사 평가의 요점이다. 위의 1세대 연구서들은, 물론 그 결론은 주체사상과 전혀 달랐지만, 전제(조선공산당사에 대한 부정적 평가)만은 주체사상과 일치했던 것이다.

그러나 남한 역사학계에서 1980년대 변혁운동의 세례를 받은 젊은

학자들의 연구 작업이 진행되면서, 적어도 역사학자들이나 현대사에 관심 있는 독자들 사이에서는, 더 이상 이런 인식이 지배할 수 없게 되었다. 1990년대 초반부터 이들 연구자의 학위 논문이 속속 발표되었고, 그중 상당수는 단행본으로도 출간되었다. 이러한 새 세대 연구서가 하나둘 선보일 때마다 일제시대의 운동사가 한꺼풀씩 장막을 걷으며 그 생생한 모습을 드러냈다. 그것은 결코 '종파쟁이들'의 부끄러운 역사가 아니라 자랑스러운 투쟁사였다.

이들 저자 중에 내가 기억하는 이름만으로도 지수걸, 이준식, 신주백, 임경석, 전명혁 등이 있다. 이들은 일반 독자가 읽기에는 좀 딱딱한 박사학위 논문 외에 최신 연구 성과들을 대중에게 소개하는 책들(예컨대 박준성, 『박준성의 노동자 역사 이야기』[이후, 2009]나 임경석, 『잊을 수 없는 혁명가들에 대한 기록』[역사비평사, 2008])도 냈다.

그런데 이런 성격의 책들 중에서도 지금껏 내게 가장 인상적인 것은 김경일의 『이재유 연구』(창비, 1993)다. 이 책은 2007년에 푸른역사 출판사에서 『이재유, 나의 시대, 나의 혁명: 1930년대 서울의 혁명운동』이라는 제목으로 새로 나왔다. 2007년판은 본문 뒤에 부록으로 첨부된 자료들이 보강돼서 좀 두꺼워졌지만, 내용 자체는 크게 바뀐 것이 없다. 그만큼 1993년 초판은 완결성을 갖춘 수작이었다.

'이재유'라는 이름이 좀 더 대중적인 관심을 받게 된 것은 이 책 뒤에 나온 안재성의 『경성 트로이카』 덕분이었다. 『경성 트로이카』는 이재유 조직에 직접 참여했던 생존자의 귀한 증언에 바탕을 두고 있어서 김경일의 연구서와는 또 다른 독자적 의의를 지닌다. 또한 소설가의 필치로, 역사서와 소설의 경계를 허무는 서사를 전개하고 있기에 훨씬 핍진하게 이재유와 그 동지들의 투쟁을 우리에게 전해주는 미덕을 갖고 있다.

하지만 김경일의 저작이 없었다면 『경성 트로이카』도 없었을 것이다.

나는 지금도 김경일의 책 초판이 나온 1993년 무렵, 30년대 서울의 적색 노동조합 운동과 조선공산당 재건 투쟁의 실상을 처음 접하고 나서 오래도록 남은 그 감흥을 잊을 수 없다. 그 감흥 속에서 일제하 사회주의 운동에 대한 검은 덧칠은 색이 바랠 수밖에 없었다. 전봉준과 전태일 사이에서 오래도록 안개에 싸여 있던 그 역사가 이제는 찬란한 색채로 우리의 미래에 빛을 밝혀주는 듯했다.

'정통'론을 넘어 일제하 사회주의 운동사 읽기

여기서 이재유와 그 동지들의 투쟁사를 장황하게 소개할 필요는 없을 것이다. 일제 경찰에 잡힌 뒤에도 몇 차례나 도주를 시도해서 결국은 탈출에 성공한 전설 같은 무용담, 코민테른의 권위를 내세워 운동권을 정리하려는 인사들에게 현장 투쟁의 당당함으로 맞선 일화, 나중에 국문학자 김태준의 부인이 된 박진홍과의 애틋한 사랑 이야기 등등은 '신화'로 만들려고 마음만 먹으면 북한 측의 '불멸의 력사' 연작에 버금갈 만한 소재들이다.

하지만 굳이 그런 신화화 촌극을 따라 할 필요는 없다. 역사적 사실만으로도 충분하다. 더구나 이재유만 있는 것도 아니다. 같은 시기 식민지 조선 곳곳에는 이재유의 경성 그룹에 맞먹는 규모와 치열함으로 적색 노조, 농조 투쟁 및 조선공산당 재건 운동을 벌인 또 다른 투사들이 있었다. 약간의 예만 들어도, 원산의 이주하 그룹이 있었고, 평안도의 주영하, 함경도의 오기섭 그룹이 있었다(이들 대부분이 이후 북한 정권의 숙청 명단과 겹친다).

1930년대에 조선에서는 이렇게 치열한 혁명 운동이 전개되고 있었다. 이들은 1920년대의 조선공산당을 계승하면서 이를 재건하려 했지만 20년대 운동과는 또 다른 성격을 지니고 있었다. 상황 자체가 크게 바뀌었다. 코민테른으로부터 인정받은 전국 당 조직도 존재하지 않았고 또한 일본 제국주의의 파시즘화로 이제 조선노동총동맹이나 신간회 같은 합법 조직도 기대할 수 없는 형편이었다. 이런 조건에서 이재유 세대의 운동가들은 당운동(조선공산당 재건)과 대중투쟁(적색 노조, 농조)을 중첩시키는 투쟁 방식을 펼쳤다.

이 운동 방식은 1920년대의 한계, 즉 지식인 중심의 당(조선공산당)과 대중조직(직업별 노조)의 엄격한 분립 구도를 일정하게 극복한 것이었다. 그 결과, 전국 당 조직이 없는 상황에서도 각 지역의 민중 사이에 노동·농민 운동과 사회주의 이념이 스며들어갔다. 이 저류가 해방 직후 지표면 위로 삽시간에 분출한 것이 제1대중정당의 위상을 자랑한 조선공산당이었고 55만 조합원의 조선노동조합전국평의회였다.

이렇게 코민테른과의 직접적 연계 없이 어려운 투쟁을 밀고 나가는 와중에 '보편적 이념의 토착화'라는, 모든 보편주의적 이념-운동이 대결해야 할 과제에 대한 고민도 무르익어갔다. 김교신이 "기독교도 조선의 기독교가 되어야 하고 공산주의도 조선의 공산주의가 되어야 한다"고 말했을 때의 그 '조선의 공산주의'가 싹을 보인 것이다.

워낙 단편적 자료들밖에 남아 있지 않아 그 시대 고민의 전체상을 온전히 복원하기는 힘들지만, 보편적 이념의 토착화라는 점에서 동시대 투사들 중에서도 단연 앞서간 사람이 이재유였다. 그는 재판 과정에서 제출한 「조선에서 공산주의 운동의 특수성과 그 발전의 능부」라는 짧은 글(이 짧은 글이 그에게 허락된 '옥중수고'의 전부였다)에서 이렇게 밝혔다.

그렇다고 해서 조선에서 일정한 발전단계로서 민족혁명, 즉 부르주아 민주주의혁명이 불가능한 것인가? 아니 부르주아 민주주의적 성격을 띤 혁명도 없이 끝날 것인가? 즉 조선 민족적 입장에서 정치, 경제, 사회 등 모든 방면의 부르주아 민주주의적 혁명이 없이 끝날 것인가? 아니다. 거기에는 반드시 혁명! 민족혁명이 있어야 한다.

—『이재유, 나의 시대, 나의 혁명』, 294~295쪽에서 재인용

여기에서 '민족'이란 단지 거대한 추상적 단위만은 아니다. 조선 민중들, 즉 이재유가 직접 함께 부대끼며 생활하고 투쟁하고 꿈을 나누었던 그 구체적인 민중이 이 말 뒤에 꿈틀거리고 있다. 이들에 대한 살아 있는 감각이 '민족혁명!'이라는 단호한 언명을 뒷받침한다. 이재유는 코민테른 공식의 단순 적용을 넘어서 이들 '현지(現地)' 민중의 논리와 정서로 혁명을 사고하고 요구하며 추진하는 단계로 나아가고 있었다.

1930년대의 한 국내 혁명가가 보여준 이러한 성취의 '(재)발견'은 90년대 PD 운동권에게 커다란 인상을 남겼다. 그래서 어떤 정파는, 마치 주체사상이 김일성의 운동 궤적을 '정통'으로 내세우는 것처럼, 이재유의 그것을 남한 변혁운동의 '정통'으로 자리매김해야 한다고 주장하기도 했다.

그러나 문제는 '정통'의 자리에 서야 할 게 누구냐가 아니다. '정통'과 '이단'이 구분되는 역사관 자체가 극복 대상이다. 일제 말기에 '보편적 이념의 토착화'를 고민하는 단계로 나아갔던 사회주의 운동 흐름이 주체사상이 말하는 것처럼 조국광복회만으로 한정되지 않는다는 사실을 확인하는 것으로 충분하다.

그런 방향으로 나아간 여러 흐름들이 있었다. 그중에는 이후 주체사상이라는 초유의 국가사회주의로 귀결된 흐름도 있었지만, 그것과는 또 다른 발전 가능성을 내장한 흐름들도 있었다(가령 오기섭이 해방 이후 북한에서 노동조합의 자율성을 강조하다가 비판받은 것을 재평가해볼 수 있다). 『이재유 연구』를 비롯한 최근의 한국 현대사 연구들은 이러한 '잃어버린', 하지

만 그렇기 때문에 반드시 '다시 시도'되어야 할 역사적 '기회들'을 우리에게 환기시켜준다.

이재유와 그 동지들이 제시한 '우리 시대'의 과제들

'정통'론에서 벗어난다는 것은 곧 '무오류'론에서 벗어난다는 것이기도하다. 자랑스러운 역사라도 잘못은 잘못대로 평가해야 한다. 오히려 위대한 성취를 보여준 인물이나 사례일수록 그 오류와 한계에 대한 점검도 더욱 철저히 이루어져야 한다. '잃어버린' 대의를 '다시 시도'하기 위한 역사 읽기라면, 마땅히 그래야 한다. 그래야만 우리는, 슬라보예 지젝이 늘 인용하는 사무엘 베케트의 문구("다시 시도하라, 또 실패하라, 더 낫게 실패하라")처럼, "지난번보다 '더 낫게' 실패"할 수 있을 것이기 때문이다.

이재유와 그 동지들의 경우도 마찬가지다. 1936년에 이재유 그룹이 낸『적기』제1호(위의 책, 315~333쪽)를 보면, 정치 방침의 혼란상이 눈에 띈다. 한편으로는 "반파쇼 반제 인민전선운동의 수립"을 주창하고 "불란서 스페인 인민전선을 절대 지지하자!"고 부르짖는다. 그러나 다른 한편에서는 "민정(民政) 사민(社民) 파벌 섹트주의의 모든 행동에 대하여 비판 청산 극복 박멸"하자면서 당시 중국에서 민족통일전선으로 건설된 조선민족혁명당을 사정없이 공격한다.

이것은 이들이 1935년 코민테른 제7차 대회의 결정을 제대로 이해하지 못하고 있었음을 보여준다. 제7차 대회의 '반파시즘 통일전선' 결정은 1928년 제6차 대회의 극좌 기회주의적 결정들을 정정하는 것이었다. 독일 혁명의 실패, 소련 공산당 내의 격렬한 논쟁, 그리고 무엇보다도 제1차 국공합작을 통해 추진한 중국 혁명이 국민당 우파의 배신으로 처참하게 실패한 충격 속에서 개최된 제6차 대회는 사회민주주의 및 민족주의 세력을 주적(主敵)으로 삼는 극좌적 방침을 결정했다.

조선공산당에 대한 코민테른의 주요 결정인 「12월 테제」가 작성된 것이 바로 이 무렵이었다. 「12월 테제」의 방침에 따라 조선공산당 중앙당 재건은 미래의 과제로 유보되었고, 이후 이 문서의 극좌적 편향이 각 지역에서 당 기층조직 재건운동에 나선 조선 사회주의자들의 머릿속을 지배했다.

이재유와 그 동지들도, 비록 어렴풋이 새로운 코민테른 결정을 접하기는 했지만(그래서 '인민전선' 등의 표현을 사용하기는 했지만), 코민테른 제6차 대회와 제7차 대회 사이에 전개된 세계 사회주의 운동의 고민과 모색을 제대로 이해했다고 보기 힘들다. 즉, 제6차 대회의 사고틀에서 채 벗어나지 못한 상태였다.

반면, 같은 시기에 만주나 중국 관내에서 활동한 사회주의자들은 제7차 대회의 노선 전환의 의미를 잘 알고 있었다. 님 웨일즈의 『아리랑』(송영인 역, 동녘, 2005)의 주인공 김산(본명 장지락)만 하더라도, 이미 1920년 대 후반~1930년대 초반에 중국공산당 지도부의 극좌 노선에 맞서 투쟁한 경험이 있기 때문에 누구보다도 더 노선 전환을 반겼고 이를 적극 실천하려 했다(놀랍게도 그는 이를 대중 민주주의의 강조와 연결시킨다). 아마도 이런 젊은 사회주의자들 중에 만주의 항일 빨치산들도 있었을 것이다.

즉, 어떤 쟁점에서는, 가령 통일전선 문제에 대해서는 국외 좌파 항일 세력이 동시대 국내 사회주의자들보다 앞서갔던 것이다. 이런 점은 해방 이후 북한 국가 건설에서 국내파보다 오히려 해외파가 주도권을 쥐게 된 사정과 적지 않은 관련이 있다. 이것이 단지 해외파가 소련으로부터 더 적극적인 지원을 받았기 때문만은 아니었던 것이다.

무오류의 새로운 영웅들을 기대했다면, 분명 실망스러운 대목이다. 하지만 이런 냉정한 평가를 거친 뒤에야 우리는 이 시대에 우리가 정말 새롭게 만나야 할 선배 투사들의 맨 얼굴을 마주하게 된다. 이재유 그룹의 경우에 그 맨 얼굴은 시대의 한계에 갇힌 정치 방침과 함께 제시되어 있는 다음과 같은 대중운동 과제들에서 찾을 수 있다. 가령 이런 요구들 말이다.

> 노동자 및 청년에 대한 노예제도의 낡은 형태인 년기계약제의 반대
> 부인, 청년의 이중착취 반대
> 동일노동에 대한 동일임금
> 부르주아적 산업 합리화 반대
> 성인에 대한 하루 7시간 노동제 (중략)
> 1주 40시간제
> 1주 1회의 임금 전액 지불의 휴일과 1년 1회의 임금 지불의 2주간 휴가
> 임금의 전반적 인상
> 아내가 있는 노동자의 최저생활비 기준에 의한 최저임금 확립
> 임금지불의 지체에 대한 형벌
> 부르조아 부담의 실업 질병 재해 노약 사망의 국가보험의 즉시 실시
> —『적기』제1호(『이재유, 나의 시대, 나의 혁명』, 323~324쪽에서 재인용)

70년 전의 구호들인데, 전혀 낯설게 들리지 않는다. "년기계약제"는 고스란히 지금의 불안정 고용, 비정규직 문제다. "1주 40시간제"나 "하루 7시간 노동제"는 초과 근로 때문에 지금도 실질적으로 보장되지 못하고 있는 것들이다. "부르조아 부담의 (…) 국가보험의 즉각 실시"는 결국 복지국가를 실현하자는 이야기다. 모두 다 지금 우리 노동운동의 현안들이다.

알고 보니, 거의 한 세기 전 선배 투사들의 운동은 21세기의 우리와 이런 식으로 직결되어 있었다. 우리는 거대한 한 강물 줄기로 이어져 있

었다. 그래서 저들을 '패배자'라고 규정하는 것은 아직 너무 이른 이야기가 되는 것이다. 이유는 간단하다. 지금 우리의 투쟁이 아직 끝나지 않았기 때문이다.

이렇게 지금 여기의 투쟁을 과거의 '잃어버린' 대의를 '만회'할 기회로 바라보는 역사관(「역사철학테제」에서의 발터 벤야민의 역사관)만이 '정통 대 이단'의 역사관에서 우리를 해방시킬 수 있다. '종북주의'와 '반공주의'로부터 우리의 역사를 되찾아올 수 있다.

함께 읽으면 좋을 책

『경성 트로이카』 안재성(사회평론, 2004)
이재유의 삶을 처음 접하기에는, 소설의 형식을 빌린 이 책이 제일 부담이 적다. 저자 안재성은 이재유 그룹에서 활동한 다른 이들의 전기도 집필했다(『이관술 1902~1950』, 사회평론, 2006; 『이현상 평전』, 실천문학사, 2007)

『현대사 아리랑: 꽃다발도 무덤도 없는 혁명가들』 김성동(녹색평론사, 2010)
소설가 김성동이 한국 사회주의 운동사에서 명멸한 수많은 인물들의 넋을 불러내 소개한다. 이 책 한 권으로 일제 치하와 해방 공간의 사회주의 운동사를 일별할 수 있다.

『잊을 수 없는 혁명가들에 대한 기록』 임경석(역사비평사, 2008)
김단야, 김철수 등 서로 다른 계열의 여러 사회주의 운동가들에 대한 최신 연구 성과들을 담아냈다. 학자의 글임에도 흥미진진하게 읽힌다.

해방 공간, 누가 옳았나

—

『조선혁명론 연구』 심지연 편
실천문학사, 1987.

앞의 글에서 나는 주체사상의 역사관을 극복하기 위해서는 일제하 사
회주의 운동사를 다시 보아야 한다고 주장했다. 그 요지는 남북한 국가
의 등장 및 발전 과정에서 패배자의 깃발 정도로 치부되어버린 좌파 민
족해방운동과 일제하 민중운동의 염원을 되살려야 한다는 것이었으며,
이들의 이상과 지금 우리의 과제를 잇는 역사의 물줄기를 확인하고 이
연결 고리를 중심으로 현대사를 재구성해야 한다는 것이었다.

그런데 우리가 다시 짚어봐야 할 것이 일제하 사회주의 운동사만은
아니다. 이 탐색 작업은 반드시 해방 공간으로 확대되어야 한다. 식민
지시대 운동의 성공과 실패가 중간 결산된 역사의 커다란 매듭이 바로
이 시기, 즉 해방 직후부터 한국전쟁에 이르는 5년간이었고, 현재 남북
한 국가의 기원이 여기에 있기 때문이다. 몇 년 전 해방 전후사를 둘러
싸고 역사학계에서 요란한 논쟁이 벌어졌던 것도 이런 이유 때문일 것
이다.

하지만 해방 전후사는 일제하 운동사보다 훨씬 더 긴장되는 작업 주
제다. 남북한 국가의 시원이 해방 후 5년사로부터 비롯되기 때문에 두
분단국가는 이미 이 시기의 역사 평가를 둘러싼 '정통'과 '이단'의 분류
를 분명히 해놓은 상태다. 국가 이데올로기의 어두운 그림자가 이 시기

를 재검토하려는 우리의 시야를 가린다.

물론 만주 항일 빨치산이라는 좌파 민족해방운동의 한 분파로 거슬러 올라가는 북한의 순혈주의적 계보에 비해서는 좌우합작 정부였던 대한민국 임시정부의 법통을 따지는 남한 쪽이 좀 더 창조적인 역사 재해석의 여지를 열어놓고 있기는 하다. 뉴라이트는 인정하기 싫겠지만, 이것이 대한민국 헌법 전문의 논리다.

그런데 문제는 국가 이데올로기만이 아니다. 분단국가 내부에서 이를 비판하는 세력들도 해방 전후사에 대해서는 저마다 선과 악의 계보학적 기준을 갖고 있다. 그래서 가령 우리 시대에 중도파를 자처하는 이들은 해방 전후사 평가에서도 그 시대에 '중도'로 분류되던 이들의 손을 들어준다. 비슷하게, 좀 더 급진적인 좌파는 해방 공간에서 '혁명'을 부르짖던 이들을 자신의 정신적 뿌리로 바라보는 경향이 강하다. 간단명료하게 말하면, 중도파는 김규식, 여운형의 좌우합작에서 그 시원을 찾고 좌파는 박헌영의 비극적 실천에 동지애를 느낀다는 것이다. 주체사상파와의 관계에서 보자면, 김일성 편이냐 아니면 박헌영 편이냐가 주체사상파와 다른 좌파 경향을 나누는 기준 중 하나가 된다.

그러나 이런 족보론은 이제 냉정한 역사적 평가에 길을 내주어야 한다. 적어도 좌파의 역사 재해석에서는 이것이 필수 전제다. 역사적 자본주의의 어느 시기에나 항상 가장 '좌'의 입장에 서는 것이 곧 좌파의 올바른 실천 방향이기나 한 것처럼 역사 (재)해석을 이러한 '좌'의 계보도를 그리는 일쯤으로 여기는 것은 그야말로 비역사적인 사고방식이다. 이런 사고방식을 그 극단까지 밀어붙인다면, 레닌이나 로자 룩셈부르크조차 족보에서 삭제되고 오직 극소수의 초(ultra)좌익들만 남게 될 것이다.

어쩌면 해방 전후사 인식에서 이렇게 족보학 수준을 넘어서지 못한 점이 주체사상파에 맞선 남한 좌파의 한계들 중 하나였을 것이다. 박헌영과 남조선노동당의 계보는 결코 북한 국가의 계보에 맞선 역사 재해석의 대안적 근거가 되지 못하기 때문이다. 둘은 사실 분단 정권의 수립과 한국전쟁을 정점으로 완전히 수렴된다. 따라서 전자를 토대로 후자와의 차이를 주장한다거나 이를 비판하는 것은 결국 불임의 노동이 되고 만다.

여운형 노선과 박헌영 노선 — 전자가 옳았다

이런 시각에서 나는 1946년~47년, 분단으로 이어지기 직전의 2년간 좌파가 추구했어야 할 올바른 실천 방향은 좌우합작이라고 본다. 좌우합작으로 남북 통일 임시정부를 수립하고 미·소 양군이 철수하지 않을 수 없게 만들어야 했었다. 즉, 박헌영 노선이 아니라 여운형 노선이 옳았다.

'급진' 좌파보다는 '중도' 좌파가 바람직하다는 논리 때문이 아니다. 이 시기의 상황이 이러한 실천을 요구하고 있었다. 당시 한반도 사회를 규정하고 있던 가장 큰 힘은 미국과 소련의 국제관계였다. 이미 1946년이 되면 이 두 나라가 자기네 군대 주둔 지역을 위성 분단국가로 만들려 한다는 정황이 드러나고 있었다. 미군과 소련군의 협상 창구인 미·소 공동위원회는 공전을 거듭했고, 나름 유능했던 두 정치가, 이승만과 김일성은 각각 분단 정권의 주역이 될 가능성을 저울질하고 있었다.

좌 혹은 우로 치우친 두 국가의 수립은 사회 내부의 계급 갈등이나 좌우 대립을 국가 대 국가의 투쟁으로 전환시킨다는 것을 뜻했다. 국가 대 국가의 투쟁이란 곧 전쟁이었다. 즉, 일단 한반도에 두 국가가 수립된다면, 전쟁은 필연이었다. 다른 이들은 몰라도, 이승만과 김일성은 이것을 분명히 알고 있었다. 결국 실제로 전쟁이 일어났다. 그리고 그 참혹했던 전쟁이 '휴전' 상태로 일단락되고 반세기가 지난 지금까지 한반도는 준전시체제 아래 있다.

1946~47년에 인민당의 여운형은 우파의 김규식과 함께 이러한 숙명의 강요에 맞서 마지막 기회를 부여잡으려 했다. 이들은 신탁통치 찬반 문제로 등장한 좌우의 팽팽한 대립 구도를 좌우합작 찬성 세력과 반대 세력의 대립 구도로 바꾸고 미·소 공동위원회가 좌우합작 찬성 세력들을 중심으로 한 통일 임시정부 수립을 인정하지 않을 수 없게 만들려 했다. 그래서 어렵사리 협상을 거듭하여 좌우합작 7원칙을 이끌어냈고 좌우합작위원회를 결성했으며 이러한 노선을 추구하는 새 정당(사회노동당-근로인민당)으로 좌파 전체를 재편하려 시도했다.

물론 좌우합작 시도에도 많은 한계가 존재했다. 가령 1946년 초에 폭발한 우파 진영의 반탁운동에 상응하는 대중적 흐름을 만들어내지 못한 것은 치명적인 한계였다. 좌우합작을 둘러싼 좌파 내부의 논쟁 때문에 1946년 말의 자생적 대중 봉기에 정치적 구심점을 제시하지 못한 것도 뼈아픈 오류였다. 또한 합작을 추진하는 과정에서 좌파를 분열시키려는 미군정의 책략, 좌파 지도자들인 여운형·박헌영·김일성 사이의 경쟁 등 '불순한' 요인들이 복잡하게 작동한 것도 사실이다.

그러나 1946년 이후의 박헌영 노선에 비하면 분명 더 올바른 입장이었다. 사실은 1946년 벽두에 반탁운동이 폭발하고 5월에 미군정의 조선공산당 탄압이 시작되기 전까지만 해도 조선공산당의 노선 역시 좌우합작에 의한 임시정부 수립이었다. 박헌영 노선과 여운형 노선이 갈린 것은 전자가 도중에 입장을 바꾸었기 때문이다. 1946년 하반기 이후 박헌영파의 조선공산당과 그 후신인 남조선노동당은 사실상 남북 통일 임시정부 수립을 포기하고 남한 지역의 무장 혁명을 추진하기 시작했다.

문제는 이것이 국민국가가 이미 존재하는 상황에서 그 내부 사회 세력 간 투쟁의 한 형태로 등장한 무장 항쟁이 아니었다는 점이다. 한반도에는 아직 국민국가가 존재하지 않았으며 오히려 두 개의 분단국가를 수립하려는 국제적 힘이 작동하고 있었다. 이런 상황에서 남조선노동당은 실질적 지도부를 북한 지역에 두면서 남한의 당원 및 지지자들에게 비합법 투쟁을 지령했던 것이다. 이것은 '인민민주주의'를 내건 북한 '국가'가 '식민지' 상태의 남한 '인민'을 해방시킨다는 '민주기지론'의 원형을 구축하는 정치 행위였다. 즉, 좌파의 다수파가 분단의 외부 동학에 호응하여 그 내부 동학을 형성해주고 있었던 것이다.

이에 반해 여운형 등의 좌우합작 추진파는 당시 한반도를 지배하던 주요 모순이 무엇인지를 분명히 인식하고 있었다. 그것은 미·소 두 강대국의 세력권 논리와 통일된 국민국가 건설 논리 사이의 대결 구도였다. 이들은 어떻게든 다수의 좌우합작 세력을 구축해 하루빨리 과도정부를 수립해야만 한반도로부터 두 강대국의 지배력을 차단할 수 있다는 것을 절감했다. 비록 실패로 끝나기는 했지만, 이들의 실천은 이러한 올바른 정세 판단과 역사 인식에 따른 것이었다.

여운형 노선의 실상을 파악하는 가장 생생한 방법은 1946~47년 당시의 1차 자료들을 접하는 것이다. 그런데 의외로 좌우합작 노선을 일목요연하게 서술한 문서 자료를 찾기가 쉽지 않다. 여운형 노선의 가장 중요한 대변자라면 결국 여운형 자신이겠는데, 이 사람은 대중 정치가였지 학자나 논객, 저술가가 아니었다. 그래서 남아 있는 1차 자료란 게 다 대담 기록이거나 연설문들이다. 『몽양 여운형 전집』(전3권, 한울, 1993)에 이런 자료들이 망라돼 있다.

하지만 역사학 전공자가 아닌 바에는 이런 번쇄한 자료 뭉치를 읽어내는 것이 쉬운 일이 아니다. 차라리 해방 이후 여운형의 정치적 실천을 자세하게 다루고 있는 정병준의 『몽양 여운형 평전』(한울, 1995) 한 권을 읽는 게 더 낫다. 저자의 정치적 견해가 너무 깊이 개입되어 있다는 점에 유의할 필요는 있지만 이정식의 『여운형: 시대와 사상을 초월한 융화주의자』(서울대학교출판부, 2008)도 읽어볼 만하다.

그러나 여전히 여운형 노선에 대한 당대의 이론적 논설이 아쉽다. 내가 아는 한 이런 성격의 문서로 우리가 구해 읽을 수 있는 것은 백남운의 논설 「조선민족의 진로」(1946년 4월 발표)와 「조선민족의 진로 재론」(1947년 5월 발표)뿐이다. 이 글들의 요지는 방기중의 『한국근현대사상사 연구: 1930, 40년대 백남운의 학문과 정치경제사상』(역사비평사, 1992)을 통해 접할 수 있다. 2차 자료에 만족 못 한다면, 직접 원문을 읽어볼 수도 있다. 심지연이 엮은 『조선혁명론 연구』에 이 두 글이 실려 있다.

백남운의 이야기를 들어보자

『조선혁명론 연구』는, 마치 박현채와 조희연이 엮은 『한국사회구성체 논쟁』(전4권, 죽산)이 1980~90년대 초 한국 좌파의 논쟁들을 총망라한 것처럼, 해방 정국의 좌파 논쟁 자료들을 모아놓은 책이다. 박헌영의 그 유명한 「8월 테제」도 있고, 근로인민당 강령도 수록돼 있다. 또한 책 앞부분에는 당시의 논쟁 구도를 정리한 논문들이 실려 있는데, 특히 「해방후 좌익진영 내부의 노선투쟁 분석─조선혁명단계론을 중심으로」가 도움이 된다.

위에 소개한 두 논설의 저자 백남운은 한국 최초의 마르크스주의 경제학자다. 일제시대에는 연희전문학교 교수로 있었고, 역사유물론에 바탕을 둔 첫 번째 한국 경제사 『조선사회경제사』(동문선, 2004)를 집필했다. 그런 그가 해방 직후 정계에 직접 뛰어들었다. 마르크스주의자이지만 조선공산당에 합류하지 않고 남조선신민당 결성에 함께했다. 남조선신민당은 일제 말 연안에서 중국 공산당의 팔로군과 함께 일본군에 맞서 싸웠던 독립동맹 세력(일명 연안파)이 1946년에 만든 좌파정당이다. 독립동맹의 주력은 북한 지역으로 들어와 북조선신민당을 만들었는데, 그 일부가 남한 지역의 정치 사업을 위해 남조선신민당을 따로 창당한 것이다.

백남운이 조선공산당이 아니라 남조선신민당을 선택한 데는 분명한 이유가 있었던 것 같다. 무엇보다도 당시 조선공산당을 이끌던 박헌영파에게 거리를 느꼈기 때문일 것이다. 특히 신탁통치를 둘러싼 논란이 일면서 그랬던 것으로 보인다. 물론 모스크바 3상 회의 결과를 존중해야 한다는 조선공산당의 입장 자체는 합리적인 것이었다. 당시 여운형의 인민당도 같은 입장이었다. 하지만 박헌영파는 남한 군중의 정서에 대해 너무 무감각했다. 좌파에 우호적이었던 여론이 하루아침에 반탁과 찬탁으로 양분되는 것을 손 놓고 바라보기만 했다.

반면 신탁통치 문제가 처음 불거졌을 때 백남운이 취한 입장은 좀 독특했다. 3상 회의의 신탁통치 결정이 서울에 알려진 직후인 1945년 12월 30일 명동에서 열린 강연회에서 백남운은 탁치 문제에 대한 연설을 했다. 조선공산당의 반(反)박헌영파 활동가였던 고준석(필명: 고영민)은 자신의 회고록 『해방정국의 증언: 어느 혁명가의 수기』(사계절, 1987)에서 이날 백남운의 연설이 참으로 감동적인 것이었다고 회고한다. 그 요지는 이렇다.

동포 여러분! 우리 민족은 미국 사람이 먹다 남은 비프스테이크가 아무리 영양 많은 것이라 할지라도 그걸 먹고 싶어 하지는 않습니다. 또한 우리 민족은 소련 사람이 먹다 남은 보드카가 아무리 맛있다 하더라도 그걸 필요로 하지 않습니다. (중략) 우리에게는 신탁통치가 필요하지 않습니다. (중략) 우리에게는 미국이나 소련의 감독이 필요하지 않습니다. 우리는 우리 민족의 자주적인 힘으로 새로운 독립 국가를 건설할 수 있습니다.

—『해방정국의 증언』, 94쪽

백남운이 보기에는 8·15 이후에도 일본 제국주의와는 또 다른 맥락에서 외세와 한반도 민중 사이에 모순이 작동하고 있었다. 더구나 그것은 1946년의 한국 사회를 규정하는 가장 중대한 모순이었다. 명동의 연설이 있고 나서 4개월 뒤에 쓴 「조선민족의 진로」에서 백남운은 연설의 어조를 반복한다. "조선 민족이 요청하는 정치, 경제, 문화는 연합국의 원수들보다도 민주주의를 이해하는 조선의 평민이 더 잘 알고 있는 것이다." 그러면서 문제를 다음과 같이 정식화한다.

연합군의 위대한 전승으로 인하여 우리의 민족혁명이 대행된 것은 감사한 일이나 아직 정치 자유를 갖지 못한 이상 완전한 민족해방을 수행한 것으로 볼 수 없으며 그만큼 국제 정치의 영향을 받고 있는 만큼 민족적으로 유감스러운 일이다. 그뿐만 아니라 정치적, 기술적 방면으로 보아서 자주 독립과 상당한 거리를 두고 있는 현 단계에 있어서는 군사적인 민족혁명의 대상(일본 제국주의—장석준)이 해소되어 버린 대신에 정치적인 민족해방의 과제(통일 독립 정부 수립—장석준)가 그대로 남아 있다고 보는 것이 가할 듯하다.

—『조선혁명론 연구』, 165쪽

이러한 정세 판단에 따라 백남운이 제출하는 대안은 '연합성 신민주주의'다. '신민주주의'라는 명칭에서 드러나듯, 이 이론은 당시 중국공산당의 마오쩌둥이 제시한 신민주주의 혁명론으로부터 일정한 영향을 받은 것이다. 하지만 그 기반은 어디까지나 당시 한반도의 현실이었다. 백남운은 민족해방을 지지하는 일부 유산계급까지 포함하는 좌우익 합작을 통해('연합성') 진보적인 통일 임시정부를 수립하여 미·소 양국군을 철수시키는 것('신민주주의')이 당면 과제라고 제시했다.

이러한 백남운의 연합성 신민주주의론은 곧바로 좌우합작운동의 이론적 기반이 되었다. 현실정치가 여운형이 추진한 좌우합작에 백남운이 이론을 제공해주었던 것이다. 따라서 좌우합작에 반대한 조선공산당의 '부르주아 민주주의' 혁명론과는 치열하게 대립했다. 『조선혁명론연구』에는 당시 남조선신민당과 조선공산당 사이에 오간 날선 논쟁이그대로 실려 있다.

1946년 하반기에 좌우합작을 둘러싸고 남한 좌파는 두 개의 구심으로 양분됐다. 한쪽에는 조선공산당의 박헌영파가 있었고, 다른 한쪽에는 인민당의 여운형과 남조선신민당의 백남운이 있었다. 여운형과 백남운은 좌우합작 노선, 그러니까 백남운 편에서 보면 연합성 신민주주의노선에 따라 좌파를 재편하기 위해 공산당 내 반박헌영파와 함께 사회노동당을 창당했다. 이 시도가 박헌영파를 중심으로 한 남조선노동당창당을 통해 무력화되자 이들은 1947년 제2차 미·소 공동위원회를 앞두고 근로인민당을 출범시켰다.

1947년이라면 이미 남한에서나 북한에서나 단정 수립을 피할 수 없다는 절망과 체념이 퍼져가던 시기였다. 그렇기 때문에 이때 발표된 백남운의 「조선민족의 진로 재론」은 1년 전의 글보다 훨씬 더 다급한 어조를 띤다. 그는 남한만의 단정 수립이 남한 사회를 제국주의의 경제적 수탈지, 즉 신식민지로 내모는 길이 될 것이라 내다봤다. 이제 좌우합작을 통한 통일 임시정부 수립의 노력은 한반도 민중의 운명을 놓고 신식민지화의 거대한 힘과 막판 경주를 벌이는 형국이었다. 백남운 자신의 표현을 그대로 옮겨본다.

　조선의 지정학적 위치와 미, 소 양국의 동양 정국에 대한 정치적 지도권의 제약성과 연결된 점으로 보아서 3상 결정에 의거한 남북 통일의 민주정권을 수립하는 것이 현실적이고 구체적인 민주독립의 길인 것이고, 남조선 단독정권을 수립한다는 것은 '민주독립'의 길이 아니라 특권층이 외래독점자본과 결탁하는 '경제적 지배제' 유도의 확립에 불과한 자본 지배의 독립을 꿈꾸는 것이다.

　그러한 의미의 '자본 독립'은 외래독점자본과 결탁함으로써 신형 제국주의 형태인 '경제적 지배제'를 법률화하는 정치 태세임으로 민주사회의 건설에 충용할 '경제 원조'를 특권적으로 영입 악용함으로써 전기한 일련의 반동분자가 신흥 부르조아지로 육성됨을 따라 민족 분열과 내란 유발을 감행하는 팟쇼 정권을 더욱 강화하게 될 것이며 그것은 남북 통일의 민주 독립과는 완전히 배치되는 것이다.

—『조선혁명론 연구』, 245쪽

　이 글이 발표되고 2개월 뒤인 1947년 7월에 여운형이 암살당한다. 제2차 미·소 공동위원회는 성과 없이 끝났고, 분단은 피할 수 없게 되었다. 근로인민당의 다른 지도자들, 가령 장건상은 이후 남한의 제도 정치에 뛰어들어 제2대 국회의원에 당선되기도 하지만, 백남운은 1948년 남북협상을 계기로 월북한다.

　결과적으로 박헌영, 백남운 모두 월북한 셈이다. 다만 박헌영이 1946년 '신전술'의 논리적 결론에 따라 분단국가 건설에 적극 참여했다면, 백남운은 연합성 신민주주의 변혁론이 최종적으로 실패했음을 자인하고 분단국가 중 한쪽을 선택했다고 하겠다. 백남운은 박헌영계와는 달리 북한에서 숙청되지 않았고, 학계 원로 대접을 받다가 1979년에 사망했다. 하지만 이것은 또 다른 이야기다.

잃어버린 역사적 가능성의 기억

백남운의 글을 통해 우리는 1946~47년의 좌우합작운동이 흔히 이야기되는 실용적 '중도' 정치의 한 사례만은 아니라는 것을 확인하게 된다. 이것은 당시 한반도 정세의 구체적 분석에 기반을 둔 구체적인 정치 실천이었다. 비록 이 시도도 박헌영 노선과 마찬가지로 실패로 끝났지만, 우리에게 좌파 정치에 필요한 덕목들에 대해 여전히 많은 것을 시사해주는 풍부한 참고 사례임에 분명하다.

더구나 분단 체제의 이후 전개 과정을 돌이켜보면, 여운형-백남운 노선이 대변했던 역사적 가능성이 더욱 부각되지 않을 수 없다. 무엇보다도 전쟁의 상처가 너무 컸고, 지금까지 우리를 내리누르는 그 역사적 짐이 너무나 무겁다. 연합성 신민주주의의 구상은 노동자-민중 세력이 국민국가 건설을 주도하는 그람시적 전망을 얼핏 보여주기까지 했지만, 반세기 넘게 지난 지금 한반도에서는 오히려 노동계급이 독자적인 정치 주체로 등장하기에도 힘에 부치는 형편이다.

너무나 큰 지체다. 너무나 아픈 역사적 가능성의 유실이다. 하지만 이것으로 끝은 아니다. 역사의 틈이 다시 열리고 있다. 미국 주도 자본주의 질서가 70여 년 만에 그 막바지를 향해 치닫고 있다. 또 다른 전환시대의 도래다. 이 시대를 제대로 읽어내고 그 항해법을 익히기 위해서도 우리는 우선 지난번 잃어버린 역사적 가능성의 기억을 되살리는 일, 거기에서부터 다시 출발해야 한다.

함께 읽으면 좋을 책

『조선 민족의 진로 재론』 백남운(범우, 2007)

비교적 최근에 나온 백남운 논설집. 위에 인용한 「조선 민족의 진로」와 「조선 민족의 진로 재론」
이 실려 있다.

『한국현대민족운동연구』 서중석(역사비평사, 1997)

해방 공간의 여러 정치 세력과 그 공과에 대한 가장 정치한 분석.

『혁명가들의 항일 회상』 김학준(민음사, 2005)

해방 공간에서 중도좌파로 활동한 장건상, 김성숙 등의 구술 회고록. 박헌영 노선에 대한 이들
의 비판도 육성으로 접할 수 있다.

자본주의와 마오주의를 함께 비판하는 루쉰의 후예

『내 정신의 자서전』 첸리췬
김영문 옮김, 글항아리, 2012.

『망각을 거부하라: 1957년학 연구 기록』 첸리췬
길정행 외 옮김, 그린비, 2012.

2012년 중국이 온통 보시라이로 시끄러웠다. 이른바 '충칭 모델'로 주목받던 보시라이 충칭 시 당서기를 둘러싸고 양회(兩會, 전국인민대표대회와 전국정치협상회의) 기간 중에 공산당 내에서 지지와 규탄의 격론이 오갔다. 하지만 보시라이 자신과 그의 가족의 비리가 공개되면서 보 서기는 재기 불능 상태가 되었다.

한때 보시라이 배후의 태자당(시진핑), 상해방(장쩌민)과 그를 탄핵한 주역인 공청단(후진타오) 사이의 권력 투쟁이 이 사태의 본질이라는 이야기가 떠돌았다. 심지어 둘 사이의 무력 충돌이 임박했다는 유언비어가 인터넷에 떠돌기도 했다. 하지만 이것은 과장된 억측이었다. 상황은 당내 모든 세력이 보시라이 한 사람을 부패분자로 단죄하는 데 한목소리를 내는 것으로 일단락되었다.

부패와 치정, 음모로 얼룩진 이 보시라이 드라마가 이 글의 주제는 아니다. 여기에서는 다만 이 드라마를 통해 드러난 중국 사회의 이념적 혼란상에 주목하고자 한다. 이번 사건으로 드러난 중국의 얼굴은 그야말로 거대한 카오스다.

위에 언급한 중국 공산당 내 파벌 중 1990년대 이후 신자유주의적 체제 전환에 앞장선 것은 상해방-태자당이었다. 현재의 후진타오-원자바오 체제는 이들과 경쟁하는 당내 공청단 세력에 기반을 두고 있다. 현 집권 세력은 상해방-태자당에 비해 상대적으로 시장자유주의화의 부작용에 주목했고, 그래서 '조화사회 건설' 등 국가자본주의적 재분배 정책을 강조하는 모양새를 취했다. 이렇게만 보면, 상해방-태자당은 시장자유주의 세력이고, 공청단은 사회민주주의적 분파인 것만 같다. 실제로 중국 지식인들 중 '신좌파'라는 불리는 반신자유주의 흐름의 상당수가 후진타오-원자바오 체제를 지지하며 이에 적극 참여했다.

그런데 얼마 전부터 보시라이의 '충칭 모델'이 부상하기 시작했다. 보 서기는 공청단 세력보다 더 강한 어조로 중국 사회의 양극화를 비판하며 재분배 정책을 강조했다. 더 나아가 그는 혁명가요 부르기 운동을 제창하며 마오주의의 기억들을 환기시켰다. 그러자 신좌파 중에서도 좀 더 급진적인 흐름, 즉 마오주의의 부활을 주장하는 이들이 보시라이와 '충칭 모델'을 찬양하고 나섰다.

여기서부터 이야기가 복잡해진다. 보시라이는 혁명 1세대 보이보의 아들로서, 태자당의 대표적인 인물 중 한 명이다. 그런 그가 '좌파'의 상징이 된 것이다. 그런데 이제까지 공산당 내에서 상대적 '좌파'로 분류되던 후진타오-원자바오 세력이 바로 이 보시라이를 숙청하는 데 앞장섰다. 그간 당 안에서 민주화 확대를 고집스레 주장해온 원자바오 총리가 문화대혁명의 오류까지 들먹이며 보시라이 노선을 신랄히 비판했다.

도무지 종잡을 수가 없다. 누가 개혁파이고 누가 보수파인가? 누가 자유주의에 더 가깝고 누가 사회주의의 원칙에 더 충실한가? 누가 우파이고 누가 좌파인가? 현재 중국 사회의 '좌파'라면, 도대체 누구를 들어야 하는가? 민주화를 부단히 강조하는 원자바오의 지지자들인가, 아니면 '조화 사회' 구호를 내건 공청단 세력과 그 협력자들인가, 그도 아니면 '충칭 모델'에 열광하는 이들인가?

첸리췬—자유주의자도, 신좌파도 아닌

최근 국내에 두 권의 저서가 동시에 번역돼 나온 중국의 노(老) 지식인이 있다(1939년생). 베이징 대학 교수이며 루쉰 연구자인 첸리췬(錢理群)이 그 사람이다. 글항아리 출판사가 그의 지적 자기 성찰의 기록인『내 정신의 자서전(我的精神自傳)』을 냈고, 그린비 출판사가 800쪽 분량의 대저『망각을 거부하라: 1957년학 연구 기록(拒絕遺忘)』을 냈다.

첸리췬은 중국에서 무엇보다도 루쉰 연구의 거장으로 잘 알려져 있다고 한다. 하지만 이번에 처음 한국어로 번역된 그의 두 책도 그러하거니와 그의 명성이 루쉰 연구에 제한된 것은 결코 아니다. 오히려 그는 자신의 영원한 사표(師表) 루쉰처럼 보편적 지식인(인텔리겐치아의 원래 의미에 부합하는)의 위상을 점하고 있다. 후배 루쉰 연구자인 왕후이와 마찬가지로 그의 사색과 글쓰기는 문학, 철학, 역사, 사회과학의 좁은 틀을 뛰어넘는다.

첸리췬이라는 이름이 국내에서 처음 주목받게 된 것도 현대 중국 문학 연구라는 전공 분야를 뛰어넘는 계기 때문이었다. 그것은 중국 지성계를 양분한 자유주의-신좌파 논쟁이었다. 통상 이 논쟁은 중국의 시장자유주의화를 긍정하는 자유주의 진영과 이에 비판적인 신좌파 진영 사이의 대결로 이해된다. 그런데 이러한 이해를 교란하는 사람이 바로 첸리췬이다.

얼핏 보면 첸리췬은 신좌파의 일부인 것 같다. 자본주의 복귀를 반대하고 중국 사회주의 혁명의 성취를 계승, 발전시키려 한다는 점에서 그렇다. 하지만 중국 현대사를 바라보는 시각이 신좌파와 크게 다르다. 신좌파 중 상당수가 마오쩌둥 사상에서 자본주의 비판의 무기를 찾고 공산당 일당 체제를 긍정하는 데 반해, 그는 이것들을 또 다른 극복 대상으로 본다. 그래서 첸리췬은 자유주의자들에게도, 신좌파들에게도 거리를 둔다. 『내 정신의 자서전』의 다음 대목은 그의 이러한 입장을 잘 보여준다.

나는 민주와 자유를 추구한다. 따라서 강권통치에 대한 대다수 자유주의자의 비판과 민주를 쟁취하기 위한 그들의 노력에 공감한다. 그러나 그들 중 몇몇 인사가 갖고 있는 엘리트 의식 및 목하 나날이 엘리트화되어 가고 있는 중국의 정치, 경제, 문화 권력 구조의 애매한 관계에 대해서도 고도의 경계심을 갖는다.

나는 평등을 지향한다. 따라서 '신좌파' 대다수가 갖고 있는 평민 의식과 사회적 약자의 권익에 대한 그들의 관심과 옹호 태도, 그리고 중국 사회의 관료 자본주의화 경향에 대한 그들의 비판에 공감한다. 그러나 강권통치 비판과 민주 쟁취에 소극적인 그들 중 일부 사람의 태도나, 마오쩌둥 시대에 대한 역사적 평가에 있어서 무비판적 긍정을 일삼는 일부 사람의 태도, 그리고 이로 인해 강권 체제와 애매한 관계를 유지할 가능성이 있는 사람들의 태도에 대해서도 동일하게 고도의 경계심을 갖고 있다.

—『내 정신의 자서전』, 242~243쪽

보통 이런 입장만큼 욕을 많이 먹는 것도 달리 없다. 첸리췬도 분명 그러할 것이다. 어느 한 진영에 속하면 반대 진영으로부터만 욕을 먹으면 되지만, 양편 모두를 비판한다면 두 진영 모두로부터 욕을 먹게 된다. 좌파의 대의에 함께하면서도 동시에 그 좌파의 미숙함을 사정없이 비판했던 루쉰이 그랬었다. 그리고 지금은 루쉰의 정신적 계승자 첸리췬이 이 숙명을 달게 받아들이고 있다.

그럴 만한 값어치가 있다. 중국의 이념적 카오스 상태에서 첸리췬의 외로운 입장은 오히려 보기 드문 확실한 좌표 역할을 하기 때문이다. 신좌파 지식인들이 혹자는 공산당 관료들 중 공청단 분파와 동맹을 맺고 혹자는 보시라이의 선동 정치에 판돈을 걸면서 당 관료들의 선전 문구 인플레이션 속에 표류하는 것에 비하면 분명 그렇다.

첸리췬은 자신의 사회주의 이상을 애초부터 그러한 공산당 관료 정치 바깥에 붙들어 맨다. 그는 외롭지만, 흔들릴 이유 또한 없다. 『내 정신의 자서전』은 이런 고독하지만 강인한 정신의 울림으로 가득하다. 이 책 한 권만으로도 우리는 첸리췬의 사색의 깊이를 확인할 수 있고 충분히 감동받게 된다.

그러나 『망각을 거부하라』를 함께 읽지 않는다면, 거기에는 아직 빈 구석이 있다고 해야 할 것이다. 왜냐하면 『망각을 거부하라』를 통해서 우리는 첸리췬 사유의 뿌리를 발견하게 되며, 그것이 한 고고한 지식인의 예외적인 포즈가 아니라 중국 사회주의의 면면한 한 저류임을 깨닫게 되기 때문이다.

1957년, 그때 모든 게 시작되었다

1956년 현실 사회주의권에 대지진이 일었다. 소련 공산당 제20차 당대회 마지막 날, 흐루시초프(흐루쇼프) 당서기가 비밀 발표한 스탈린의 죄상에 대한 보고서 때문이었다.(니키타 세르게예비치 흐루시초프, 『개인숭배와 그 결과들에 대하여』, 책세상, 2006) 미국을 거쳐 현실 사회주의권 인민들에게 알려지고 만 이 폭로 내용은 스탈린 개인뿐만 아니라 현실 사회주의 체제의 모순과 한계에 대해 다시 보게 만들었다. 폴란드와 헝가리에서는 이러한 각성이 인민 혁명으로 폭발하고 말았다.

흐루시초프의 폭로에 대한 마오쩌둥의 첫 반응은 양가적이었다. 증언에 따르면, 그는 이런 평가를 내렸다고 한다. "하나는 그가 내막을 드러냈다. 다른 하나는 그가 분란을 초래했다."(『망각을 거부하라』, 198쪽) "내막을 드러냈다"는 것은 그간 스탈린과 소련 공산당이 모두 옳았던 것은 아님이 드러났다는 의미였다. 즉, 마오쩌둥은 1956년의 충격을 처음에는 중국 공산당이 스탈린주의로부터 해방되는 계기로 바라보았던 것이다.

이러한 반응은 곧 '백화제방 백가쟁명(百花齊放 百家爭鳴)' 방침으로 나타났다. 혁명 이후 처음으로 당이 직접 나서서 언론의 자유를 강조했다. 현실 사회주의 국가들에서는 유례없던 자유화 조치였다. 그러자 그동안 공산당에 억눌려 있던 민주당파(중국 혁명에 동참한 중도 좌우파 정당들) 지도자들이 발언하기 시작했다. 공산당 안에서도 학생, 지식인 당원들이 혁명 이후에도 좀처럼 나아질 기미가 없는 노동자, 농민의 현실을 고발하며 비판의 목소리를 높였다. 이 당시 많은 지식인들은 이런 민주적 비판에 힘입어 관료 체제를 개혁하려는 것이 마오의 의도라고 믿었다.

그러나 해빙은 오래가지 못했다. 1957년 5월 19일, 베이징 대학에 학생들의 대자보가 나붙으면서 마치 1919년 5·4 운동을 연상시키는 학생 민주 운동이 폭발했다. 마오는 즉각 태도를 바꾸었다. 그는 이 운동을 사회주의 체제를 전복하려는 '우파'의 난동이라고 규정하며 반우파 투쟁을 지시했다. 5·19 운동 참여자들을 비롯해 백화제방 방침에 동조했던 수많은 이들이 '우파'로 낙인찍혀 죽거나 핍박받는 신세가 되었다.

첸리췬은 바로 이 1957년의 전환이야말로 현대 중국 지배 체제의 시작이라고 본다. 1957년의 반우파 투쟁은 공산당 정권의 비판자들을 '계급의 적'으로 낙인찍고 군중을 동원해 공격하는 방식을 취했다. 이후 이러한 마오주의의 독특한 정치투쟁 방식은 대약진 운동으로, 문화대혁명으로 더욱 확대, 반복되었다. 첸리췬은 이를 '군중전제정치'라 규정한다.

이런 시각은 신좌파의 마오주의 평가와 극명히 대비된다. 신좌파 일부는 마오의 군중노선이 서구식 민주주의와는 구별되는 '대(大)민주'의 문제의식을 담고 있다고 긍정적으로 평가한다. 대의민주주의를 넘어 참여민주주의로 나아가려는 서구 신좌파의 이상과 일맥상통한다는 것이다. 그러나 첸리췬의 입장에서 이것은 위험한 역사 오독일 뿐이다. 이러한 오독이, 가령 보시라이 식의 '마오주의 부활' 선동에 대한 무비판적 추종을 낳게 된다. 첸리췬이 보기에 진정한 사회주의적 민주주의의 이상을 담지했던 것은 오히려 마오가 '우파'라고 비판한 이들, 특히 베이징 대학 5·19 운동의 주역들이다.

이 점에서 첸리췬에게 1957년을 되돌아보는 것('1957년학')은 현재 중국의 카오스 상태의 발단을 찾아내는 일일 뿐만 아니라 이러한 혼돈을 헤쳐갈 좌표를 확인하는 일이기도 하다. 즉, 1957년학은 역사가 굴절된 그 순간으로 돌아가 '패배한', 그러니까 '아직 승리하지 못한' 희망을 발굴해내는 작업이다.

800여 쪽의 이 두꺼운 책 곳곳에서 우리는 수많은 감동적인 이야기들과 조우하게 된다. 20대 젊은 나이에 자유의 함성을 외친 뒤 그로 인해 목숨을 잃거나 수십 년의 고초를 당하면서도 결코 굴하지 않았던 이들의 이야기. 그래서 이 책은 학술서이면서 그것 이상이다. 웅장한 대서사시다. 그 주인공 중 한 명으로, 불굴의 여성 투사 린시링이 있다.

베이징 대학 학생이었던 린시링은 누구보다 먼저 흐루시초프 보고서를 탐독했다. 린시링은 흐루시초프의 폭로에서 한 걸음 더 나아갔다. 그녀는 스탈린의 과오들이 단순히 스탈린 개인의 문제가 아니라 현실 사회주의의 구조적 모순에서 비롯된다는 결론을 내렸다. 문제의 핵심은 사회주의 공유제와 반드시 함께해야 할 사회주의 민주제의 결핍이었다.

불행히도 혁명 이후 중국 사회 역시 여기에서 예외가 아니었다. 린시링은 당대 중국 사회가 민주주의의 토대 없이 소련의 스탈린주의 체제를 이식한 '봉건 사회주의'라고 규정했다. 5·19 민주 운동이 한창이던 5

월 23일에 린시링은 이러한 자신의 잠정 결론을 강연으로 토해냈다. 청중 중에는 당시 열여덟 살이었던 저자 첸리췬도 있었다.

린시링의 강연은 공산당 지도부 내에서 파란을 일으켰고, 그녀는 곧바로 '대(大)우파'로 지목되었다. 덩샤오핑 시기에 많은 '우파' 인사들이 복권되는 와중에도 그녀는 끝내 구제받지 못했다. 그러나 그 무엇도 린시링의 비판 정신을 무릎 꿇게 하지는 못했다. 아니, 그녀는 오히려 '우파'의 대표임을 자부했다. 나중에 타이완으로 간 뒤에도 린시링은 그곳에서 이번에는 국민당 반공 독재에 맞서 싸웠다.

흥미로운 것은 1957년의 '우파'의 문제의식이 문화대혁명 시기 이단적 급진파의 사상과 이어진다는 점이다. 문혁의 이단파들은 마오나 4인방의 애초 의도와 상관없이 아래로부터의 민주주의를 비타협적으로 발전시켜나가려 했다. 우리의 눈을 가리는 '좌/우' 구분으로부터 벗어나 그 이면을 살펴보면 문혁 이단파의 이러한 이상이 '우파'의 사회주의적 민주주의 요구를 이어받은 것이라는 사실을 발견하게 된다.

『망각을 거부하라』에서 첸리췬은 이러한 이단적 계보를 공산당의 관변 이데올로기와 구분되는 '민간' 사회주의 운동으로 규정한다. 관변 이데올로기에서는 지금까지도 군중전제정치 혹은 관료 독재가 '사회주의'를 참칭하는 반면, 민간 사조는 끊임없이 이러한 전체주의와 자본주의 모두의 극복을 제기하며 싸워왔다.

첸리췬은 바로 이 민간 사조에 자신의 사색과 실천의 닻을 내린다. 중국 사회의 혼란스러운 이념 진영 어느 쪽에도 휩쓸리지 않으며 자신만의 중심을 견지하는 그의 고집스러운 태도는 결코 그의 단독 행동이 아닌 것이다. 당 관료들의 말과 행동으로는 도저히 환원될 수 없는 '민간'의 도도한 역사적 흐름이 그의 두 다리를 떠받치고 있다.

마르크스와 루쉰의 깃발—개체의 정신 자유 추구

사실 첸리췬의 강인한 사색을 뒷받침하는 것은 이것만이 아니다. 그가 '민간' 사조에서 사유의 광맥을 발굴해내 재해석하는 데는 등불이 필요했다. 그 등불 중 하나가 마르크스주의다. 동유럽 반체제 좌파들이 스탈린주의 체제를 비판하면서 그랬던 것처럼, 첸리췬도 다름 아닌 마르크스의 사상으로부터 마오주의를 넘어설 무기를 찾았다.

> 마르크스주의가 진정으로 나의 정신세계에 영향을 끼친 것은 문화대혁명 후기였다. 무정한 현실은 우리의 수많은 환상을 부수어버렸고 우리는 새로운 출구를 모색해야 했다. 우리는 마르크스주의 깃발 아래서 흔들어대던 그 작은 책자(마오쩌둥 선집)를 내던져버리고 직접 마르크스주의 원전을 읽기 시작했다.
>
> 그것은 나의 사상 발전 과정에서 거의 결정적인 한 걸음이라고 할 만했다. 그리하여 우리는 우리에게 주입된 것과는 완전히 다른 마르크스의 학설을 발견했을 뿐만 아니라 마음으로 그것을 받아들이게 되었다.
>
> —『내 정신의 자서전』, 235~236쪽

마르크스의 사상 중 도대체 어떤 내용이 마오주의 극복에 결정적인 도움을 주었던 것일까? 그것은 "계급과 계급 대립이 존재하는 낡은 부르주아 사회를 대체"하는 "협동체"에서는 "각자의 자유로운 발전이 모든 사람의 자유로운 발전의 조건이 된다"는『공산당 선언』의 언급이었다. "각자의 자유로운 발전"이 모든 것의 전제라는 이 언급은 사회주의의 근본이 사회적 개인의 해방에 있음을 환기시켜준다. 사회주의는 마오주의나 주체사상이 이야기하는 것과 같은 모종의 집단주의가 아니다. 그것은 구체적인 인간 한 사람 한 사람의 해방을 실현하기 위한 사회적 관계들의 혁파이자 재구성 과정이다.

바로 이 점에서 첸리췬을 비롯한 현대 중국의 비판적 지식인들에게 또 다른 등불 역할을 한 것이 루쉰의 사상이다. 루쉰은 동시대의 다른 계몽 사상가들과 마찬가지로 '나라 세우기(立國)'를 당면 과제로 제시했다. 하지만 그러면서도 동시에 '참인간 세우기(立人)'를 강조했다. 루쉰은 '참인간 세우기'의 관점에서 '나라 세우기'의 과제마저 끊임없는 자기 비판의 대상으로 삼았다. 첸리췬은 루쉰의 이런 철저한 비판 정신, 영구 혁명의 사상을 한마디로 "개체의 정신 자유 추구"라고 요약한다. 그것은 다름 아니라 마르크스·엥겔스가 제시한 "각자의 자유로운 발전"의 중국적 표현이다.

나는 이 대목에서 "개체의 정신 자유"라는 견지에서 사회주의 운동에 참여했고 그것의 불굴의 양심의 소리가 된 위대한 선배 한 분을 떠올리지 않을 수 없다. 그분 역시 중국 혁명의 당당한 한 주역이면서 1957년 체제에 의해 '우파'로 지목돼 수년간 옥고를 치러야 했다. 그는 바로 작고한 작가 김학철 선생(1916~2001)이다.

김학철은 1941년 조선의용군의 일원으로 팔로군과 연합해 일본군과 싸우다 다리 하나를 잃은 혁명 투사였다. 하지만 해방 이후 북한에 들어선 김일성 체제와 화합하지 못하고 중국에서 제2의 망명 생활을 시작해야 했다. 그리고 이 제2의 조국에서 다시 마오의 독재에 맞서 싸웠던 것이다.

그는 말년에 "오직 김 부자를 차우셰스쿠 부부에게로 보내버리는 것만이 유일 정확한 방안이라고 나 이 80세의 노독립군은 확신을 하고 있는 터"(김학철, 『항일독립군 최후의 분대장』, 문학과지성사, 1995, 410쪽)라고 단언할 정도로 북한의 세습 독재를 증오했다. 하지만 첸리췬이 주목한 1957

년의 '우파'들과 마찬가지로 이러한 분노의 출발점은 청년 시절부터 그의 굳센 신념이었던 사회주의의 이상이었다.

그래서 1975년 문혁의 대단원과 겹쳐 진행된 '반혁명 현행범' 공판에서 그가 선고 즉시 외치기로 다짐한 구호는 이런 것이었다. "마르크스 만세! 엥겔스 만세! 레닌 만세! 펑더화이(마오에게 '우파'의 거두로 단죄당한 중국 혁명 지도자) 만세!"(『항일독립군 최후의 분대장』, 386쪽)

루쉰으로부터 1957년의 '우파', 문혁의 이단파로 이어져 첸리췬이 대변하는 계보, 그리고 우리의 경우에는 김학철로 상징되는 계보……. 이러한 정신의 줄기는 현재 동아시아 역사 무대에서는 시야에서 완전히 사라져버린 것만 같다. 그러나 과연 그렇기만 할까? 이것은 혹시 언젠가 폭발을 기다리는 지표면 저 밑의 마그마와 같은 것은 아닐까?

그리고 한반도의 '1956년'

서평을 마치면서 나는 마지막으로 중국의 '1957년학'과 같은 작업이 한반도 역사에 대해서도 반드시 필요하다는 점을 말하고 싶다. 그것은 아마도 '1956년학'이라는 이름을 갖게 될 것이다(뜻밖에도, 지금까지 이와 비슷한 사색을 담은 거의 유일한 저작은 최인훈의 『화두』[전2권, 문학과지성사, 2008]다).

1956년 현실 사회주의권의 대지진은 한반도도 비켜가지 않았다. 북한의 김일성 일파 중심 체제도 크게 흔들렸다. 이후 유일 체제로 발전하게 될 역사적 경로 이외의 가능성을 대변하는 세력들이 이때 마지막으로 총궐기했다. 북한 역사는 이 궐기를 '8월 종파 사건'이라 부른다. 당시 반김일성파는 중국의 1957년 '우파'들이 주장한 것과 거의 비슷한 비판을 제기했다. 하지만 연안파를 중심으로 한 이 최후의 대규모 반(反)김일성파는 진압되고 말았다. 그리고 이와 함께 옥중의 박헌영에 대한 사형 집행도 결정되었다.

바로 이때부터 김일성 일파는 주체사상을 제창하기 시작했고, 당 안 팎의 자기 비판 가능성도 전면 봉쇄되었다. 어쩌면 이를 계기로 이후 3 대 세습 독재로 나아가게 될 역사 경로가 돌이킬 수 없게 확정되어버린 것인지 모르겠다. 그런 점에서 1956년은 한반도 현대사의 결정적 전환 점이며, 우리가 북한의 현 상태를 극복하기 위해 반드시 다시 돌아가 따 져보아야 할 원점이다.

안타깝게도, 중국에서는 '1957년학'을 용기 있게 추진하는 첸리췬 같 은 지성이 그나마 존재할 수 있는 것과는 달리(물론 『망각을 거부하라』는 결 국 본토에서 출판되지 못하고 홍콩을 통해 세상에 모습을 드러내야 했지만), 지금의 북한 사회에서 이런 비판 작업을 기대하기는 힘들다. 북한에는 그럴 시 민사회가 아직 존재하지 않는 것 같다. 망명객 황장엽 역시 여기에서 예 외가 아니었다. 그는 '1956년'의 가해자 중 한 명으로서 주체사상에 대 한 자기 변호 이상으로 더 나아가지 못했다. 이 정도로 북한의 '1956년' 은 중국의 '1957년'보다 더욱 혹독했다.

하지만 북한 바깥에서라도 이런 작업은 추진되어야 한다. 언젠가는 중국의 '1957년학'이나 한반도의 '1956년학'의 성과가 북한 인민들에게 전해질 수밖에 없을 것이기 때문이다. 우리는 그렇게 함께 해방 직전의 이 무거운 전사(前史)를 극복해가야만 하는 공동 운명체의 동아시아인 들이기 때문이다.

이 점에서 첸리췬의 좌우명을 소개하며 끝맺는 것이 나름대로 의미 가 있을 성싶다. 그 지극히 루쉰적인 문장은 이렇다. "나는 존재한다. 나 는 노력한다. 우리는 이처럼 서로서로 부축한다.—이것으로 충분하다." (『내 자신의 자서전』, 274쪽) 아, 정말, 이것으로 충분하다.

함께 읽으면 좋을 책

『모택동 시대와 포스트 모택동 시대 1949~2009: 다르게 쓴 역사』 첸리췬(전2권, 연광석 옮김, 한울, 2012)

첸리췬 자신의 삶의 궤적, 마오쩌둥을 비롯한 중국 공산당 최상층부의 동향, 광범한 대중의 아래로부터의 역사, 이 세 축을 서로 교차시키며 중화인민공화국 60년사를 총괄하는 대작. 감히, 현대 중국을 이해하기 위한 필독서라 말하고 싶다.

『왜 다시 계몽이 필요한가: 현대 지식인의 사상적 부활』 쉬지린(송인재 옮김, 글항아리, 2013)

사상사 연구자인 쉬지린의 논설집. 첸리췬과 비슷하게, '자유주의 대 신좌파'의 논쟁 구도를 넘어서 중국 사회의 좌표를 찾으려는 입장을 보여준다.

3.

만만치 않은

도전,

좌파의 건설

그람시를 '다시' 읽자

—

『남부 문제에 대한 몇 가지 주제들』 안토니오 그람시
김종법 옮김, 책세상, 2004.

이탈리아의 혁명가이자 사상가인 안토니오 그람시. 이 사람만큼 다양한 얼굴로 해석되는 인물도 드물 것이다. 이른바 민주진보연립정부를 주장하는 사람들도 그를 들먹이고, 혁명적 사회주의를 부르짖는 이들도 그를 추앙한다. 현실에서 전혀 화합할 수 없을 것만 같은 서로 다른 정치 노선에 선 사람들이 저마다 다 그람시를 전거로 내세운다. 우리나라에서만 그런 게 아니라 다른 나라에서도 그렇다.

가령 1970년대에 그람시가 처음으로 이탈리아 바깥에서 주목받기 시작할 때 그의 이름을 알리는 데 가장 앞장선 것은 영국의 에릭 홉스봄 같은 유로코뮤니스트들이었다. 이들은 한때 당원 수 200만을 자랑하고 30% 이상의 득표율로 주요 지자체 여당 자리를 석권한 이탈리아 공산당을 선진 자본주의 사회의 좌파가 따라 배워야 할 모범으로 치켜세웠다. 이들이 보기에 이 당의 성공을 뒷받침한 이론가가 바로 그람시였다. 즉, 이들에게 그람시는 유로코뮤니즘의 창시자였다.

하지만 그람시에게 존경의 마음을 품은 또 다른 어떤 이들에게는 이것이 견강부회에 불과했다. 홉스봄과 마찬가지로 영국의 저명한 좌파 이론가이며 역사학자인 페리 앤더슨이 그렇게 생각한 사람들 중 한 명이었다. 앤더슨은 자신이 편집을 맡은 잡지 『뉴레프트리뷰』에 작심하고 발표한 정말 긴 논문(「안토니오 그람시의 이율배반」, 페리 앤더슨 외, 『안토니오 그람시의 단층들』, 갈무리, 1995)에서 '유로코뮤니스트 그람시'의 이미지는 허상에 불과하다고 일갈했다.

그람시는 분명 이 땅에 살다 간 '한' 사람이었는데, 홉스봄의 그람시가 다르고 앤더슨의 그람시가 또 다른 것이다. 한편에는 혁명 세력이 부르주아 민주주의 공간에 적응해야 한다고 주장하는 유로코뮤니즘 선구자 그람시가 있는가 하면, 다른 한편에는 그런 식으로 해서는 부르주아 지배 체제에 흡수되기 십상이라고 경고하는 그람시가 있다. 누구나 과거의 사상을 창조적으로 재해석할 권리를 지니고 있다고는 하지만 이것은 정도가 좀 심하다. 이게 그람시란 사상가를 둘러싼 전세계적 상황이다

사실 그람시 자신이 이런 상황에 일정한 책임이 있다. 물론 그가 그러고 싶어서 그랬던 것은 아니지만 말이다. 그람시 사상의 정전(正典) 역할을 하는 저작이 『옥중수고』(안토니오 그람시, 『그람시의 옥중수고』 전2권, 거름, 1999)인데, 이 책은 그가 감옥에서 공책에 적은 메모들을 모아놓은 것이다. 출판을 염두에 두지도 않았고 체계적으로 기술한 것도 아닌 메모들이다. 아마 그 자신도 몇 년 뒤에 다시 봤으면 뭘 생각하고 쓴 것인지 알기 힘들었을지 모른다. 게다가 파시스트 체제의 감옥 안에서 썼기 때문에 검열을 의식해서 암호를 사용하거나 애써 에둘러 표현하기도 했다. 한마디로, 독자가 읽기에 부적합한 물건이다.

암호는 해독되기 나름이다. 메모는 이어붙이기 나름이다. 따라서 암호로 채워진 이 메모 다발은 요란한 해석의 전투를 유발할 수밖에 없다. 이것이 그람시 읽기의 근본적 난점이다.

『옥중수고』 이전의 글들을 읽어야 한다

하지만 돌파구가 한 가지도 없는 것은 아니다. 시야를 『옥중수고』의 너

머로 확장해보면 된다. 그람시는 감옥에 갇히기 전에도 상당한 분량의 글들을 남겼다. 그중 다수는 좌파정당 활동가로서 당 기관지나 좌파 신문에 남긴 논설이다. 그리고 이에 못지않은 분량의 문예 비평도 남아 있다.

투옥되기 전에 쓴 글들은『옥중수고』를 손에 든 독자들을 숨막히게 하는 새롭고 낯선 개념어들의 중구난방식 실험과는 거리가 멀다. 이 글들은 당원이나 노동조합원을 독자로 하여, 아주 구체적인 정치 쟁점들을 간명하게 다루고 있다. 좌파정당의 젊은 지도자이자 무솔리니 집권 초기에 야당 국회의원이었던 사람의 문제의식이 더할 나위 없이 솔직하게 표현되어 있다.

이러한『옥중수고』이전 논고들이야말로 우리에게『옥중수고』의 어지러운 숲속을 헤쳐나갈 지도와 나침반 역할을 해준다.『옥중수고』이전 글들의 명료한 언어를 통해 투옥 이전 그람시의 고민을 날것으로 확인한 뒤에『옥중수고』로 뛰어들면 뭔가 새로운 것들이 보이기 시작한다. 이러저런 해석가의 그람시 말고 감옥 밖 숙제를 감방에 끌고 들어와 씨름하는 그 사람이 점점 눈에 들어온다.

그런데 이런 방식으로 그람시를 읽는 경우가 그렇게 많지는 않다. 1990년대에 한국에도 적지 않은 수의 그람시 소개서나 연구서가 소개되었다. 하지만 대부분의 경우『옥중수고』이전의 그람시는『옥중수고』의 전사(前史) 정도로 간략히 언급될 뿐이었다. 더 나아가, 마치 알튀세르 학파가 초기 마르크스와 후기 마르크스 사이의 '단절'을 이야기하듯이, 초기 그람시(공장평의회 운동 시기)와 후기 그람시(『옥중수고』시기)를 나눠 둘이 서로 대립되는 것처럼 다루는 책들도 많았다.

이에 대한 불만 때문에 나는 2000년대 벽두에 지금 진보신당 녹색위원장으로 있는 김현우와 함께『안토니오 그람시, 옥중수고 이전』(갈무리,

2001. 이하 『옥중수고 이전』)이라는 책을 번역해 내게 되었다. 영국의 그람시 연구자 리처드 벨라미가 투옥 이전의 정치적 논설들을 골라 모아놓은 선집이었다. 돌이켜보면, 우리가 이 책의 번역에 뛰어든 것은 만용이었다. 그람시 정도의 거장의 저작을 번역하는 일은 아무나 손대서 될 게 아니었다. 더구나 우리는 이탈리아어도 전혀 알지 못했다. 영역본을 중역하는 수밖에 없었다.

하지만 그래도 감히 번역에 나섰다. 그만큼 『옥중수고』 이전 글들을 소개하는 게 그람시의 이해에 급하고 중요하다고 판단했기 때문이다. 우리 자신도 번역 과정에서 이를 더욱더 절감했다. 그람시가 20대 초반부터 쓴 짧은 글 한 편 한 편을 세밀히 읽고 한국어로 옮길 때마다 계속 『옥중수고』의 난해한 공식들, 그람시 사상의 전체상이 전과는 전혀 다른 모습으로 다가왔다.

특히 번역자들이 이 책의 대미를 장식하는 「남부 문제의 몇 가지 측면」이란 글을 강독할 때는 어떤 개안(開眼)의 환희에 들뜨지 않을 수 없었다. 이제까지 이 글을 제대로 읽지 않고 논했던 그람시와 『옥중수고』는 모두 허깨비에 불과했다는 느낌이었다.

『옥중수고 이전』이 나온 지 3년 뒤에 한국의 독자들은 바로 이 글 「남부 문제의 몇 가지 측면」을 보다 정확한 한국어 번역으로 읽을 수 있게 되었다. 이탈리아에서 정치학을 전공한 김종법이 『남부 문제에 대한 몇 가지 주제들 외』(이하 『남부 문제』)라는 제목의 작은 선집을 낸 것이다. 이 책은 『옥중수고』 이전 그람시의 글들 중에서도 가장 핵심적인 것들을 요령 있게 모아놓았다.

더 중요한 것은 이 책이 영어본을 통한 중역이 아니라 이탈리아 원전의 번역이라는 점이다. 지금까지도 그람시의 정치 저작 중에서 이탈리아 원전으로부터 직접 한국어로 번역한 책은 이것이 유일하다. 비록 얇은 문고판 선집이지만, 한국의 그람시 소개·연구사에서 한 획을 그은 책이라 할 수 있다.

남부 문제―이탈리아 자본주의 그 자체

흔히 그람시 일생에서 최초로 주목받은 논설로 꼽는 것이 제1차 세계대전이 발발한 지 두 달 뒤에 발표한 「능동적이고 효과적인 중립」이다(이 글은 『남부 문제』에는 없고 『옥중수고 이전』에 실려 있다). 이 글의 발단은 이탈리아 사회당 내의 참전 논란이었다.

이탈리아 사회당은 전쟁 초기에 이탈리아 정부가 중립을 선언하는 바람에 독일 사회민주당이나 프랑스 사회당과는 달리 전쟁 찬반 문제로 골머리를 썩이지 않아도 되었다. 다른 나라 좌파정당보다 더 원칙적이어서 전쟁 지지의 오명에서 자유로웠던 것이 아니라 그냥 상황 덕분이었다.

그런데 당의 저명한 좌파 논객 베니토 무솔리니가 이른바 '효과적인 중립'론을 들고 나오면서 파란이 일어났다. '중립'이라고는 하지만 사실은 참전을 주장하는 내용이었다. 이 문제 때문에 무솔리니는 당을 떠나게 되고, 결국 파시스트당의 두목이 된다. 아무튼 그람시의 글은 무솔리니가 불러일으킨 사회당 내 참전 논란에 대한 논평이었다. 한데 이 글에는 전쟁 문제라는 본 주제 외에도 우리의 눈길을 끄는 또 다른 인상적인 대목이 있다. 그것은 글 첫머리에 제시되는 다음과 같은 문제제기다.

이탈리아 사회주의자들로서 우리는 다음과 같은 문제를 직시해야 한다. '이탈리아 역사의 현재 국면에서 이탈리아 사회당의 역할(나는 프롤레타리아트나 사회주의 일반의 그것이 아니라는 점을 강조하고자 한다)은 무엇이어야 하는가?'

왜냐하면 우리가 우리의 에너지를 바치고 있는 사회당은 이탈리아의 사회당, 즉 인터내셔널을 위해 이탈리아 국가를 장악해야 할 과제를 떠맡은 사회주의 인터내셔널의 그 지부이기 때문이다. 이 직접적 과제, 이 일상적 과제는 당에게 특수한, 국민적 성격들을 부여하며 이 탈리아의 생활 속에서 특수한 역할, 독특한 책임을 떠맡도록 한다.

—『옥중수고 이전』, 63~64쪽(강조는 그람시)

이 인용문에서 젊은 그람시는 '이탈리아'라는 말을 몇 차례나 강조하고 있다. 그만큼 그는 이탈리아 사회를 구체적으로 분석하고 이를 바탕으로 구체적 실천 과제를 끌어내는 일을 중요시했다. 그람시가 세상에 말문을 연 첫 번째 글의 서두에서 이 과업을 힘주어 강조한 것은 결코 우연이 아니었다. 스물세 살의 청년 사상가가 자신의 평생의 과제를 선포하는 장면이라 하겠다.

제1차 세계대전이 끝나고 이탈리아는 혁명 일보직전의 소용돌이에 휩싸인다. 특히 그람시가 활동하던 공업도시 토리노에서는 피아트(Fiat) 자동차 공장을 중심으로 공장평의회 운동이 불붙었다. 1920년 여름, 한창 점거 파업을 벌이던 피아트의 공장평의회는 경영진 없이 자동차를 생산하는 초유의 실험을 펼쳤다. 당시 『새 질서(L'Ordine Nuovo)』라는 사회주의 신문을 발간하던 그람시와 그의 젊은 동지들이 이 운동에 커다란 영향을 끼쳤고, 이를 통해 일약 이탈리아 좌파의 새 지도자군으로 떠올랐다.

그리고 다시 1년 뒤, 사회당의 리보르노 당대회를 앞두고 그람시는 『새 질서』에 논설 한 편을 발표했다. 이것이 『남부 문제』에 수록된 「리보르노 전당 대회」라는 글이다. 이 글에서 그람시는 이탈리아 자본주의가 남부 농촌 지역에 대한 북부 도시들의 수탈에 기반을 두고 발전해왔다는 사실에 주목한다. 거대한 대중투쟁이 성과 없이 끝난 게 불과 몇 달 전인 상황에서 사회당이 당대회를 통해 확인해야 할 도전 과제가 바로 이 문제임을 그람시는 강조한다.

사실 이탈리아 남부 농업 지대의 저발전에 대해서는 그람시 이전에도 많은 논의들이 있었다. '남부 문제'는 이탈리아 사람들 사이에서는 이미 상식과도 같은 것이었다. 그런데 그람시는 이것을 단순히 남부만의 문제로 따로 떼서 바라보지 않았다. 이것이 남부 문제를 강조한 다른 이들과 그람시 사이의 차이였다.

그람시는 남부 문제를 북부와 남부 사이의 불균등 결합 발전의 문제로 보았다. 즉, 북부의 발전이 남부의 저발전에 바탕을 두고 이뤄졌다는 것이 문제의 핵심이었다. 따라서 남부 문제는 이탈리아 자본주의와는 별개로 존재하거나 그것에서 비롯되는 여러 모순들 중 단지 하나가 아니었다. 어쩌면 '이탈리아' 자본주의 그 자체였다.

이탈리아 자본주의는 다음과 같은 발전 노선을 좇아 권력을 획득했다. 이탈리아 자본주의는 농촌을 산업 도시에 예속시키고 중부와 남부 이탈리아를 북부의 지배하에 두었다. 이탈리아 부르주아 국가에서 도시와 농촌 간의 문제는 단순히 대규모 산업 도시와 같은 지역과 그 도시에 직접 예속된 농촌 사이의 문제는 아니다. 그것은 국가 안에서의 한 지역과, 이 지역과는 너무나 동떨어진 채 세부적인 특징에 있어서 구별되는 다른 모습을 가진 지역 간의 문제를 함께 나타내고 있다.

자본주의는 이를 통해 지배와 착취를 수행한다. 즉 공장에서는 노동자들에게 직접 작용하고, 국가 안에서는 가난한 농민들과 반프롤레타리아들로 구성된 이탈리아 노동 민중을 포함해 보다 광범위한 계층들에 작용한다. 분명한 것은 산업 노동계급이 자본가들과 은행가들의 손아귀에서 정치적, 경제적 권력을 쟁취할 때에만 이탈리아의 국민적 삶의 중심 문제, 즉 남부 문제를 해결할 수 있다는 것이다.

—『남부 문제』, 43쪽

그람시는 북부의 자본가, 은행가들과 남부 농업 블록의 반동적 지배층 사이의 동맹이 이탈리아 지배 체제의 중심 기둥이라 보았다. 그런데 그는 여기서 한 걸음 더 나아간다. 지배 세력들 사이의 동맹은 남부 문제의 절반 정도에 불과하다. 북부 산업 노동자계급과 남부 농민이 이 동맹의 하위 구성 요소로 포섭될 때에만 남부 문제는 완성된다. 달리 말해, 대중이 지배 체제에 '끼워맞춰져야만' 지배는 최종적으로 작동하게 된다.

실제로 그랬다. 북부 노동자들의 상당수는 남부 농민들에 대한 북부 자본가계급의 수탈 덕분에 안정된 일자리와 임금 수준을 유지하는 셈이었다. 레조 에밀리아 같은 북부 공업 지대에 뿌리를 둔 사회당 및 노동조합 내부의 개혁주의자들은 이런 문제에 애써 눈을 감았다. 그러면서 노동자들이 북부 제조업 호황의 이득을 나누는 데 골몰하는 것을 방조하거나 거들었다. 그리고 그러면 그럴수록 남부 농민들은 북부 노동자들을 '노동 귀족'으로 질시하게 되었다. 이러한 대중의 분열이 지배 체제의 전체 그림이 완성되는 데 화룡정점 역할을 했다.

그람시는 이탈리아 사회주의 운동의 단절적 자기 혁신이 필요한 이유를 여기에서 찾았다. 이제까지 개혁주의자들은 대중의 분열을 극복하기는커녕 그것이 작동하는 데 부속품 역할을 해왔다. 반면, 새 시대 사회주의 운동은 무엇보다도 북부 산업노동자계급과 남부 농민들 사이의 동맹을 추구해야만 한다. 이것이야말로 이탈리아 자본주의의 심장에 육박해 들어가는 도전이다.

리보르노에서 있을 공산주의자들과 개량주의자들 사이의 단절이 중요한 의미를 갖는 것은 바로 이 때문이다. 즉 혁명적 산업 노동계급은 국가 기생주의 안에서 타락해버린 사회주의의 경향들과 절연할 것이다. 혁명적 산업 노동계급은 프롤레타리아 귀족주의를 창조하기 위해 남부에 대한 북부의 우월한 지위를 이용해 이득을 취하려는 경향에서 떨어져 나와야 한다.

프롤레타리아 귀족 정치란, 부르주아 보호 무역주의 관세 제도에 밀착해 협동조합적인 보호 무역주의를 수립했으며 노동 대중 대부분의 지원으로 노동계급을 해방시킬 수 있을 것이라고 믿었던 현상을 말한다. 이것은 국가의 다른 생산력에 대한 산업 및 금융 자본주의 지배의 합법적인 형태다. (중략)

노동자 해방은 오직 북부의 산업 노동자들과 남부의 가난한 농민들의 연합을 통해서만 보장될 수 있다. 이 연합은 부르주아 국가 기구를 분쇄할 것이고, 노동자와 농민의 국가를 건설할 것이며, 농업에 필요한 산업 생산의 새로운 제도를 건설할 것이고, 이탈리아의 후진적 농업을 산업화하고 노동 대중의 이익을 위해 국가의 복지 수준을 끌어올리는 데 사용될 산업 생산의 새로운 기구를 건설할 것이다.

—『남부 문제』, 43~44쪽

'역사적 블록'—그람시의 분석의 목표이자 실천의 출발점

리보르노 당대회에서 사회당은 결국 둘로 쪼개졌다. 사회당에서 떨어져 나온 당내 좌파들은 공산당을 새로 만들었다. 그람시도 새 당의 일원이었다. 그리고 1924년부터는 당의 핵심 지도자이자 의원으로 활동했다. 하지만 이 시기는 오래가지 못했다. 그람시는 1926년 파시스트 정부에 검거돼 이후 감옥에서 죽음을 맞이해야 했다.

「남부 문제에 대한 몇 가지 주제들」은 1926년 투옥되기 직전에 쓴 글이다. 그람시의 체포로 인해 이 글은 4년 뒤에야 공산당의 망명 기관지에 발표되었다. 말하자면 이 글은 『옥중수고』 이전에 쓴 논설들 중 마지막이자 『옥중수고』의 사색이 시작될 시점의 그람시의 문제의식을 보여주는 첫 번째 수고(手稿)다. 이 글이야말로 『옥중수고』의 난삽한 원고 더미를 실로 꿰어주는 역할을 하는 서문이다.

이 글에서 그람시는 남부 문제를 다시 한 번, 그리고 보다 정교하게 다룬다. 그 요지는 리보르노 당대회 시기의 생각과 다르지 않다. 다만 남부 문제가 작동하는 구체적 방식에 대한 분석이 더욱 상세해졌다. 이 분석은 '국가-시민사회', '헤게모니', '전통적 지식인-유기적 지식인', '수동혁명', '기동전-진지전' 같은 『옥중수고』의 개념어들을 예시하는 착상들로 가득하다. 감옥 안 그람시의 머릿속을 가득 채운 게 미발표 원고인 「남부 문제에 대한 몇 가지 주제들」의 내용이었음을 실감할 수 있다.

리보르노 당대회를 앞둔 그람시가 북부의 개혁주의적 사회주의자들이 남부 문제의 작동에 한몫한다는 점을 강조했다면, 「남부 문제에 대한 몇 가지 주제들」에서는 남부 지식인들의 역할에 주목한다. 그람시가 보기에 남부의 주류 지식인들은 반동 지주층과 교회를 중심으로 한 남부 농업 블록이 유지되는 데 커다란 기여를 하고 있었다. 그는 한때 자신에게 지대한 영향을 주었던 남부 출신 지식인 베네데토 크로체도 이런 관점에서 매섭게 비판한다.

남부에서는 농업 블록 위에서, 지금까지 농업 블록의 균열이 너무 위태로워지거나 블록의 붕괴로 이어지게 되는 상황을 예방하는 데 실제적으로 봉사해온 지식인 블록이 작용하고 있다. 포르투나토와 크로체가 이러한 지식인 블록의 대표자들이며, 따라서 이들은 이탈리아에서 가장 활발한 반동적 인물들이라고 여겨진다. (중략)

이러한 의미에서 크로체는 매우 중요한 '국민적' 기능을 완수했다. 그는 남부의 급진적 지식인들을 농민 대중으로부터 분리시킴으로써 그들이 국민적이고 유럽적인 문화에 참여하게 만들었으며, 이러한 문화를 통해 이 지식인들이 국민적 부르주아 계급에 그리고 결국 농업 블록에 동화될 수 있게 만들었다.

—『남부 문제』, 98~100쪽

그만큼 지식인들의 역할이 중요하다. 여기에서 '지식인'이란 크로체 같은 대학자만 지칭하는 게 아니다. 크로체 식의 사고가 대중에게 스며들어 일상의 관계들에 시멘트 역할을 하도록 만들기 위해 하루하루 분투하는 이들이 있다. 그들이 그람시가 말하는 '지식인', 후에 『옥중수고』에서 '유기적 지식인'이라는 명칭을 부여받는 이들이다. 이들의 일상의 고투가 없다면, 지배 블록에는 금세 금이 가고 말 것이다.

그래서 그람시는 노동자계급과 농민 사이의 동맹에 대한 고민도 지식인 문제에서 출발한다. 그는 이 동맹이 이뤄지기 위해서는 남부 농민들 내부에서 성장한 새로운 지식인 집단이 북부 노동자계급의 혁명적 대변자들과 만나야 한다고 보았다. 그래서 주목한 게 『자유주의 혁명』이라는 저널을 통해 남부 문제의 혁명적 해결을 주창하던, 그람시와 동년배이자 남부 출신 지식인인 피에로 고베티와 그 주위의 그룹이었다.

때때로 우리는 우리 당 동지한테서 『자유주의 혁명』의 사상적 조류에 맞서 투쟁하지 않았다고 비난받곤 했다. (중략) 우리가 고베티에게 대항해 싸울 수 없었던 것은, 적어도 그가 운동의 주요 노선에 있어서만큼은 반대해서는 안 될 운동을 지향하고 대변했기 때문이다.

이것을 이해하지 못한다는 것은 지식인 문제와, 지식인들이 계급 투쟁에서 지향하는 기능을 이해하지 못한다는 것을 의미한다. 고베티는 실제로 우리를 다음과 같은 계층들과 연결하는 역할을 했다. (중략) 그는 북부 프롤레타리아 계급에 남부 문제를 도입하는 과정에서 좀 더 총체적인 연결을 통해 전통적 다른 영역 위에 남부 문제를 상정했던 일련의 남부 지식인들과 우리를 연결하는 역할을 했다.

—『남부 문제』, 102~103쪽

안타깝게도 고베티 역시 그람시와 마찬가지로 무솔리니 정권과의 투쟁 과정에서 순교했다. 하지만 그람시의 기대대로 이들 그룹('행동당'으로 발전한다)은 이후 반파시즘 투쟁에서 공산당과 더불어 양대 축 역할을 한다.

아무튼 그람시가 바라본 남부 문제의 전체상이 이러했다. 이 그림은 역사유물론의 전통적 도식인 '토대/상부구조' 틀에는 잘 들어맞지 않는다. 남부 문제는 '토대'만의 문제도 아니고, 그렇다고 이탈리아 자본주의에 덧씌워진 '상부구조'의 문제도 아니다. 흔히 그람시를 '상부구조'의 사상가라고 하는데, 남부 문제와 대결한 그람시는 결코 '상부구조'만을 강조한 사상가는 아니었다.

그래서 『옥중수고』 시기의 그람시는 '토대와 상부구조의 통일'로서, 사회를 이들이 통일된 구체적 양상으로 파악한다는 요청으로서 '역사적 블록(historic bloc)' 개념을 제시하게 된다. 이후 『옥중수고』의 해석가들은 '시민사회', '헤게모니', '진지전' 등의 개념에 비해 '역사적 블록' 개념을 상대적으로 가볍게만 다루곤 했는데, 이것은 잘못이었다. 그람시는, 굳이 말하면, '역사적 블록'의 사상가였다. 나머지 개념 실험들은 모두 다 '역사적 블록'의 전체 그림을 완성하기 위해 필요한 구성 요소들이라고 보면 된다.

그람시에게 새로운 사회를 지향하는 유기적 지식인들의 과제는 우선 자신이 속한 사회를 '역사적 블록'으로서 포착하는 일이었다. 즉, 한 사회가 지구 자본주의에 끼워맞춰져 있는 특정한 조건에 기초하여 다시 그 사회의 대중이 자본의 운동에 끼워맞춰지는 구체적 양상(=역사적 블록)을 분석하는 일이었다. 이것은 '자본'의 추상적 운동을 파악하는 데서 더 나아가 '사회'가 이에 결합되어 있는 양상을 있는 그대로 온전히 간파하려는 시도였다.

그리고 이 분석에서 나침반 역할을 하는 것이 다름 아닌 '헤게모니', '유기적 지식인', '수동혁명' 등의 개념들이었다. 역사적 블록에 끊임없이 응집성을 부여하는 힘이 곧 '헤게모니'다. 그리고 일상의 노동을 통해 이 헤게모니가 지속적으로 작동하게 만드는 세력이 곧 지배계급의 '유기적 지식인'들이다. 혁명적 위기 상황에서는 이런 유기적 지식인들의 활동이 대중의 혁명적 분출을 다시 지배 체제에 끼워맞추는 '수동혁명'으로 나타난다.

새로운 '역사적 블록'은 대중의 지적, 도덕적 '행위'로부터

그럼 이제 문제는 이것이다. "기존 '역사적 블록'의 타파와 새로운 건설은 과연 어떻게 가능할 것인가?" 그람시에게 이 길의 출발점만큼은 너무도 분명하다. 그것은 자본의 지배에 대중의 생활이 끼워맞춰진 바로 그 지점에서 대중 스스로(적어도 그 중요한 일부가) 이제까지의 관성을 과감히 거부하는 것이다. '역사적 블록'의 중심에 위치한 대중 내부의 분열 및 포섭의 지점에서 이러한 외침이 시작되어야 한다. "나는 이제 하지 않겠어!"

그래서 1920년 토리노 파업 당시 졸리티 총리의 자유주의 정부가 노동자들에게 과감한 양보 조치(임금 대폭 인상에 노동시간 단축, 게다가 경영 참여 권한까지!)를 제시했을 때, 『새 질서』의 청년 사회주의자들은 노동자들이 이를 단호히 거부해야 한다고 주장했다. 왜냐하면 졸리티 정부의 제안은 결국 토리노의 투쟁과 동시에 들끓던 남부의 민심은 짓밟으면서 반면 북부 노동자들은 다시 한 번 북부 자본의 지불 능력으로 포섭해 보려는 시도였기 때문이다. 그람시는 「남부 문제에 대한 몇 가지 주제들」에서 이렇게 회고한다.

> 실제로 피아트의 숙련 노동자들이 경영진의 제안을 받아들였을 경우 어떤 일이 일어날까? (중략) 계급조합주의는 승리를 거두겠지만 프롤레타리아트는 지도자와 안내자로서의 지위와 역할을 상실할 것이다. 프롤레타리아 계급은 더 빈곤한 노동자 대중에게 특권 계급으로 보일 것이며, 농민 대중에게도 부르주아와 같은 수준에 있는 착취자로 인식될 것이다. 부르주아 계급이 언제나 그랬듯이 농민 대중에게, 그들의 고통과 비참한 빈곤의 유일한 원인으로 여겨질 핵심적 특권 노동자로 프롤레타리아를 소개하려 들 것이다.
>
> —『남부 문제』, 86~87쪽

그렇다. 처음에는 어떤 집단적 '행위'가 필요하다(괴테, 『파우스트』 1부의 "태초에 행위가 있었다"란 말처럼). 1920년의 이탈리아 상황에서 그런 '행위'란 곧 북부의 노동자들이 남부의 수탈과 결합된 일체의 타협을 받아들이지 않는 것이었다. 이것이 새로운 '역사적 블록'의 씨앗이 될 수 있다.
물론 새로운 사회를 건설하려는 유기적 지식인들이 여기에 달려들어야 한다. 그래서 이 원초적 '행위'를 해석하고 거기에 이름을 붙이며 이를 확산시켜야 한다. 그럼 이제 이 '행위'는 다른 모든 영역에서 새로운 사회 관계들의 원형이자 지속적 참조점이 된다. 이러한 반복과 확산의 과정이 곧 대항 헤게모니의 형성 과정이며, '진지전'이다.

그람시는 『옥중수고』에서 '지적, 도덕적'이란 수식어를 즐겨 사용했다. 이 용법에 따른다면, 우리에게 필요한 것은 피지배 대중 측의 '지적, 도덕적' 행위다. 그런데 여기에서 '도덕적'이란 말이 막연한 윤리적 행위 일반을 가리키는 것이 아님을 주의해야 한다. 기존 '역사적 블록'에 대한 엄밀한 분석과 판단을 바탕으로, 대중의 분열과 포섭을 낳는 그 사회 관계들을 뒤집고 바로 거기에서부터 새로운 윤리적 기준을 만들어내는 실천이어야 한다.

달리 말하면, 이것은 '자본'의 지배를 '사회'의 자기 통치로 대체할 그 주역, 즉 '사회'를 새로이 구성하는 일이기도 하다. 피지배 대중이 기존 '역사적 블록'의 반복을 끊는 행위에 착수하고 이 행위를 씨앗 삼아 구성할 새로운 관계들은 곧 '자본'을 대체할 '사회'의 실체, 그것이다. '자본'의 운동에 결박되어 있던 '사회'가 드디어 스스로 그 결박을 풀고 자신의 모습을 드러내게 되는 것이다. 이런 맥락에서 그람시의 사상 전반은 '자본'을 대체할 '사회'를 어떻게 실체화할 것이냐는 '사회주의'의 가장 심층에 자리한 고민에 대한 나름의 답이기도 하다.

흔히 그람시를 '정치 이론의 대가'라고 평가한다. 그러면서 우리가 이미 알고 있는 '정치'의 이미지와 범위에 따라 그람시를 해석하려 든다. 그러나 그람시에게 '정치'란 분명한 자기만의 맥락과 의미를 지닌다. 그 것은 곧 피지배 대중의 집단적인 윤리적 '행위'를 이끌어내려는 일체의 노력이다. 여기에서 주어는 어디까지나 대중 자신이며, 그 포부는 몇몇 정책적 지향을 넘어선다.

오늘날 우리에게 필요한 '정치'가 이런 것이다. 그람시 시대의 이탈리아에서 북부 도시와 남부 농촌 사이에 작동하던 모순이 어찌 보면 노동계급 내부에서 정규직-비정규직, 대기업-중소기업, 현직-실직, 남성-여성 등의 분열로 작동하는 21세기 한국 사회에서 이러한 '정치'는 과연 어디에서, 어떻게 시작될 수 있을 것인가? 그람시는 다른 무엇이 아니라 바로 이 물음에 답하기 위해 우리가 대화해야 할 사상가이자 우리의 실천의 선배다.

함께 읽으면 좋을 책

『다시 그람시에게로』 칼 보그(강문구 옮김, 한울, 2007)

그람시 사상의 가장 좋은 입문서.

『안또니오 그람쉬』 쥬세뻬 피오리(김종법 옮김, 이매진, 2004)

그람시를 이해하기 위해 반드시 읽어야 할 결정적인 전기이자 세계 전기 문학사에 길이 남을 걸작이기도 하다. 또한 20세기 초 이탈리아 좌파 운동사를 생생히 접할 수 있기도 하다.

『그람시의 옥중수고 1: 정치편』 안토니오 그람시(이상훈 옮김, 거름, 2006)

『그람시의 옥중수고 2: 철학·역사·문화』 안토니오 그람시(이상훈 옮김, 거름, 2007)

읽기 쉬운 책은 아니지만, 그래도 입문서와 『옥중수고』 이전 저작들을 읽은 뒤 도전해볼 만하다.

국가를 '변형'하라

—

『국가, 권력, 사회주의』 니코스 풀란차스
박병엽 옮김, 백의, 1994.

2008년 금융 위기 이후 유럽이 계속 시끄럽다. 재정 위기와 그로 인한
정치적 혼란이 수그러들 기미를 보이지 않는다. 올해 들어 그리스가 좀
진정세라고 하는데, 이번에는 스페인과 이탈리아가 심상치 않다. 자본
주의의 발상지이자 중심부인 유럽이 졸지에 세계 자본주의의 화약고 신
세가 된 것이다.

2012년에 그리스는 심각한 경제 위기와 이에 대한 유럽 엘리트들의
대응, 즉 긴축정책이 어떠한 정치적 격변을 낳을 수 있는지 생생히 보
여주었다. 1970년대 민주화 이후 수십 년간 서로 번갈아가며 집권하
던 양대 정당, 우파 신민주주의당(ND)과 좌파 범그리스사회주의운동당
(PASOK)은 이제 더 이상 독점적 양당 구도를 유지할 수 없게 되었다. 특
히 후자는 급격히 소수 정당으로 추락했다.

반면, 평소 3% 정도 지지율을 보이던 PASOK 왼쪽의 정치 조직, 시리
자(급진좌파연합, SYRIZA)가 급부상했다. 5월의 1차 총선에서는 16%를 득
표하더니 한 달 뒤 다시 실시된 선거에서는 득표율을 27%로까지 올렸
다. 비록 유럽 기득권 세력의 집중 지원을 받은 ND에 밀려 집권에는 성
공하지 못했지만, 삽시간에 그리스의 정치 지형을 바꾸며 강력한 제1야
당으로 성장했다.

시리자의 놀라운 성장에 다른 유럽 국가들의 좌파도 한껏 기대에 부푼 모습이다. 프랑스에서는 좌파전선(FG, 좌파당, 공산당 등의 연합)이, 스페인에서는 연합좌파(공산당을 중심으로 한 연합)가 유행처럼 저마다 자기네 나라의 시리자가 되겠다고 기염을 토한다. 그런 가운데 다른 한편에서는 좌파 특유의 날선 논쟁도 벌어진다.

주로 트로츠키주의 세력들 사이에서 전형적인 혁명적 사회주의 입장의 비판들이 나오고 있다. 시리자가 집권해봤자 개혁(개량)주의 노선이기 때문에 결국 사회민주주의 정당인 PASOK과 마찬가지로 그리스 민중이 바라는 변화를 실현할 수 없다는 것이다. 이런 비판은 으레 1917년 10월 혁명의 재연이 필요하다는 결론으로 끝나곤 한다.

하지만 급진좌파 내에도 이런 의견만 있는 것은 아니다. 시리자가 이제까지 신자유주의에 굴복해온 상투적 개혁주의와는 차이가 있다며 이 차이에 주목하자는 목소리들도 있다. 이들은 시리자가 긴축 철폐를 위한 구제금융 조건 재협상, 외채에 대한 국제 시민사회의 공개 감사, 은행 국유화 등을 진지하게 주창한다는 점에서 '좌파' 개혁주의 혹은 '급진' 개혁주의라 규정한다.

만약 이러한 좌파 개혁주의가 유럽 한복판에서 정치적 기회를 갖게 된다면, 이 사태는 과연 유럽 전체, 더 나아가 전세계에 어떠한 충격을 던져주게 될까? 이것은 확실히 남미의 베네수엘라나 볼리비아, 에콰도르에서 벌어진 일들이 그랬던 것보다는 훨씬 커다란 해일로 다가오게 될 것이다. 시리자를 동지적 연대의 상대로 바라보는 이들은 바로 이러한 가능성에 주목한다.

시리자의 젊은 대표 알렉시스 치프라스 자신이 만약 시리자가 집권하게 된다면 그리스에 '칠레 모멘트'가 닥칠 것이라고 밝힌 바 있다. '칠레 모멘트'란 무엇인가? 1970년에 칠레에서 인민연합(사회당, 공산당 등 칠레 좌파의 결집체)의 살바도르 아옌데 후보가 대통령에 당선된 뒤 벌어진 일련의 상황들을 말한다. 당시 아옌데의 새 정부가 선거 공약이었던 구리 광산 국유화 등 급진 개혁 조치들을 진지하게 추진하자 칠레에는 일촉즉발의 팽팽한 대치 상태가 벌어졌다. 국내 기득권 세력과 미국이 손잡고 인민연합 정부를 포위하며 총공세를 펼쳤다. 당연히 위기와 혼란이 뒤따랐다.

하지만 위기만은 아니었다. 1972년 자본가들이 파업을 단행하자 뜻밖의 일이 벌어졌다. 그간 선거에서 좌파정당들에 표를 던지는 데 그쳤던 노동자, 민중이 직접 정치의 전면에 나섰다. 공장에서는 노동자들이 사장 없이 자신들의 힘만으로 조업을 재개했다. 동네에서는 유통업 사보타주에 맞서 주민 자치 조직들이 생필품 공급을 책임졌다. 덕분에 자본가 파업은 실패로 끝났다. '민중 권력'이라 불린 새로운 힘이 그 위력을 과시한 것이다.

이러한 '칠레 모멘트'가 이제 자본주의 중심부 유럽에서 눈앞의 가능성으로 이야기되고 있다. 이런 예사롭지 않은 시대의 조짐을 마주하며 나는 한 이름을 떠올리지 않을 수 없다. 칠레 인민연합 정부의 실험이 결국 군부 쿠데타라는 비극으로 끝나는 것을 바라보며 유럽에서 좌파의 정치 이론과 전략을 고뇌했던 인물, 니코스 풀란차스가 그 사람이다.

시리자의 '그람시', 풀란차스

시리자는 본래 여러 정당, 정치 조직들의 연합이다. 그러면서도 선거나 일상 활동에서 '하나의' 정당처럼 움직여왔다. 최근에는 실제 한 정당으로 통합하려 하고 있다. 이러한 연합의 중심에는 그리스 공산주의 운동의 한 갈래에서 연유한 '좌파운동 생태주의 연합(Synaspismos)'

이라는 당이 있다. 그런데 이 당의 부설 정책연구소 이름이 다름 아니라 '니코스 풀란차스 연구소(NPI)'다. '니코스 풀란차스'라는 이름을 정책연구소 명칭으로 내세울 정도로 풀란차스는 시리자의 중심 조직인 Synaspismos에게 소중한 존재다. 과거 이탈리아 공산당에서는 안토니오 그람시가 당의 이념적 상징 역할을 했었는데, Synaspismos에게 '그리스의 그람시'라 할 인물이 풀란차스다.

풀란차스가 프랑스어로 저서를 냈기 때문에 프랑스인으로 오해하기 쉽다. 그러나 그의 조국은 그리스다. 1936년에 아테네에서 태어났고, 아테네대학 법학부를 나왔다. 그리고 청년 시절부터 그리스 공산당 당원으로 활동했다. 한국과 같은 시기에 비슷하게 좌우 사이의 내전을 경험한 그리스에서는 이 시기(1950년대)에 공산당이 비합법 지하정당 상태였다.

풀란차스는 1960년대에 프랑스로 유학 가서 정치학으로 박사학위를 받았다. 이때 프랑스에서는 루이 알튀세르의 구조주의적 마르크스주의가 젊은 좌파 지식인들 사이에서 유행하고 있었다. 풀란차스도 그 세례를 받았다. 5월 봉기로 프랑스 사회가 들썩이던 1968년에 나온 그의 출세작 『정치권력과 사회계급』(풀빛, 1986)은 정치학 방면에서 알튀세르 학파를 대표하는 저작으로 평가받았다.

그러나 풀란차스는 알튀세르 학파의 일원으로만 남지는 않았다. 1970년대에 조국 그리스를 비롯해 스페인, 포르투갈 등 아직 군부 독재나 권위주의 정권이 잔존하던 남유럽 국가들에서 반독재 민중투쟁이 폭발했다. 풀란차스는 이들 나라의 민주화 과정을 분석하면서(『군부독재, 그 붕괴의 드라마』, 사계절, 1987) 점차 자신의 이론을 변화시키기 시작했다. 마르크스의 저작에서 개념들을 추출해 번잡한 논의를 전개하던 접근법은 당대의 구체적 투쟁들에 대한 긴장된 분석에 길을 내주었다.

이 무렵 그리스 공산당은 국내파와 국제파라는 두 분파로 갈라졌다. 국제파가 소련과의 관계를 중시하면서 정통 마르크스-레닌주의를 고수한 데 반해, 국내파는 그리스 국내의 대중운동을 중심에 놓고 이념과 노선을 혁신해야 한다는 입장이었다. 국내파의 고민은 1970년대에 이탈리아 공산당 등에서 대두한 이른바 '유럽 공산주의' 흐름과 궤를 같이했다. 유럽 공산주의의 출발점은 소련 추종 노선에서 벗어나 사회주의로 나아가는 자국의 독특한 경로를 찾자는 것이었다.

풀란차스는 그리스 공산당의 두 분파 중 국내파를 대표하는 이론가였다. 그리고 지금의 Synaspismos는 국내파가 1980년대 말에 국제파, 즉 현재의 그리스 공산당(KKE)과 최종 결별하고 따로 만든 당이다. 1978년에 나온 『국가, 권력, 사회주의』는 풀란차스의 이러한 이론적 전환의 성과들을 집약해놓은 저작이다. 그런데 1년 뒤 풀란차스는 갑자기 의문의 자살로 생을 마감했다. 결국 이 책은 그가 세상에 남긴 마지막 메시지가 되고 말았다.

사실 『국가, 권력, 사회주의』는 읽기 수월한 책은 아니다. 무엇보다도 풀란차스에게 여전히 짙게 남아 있는 알튀세르 학파의 그림자가 가장 커다란 장벽이다. 알튀세르 사단 특유의 복잡한 개념들과 논리 전개에 익숙하지 않은 독자에게는 정말 친해지기 힘든 책으로 다가올 것이다.

게다가 또 다른 난점이 있다. 이 책은 1970년대 말 프랑스 좌파의 이론적 논쟁들에 대한 풀란차스의 응답이다. 그래서 저자가 맞수로 삼은 당대의 논객들, 즉 미셸 푸코나 질 들뢰즈 같은 후기구조주의자들을 비롯해 알튀세르 학파 내에서 풀란차스와 서로 길이 엇갈리게 된 에티엔 발리바르, 자주관리 사회주의를 주창하던 사회당 주변 인물들, 우파로 전향한 신철학의 개창자들이 어지럽게 출연한다. 이들의 논쟁 구도를 어느 정도 알고 있지 않고서는 길을 잃기 십상이다.

그럼에도 불구하고 『국가, 권력, 사회주의』는 사회 변화에 관심 있는 독자라면 한번쯤 도전해보지 않을 수 없는 책임에 분명하다. 좌파 정치 이론이 도달한 최전방 지대가 이 책 안에 펼쳐져 있기 때문이다. 이 책이 쓰인 30여 년 전에 그랬던 것처럼 지금도 그러하다. 무엇보다도 자본주의 국가에 대한 이론과 그 변혁 전략에 관한 한 이것은 틀림없는 사실이다.

국가는 '사물'이나 '주체'가 아닌 '관계'

『국가, 권력, 사회주의』를 처음 펴들면, 우선 다음과 같은 단호한 언명이 우리의 눈길을 끈다. 짧은 서문의 마지막 문단이다.

> 독자들은 마르크스주의의 고전으로 명명된 것들과 관련된 모든 인용을 나의 이전 저작에서 발견할 수 있을 것이다. 그러나 이것이 이 저작에서 마르크스주의의 고전을 인용하지 않는 유일한 이유는 아니다. 무엇보다도 그 이유는 정통 마르크스주의라는 것이 있을 수 없다는 사실에서 기인하는 것이다.
>
> 어느 누구도 신성한 교조와 텍스트를 지키는 사람으로 행동할 수 없다. 그러므로 나는 그러한 텍스트로 나 자신을 치장하기를 원하지 않는다. 이것은 어떤 진정한 마르크스주의의 이름으로 말하고자 하는 것이 아니라, 차라리 그 반대의 이유 때문이다. 즉 나는 나 자신의 이름으로만 내가 쓰고 말하는 것에 대해 책임을 진다.
>
> —『국가, 권력, 사회주의』, 4쪽

이 문구의 정신이 『국가, 권력, 사회주의』 전체를 지배한다. 이 책은 당시 프랑스 사회당이 대표하던 개혁 노선, 즉 선거로 집권하기만 하면 사회 변화를 '집행'할 수 있다는 생각을 논파할 뿐만 아니라 오래된 그 반대 노선 또한 비판한다. 기존 국가는 '분쇄'의 대상일 뿐이라는 코민테른 혁명 노선이 그것이다. 한때 풀란차스 자신도 이 노선의 동조자였다. 그러나 이제 그는 개량주의니 수정주의니 하는 낙인과 파문을 두려워하지 않으며 이 시대의 길을 찾겠다고 선언하는 것이다.

『국가, 권력, 사회주의』의 전반부는 이러한 모색을 위한 이론적 정초 작업이다. 당대의 논쟁 구도에 대한 진단이고, '정신노동과 육체노동의 분리', '법', '국가' 등 국가 이론의 근저에 자리한 쟁점들에 대한 사색이다. 말하자면, 본론으로 나아가기 위한 긴 서론이다. 초심자들을 질리게 만들기 딱 좋다. 그래서 나는 앞부분을 과감히 건너뛰고 제2장 '정치투쟁: 세력관계의 응축으로서의 국가'부터 읽는 독서 전략을 추천한다. 제2장 이하의 내용을 먼저 읽고 흥미를 느끼면 다시 첫머리로 돌아와 서론 및 제1장 '국가의 제도적 물질성'을 읽어볼 것을 권한다.

제2장의 첫 머리에서 우리는 이 책의 핵심 주제와 마주친다. 그것은 국가에 대한 풀란차스의 새로운 정식화다.

> 나의 이전의 정식들 중 일부를 명확히 하기 위해 다음과 같이 서술한다. 즉 (자본주의) 국가는 본질적인 실체로 간주될 수 없으며, '자본'과 마찬가지로 세력관계이며, 보다 정확하게는 계급들과 계급분파들 사이의 세력관계(항상 특수한 형태로 국가 안에서 표현된다)의 물질적 응축이라고.
>
> —『국가, 권력, 사회주의』, 165쪽

한마디로, 국가는 어떤 '사물'이나 '주체'가 아니라 '관계'라는 것이다. 다만 '응축된' 관계다. 쉽게 역전되거나 유동화될 수 없고 일정하게 틀이 짜여 지속성을 지니는 세력관계. 이러한 정식화의 노림수는 다음의 문구를 통해 좀 더 구체적으로 확인할 수 있다.

> 국가를 세력관계의 물질적 응축으로 이해한다면, 국가를 (중략) 전략적 장과 과정으로 파악해야만 한다. 그 결과 유동적이고 모순적인 전술이 발생하는데, 이러한 전술의 일반적인 목표, 그리고 제도적 결정화는 국가장치에서 구체화된다.
>
> 이러한 전술이 국가에 각인된다는 제한된 수준에서, 종종 대단히 명백한 전술들이 이 전략적 장을 가로지른다. 이러한 전술들은 서로 교차하고 경쟁하며, 어떤 장치를 목표로 하거나 다른 전술에 의해 단락됨으로써, 마침내 국가'정치'를, 즉 국가 안에서 적대관계를 가로지르는 전체적인 세력의 선을 그린다.
>
> ─『국가, 권력, 사회주의』, 174~175쪽

즉, 자본주의 국가는 '무대'다. 이 무대에서는 계급 권력을 지닌 자본가 세력이 항상 주연의 자리를 차지한다. 하지만 어쨌든 피지배계급 역시 이 무대 위에 분명히 출연한다. 주연이 있고, 조연들이 있으며, 배역들 사이의 관계가 있다. 이들 사이의 투쟁이 항상 무대를 채운다. 이것은 확실히, 자본주의 국가를 자본가들만 착석한 이사회 테이블로 바라보거나 이들이 휘두르는 거대한 바위 덩어리 같은 것으로 생각하는 것과는 전혀 다른 시각이다.

국가에 주로 관철되는 것은 물론 지배계급의 권력과 이해다. 하지만 위와 같은 시각 전환은 우리에게 이 과정이 그렇게 자동적이거나 순탄하기만 하지는 않다는 것을 환기시킨다. 국가는 '그때그때'의 계급 세력 관계에 의해 결정된다. 그렇다면 국가가 자본가계급을 향해 쏠리는 것도 항상 기계적으로 보장된다고 볼 수는 없다. 아니, 이것은 '그때그때' 확인되고 또 재확인되어야 한다.

게다가 이 과정은 사회의 여러 투쟁들에 노출된 시끄럽고 골치 아픈 것이다. 그렇다면 '때에 따라서는' 국가 안에 자본가계급의 뜻을 관철하는 데 실패할 수도 있다는 이야기가 된다. 이제 비로소 국가는 바윗덩이 비슷한 게 아니라 생물처럼 꿈틀거리는 무엇으로 다가오게 된다.

'장악'이나 '분쇄'가 아닌 '변형'의 전략

국가를 이렇게 바라본다면, 이제 어떠한 정치 전략이 필요한가? 기존 사회주의 운동의 양대 흐름, 즉 개혁적 사회주의와 혁명적 사회주의의 밑바탕에는 서로 다른 국가관이 있다. 개혁주의자들의 경우는 보통선거권 쟁취를 통한 상황 변화를 일방적으로 강조한다. 노동자들도 이제 정당을 만들어 여당이 된다면, 국가를 자기 것으로 '장악'할 수 있다는 것이다. 즉, 이들에게 국가는 누구든 선거를 통해 손에 쥘 수 있고 일단 손에 쥐면 자신의 무기로 삼을 수 있는 무엇이다.

반면 혁명적 사회주의자들은 보통선거가 실시된다고 해서 사정이 크게 달라지지 않는다는 점을 강조한다. 국가는 애초부터 계급 지배를 위해 만들어진 것이고, 온통 그 목적으로 짜여 있다. 설사 선거로 진보 세력이 최상층 공직 몇 개를 차지한다고 해도 국가 전체의 성격이 변하지도 않을뿐더러 고분고분 명령에 따르지도 않는다. 그렇다면 이 물건을 어찌할 것인가. 애당초 노동자, 민중이 차지할 수 없는 무기라면 그저 파괴해버릴 수밖에. 즉, 혁명 노선에서 국가는 지배계급의 무기가 될 수밖에 없는 구조와 생리를 지닌 것으로서, 오직 '분쇄'의 대상일 뿐이다.

현실에서는 위의 두 흐름 모두 고유의 난점에 봉착했다. 개혁주의자들의 낙관과는 반대로, 좌파 정부의 개혁이 기득권 세력이 용인할 수 있는 수준을 넘어서는 순간 항상 일이 벌어졌다. 언제나 국가 기구 안에서부터, 기득권 세력과 긴밀히 연관돼 있는 부분들이 개혁을 사보타주하고 나섰다. 이들이 오히려 좌파 개혁 세력을 포위하여 무력화시키곤 했다. 국가를 '장악'한다는 게 그렇게 만만한 일이 아니었던 것이다. 개혁주의자들의 국가관에 대한 혁명적 사회주의자들의 비판이 상당 부분 사실로 드러났다.

그렇다면 혁명적 사회주의자들의 주장이 곧 우리의 대안인가? 그렇게 답할 수 있다면 편하겠지만, 20세기의 교훈은 그런 편한 답변을 허용하지 않는다. 무엇보다 치명적인 것은 기존 국가 기구를 '분쇄'했던 역사적 경험, 즉 러시아 10월 혁명이 초래한 뜻밖의 결과였다. 혁명 러시아에서는 기존의 의회 대신 새로운 대의기관으로 소비에트(노동자 농민 병사 평의회)가 등장했다. 구체제의 경찰과 군대도 해산되고, 국가 기구 전체가 새로 조직됐다. 그런데 이 새로 등장한 국가가 과거의 차르 정부는 상대도 안 될 만큼 더한 관료 독재를 펼치기 시작했다. 우리가 이미 다 아는 이야기다. 10월 혁명의 이러한 변질은 자본주의 중심부에서 혁명 노선이 대중의 신뢰를 잃는 데 결정적인 기여를 했다. 현실 사회주의의 실상이 외부에 그대로 알려지는 게 우파의 어떠한 반공 선전보다 더 효과적이었다.

『국가, 권력, 사회주의』가 제안하는 정치 전략은 이러한 실패들을 딛고 출발한다. 국가 '장악' 노선의 한계를 넘어서려 하면서도 국가 '분쇄'와는 다른 방식으로 이를 시도한다. 그래서 나온 게 국가 '변형'의 시나리오다.

이러한 분석을 통해 사회주의로의 이행이라는 전망에서, 인민대중과 그들의 정치적 조직의 권력 획득과 관련된 중요한 문제를 제기할 수 있다. 이 과정이 국가권력을 장악하는 것에 그칠 수 없다는 것은 명백하며, 반드시 국가장치의 변혁으로 확장되어야 한다.

—『국가, 권력, 사회주의』, 176~177쪽

선거 정치만으로는 안 된다. 풀란차스에 따르면, 관건은 대중운동들이다. 그럴 수밖에 없다. 국가가 '세력관계의 응축'이라면, 국가를 바꾼다는 것은 세력관계를 뒤집는다는 것이고, 노동자와 민중 편에서 그 힘은 대중운동들로부터 나올 수밖에 없다. "인민대중의 조직적 자율성"(195쪽)에 기초한 대중운동들이 있어야 하며, 이 운동들은 "국가장치의 물리적 공간에 현존"하면서도 "국가장치로부터 거리를 둔 거점과 조직망"(같은 쪽)을 확보해야만 한다. 이러한 운동들은 결국 기존 국가 기구 바깥의 새로운 권력 거점으로까지 발전해야 한다. 그 전형적인 사례는 러시아와 서구의 혁명 과정에서 등장한 노동자 평의회이다. 1972년에 칠레에 등장한 '민중 권력'도 그 맹아적 형태라고 할 수 있다.

여기까지는 전통적 혁명론과 풀란차스의 주장 사이에 별 차이가 없는 것처럼 보인다. 하지만 곧바로 길이 갈린다. 10월 혁명 경험에 기반을 둔 코민테른 식 혁명론은 새로운 민중권력기관이 기존 국가 기구를 포위하고 결국은 후자를 분쇄해야 한다고 본다. 그러나 풀란차스는 국가 '밖' 대중운동들이 국가 '안'으로 확장되어 국가 안과 밖 모두에 걸쳐 투쟁이 전개되는 것으로 바라보자고 제안한다. 국가 '바깥의' 대중운동들의 힘으로 국가 '안의' 투쟁들을 촉발하고 그래서 결국 국가의 구성과 작동 방식이 그 밑바탕에서부터 바뀌어가는 것('변혁' 혹은 '변형' (transformation))으로 보자는 것이다.

　사회주의로의 민주적 길에 있어서 권력 장악의 장기간에 걸친 과정은, 기본적으로 국가 조직망에서 대중이 항상 가지는 분산적인 저항의 중심이 국가라는 전략적 지형에서 실질적인 권력의 현실적 중심이 되는 형태로 새로운 저항의 중심을 창출, 발전시키고 보급, 발전, 강화, 지도하는 과정이다.

—『국가, 권력, 사회주의』, 334쪽

이러한 구상은 풀란차스와 마찬가지로 칠레 인민연합 정부의 성공과 실패를 바라보며 우리 시대의 변혁 전략을 고민한 또 다른 좌파 정치이론 거장, 랠프 밀리밴드의 결론과도 유사하다. 밀리밴드는 한때 자본주의 국가이론 영역에서 풀란차스의 치열한 논적이었다. 그러나 아이러니하게도 이들의 정치적 결론은 놀라울 정도로 서로 일치한다. 밀리밴드는 이렇게 말한다.

경제구조, 사회구조 그리고 정치구조의 근본적 변화를 추구하는 새로운 정부는 국가권력과 병존하고 국가권력을 보완하는, 그리고 시의적절한 '대중동원'과 대중행동의 효과적 지도를 위한 굳건한 토대를 이루는 권력기구의 망을 건설하기 시작하고 고무하는 데에서 출발해야 한다.

이것이 취하는 형태들(노동자들의 작업장에 존재하는 노동위원회, 지역별 시민위원회 등)과 이러한 기구들이 국가에 '융합'하는 방식은 청사진으로 제시할 수 있는 성질의 것이 아니다. 그러나 어떠한 형태가 가장 적합한 형태이든 간에, 그것은 결성할 필요가 있고, 또한 결성해야만 한다.

—강문구 편, 『자본주의 체제하의 사회변혁운동』, 친구, 1990, 301쪽

이러한 전략은 확실히 통상적인 개혁주의와는 구분된다. 고도로 '응축'된 세력관계의 역전은 단순한 개혁의 누적 이상의 충격을 요구한다. 그 충격에 어떠한 이름을 붙이든, 그것이 시대와 장소에 따라 어떤 다양성을 보이든, 그것은 기존의 정치 관념이나 관행을 넘어서는 사건으로 나타날 수밖에 없을 것이다.

어쨌든 국가 내부의 세력관계를 변화시키는 것은 점진적이고 연속적으로 개량을 획득하는 것을 의미하는 것이 아니며, 국가라는 기관실의 부품을 하나씩 정복하는 것을 의미하는 것도 아니며, 단순히 정부의 포스트나 상층부를 점유하는 것을 의미하는 것도 아니다. 그것은 틀림없이 실질적인 단절의 과정인데, 국가의 전략적 지형에 있어서 세력관계가 인민대중에 유리한 형태로 변화할 때, 그 절정에 도달한다.

—『국가, 권력, 사회주의』, 335쪽

그럼에도 풀란차스는 별 생각 없이 '혁명'이라는 단어를 반복하는 것은 피하려 한다. 굳이 이렇게 말한다, "대의제 민주주의의 제도 및 자유(이것 역시 인민대중이 획득한 성과이다)의 확대, 심화와 직접 기층 민주주의의 확장 및 자주관리적 거점의 분산, 확대를 접합하는 방식으로 국가를 근저적으로 변혁하는 것"(331쪽)이라고. 여기에는 서문의 단호한 어구들과 쌍을 이루는 다음과 같은 확고한 문제의식, 20세기가 우리에게 안겨준 고뇌가 깔려 있다.

나는 이 저작에서 민주적 사회주의로의 이행에 있어서 국가장치의 근저적 변혁이라는 표현을 사용했다. (중략) 이 표현은 두 가지 진입금지를 표시하는 일반적 방침을 지시하는 것으로 생각된다.

　제1의 진입금지. 사회주의로의 민주적 길에 있어서 국가장치의 근
저적 변혁은 더 이상 국가장치의 분쇄 또는 파괴라는 전통적으로 지
시되었던 것을 의미하지 않는다. (중략) 사회주의로의 민주적 길 및 민
주적 사회주의가 정치적 다원주의(복수정당제) 및 이데올로기적 다원
주의, 보통선거의 역할에 대한 승인, 모든 정치적 자유(반대파의 정치적
자유를 포함)의 확대, 심화 등을 의미한다면, 말장난이 아닌 한 국가장
치의 분쇄 또는 파괴라는 표현을 사용할 수 없다.

—『국가, 권력, 사회주의』, 338~339쪽

'정치'를 우회할 수는 없다

『국가, 권력, 사회주의』가 우리 시대에 필요한 정치이론의 완결편은 아
니다. 이 책은 오히려 미완성의 느낌이 더 강하다. 국가론의 새 바이블
이라기에는 비어 있는 구석이 많고, 핵심 주제라 할 국가의 정식화나 변
혁 전략도 앞으로 좀 더 다듬어져야 할 제안이나 가설 성격이 강하다.
그러나 이 한 더미의 헐거운 구상들이 지금 우리에게는 가장 앞선 출발
점이다.

　더구나 우리가 마주한 시대의 독특한 상황이 풀란차스의 마지막 메
시지를 더 절실하게 만들고 있다. 지난 한 세기의 좌파 운동의 역정은
'사회주의'를 '국가주의'의 동의어로 만들었다. 사회주의의 그나마 남아
있는 현실 영향력(그게 스웨덴 사회민주당을 통해서 나타나든 중국 공산당으로
나타나든)도, 거기에서 대안을 찾으려는 생각이 들지 못하게 막는 거대
한 역사적 제약도 다 이 '사회주의＝국가주의'라는 경험에 바탕을 두고
있다.

　그래서 국가 기구 아닌 다양한 사회적 주체들에서 새로운 사회의 희

망을 찾으려는 흐름이 그 어느 때보다 힘을 얻는 모습이다. 국유화 대신 노동자 자주경영이나 협동조합에 주목하는 것도, 100년 전의 길드 사회주의가 다시 발굴되는 것도, 아나키스트 운동의 어떤 측면이 새삼 긍정적으로 부각되는 것도 다 이런 흐름의 표출이다.

하지만 이러한 양상에는 30여 년 전 풀란차스가 우려했던 그 역편향의 위험이 존재한다. 국가 '바깥'을 일방적으로 강조하면서 마치 국가를 우회하거나 포기하고서도 근본적 사회 변화가 가능할 것처럼 생각하는 편향 말이다. 이런 태도는 결국 다양한 반(反)정치주의 입장, 즉 정치적 기권주의로 나타나게 마련이다. 이것은 굴복의 또 다른 방식일 뿐이다. 국가를 우회하는 것은 기존 국가 기구를 통한 지배 권력의 온존을 용인하는 것일 따름이다. 이렇게 방치된 권력은 어떠한 국가 '바깥'의 시도도 쉽게 기존 권력망 안으로 포획해버릴 수 있다. 국가라는 무대에 참여함으로써 포획될 경우보다 더 무력한 흡수이기에 그 위험성은 더 크다. 즉, 국가주의의 극복은 국가의 우회나 포기로 이뤄지지 않는다. 정치를 포기하고서는 어떤 진지한 변화도 불가능하다.

국가주의를 넘어서기 위해서도 우리는 국가 '안에서' 싸워야 하고, 현재의 정치에서 벗어나기 위해서도 대중운동과 좌파정당의 강력한 연합에서 출발해야 한다. 30여 년 전 신자유주의의 태동기에 전개된 고뇌의 산물 『국가, 권력, 사회주의』는 한 세대를 건너뛰어 신자유주의가 낙조를 드리우는 시대를 마주한 우리에게 이 역설을 받아들이라고 촉구한다.

함께 읽으면 좋을 책

『풀란차스를 읽자』 밥 제숍 (안숙영 외 옮김, 백의, 1996)

풀란차스 사상의 전모를 꿰뚫어볼 수 있는 좋은 입문서. 하지만 절판 상태다.

『민주주의는 약자들의 희망이 될 수 있을까』 리처드 스위프트 (서복경 옮김, 이후, 2007)

풀란차스라면 크게 공감했을 만한 입장에 따라 자본주의와 민주주의의 모순, 참여 자치 민주주의의 확대, 경제 영역으로의 민주주의의 확장 등을 이야기하는 책. 무엇보다 쉽게 읽혀서 좋다.

『신자유주의의 탄생: 왜 우리는 신자유주의를 막을 수 없었나』 장석준 (책세상, 2011)

1970년대에 세계 곳곳에서 벌어진 신자유주의 우파와 급진 개혁 좌파 사이의 대립과 투쟁을 살펴본다. 그 중요한 이론적 배경 중 하나는 바로 후기 풀란차스 사상이다.

『새로운 민주주의의 희망』 마리옹 그레·이브 생또메 (김택현 옮김, 박종철출판사, 2005)

브라질 포르투 알레그레 시의 참여예산제 실험은 민중 참여와 국가의 변형이 현실에서 충분히 가능하다는 것을 보여준 사례다. 이 실험을 현장감 있게 전달하는 보고서.

『사회주의는 가능하다: 베네수엘라 현장 활동가들의 목소리』 카를로스 마르티네스 외 (임승수·문이얼 옮김, 시대의창, 2012)

베네수엘라 차베스 정부 역시 국가 변형 전략의 중요한 사례다. 이 책은 이 실험의 성취와 한계, 생명력과 모순을 참여자들의 육성을 통해 가감 없이 전달한다.

마르크스주의 해체 이후의 탈자본주의 대안?

—

『리얼 유토피아』 에릭 올린 라이트
권화현 옮김, 들녘, 2012.

『마르크스가 살아 있다면』 찰스 더버
강정석 옮김, 책읽는수요일, 2012.

에릭 올린 라이트의 『리얼 유토피아』(*Envisioning Real Utopia*)와 찰스 더버의 『마르크스가 살아 있다면』(*Marx's Ghost*)에 대한 주제 서평을 부탁받았을 때 좀 당황했었다. 둘이 성격이 굉장히 다른 책이기 때문이었다.

라이트의 책은 학술서다. 서문(『리얼 유토피아』, 22쪽)에서 그가 밝힌 대로 처음에는 "광범위하고 다소 대중적인 독자를 염두에 두고" 썼지만, "내용이 커지고" "비판에 마주치며 이를 반박할 필요가 있겠다고" 느끼면서 학술적 저작으로 변해갔다. 저자 자신은 그럼에도 불구하고 "이 책이 학술적 논쟁에 익숙하지 않은 사람들에게도 읽힐 수 있기"를 여전히 바라지만 말이다.

반면, 더버의 책은 그야말로 대중서다. 영어 원제대로 이 책의 주인공은 칼 마르크스의 유령이다. 저자는 이 유령의 입을 빌려 이야기한다. 런던 하이게이트 묘지에서 마르크스의 유령을 만나 자본주의 위기, 현실 사회주의의 공과, 그리고 새로운 대안 사회 구상에 대해 함께 토론한다는 식이다. 실제 읽어보면, 사회과학 서적 같지 않게 술술 잘 넘어간다. 만화로 만들었으면 아마 더 좋았을 법하다.

물론 두 책 사이의 연결 고리가 없다고 할 수는 없다. 라이트와 더버 모두 미국 사회학자다. 자본주의의 본산인 미국의 유명 대학에 이런

사람이 사회학 교수로 있을 수 있나 싶은 골수 좌파라는 것도 공통점
이다.

사회학을 조금이라도 아는 사람들에게는 이미 거장의 반열로 분류
되는 라이트는 마르크스주의의 기본 명제들과 비마르크스주의 사회과
학 방법론을 서로 결합시킨 계급 연구로 일가를 이뤄왔다. 그리고 최근
에는 '리얼 유토피아 프로젝트'라는 이름으로 자본주의 이후의 대안 사
회에 대한 구체적인 착상과 설계를 발전시켜왔다. 한편 더버는 라이트
만큼은 잘 알려져 있지는 않지만 신자유주의의 제도적 골격을 이루는
미국 법인자본주의를 끈질기게 비판해온 인물이다. 『마르크스가 살아
있다면』이전에도 그의 저작 『히든 파워』(두리미디어, 2007)가 번역, 소개
된 바 있다.

흥미로운 것은 더버가 라이트의 이름을 『마르크스가 살아 있다면』
의 본문에서 직접 언급한다는 것이다. 이런 대목이다.

작중 화자: "당신이 환영할 마르크스주의자인 에릭 올린 라이트 같은
사회학자들은 라이트가 '현실의 유토피아(Real Utopia)'라
고 부르는 것을 연구하는 데 전념하는, 미국 대학들에서
손색없는 학문 산업을 창출했습니다."

마르크스(유령): "맞네. 나는 그 작업을 알고 있네. 매우 중요한 작업이
지. 하지만 학계는 이 작업을 학술지와 연구논문으로만
묻어두지 말고 미국 대중들 앞에 내놓을 필요가 있네."

작중 화자: "그들은 자신들이 연구하는 현실의 지역 사회들 및 노조
들과 함께 일하고 있고 참여민주주의 조직을 창출하는
것을 돕고 있습니다."

마르크스(유령): "이의 없네. 그것은 매우 예지력 넘치는 작업이네.

그들은 티나(TINA, 신자유주의 이외에 대안은 없다는 태도)를

거부하는 학자들과 활동가들이네. 하지만 그것은 지역적,

전국적, 전지구적 규모로 확대되어야 하네."

—『마르크스가 살아 있다면』, 323~324쪽

이 인용문에서 알 수 있듯이, 학술서와 대중서라는 서로 다른 성격에도 불구하고 두 책은 깊이 공명하고 있다. 더버는 자신의 책이 라이트 등의 작업을 "미국 대중들 앞에" 내놓기 위한 시도임을 분명히 한다. 좀 단순화시켜 말한다면, 『마르크스가 살아 있다면』은 『리얼 유토피아』의 입문용 버전이라 할 수도 있다. 서평 의뢰를 받고 『마르크스가 살아 있다면』을 정독하고 나서야 나도 이 사실을 확인할 수 있었다. 두 책을 묶어 주제 서평을 맡긴 편집진의 의도가 영 이유가 없는 게 아니었던 것이다.

다만 나는 더버의 책을 읽으면서 그 형식이 썩 마음에 들지는 않았다. 도대체 유령이랑 대화한다는 것 자체가 너무 을씨년스럽다. 더구나 마르크스가 유령이 되어 나타난다는 것은 더 그렇다. 유령은 이유 없이 출몰하지 않는다. 한국식으로 말하면 '한(恨)'이 있을 때 이승을 떠도는 법이다. 한 서린 마르크스……. 이 책을 읽는 내내 이러한 이미지가 머리에서 떠나지 않았다. 저자는 이것보다는 훨씬 명랑한 의도에서 마르크스를 소환했던 것 같은데, 그게 나 같은 독자에게는 의도하지 않은 효과를 불러일으키는 것이다.

프롤레타리아 독재론을 넘어

이런 부작용에도 불구하고 더버가 마르크스의 유령과의 대화라는 방식을 택한 것은 여전히 '마르크스'라는 권위가 필요했기 때문으로 보인

다. 마르크스의 입으로 마르크스주의를 반성하게 하고 그의 목소리로 21세기의 대안들에 대해 우호적으로 평가하게 하는 것이 독자에게 더 호소력을 가질 수 있으리라는 판단이었을 것이다. 그래서 마르크스의 유령이 존 메이너드 케인즈, 하이먼 민스키, 밀턴 프리드먼 등 사망 연도가 훨씬 늦은 유령들과 서로 '자네'라고 부르며 입씨름을 벌이는 진기한 장면도 등장하게 되었을 것이다.

하지만 이것이 더버가 독자들에게 전달하려는 메시지와 과연 잘 어울리는 방식인지에 대해서는 의문이다. 왜냐하면 그의 메시지는 모종의 정통 마르크스주의에 대한 고수나 옹호보다는 차라리 마르크스주의의 해체 쪽에 가깝기 때문이다. 라이트나 더버나 모두 자신들의 책에서 정통 마르크스주의의 해체 이후의 탈자본주의 구상에 대해 고민하고 있다. 그런데 다름 아닌 마르크스의 유령이 그러한 비(?)마르크스주의적 탈자본주의 대안의 화자가 된다? 더버에게는 안된 말이지만, 이러한 설정은 오히려 그의 책의 설득력을 떨어뜨리고 있다.

『마르크스가 살아 있다면』에서 마르크스의 주장들 중 무엇보다 의문시되는 것은 프롤레타리아 독재론이다. 더버가 인용한 마르크스·엥겔스의 『공산당 선언』의 문구에 따르면, 이는 "프롤레타리아가 자신의 정치적 지배를 이용하여 부르주아지로부터 모든 자본을 차례차례 빼앗고 모든 생산 도구들을 국가의 수중에 집중"(『마르크스가 살아 있다면』, 216쪽)시키는 것을 뜻한다. 마르크스는 여러 곳에서 이것이 소수 자본가에 대해서만 독재일 뿐이며 다수 민중의 입장에서는 민주주의의 전례 없는 확장, 즉 프롤레타리아 민주주의를 의미한다고 부연 설명했다. 특히 1871년 파리코뮌 봉기를 지켜보면서 이런 측면을 강조했다. 더버는 이를 두고 "노동자 독재라는 자신의 불행한 언어에도 불구하고 마르크스는 종종 자주 관리와 민주주의를 옹호했다"(『마르크스가 살아 있다면』, 217

쪽)고 정리한다.

하지만 마르크스·엥겔스와 그의 동시대인들이 '프롤레타리아 독재'를 이야기하면서 너무도 당연하다는 듯이 연상한 자코뱅 독재, 즉 공안 위원회와 테러 통치의 이미지가 이런 해명들을 무색케 하는 게 사실이다. 더구나 '마르크스주의'를 내건 20세기의 혁명 운동은 자코뱅의 기억 정도는 황금시대의 태평한 전원시 정도로 보이게 하는 더 고약한 독재의 기억들을 남겨놓았다. 이 쓰디쓴 기억들은 아직도 인류 사회의 저울추가 자본주의에 대한 환멸과 반발 쪽으로 기우는 것을 막을 수 있을 정도로 무겁다. 멀리서 증거를 찾을 것도 없이 한반도의 현실만 봐도 분명하지 않은가. 더버는 이런 뼈저린 회의와 의문을 담아 마르크스의 유령에게 이렇게 묻는다.

권위주의적 좌파 혁명은 권위주의적 우파 정권의 변화만큼이나 위험할 수 있습니다. 레닌주의와 스탈린주의 또는 마오주의 형태의 마르크스주의적 또는 공산주의적 권위주의 정권을 수립하기보다는 자유주의적 자본주의를 유지하는 것이 더 나을 수도 있습니다.

—『마르크스가 살아 있다면』, 215쪽

이러한 물음에 대해 더버가 불러낸 마르크스 유령은 이렇게 답한다.

"'프롤레타리아 독재'가 어떻게 폭압적으로 될 수 있는지를 내가 설명한 적이 없다는 말은 맞네. 하지만 나는 지역평의회와 노동자평의회, 협동조합, 그리고 사회주의 국가가 민주적으로 유지되고 지역 시민들에게 책임을 지는 방식에 대해 폭넓게 썼네. 관료제와 투쟁하고 노동자들이 정부 통제권을 더 많이 얻기 시작할 때조차 권력을 탈중앙집권화하면서 시민사회와 민주주의를 강화하는 것이 지극히 중요함을 충분히 설명하지 못했다는 것은 인정하네."

—『마르크스가 살아 있다면』, 217~218쪽

프롤레타리아 민주주의자로서의 마르크스를 변호하면서도 전체적으로는 프롤레타리아 독재론의 한계를 인정하는 말투다. 프롤레타리아 독재론의 기각은 참으로 중대한 문제다. 이것은 우선 탈자본주의 이행 과정에 대해 기존 교과서의 틀을 넘어서는 고민과 모색이 필요하다는 것을 뜻한다.

더버가 지적하는 것처럼, 이미 마르크스 자신은 "길고 거대한 이행기에 떠오르는 운동들은 여러 사회적·정치적 쟁점들에 초점을 맞출 것이고 폭력과 비폭력, 점진적 전략과 혁명적 전략 모두를 포함할 수 있다는 점을 항상 강조"(『마르크스가 살아 있다면』, 59~60쪽)했지만, 이것을 환기시키는 것만으로는 부족하다. 혁명적 사회주의가 괴물 같은 체제들을 낳았다면, 개혁적 사회주의는 아직도 자본주의를 넘어선 단 한 개의 사례도 만들어내지 못했다. 그래서 프롤레타리아 독재론의 폐기는 "우리 모두는 이제 사회민주주의자"라는 마음 편한 선언으로 쉽게 이어지지 못하는 것이다. 상황은 더 심각하고 복잡하다.

'사회주의'의 그 '사회'를 다시 묻다

라이트가 『리얼 유토피아』의 1/3가량을 변혁 전략에 대한 논의에 할애하는 것은 바로 이런 상황 때문이다. 그는 좌파의 전통적 용어인 '혁명', '개혁' 대신에 이를 '단절적 모델', '틈새적 모델', '공생적 모델'로 새로 정식화해 검토한다. 대략 기존 논의에 대응시켜보면, '단절적 모델'은 공산주의 운동과 연관된 혁명 전략이다. '틈새적 모델'은 아나키즘에서 주로 주장해온, 국가 기구 바깥에서 사회운동들을 발전시켜 해방구를 만들고 확대하자는 전략이다. '공생적 모델'은 사회민주주의 정당들이 추구해온 개혁 전략에 가깝다. 라이트 자신은 단절적 모델과 틈새적 모델을 냉정히 분석한 뒤 다음과 같은 결론에 도달한다.

해방적 변혁을 위한 투쟁은 진화론적인 틈새적 전략이 구상하듯이 국가를 무시해서도 안 되고, 단절적 전략이 구상하듯이 현실적으로 국가를 분쇄할 수도 없다. 사회 해방을 위해서는 어떤 식으로든 국가와 맞닥뜨리고 국가를 이용해 해방적 사회권력 강화의 과정을 전진시켜야 한다. 이것이 공생적 변혁의 핵심적인 생각이다.

—『리얼 유토피아』, 460쪽

이것만 얼핏 봐서는 라이트의 결론이 결국 사회민주주의 개혁론의 승인일 뿐이라고 생각하기 쉽다. 이게 틀린 말은 아니다. 하지만 라이트는 기성 사회민주주의 노선의 손을 들어주는 것으로 끝내기에는 할 이야기가 좀 더 많다.

그가 상당 기간의 잠정적인 계급타협 국면이 필요하다고 보는 이유는 이러한 국면을 통해 자본 권력과 국가 권력을 대체할 사회 주체들이 성장할 조건들을 확보할 수 있다는 점에 있다. "해방적 변혁의 공생적 전략이 의미하는 것은, 사회권력 강화가 효과적인 사회적 문제 해결과 연결되어 엘리트와 지배계급들의 이익에도 봉사할 수 있을 때, 사회적 구조와 제도의 장기적 변형이 더 쉽게 민주평등주의적으로 나아갈 수 있다는 것"(『리얼 유토피아』, 489~490쪽)이다. 고전 사회민주주의가 국가를 통한 부분적 개혁 자체에 초점을 맞추는 것과 달리, 라이트의 공생적 전략은 이러한 개혁 과정 속에서 탈자본주의적 사회 세력들이 출현하고 성장하는 것에 강조점을 둔다. 대안적 사회 세력들의 양육, 이것이 요점이다.

사실 라이트의 이러한 주장은 그의 논의의 첫 출발점을 건너뛰고서는 충분히 이해할 수가 없다. 그리고 이것은 프롤레타리아 독재론의 붕괴로 인한 좀 더 심층적인 위기 및 그 성찰과 연관된다.

마르크스의 사회주의 이론에서 프롤레타리아 독재론은 아주 중요한 이음매 역할을 한다. 어쩌면 전체 체계를 지탱하는 중심 기둥이라 해도 과언이 아니다. 덕분에 마르크스·엥겔스의 이론 체계(이른바 '과학적 사회주의')는 마르크스 이전 사회주의에서 모호하게 남아 있던 수수께끼들에 대해 간명한 해답을 제시하는 것처럼 보였다. 이것은 수많은 사회주의 조류들 중에서 마르크스주의가 주류의 위치를 차지하게 된 주된 이유이기도 하다. 무슨 이야기인가?

'사회주의'는 한마디로 자본의 지배를 사회의 자기 통치로 대체하겠다는 이념이다. 그런데 이런 구상이 처음 등장한 때부터 항상 난점이 따라붙었다. 그것은 '자본'의 실체는 분명한 데 반해 '사회'는 그렇지 못하다는 점이었다. 프리드리히 하이에크-마가렛 대처 식으로 "사회는 없다"는 게 아니다. 칼 폴라니가 『거대한 전환』에서 그토록 힘주어 이야기하는바, 사회는 분명히 있다. 하지만 그 실체는 좀처럼 눈에 들어오지 않는다. 여기에서 이런 물음이 따라붙게 된다. "이렇게 실체가 모호한 '사회'가 '자본'을 대체하는 것이 어떻게 가능한가?" 이것은 사회주의자들이 답해야 할 가장 핵심적인 난문(難問)이다.

어떤 이들은 이미 사회주의의 태동기부터 이 물음에 대한 간단명료한 답을 갖고 있었다. 이들이 보기에 답은 '국가'에 있었다. '국가=사회'라고 보는 이들도 있었고, 비록 '국가=사회'는 아니지만 '국가'가 '사회'를 대변하면 된다는 이들도 있었다. 아무튼 이들 국가사회주의자는 국가가 자본을 제압하고 흡수하는 것이 곧 사회의 자기 통치를 실현하는 과정이 될 것이라고 내다보았다.

하지만 정말 그럴까? '국가'라고는 합스부르크나 로마노프 왕가의 전제만 익숙했던 시절에 이런 해법은 신뢰하기 힘든 것이었다. 좌파 중 다른 상당수는, 그러니까 이후 아나키즘으로 발전해가는 흐름은, 아예 반대로 자본보다 국가가 더 간악한 타도 대상이라고 보기까지 했다. 아직 유아기이던 유럽 좌파 세계는 이 근본 문제를 놓고 좀처럼 갈피를 잡을 수가 없었다.

마르크스와 엥겔스의 체계는 바로 이러한 혼란을 일거에 정리해주는 해답으로 여겨졌다. 이들은 '사회'를 대변할 주체를 프롤레타리아 계급으로 보았다. 물론 프롤레타리아 계급 역시 아직 현실의 어떤 조직이나 운동 자체는 아니다. 즉, 실체가 모호하다. 이 대목에서 프롤레타리아 독재론이 중요한 역할을 한다. 프롤레타리아 계급은 국가 권력을 장악함으로써 '사회'를 대변할 실체로 부상한다. 프롤레타리아 독재 국가는 자본을 전유하여 새로운 사회 관계들에 흡수되도록 만든다. 즉, 자본의 지배에서 사회의 자기 통치로 넘어가는 데 필수적인 징검다리 역할을 한다.

그렇기 때문에 프롤레타리아 독재 국가는 이제까지의 국가와는 다르다. 레닌의 『국가와 혁명』에 이르러서야 보다 분명히 정식화되기는 했지만, 이 국가는 사회에 자신의 권력을 넘겨주고 스스로 사멸해가는 국가, 사실상 '반(反)국가'다. 마르크스주의 체계는 이런 식으로, 사회(보통 프롤레타리아 계급으로 환원된)와 국가는 엄연히 다르다는 입장을 견지하면서도 변혁 운동의 관심을 실천적으로 국가에 집중시켰다. 말하자면, 좌파 내의 국가주의와 반국가주의를 종합 혹은 동시에 극복하는 것처럼 보이는 논리를 제시했다. 이 모든 이론적 성공의 핵심에 프롤레타리아 독재론이 있었다.

　그런데 지금 다름 아닌 이 프롤레타리아 독재론이 폐기 처분의 대상이 된 것이다. 이것은 이제까지 몇 세대 동안 이 이론을 통해 해결된 것처럼 보였던 역사적 사회주의의 난문의 해결이 다시 원점으로 돌아간다는 것을 뜻한다. 다시금 자본 독재를 대체할 '사회'의 실체가 무엇인지 물어야만 하고, 그것이 '국가'와는 어떻게 구분되고 어떠한 관계를 맺어야 하는지 따져야만 한다. 시장, 자본, 개인, 사회, 국가……. 이러한 문명의 가장 기본적인 범주들을 처음부터 다시 생각해봐야만 하게 된 것이다.

'사회 중심적 사회주의'를 향해

라이트는 『리얼 유토피아』에서 바로 이 작업을 수행한다. 그의 표현에 따르면, 이 책의 대안 사회 논의는 "사회주의에서 '사회적'이라는 말의 의미를 밝히는 것"(『리얼 유토피아』, 165쪽)에서 출발한다. 라이트는 자본주의뿐만 아니라 전통적으로 사회주의와 혼동된 국가주의에 대비해서, 사회주의를 다음과 같이 규정한다.

　'사회주의'는 생산수단이 사회적으로 소유되고 상이한 사회적 목적을 위한 자원의 배분과 사용이 '사회권력'의 행사를 통해 이루어지는 경제 구조이다. '사회권력'은 시민사회에서 다양한 종류의 협동적 자발적 집합 행위를 위해 사람들을 동원할 수 있는 능력에 근거하고 있는 권력이다. 따라서 시민사회는 활동, 사교, 소통의 무대로 간주되어야 할 뿐만 아니라 실제적 권력의 무대로도 간주되어야 한다. (중략) 이 측면에서 '민주주의' 개념은 사회권력과 국가권력을 연결하는 한 특정한 방식으로 생각될 수 있다. 이상적인 민주주의에서 국가권력은 사회권력에 완전히 종속되고 사회권력에 책임을 져야 한다. '민중에 의한 지배'라는 표현은 사실 '사회의 고립되고 분리된 개인들의 원자화된 집합체에 의한 지배'를 뜻하는 것이 아니라, 정당, 공동체, 조합 등등의 다양한 결사체 속으로 집합적으로 조직된 사람들에 의한 지배를 뜻한다. 따라서 민주주의는 본질적으로 아주 사회주의적인 원리이다. '민주주의'가 사회권력에 대한 국가권력의 종속에 붙이는 이름이라면, 사회주의는 사회권력에 대한 경제권력의 종속에 붙이는 용어이다.

—『리얼 유토피아』, 179쪽

20세기 사회주의 운동이 대체로 '국가 중심적 사회주의'로 귀착되었다면, 라이트가 주장하는 새로운 사회주의는 '사회 중심적 사회주의'라 하겠다. 이것은 마르크스 사상에서 표준적인 역사유물론 체계에 잘 들어맞지 않는 국가 비판적 요소들을 일부러 부각시킨 것이라고 볼 수 있다. 또한 마르크스주의의 여러 흐름들 중 평의회주의나 안토니오 그람시의 사상 같은 혁신적 기여들의 일반화라고 할 수도 있다. 아니, 더 나아가 마르크스주의 전통에 가려 오랫동안 망각되어온 좌파의 이단적 흐름들, 가령 생디칼리슴, 길드 사회주의, 칼 폴라니, 앙드레 고르 등등을 적극 재해석한 것이기도 하다.

이런 사회주의는 결코 소련식 중앙집권형 계획경제(사실은 명령경제)와 조응할 수 없다. 다른 경제 대안이 필요하다. 라이트는 『리얼 유토피아』에서 그 후보로 존 로머의 '쿠폰 기반 시장사회주의'와 마이클 앨버트의 '파레콘(Parecon, 참여경제)'을 검토한다. 모두 중앙집권형 계획경제와는 상이한, 아니 상반된 모델들이다. 물론 이 둘 사이에도 커다란 차이가 존재한다. 하나는 시장사회주의이고 다른 하나는 참여형 계획경제다. 즉, 시장을 어느 정도나 활용하는지에 대해 중요한 입장 차이가 있다. 하지만 둘 다 국가로부터 자율적인 다원적 경제 주체들이 존재하는 모델이고, 경제적 결정권이 이들 주체에게 분산된 체제다. 신자유주의적 자본주의를 넘어선 사회 경제 체제가 대체로 이런 방향을 취하리라는 라이트의 주장에 나는 전폭적으로 동의한다.

대안 사회가 이런 모습이라면, 그로 향해 나아가는 길 역시 과거의 탈자본주의 정책들과는 상당히 다른 모습을 띨 수밖에 없을 것이다. 그래서 라이트는 무조건적 기초 소득(기본소득)에 주목하고 스웨덴 노동운동이 1970년대에 시도했던 주식과세 임금소득자 기금의 중요성을 재음미한다. 더버의 경우는 마르크스의 유령의 입을 빌려 라틴아메리카의 연대 경제 실험들과 베네수엘라, 볼리비아 좌파 정부를 긍정적으로 평가한다. 그리고 라이트와 더버 모두 스페인의 몬드라곤 생산협동조합 같은 협동조합들의 네트워크를 추진해야 한다고 한목소리로 외친다.

이것이 라이트가 말하는 '리얼 유토피아'이고, 더버는 이를 '거대한 이행'(『마르크스가 살아 있다면』, 51쪽)이라 부른다. 이 모두는 20세기에 지나온 길들과 과감히 다른 각도를 잡아 나아가지만, 분연히 자본주의를 넘어선 지평을 향한다. 이 여정에 동참하는 것은 분명 뜻깊고 기운 나는 일이리라. 설령 마르크스의 유령과 마주치는 일은 없더라도 말이다.

함께 읽으면 좋을 책

『계급론』에릭 올린 라이트(이한 옮김, 한울, 2005)

라이트의 전공은 본래 계급론이다. 평생에 걸친 그의 자본주의 계급구조 연구가 이 책에 집약되어 있다.

『히든 파워: 미국 민주당이 공화당을 못 이기는 진짜 이유!』찰스 더버(김형주 옮김, 두리미디어, 2007)

더버의 출발점은 미국 법인자본주의 비판이다. 제목이 주는 인상과는 달리 미국 자본주의의 역사에 대한 안목을 넓혀주는 책.

『비그포르스, 복지국가와 잠정적 유토피아』홍기빈(책세상, 2012)

스웨덴 사회민주당 이론가 에른스트 비그포르스의 '잠정적 유토피아' 개념을 라이트의 '리얼 유토피아' 논의와 연관해 살펴보는 것도 좋은 사색의 기회가 될 것이다.

오늘날 헤게모니 투쟁은 계급투쟁?!

—

『헤게모니와 사회주의 전략: 급진 민주주의 정치를 향하여』 에르네스토 라클라우 · 샹탈 무페
이승원 옮김, 후마니타스, 2012.

에르네스토 라클라우와 샹탈 무페의 공동 저작 *Hegemony and Socialist Strategy*가 1990년에 '사회 변혁과 헤게모니'라는 제목을 달고 국내에 처음 번역되었을 때(터, 1990), 이 책은 운동권 내에서 일종의 금서였다. 저주받은 책이었고, 타파해야 할 대상이었다. 그래서 운동권 사이에서는 이 책 자체보다는 이에 대한 비판적 논평들을 모은 『포스트맑스주의?』(민맥, 1992)가 더 많이 읽혔던 기억이 있다.

나 역시 대결의 기분으로 이 책을 처음 손에 들었던 것 같다. 마르크스주의를 긍정적으로 받아들인 지 얼마 안 된 어린 학생의 입장에서는 그럴 수밖에 없었을 것이다. 이제 막 받아들인 사상을 '해체'하는 저서라니, 논파해야 할 대상으로 다가오지 않았겠는가.

하지만 이 책을 처음 읽었을 때의 솔직한 느낌은 일종의 해방감 같은 것이었다. 특히 이 책의 제1장 '헤게모니: 개념의 계보학'과 제2장 '헤게모니: 새로운 정치 논리의 힘겨운 출현'이 그러했다. 이 장에서 저자들은 지난 100여 년간 마르크스주의 정치 실천이 부딪혔던 궁지를 솔직히 드러내면서 우리가 직시해야 할 고민거리들을 예리하게 짚고 있었다. 카우츠키, 로자 룩셈부르크, 베른슈타인, 소렐, 레닌, 그람시 등의 위압적인 이름들이 이들의 신랄하고 시원스러운 이론-실천사 서술 속

에서 자신들의 성취와 한계 그대로 알몸을 드러내고 있었다.

그러나 이 해방감은 내게는 여전히 저항해야 할 무엇이었다. 제1장과 제2장의 논리에 대한 공감에도 불구하고 이것이 라클라우·무페의 저 악명 높은 결론, '포스트마르크스주의'로 이어지는 것을 사정없이 공격해야 한다는 강박관념을 떨칠 수 없었던 것이다. 다행히도 이 책의 제3장 '사회적인 것의 실정성을 넘어서: 적대와 헤게모니'는 이런 막연한 혐의를 확신으로 바꾸는 데 크게 기여했다. 이 장은 독자의 접근을 가로막는 난이도라는 점에서 『자본』 제1권의 첫 몇 장에 버금간다. 1990년대 초반 당시로서는 너무도 낯설었던 라캉, 푸코, 데리다의 논의를 바탕에 깔고 이들로부터 연유한 새로운 개념어들을 남발했기 때문에 범용한 독자의 적의를 불러일으키기에 충분했다. 나 역시 그런 독자 중 한 명이었다.

'날카로운 문제제기와 편향된 결론', 이것이 그 당시 나의 판결이었다. 그리고 이후, 라클라우·무페가 그람시 사상을 '포스트마르크스주의'로 '곡해'한 것과는 다른 방식으로 그람시 사상을 해석하고 발전시키는 것이 나의 주 관심사 중 하나가 되었다. 이렇게 말해도 좋다면, 그람시의 유산을 라클라우·무페 식의 편향으로부터 '지켜내는' 것을 과업(!)으로 삼게 된 것이다.

이러한 첫 조우로부터 20여 년이 지난 지금, 라클라우·무페의 이 문제작이 새 번역으로 다시 나왔다. 라클라우에게 직접 배운 성공회대 민주주의연구소 이승원 교수가 원저의 제목을 그대로 살려 『헤게모니와 사회주의 전략: 급진 민주주의 정치를 향하여』라는 새 국역본을 낸 것이다. 나는 이 새로운 판본으로 다시 한 번 독서를 시도했다. 그 사이에 있었던 시대의 변화와 나의 경험들이 지난번 만남의 결론에 어떤 변화를 낳을지 나 스스로 궁금해하면서 말이다.

지나친 철학적 언술 이면의 실천적 관심

제1장과 제2장은 여전히 박진감 있게 다가왔다. 이 첫 두 장에서 라클라우와 무페는 마르크스주의가 하나의 정치적 기획으로서 맛본 결정적인 실패들(가장 뼈아픈 것은 1930년대 서유럽일 것이다)을 해부한다. 논의의 발단은 바로 마르크스주의의 위기다. 그런데 이 위기는 마르크스주의 자체에 내장되어 있었던 것이다.

사실은 프랑크푸르트 학파를 비롯해 대부분의 서구 마르크스주의 사조가 1930년대 파시즘의 승리를 정점으로 하는 마르크스주의 기획의 실패에 대한 자기 반성에서 비롯됐다. 하지만 라클라우와 무페의 경우는 그 반성의 각도가 프랑크푸르트 학파류와는 사뭇 다르다. 훨씬 더 실천 지향적이다.

이것은 무엇보다도 이들이 안토니오 그람시의 『옥중수고』에서 새 출발의 자양분을 찾는 데서 알 수 있다. 또한 『헤게모니와 사회주의 전략』에도 인용되어 있듯이, 아돌프 슈투름탈의 『유럽 노동운동의 비극』(풀빛, 1983)이나 아르투어 로젠베르크의 『프랑스 대혁명 이후의 유럽 정치사』(역사비평사, 1990)의 문제의식을 이어받고 있는 데서도 알 수 있다. 이두 고전적 저작은 모두 1930년대 유럽 좌파의 실패를 정치 전략 측면에서 성찰하고 있다. 최근 국내에서 주목받는 셰리 버먼의 『정치가 우선한다』(후마니타스, 2010)는 사실 이들의 문제의식, 특히 슈투름탈의 그것을 계승·발전시킨 것이라 할 수 있다.

그러나 제3장은 역시 어려웠다. 슬라보예 지젝이나 자크 랑시에르가 대중적으로 읽힐 정도로 현대 철학에 바탕을 둔 논의가 낯설지 않게 다가오는 요즘이지만, 그래도 『헤게모니와 사회주의 전략』의 제3장은 쉽지 않았다. 접합, 담론, 계기, 요소, 등가, 차이, 결절점, 적대, 모순, 인민적 주체 위치, 민주주의적 주체 위치 등등 라클라우·무페만의 새로운 개념들이 범람한다. 논의 전개도 너무 사변적이고, 개념마다 구체적 사례를 들어 설명하는 식의 친절함도 없다.

이 장은 이 책의 경이로운 성과이기도 하고 결정적 단점이기도 하다. 제3장의 정치 이론은 아르헨티나 좌파 활동가로서 영국에서 알튀세르 학파의 세례를 받은 담론이론가 에르네스토 라클라우와, 벨기에 출신으로 그람시가 아직 영어권의 주목을 받지 못할 때부터 이탈리아어 그람시 연구 문헌을 모두 섭렵했으며 데리다의 해체이론에 초기부터 주목했던 샹탈 무페의 만남이 없었더라면 세상에 결코 나올 수 없었던 희귀한 결과물이다. 이 정도의 혼종이 아니라면 도저히 등장할 수 없었을 복합적이고 독창적인 이론이다.

그러나 『헤게모니와 사회주의 전략』의 뼈대가 되는 이 제3장의 논의 방식 때문에 이 책은 사람들에게 지나치게 현학적인 것으로 치부되어 버렸다. 『포스트맑스주의?』를 통해 소개된, 『헤게모니와 사회주의 전략』 출간 직후의 영국 좌파 내 논쟁을 봐도, 논점이 너무 철학 쪽으로 흘러간 것을 확인할 수 있다. 나 역시 1990년대 초의 독서에서 가장 먼저 기억나는 게 '담론', '등가', '접합' 따위의 알쏭달쏭한 신조어들이다.

하지만 이런 포스트모던 철학의 과잉 때문에 라클라우·무페의 강렬한 실천적 지향을 시야에서 놓쳐서는 안 된다. 『헤게모니와 사회주의 전략』의 집필 의도는 서구 마르크스주의의 도서 목록에 이론서 한 권을 추가하려는 데 있지 않았다. 저자들의 관심은 당대의 급박한 정세와 직결된 것이었다. 아쉽게도 이런 점이 이 책의 국내 소개 과정에서는 충분히 조명받지 못했다.

저자들의 문제의식을 낳은 80년대 영국의 정치적 맥락
라클라우와 무페의 책이 영국에서 처음 나온 게 1985년이었다. 이때 영국 사회는 어떠했던가? 2년 전 1983년 총선에서, 결코 재집권하기 힘들 것이라던 마가렛 대처의 보수당이 노동당을 누르고 압승을 거뒀다. 2기 대처 정부는 곧바로 전투적인 탄광노조와 일전을 벌였고, 이 싸움에서 영국의 노동 세력은 대패했다. 이후 영국에서 시장지상주의로의 전환은 '돌이킬 수 없는' 것이 되어버렸다.

좌파로서는 패배의 원인에 대한 분석, 그리고 대처주의를 제압할 새 전략이 필요했다. 이를 위해 치열한 토론이 시작됐다. 이 토론의 주요 무대 중 하나가 『마르크시즘 투데이』라는 저널이었다. 당시 영국 공산당의 당권을 쥐고 있던 유로코뮤니스트 분파가 창간한 잡지였다. 1983년 총선 전까지만 해도 영국 공산당은 사회주의적 구조개혁 비전을 제시하며 토니 벤 하원의원이 이끌던 노동당 좌파를 지지했다. 그러나 총선 패배 후 당내 일부, 특히 『마르크시즘 투데이』 편집을 주도하던 역사학자 에릭 홉스봄 등이 기존 입장을 재고하기 시작했다.

홉스봄은 차기 총선에서 보수당의 재집권을 막으려면 노동당이 벤 좌파의 좌경 노선을 버리고 중도 좌우파 세력(당시 자유당과 사회민주당이라는 '제3세력들'로 대변되던)과 최대연합을 구축해야 한다고 주창했다. 한마디로, 반대처(우리 맥락에서는 반MB나 반새누리당을 연상해볼 수 있겠다) 최대연합 노선이었다. 홉스봄은 이러한 노선을 그람시의 사상을 원용해 정식화했다. 이때의 그람시는 반파시즘 인민전선을 옹호하는 논리의 제공자로서의 그람시, 즉 이탈리아 공산당의 공식 이론가들이 해석한 그람시였다. 이탈리아 공산당의 강력한 지지자이고 그래서 영국 공산당 내에서 유로코뮤니스트 분파의 원로 역할을 하던 홉스봄에게는 그람시의 이러한 해석과 적용이 모두 너무나 당연한 것이었다.

그로부터 30년이 지난 지금, 우리는 홉스봄의 문제제기가 역사 속에서 어떻게 실현되었는지 잘 알고 있다. 홉스봄의 반(反)대처 최대연합 노선은 1983년 총선 패배 이후 노동당에 들어선 닐 키녹 집행부에 강력한 영향을 끼쳤다. 본래 당내 좌파로 분류되던 키녹의 주도 아래 노동당은 이때부터 당 노선과 정책의 전면 재검토에 착수했고, 그 10년에 걸친 여정의 최종 결론이 토니 블레어의 '신노동당' 노선, 즉 '제3의 길'이었다.

물론 홉스봄 자신은 블레어가 자신의 친자가 아니라고 분명히 선언한 바 있다. 하지만 그렇다고 해서 그의 반대처 최대연합 노선이 노동당의 극단적 우경화의 출발점이라는 역사적 사실을 가릴 수 있는 것은 아니다. 이것은 그람시의 대항 헤게모니 전략을 자본가 대 노동자의 대립 구도에서 노동자 세력이 그 중간 지대를 최대한 포섭, 규합하려는 노력(즉, '인민전선' 전략)으로 이해하는 이론적 입장의 필연적 귀결이었다.

『마르크시즘 투데이』의 다른 논자들도 기존 노동당 좌파의 관성을 유지하는 것만으로는 신자유주의의 부상에 맞설 수 없다는 데 대해서는 홉스봄과 같은 입장이었다. 그러나 대처주의의 분석이나 대안 전략의 방향에서는 의견들이 엇갈렸다. 홉스봄과 함께 『마르크시즘 투데이』 편집의 양대 기둥이었던 문화이론가 스튜어트 홀만 해도 그랬다. 그 역시 대처주의를 분석하면서 그람시의 이론을 동원했지만, 홉스봄처럼 기계적으로 현대판 '인민전선'을 처방하지는 않았다. 그가 보기에 현실은 훨씬 더 복잡했다.

라클라우와 무페도 바로 이런 흐름에 속해 있었다. 이들도 이 무렵 『마르크시즘 투데이』의 주요 논객들이었고, 크게 보아 영국 공산당의 유로코뮤니스트 흐름에 속해 있었다. 이들은 홉스봄의 문제제기로 시작된 『마르크시즘 투데이』의 좌파 혁신 논쟁에 적극 개입했다. 이들의 공저 『헤게모니와 사회주의 전략』는 이러한 개입을 이론적으로 총괄 정리한 것이라 해도 과언이 아니다.

라클라우와 무페는 '인민전선'론 같은 상투적인 계급동맹 틀로(그 우경 버전이든 좌경 버전이든) 과연 새로운 좌파 정치를 사고할 수 있을지에 대해 근본적으로 회의했다. 그러면서 이들이 주목한 현재 진행 중인 정치 실험이 있었다. 1981년 지방선거로 등장한 노동당 좌파 주도의 런던 시정부(GLC)가 그것이었다.

젊은 시장(정확히 말하면 런던 시의회 내 여당인 노동당 수장) 켄 리빙스턴이 이끌던 1981~1986년의 런던 시정부는 노동당 내 벤 좌파 운동의 연장선에 있었다. 하지만 중요한 단절적 혁신 지점도 있었다. 특히 지지 기반의 측면에서 그랬다. 켄 리빙스턴의 런던 시정부는 노동당의 전통적 지지 기반이던 노동조합 외에도 당시 막 '신사회운동'이라는 명칭을 부여받은 여성운동, 환경운동, 유색인종운동, 성소수자운동 등의 지지를 받았다. 런던 시정부는 이들 운동의 참여자들을 시정에 직접 참여시켜 한편으로는 열렬한 지지도 얻었지만 다른 한편으로는 뜨거운 논란도 불러일으켰다(당시 사례에 대해서는 서영표, 『런던 코뮌: 지방사회주의의 실험과 좌파 정치의 재구성』[이매진, 2009]을 참고).

라클라우와 무페는 다름 아니라 이 런던 시정부 사례에서 새로운 좌파 정치의 단초를 보았다. 새로운 좌파 정치는 홉스봄의 주장처럼 단순히 기성 중간 지대로 스펙트럼을 넓히고 중심축을 옮기는 것으로 되는 게 아니었다. 전통 좌파와 노동조합 바깥에서 새롭게 등장하는 다양한 민주적 운동들과 함께 영국 사회의 정치 지형 자체를 새로 짜야만 하는 것이었다. 노동운동 역시도 그 일부인(그 정해진 중심이 아니라) 광범한 민주적 운동들을 기반으로 대항 헤게모니 전략을 고민해야 하는 것이었다.

라클라우와 무페는 런던 시정부와 같은 시도들이 보편화, 본격화된 형태로서 새로운 좌파 정치를 구상했다. 그리고 이러한 구상을 뒷받침하기 위한 이론을 구축하려 했다. 그러자면 단순히 계급동맹론 정도로 이해되고 있던 그람시 사상의 좀 더 근본적인 재해석이 필요했다. 그래서 '헤게모니'를 제목의 맨 앞에 내세운 거창한 이론적 기획이 시작된 것이었다.

역사 이론으로서 『헤게모니와 사회주의 전략』

이러한 실천적 관심은 제3장의 난해함을 뚫고 만나는 제4장 '헤게모니와 급진 민주주의'에서 다시 전면에 부상한다. 이 장에서 우리가 목도하는 것은 뜻밖에도 거대한 역사적 서사다. 이 서사에 마주한 뒤에야 우리는 제3장의 번잡한 논의들이 모두 제4장의 역사 재구성 작업을 위한 사전 정지(整地)의 성격을 갖는다는 것을 알게 된다.

라클라우와 무페가 제3장에서 제시한 헤게모니 구성체 이론은 마르크스의 사회구성체론과는 달리 인류 역사의 모든 시기에 적용되는 것이 아니다. 모든 사회 관계들이 미결정적이고 정치적 실천을 통해서만 잠정적으로 고정된다는 헤게모니 구성체 개념은 오직 인류사에서 돌이킬 수 없는 어떤 과정이 시작된 '이후'의 현실에서만 작동한다. 그 과정이란 프랑스 대혁명을 출발점으로 하는 근대 민주주의 혁명이다.

민주주의 혁명이 시작되고 확산되면서 인류 역사에서 처음으로 인간들의 주체 위치가 근본적인 불안정 상태에 놓이게 된다. 군주를 중심으로 하나의 인격체로 구현되던 사회는 '군주 대 인민'이라는 격렬한 이분법적 대립 구도를 거친 뒤(자코뱅적 혁명 단계) 다양한 정체성들로 분열되고 또한 정체성들 자체가 고정되어 있지도 않은, 중심도 없고 고정되지도 않은 "끝없는 질문 과정"(318쪽) 같은 것으로 바뀐다.

일단 이렇게 구체제의 고삐가 풀리고 나면 자유-평등의 논리가 모든 사회 관계들로 끊임없이 확대, 심화된다. 라클라우와 무페의 표현에 따르면, "자유와 평등이라는 민주주의적 원리가 사회적 상상의 새로운 모체가 된다."(268쪽) 이제 모든 다양한 불평등 관계들이 '극복되어야 할 억압'으로 규정되고 '자유와 평등'의 이름으로 그 변화가 추진된다. 이러한 격동은 이제까지 당연시되던 모든 사회 관계들로 끊임없이 확장된다. 라클라우와 무페가 보기에는 노동운동도 이러한 민주주의 혁명의 확대-심화 과정의 한 계기다. 현대의 신사회운동들 역시 마찬가지다. 바로 이 대목에서 저자들은 마르크스주의를 넘어서 '포스트'마르크스주의로 나아갈 필요성을 확인하게 된다.

이제까지 노동운동의 역사적 이데올로기였던 마르크스주의는 자코뱅적 혁명 단계의 '군주 대 인민' 구도를 대체하는 '자본가 대 노동자' 구도를 제시하고 이를 중심으로 다른 사회 관계들의 변화를 배치하려 했다. 그래서 민주주의 혁명의 확대 과정을 노동계급이 중심이 되는 또 다른 자코뱅적 혁명으로 치환시켜 상상하게 만들었다. 저자들이 보기에 이것은 특정한 역사적 정세 속에서 노동운동이 민주적 투쟁들의 중심 역할을 하던 상황을 부당하게 특권화한 것이다.

하지만 일단 노동운동의 바로 그 기여로 민주주의 혁명이 보다 확대되면 될수록 이런 해방관은 현실과 동떨어지게 된다. '자본가 대 노동자'의 적대가 이미 모든 사회 관계들의 중심에 있다는 시각은 현실의 다양한 투쟁들을 상상 속의 노동자 투쟁에 종속시키고 만다. 그리고 이것은 현실과의 괴리로부터 비롯된 반복적인 정치적 퇴행, 즉 경제주의, 노동자주의, 국가주의 같은 치명적 오류들의 원천이 된다.

라클라우와 무페는 계급투쟁을 근대 민주주의 혁명 이후에 해방 정치 '일반'을 대표하는 것으로 바라보던 마르크스주의의 입장을 오히려 하나의 '특수'한 역사적 계기에 대한 잘못된 일반화라고 비판하는 셈이다. 계급투쟁의 이론은 이제 다양한 민주적 투쟁들의 이론으로 '일반'화되어야만 한다. 이렇게 새롭게 '일반'화된 시각을 통해서만 노동운동도 다양한 민주적 투쟁들 속의 '한' 계기로서 자신을 제대로 자리매김할 수 있게 된다. 말하자면 라클라우와 무페는 자기들 나름대로 마르크스주의의 특정한 '일반화'를 추구한 것이다. 이들의 '포스트'마르크스주의는 이런 의미에서 곧 라클라우·무페 식의 '일반화된' 마르크스주의라고 할 수 있다.

그 '일반화'의 구체적인 내용에 대해서는 냉정한 평가가 필요하겠지만, 우리 시대에 필요한 것이 이런 식의 '일반화' 작업이라는 것 자체를 부정할 수는 없을 것 같다. 사실 발리바르, 랑시에르, 지젝 등의 최근 작업도 그들 나름대로의 마르크스주의의 '일반화' 시도다. 라클라우와 무페의 포스트 마르크스주의는 이제, 1990년대 초의 표피적 비난을 넘어, 이런 작업들과 같은 선상에서 재평가받아야 한다.

이런 재평가의 시각에서 바라보면, 그동안『헤게모니와 사회주의 전략』에서 지나치고 넘어갔던 구절들도 새롭게 눈에 들어오게 된다. 가령, 우리는 다음의 구절들을 통해 라클라우·무페의 급진 민주주의 기획이 사회주의적 과제를 정치적 목표에서 지워버리는 '제3의 길' 같은 것과는 전혀 무관하다는 것을 확인하게 된다.

물론 급진 민주주의를 위한 모든 기획은 사회주의적인 차원을 함의하는데, 수많은 종속 관계들의 뿌리가 되는 자본주의적 생산관계는 반드시 종식되어야 하기 때문이다. 그러나 사회주의는 급진 민주주의 기획의 여러 구성 요소 가운데 하나일 뿐, 그 역은 성립하지 않는다.

—『헤게모니와 사회주의 전략』, 305쪽

'시민권'이라는 제한적이고 전통적인 영역을 넘어, 민주주의적 권리를 행사할 수 있는 영역을 확대하는 것이 필수적이다. 민주주의적 권리들이 고전적인 '정치' 영역에서 경제 영역으로 확대되는 것과 관련해, 이는 종별적으로 반자본주의적인 투쟁의 지형이다. 경제는 '사적' 영역이자 자연권의 장소이며, 이에 따라 민주주의의 범주를 적용할 수 있는 근거가 없다고 단언하는 경제적 자유주의의 옹호자들에 맞서 사회주의 이론은 시민으로서뿐만 아니라 생산자로서 사회적 행위자의 평등과 참여의 권리를 옹호한다.

—『헤게모니와 사회주의 전략』, 315쪽

급진 민주주의 기획은, 앞서 지적했듯이, 반드시 사회주의적 차원—즉, 자본주의적 생산관계의 폐지—을 포함한다. 그러나 이 기획은 이런 폐지로부터 여타의 불평등이 필연적으로 제거된다는 관념은 기각한다. 그 결과 상이한 담론들과 투쟁들의 탈중심화와 자율성, 적대의 증대와 적대가 확증되고 전개될 수 있는 다원적인 공간의 구성 등은, 고전적 사회주의가 가지는 전혀 다른 이상들—물론 확대되고 재정식화되어야 하는—이 성취될 수 있는 가능성의 필수 조건이다.

—『헤게모니와 사회주의 전략』, 326쪽

이 모든 주장이 다 내가 주저 없이 동의할 수 있는 것들이다. 신자유주의의 한 세대가 휩쓸고 지나간 뒤 남아 있는 현실 좌파 정치의 대부분은 '제3의 길'류의 잔해이거나 이들이 냉담하게 폐기해버린 과거 유산의 파편들일 뿐인 지금, 난 오랫동안 거리감을 느껴왔던 두 저자가 사실은 가장 가까운 동지들이었다는 것을 뒤늦게 깨달은 것이다.

그러나 새롭게 드는 의문

하지만 동의의 정도가 높아졌다는 것이 결코 이견이 존재하지 않는다는 뜻은 아니다. 『헤게모니와 사회주의 전략』의 다시 읽기를 통해 이 책의 주장의 큰 줄기에 공감하면 할수록 새로운 의문이 솟아나고 또 다른 입장 차이를 확인하게 된다.

첫째는 자본주의 문제다. 라클라우와 무페는 베른슈타인 류의 '진보' 개념을 배격함에도 불구하고 근대사를 그 이전과 이후로 나누는 돌이킬 수 없는 역사적 단절점 하나를 제시한다. 위에서 이야기한 '민주주의 혁명'이 그것이다. 민주주의 혁명의 출발 이전과 이후 사이에는 분명 결정적인 차이가 있고, 그 이후 시대는 민주주의 혁명의 부단한 확대-심화를 그 특성으로 한다.

여기에서 이런 의문이 든다. 근대사에 이런 단절점이 존재한다면, 그것은 반드시 하나가 아닌 둘이어야 하는 것 아닌가? 누락된 하나는 다름 아닌 '자본주의(또는 제국주의) 혁명'이다. 자본주의 혁명은 민주주의 혁명과 거의 동시에, 서로 복잡하게 얽히며 전개됐다. 그래서 홉스봄과 같은 많은 역사학자들이 '이중 혁명'이라는 표현을 사용한다. 이 이중 혁명의 한 축인 자본주의 혁명 역시 근대사를 그 이전과 이후로 가르며 이후 시대에 돌이킬 수 없는 결과를 낳았다.

그렇다면 우리는 민주주의 혁명으로 등장한 헤게모니 구성체가 또 다른 혁명, 즉 자본주의 혁명을 통해 어떻게 '특정한' 방향으로 굴절되는지, 지속적으로 어떤 가능성을 부여받으며 어떤 제약 아래 놓이는지를 확인해야 한다. 어쩌면 '민주주의 혁명 이후 시대'의 사회가 보이는 미결정성은 '자본주의 혁명 이후 시대'의 사회적 배치로 인해 끊임없이 '특정' 방향으로 결정되도록 하는 압박을 받는다고 표현할 수 있을지 모르겠다. 자본주의 헤게모니 구성체는 '미결정적'이지만 동시에 '특정'

방향으로 항상 '거의 결정적'이다.

주장의 요체는 이것이다. 라클라우와 무페처럼 기존의 사회구성체 개념을 기각하더라도, 민주주의 혁명을 근저적 수준에서 굴절/제약하는 자본주의 체제의 존재는 헤게모니 구성체론(혹은 다른 어떤 방식의 대안적 이론이라도)에 민주주의 혁명과 같은 위상으로 ㈜도입되어야 한다. 이런 ㈜도입 없이는 왜 민주주의 혁명의 확대-심화 과정이 유독 자본-임노동 관계의 벽 앞에서 수백 년 동안 정체된 것인지 설명할 수 없다.

이렇게 '민주주의 혁명 이후'와 '자본주의 혁명 이후'의 이중 사슬로 근대사를 이해할 때에만 그람시의 '역사적 블록' 개념도 제대로 이해할 수 있다. 그람시가 "토대와 상부구조의 특정한 결합"이라 정식화한 '역사적 블록' 개념은 각 사회가 세계 자본주의와 연계하며 국민국가를 건설하는 과정에서 독특하게 형성한 '구체적 보편성'을 통해 그 사회를 파악하려는 시도였다.(리차드 벨라미, 『그람시와 민족국가』, 사회문화연구소, 1996) 그람시의 헤게모니 개념에서 '민주주의 혁명 이후'의 측면만 부각한 라클라우·무페 식의 신그람시주의에서는 정작 그람시 사상의 종국적 목표라 할 수 있는 이 시도가 시야에서 사라져 있다. 그람시 사상의 '경제주의적 잔재'라는 목욕물을 버리려다가 '역사적 블록'이라는 아이까지 버리게 된 셈이다.

둘째는 라클라우·무페의 정치 전략 논의가 계속 방법론 수준을 맴돈다는 점이다. 이들의 논의는 기존 정치 전략의 맹점을 타파하는 데는 아주 시원스럽다. 하지만 시원함은 단지 거기까지다. 대안의 방향이 뭔지에 대해서는 별다른 이야기가 없다. 30여 년 전 저작인 『헤게모니와 사회주의 전략』에서만 그런 것이 아니라 지금도 마찬가지다.

헤게모니 투쟁이 필요하다고 말한다. 하지만 이 시대에 대항 헤게모니를 구축하려면 무엇을 중심으로 어떤 접근이 필요한지에 대해서는 좀처럼 이야기하지 않는다. 다원주의를 승인하는 것을 넘어서 이를 바탕으로 대항 헤게모니를 구축해야 한다는 방법론은 제시하지만, 그 방법론이 지금 어떤 구체적인 실천으로 나타날 수 있는지에 대해서는 묵묵부답인 것이다.

이 대목에서 나는 라클라우·무페보다는 지젝에게 더 공감하지 않을 수 없다(둘 사이의 논쟁에 대해서는 에르네스토 라클라우·슬라보예 지젝·주디스 버틀러, 『우연성, 헤게모니, 보편성: 좌파에 대한 현재적 대화들』[도서출판b, 2009]을 참고). 대항 헤게모니를 구축하려면 결국 사회 관계의 여러 측면들 중 어느 하나를 중심으로 잡아 새로운 보편성을 주장하지 않을 수 없다. 그 '하나'를 선택하는 결단을 감행해야만 한다.

지젝 같은 이는 오늘날 그 '하나'가 다시금 계급투쟁, 더 정확히 말하면 자본 대 코뮌(노동-사회-생명-자연의 코뮌)의 투쟁이라고 '단언'한다. 내가 보기에 이것은 라클라우·무페 식의 일반화 작업 '이전'으로 돌아가는 복고주의는 결코 아니다. 오히려 라클라우와 무페가 방법론으로만 제시하는 대항 헤게모니 투쟁에 '비로소' 돌입하려는 것이다. 바로 탈자본 투쟁을 중심으로 대항 헤게모니의 구축을 '감히' 시도하려는 것이다.

라클라우와 무페는 2000년에 쓴 『헤게모니와 사회주의 전략』 '제2판 서문'에서 "계급투쟁으로 돌아가라"는 목소리에 맞서 "헤게모니 투쟁으로 돌아가라"고 촉구한다. 우리는 이 지침에 전적으로 찬동해야만 한다. "그렇소, 헤게모니 투쟁으로 돌아가야 하오." 그리고 이렇게 덧붙여야 한다. "오늘날 헤게모니 투쟁은 바로 계급투쟁이오."

물론 이게 라클라우·무페 이전의 그 '계급투쟁'일 수는 없을 것이다. 하지만 과거의 계급투쟁이 함축했던 것처럼, 자본에 맞선 어떤 삶들의 투쟁, 분명 그것이다.

함께 읽으면 좋을 책

『현대 정치철학의 모험』 홍태영 외(난장, 2010)

무페를 비롯해 발리바르, 랑시에르, 바디우 등 중요한 현대 좌파 정치사상가들을 소개하고 있
다. 입문서로서 안성맞춤이다.

『정치적인 것의 귀환』 샹탈 무페(이보경 옮김, 후마니타스, 2007)

『헤게모니와 사회주의 전략』 이후 공저자 중 한 명인 무페의 정치적 사색이 어떻게 전개되어갔
는지 접할 수 있는 책.

프랑스의 '플랜 B'는 유로존 탈퇴?

『프랑스는 몰락하는가: 갈림길에 선 프랑스의 선택과 유럽연합의 미래』장 피에르 슈벤망
정기헌 옮김, 씨네21북스, 2012.

한국에서 총선이 실시되는 다음 달, 4월에 프랑스에서는 대선이 있다. 프랑스에서는 대선 1차 투표에서 과반 득표자가 없으면 1, 2위 득표자가 결선을 다시 치른다. 결선은 5월에 있을 예정이지만, 누가 결선에 올라갈지는 이미 결정된 것이나 다름없다. 현 대통령인 우파의 대표 주자 니콜라 사르코지와 사회당의 프랑수아 올랑드 후보가 그들이다.(이 글은 2012년 3월에 쓰인 것으로, 알다시피 결국 올랑드가 대통령으로 당선되었다.)

이번만 그런 것은 아니다. 프랑스에서는 대선 결선에 늘 드골주의 우파와 사회당 후보가 올라가곤 했다. 단 한 차례 예외가 있기는 했다. 2002년 대선이다. 이때 사회당 리오넬 조스팽 후보가 1차 투표에서 3위(16.18%)를 하는 바람에 극우파 국민전선의 장 마리 르펜(16.86%)이 우파 자크 시라크와 결선에서 맞붙게 되었다. 프랑스 좌파로서는 정말 치욕스러운 경험이었다. 극우파에 맞서 좌파의 오랜 숙적, 시라크에게 표를 던져야 하는 상황이었으니까 말이다. 덕분에 1차 투표에 나온 비사회당 좌파 후보들이 난데없는 비난을 받아야 했다.

그중에서도 가장 욕을 많이 먹은 사람이 '시민운동'(당 이름이 이랬다. 후에 '시민공화운동'으로 당명을 바꾸었다)의 장 피에르 슈벤망 후보(5.33% 득표)였다. 사실 '노동자 투쟁'(트로츠키주의 조직)의 아를레트 라기예(5.72%)나

244

'혁명적 공산주의자 동맹'(역시 트로츠키주의 조직)의 올리비에 브장스노 (4.25%), 녹색당의 노엘 마메르(5.25%)도 슈벤망만큼이나 좌파 성향 표를 분산시키는 데 일조했다. 그런데도 슈벤망이 유독 욕을 먹은 것은 그가 본래 사회당 출신이었기 때문이다. 사회당 입장에서는 '배신자'로 보일 만도 했다.

그러나 슈벤망은 결코 천덕꾸러기 취급이나 받아야 할 그런 정치인 은 아니다. 그는 1968년 5월 봉기 이후 한 세대 넘는 세월 동안 프랑스 현대사의 주요 등장인물 중 한 명이었다. 그의 대안에 뭔가 문제가 있기 는 했을망정 그의 이력에서 동시대 다른 주류 좌파 정치인들과 같은 혐 의를 찾아낼 수는 없다. 그는 한 번도 신자유주의에 무릎 꿇은 적이 없 는 좌파다.

30년 전 그때, 그곳에 그가 있었다

1939년생인 슈벤망은 1968년에 아직 20대였다. 이 무렵 프랑스에는 68 운동의 세례를 받은 젊은 세대가 지지할 만한 좌파정당이 없었다. 거대 좌파정당이 있기는 했다. 프랑스 공산당. 하지만 공산당은 낡은 스탈린 주의 전통 때문에 젊은이들에게는 기피 대상이었다. 5월 봉기 당시 공 산당이 취한 소극적인 태도도 청년들이 이 당에 거리를 두게 만들었다. 또 다른 좌파정당, '노동자 인터내셔널 프랑스 지부'(SFIO)도 매력 없기 는 마찬가지였다. 이 이상한 이름을 단 프랑스판 사회민주주의 정당은 교원노조의 지지에 의존하며 근근이 목숨을 이어가고 있었다. 이 당은 알제리 민족해방혁명 때 노골적인 제국주의 입장을 취한 이후 거의 재 기 불능 상태였다.

슈벤망은 SFIO 당원이었다. 그러나 이 당을 그 이름 그대로, 이제까 지의 성격 그대로 이어갈 생각은 전혀 없었다. 그와 그 주위의 동지들은 SFIO의 역사적 기반을 접수하면서도 전혀 새로운 성격의 사회주의 정당을 건설하기를 원했다. 그래서 이 새 정당으로 좌파 제1당의 자리를 놓고 공산당과 경쟁하길 바랐다. 그래서 이들은 당 안에 '사회주의 연구·조사·교육 센터'(약칭 CERES)라는 조직을 새로 띄웠다.

CERES는 전후 사회민주주의 세계에서 금기시돼온 '국유화' 강령을 다시 끄집어냈다. 또한 68세대가 제기한 '자주 관리'의 문제의식을 받아들였다. 이들은 이를 바탕으로 공산당의 유로코뮤니즘과 경쟁하고 이를 대체할 급진적 사회주의 노선을 정초하려 했다. 이러한 시도는 앙드레 고르의 탈자본주의 구조개혁론과 궤를 같이하는 것이었다.

> 우리는 마르크스의 본래 사상으로 돌아가기 위해 거꾸로 선 이념을 바로 세워야 한다고 생각했다. 사회주의는 발전된 자본주의를 민주적으로 극복함으로써 체제 내부에서 탄생할 터였다. (중략) 그렇다면 우리는 개혁적이었는가, 아니면 혁명적이었는가? 물론 양쪽 다였다. 우리는 (내 기억이 정확하다면) 1966년 '혁명적 개혁주의'를 주창했던 앙드레 고르의 충실한 독자였다.
>
> ―『프랑스는 몰락하는가』, 25~26쪽

이 CERES가 좌파의 거의 유일한 대중 정치인이던 프랑수아 미테랑과 손잡고 새로 만든 게 지금의 프랑스 사회당이다. 슈벤망은 미테랑의 요청으로 사회당의 강령을 작성했고, 1974년과 1981년 대선 공약을 기초하는 데도 주도적인 역할을 맡았다. 미테랑은 이 공약을 바탕으로 1981년에 집권해서 9대 제조업 그룹과 주요 은행들의 국유화를 단행했다. 이때 슈벤망은 산업장관에 임명돼 국유화 정책의 집행을 책임졌다.

이 시기에 프랑스 좌파는 전세계에서 단연 돋보이는 존재였다. 폴 볼

커 미국 연준 의장의 지휘 아래 나머지 세계가 통화주의의 훈육을 고통스럽게 감내하고 있을 때 프랑스 좌파연합 정부(사회당 정부에 공산당까지 참여했다)만 홀로 케인즈주의 확대 정책을 펼쳤다. 다들 금융 세력이 주도하는 자본 우위의 세계 질서(이후 '신자유주의 지구화'라 불리게 되는)를 향해 나아갈 때 유독 프랑스만 거대 자본의 국유화를 추진했다. 68운동의 여진이 있었기에 가능한 일이었고, 프랑스 좌파의 영광의 시절이었다.

하지만 오래가지는 못했다. 영미계 금융 자본의 철수로 인한 외환 시장의 혼란, 그리고 그때마다 서독 연방은행이 유럽통화제도(EMS)를 통해 프랑스에 가한 통화주의 수용 압박 앞에서 프랑스 좌파연합 정부는 선택의 기로에 놓였다. EMS에서 탈퇴하고 초국적 금융 세력 및 미국, 서독의 우파 정부에 맞서 항전할 것인가, 아니면 시장지상주의라는 대세에 뒤늦게 합류할 것인가?

결국 미테랑 정부는 1983년에 후자, 즉 굴복을 선택했다. 이것은 나폴레옹의 프랑스 군대가 영국·프로이센 연합군에 대패했던 워털루 전투만큼이나 세계사적인 패배였다. 당시 지구 곳곳의 좌파에게 이것은 더 이상의 저항은 소용없다는 청천벽력 같은 비보였다. 브라질 노동자당 좌파의 이론가인 에미르 사데르는 훗날 프랑스 좌파 인사들에게 이렇게 토로했다.

아시는지 모르겠지만, 1983년 프랑스가 '다른 정치는 불가능하다'고 외치는 소리를 듣고 우리들은 완전히 사기를 잃고 말았어요. 한마디로 레이건과 대처가 가리키는 방향 말고는 전세계적인 차원에서 어떤 대안도 없다는 말이나 다름없으니까요.

—『프랑스는 몰락하는가』, 50쪽

1983년에 그럼 슈벤망은 어디에 있었던가? 그는 물론 항전파였다. 유럽통화제도, 더 나아가 유럽연합에서 탈퇴하는 한이 있더라도 프랑스 공화국은 초국적 금융 세력에 맞서 새로운 정치의 가능성을 열어야 한다는 입장이었다. 그러나 정작 선택의 순간에 그는 아무 영향력도 발휘할 수 없는 처지였다. 너무 '급진적'인 경제 계획을 추진한다는 공기업 사장단의 불평 때문에 산업장관에서 막 밀려나 한직에 머물러 있었기 때문이다. 졸저 『신자유주의의 탄생』의 제5장 '유럽의 황혼'에는 이러한 과정이 좀 더 상세히 서술돼 있다.

아무튼 이때부터 프랑스 사회당은 유럽 전체에 시장지상주의 외에 다른 길이 없음을 설득하는 역할을 떠맡았다. 미테랑 정부의 재무장관이었던 자크 들로르가 유럽연합 집행위원장이 되어 단일 통화, 즉 지금의 유로화 출범을 주도했다. 프랑스의 발목을 잡았던 유럽통화제도를 유럽 전체로 확산한 것이다. 이 야심찬 시도의 결말이 곧 지금의 그리스 사태다. 이 모든 선택을 미테랑은 '유럽 통합'이라는 고상한 깃발 아래 긍정하고 또 지원했다.

그리고 그럴수록 사회당과 슈벤망 사이의 거리는 멀어졌다. 그는 결국 1992년에 걸프전에서 프랑스가 미국을 일방적으로 추종한 데 반발하며 사회당에서 탈당했다. 이후 그는 CERES의 후신인 '시민운동'이라는 소규모 정당을 이끌며 사회당으로서는 가장 껄끄러운 비판자가 되었다.

30년 전으로 돌아가 역사를 묻다

슈벤망이 올해 대선에도 출마할 거라는 이야기가 있었다. 하지만 그는 이번에는 출마를 접었다. 대신 책을 냈다. 그리고 놀랍게도 이 책이 '프랑스는 몰락하는가'라는 제목으로 번역돼 나왔다. 슈벤망이 국내에 그렇게 잘 알려지지 않은 인물이라는 점에서, 더구나 영어권 인물도 아니라는 점에서 이 기민한 국내 소개가 놀랍지 않을 수 없다.

혹시 프랑스 저자의 책이어서 읽기를 망설일지도 모르겠다. 저명한 프랑스 철학자들의 책을 손에 들었다가 낭패 본 경험이 있는 분들이라면, 충분히 그럴 만하다. 하지만 슈벤망은 프랑스인이라 하더라도 철학자가 아니다. 대중 정치인이다. 그래서 그런지 이 책은 비교적 술술 읽힌다. 반대로 정치인이 쓴 책이어서 깊이를 의심할 수도 있겠다. 어느 나라나 정치인이 쓴 책치고 한 보따리의 자기 선전이나 변호 아닌 게 별로 없기는 마찬가지니까 말이다. 더구나 선거를 앞두고 나온 책이라면 더 의심해봄 직하다.

그러나 이 책은 꼭 그렇지만은 않다. 슈벤망의 지나친 자기 확신이 묻어나는 문장들을 비판적으로 읽는다는 것을 전제한다면, 충분히 일독의 가치를 지닌다. 2008년 금융 위기 이후 프랑스 사회가 나아가야 할 방향, 그리고 유럽 재정 위기의 소용돌이 속에서 유럽이 취해야 할 선택에 대한 사뭇 진지한 고민이 책 전체를 꿰뚫고 있다. 지금 프랑스가, 유럽이 어떠한 고뇌에 휩싸여 있는지 이해하는 데 더없이 좋은 자료다.

슈벤망은 이 책에서 '거슬러 올라가 되돌아보기'(thinking backward)의 사유를 거듭한다. 미테랑 정부가 '사회주의'를 약속해놓고 '시장주의'를 불러들인 1980년대 초로 거슬러 올라가고, 더 멀리는 장 모네가 유럽 통합을 프랑스의 국가 과제로 제시하던 제2차 세계대전 직후로 거슬러 올라간다. 슬라보예 지젝은 이러한 '되돌아보기'의 사유 방식을 다음과 같이 요약한다.

우리는 운명적 결정이 내려지기 이전으로, 혹은 오늘날 우리에게 일상으로 여겨지는 상태가 연원한 우발적 사건 이전으로 우리 자신을 되돌려 놓아야만 한다. 이러한 열린 결단의 순간을 명확히 드러내는 그 가장 확실한 방법은 그 순간에 역사가 다른 전개 방향을 취했다면 어떻게 되었을지 상상해보는 것이다.

—S. Zizek, "Thinking Backward: Predestination and Apocalypse", in S. Zizek et al.(eds), *Paul's New Moment*, Brazos Press, 2010, p. 207

슈벤망의 의도도 다르지 않다. 그가 미테랑이나 모네를 법정에 소환하는 것은 묵은 원한을 풀려는 게 아니다. "그때 그곳에서 나만은 옳았다"고 강변하려는 속셈만도 아니다. 프랑스 현대사의 중대한 역사적 선택의 순간, 그리고 그때 가능했을 다른 대안들을 곱씹으면서 지금 프랑스인들이 직면한 갈림길에 빛을 밝히려는 것이다.

이제는 정말 그럴 때가 되었다. 신자유주의 지구화가 시작된 1970년대~80년대 초만큼이나 근본적인 선택의 시대가 다시 열리고 있기 때문이다. 2008년 이후 우리는 그런 시대를 살고 있다. 다만 우리 자신이 아직 이 시대의 의미를 충분히 실감하지 못하고 있을 뿐이다. 하지만 슈벤망은 '때(時)'에 대한 예민한 감각으로, 지난 30여 년을 되돌아보며 미래를 탐사하는 작업에 누구보다 먼저 나선다. 30여 년 전 결단의 순간에 그 현장에 있던 주인공이 이런 작업에 나서니 더욱 흥미롭게 다가온다.

그의 결론도 흥미롭다. 그는 미테랑 정부 시절 유산되었던 이상을 '새로운 형태로' '재추진'할 것을 제안한다. 그중의 하나로서, 슈벤망은 주주 중심 기업 지배구조의 전환을 제시한다.

산업정책의 재수립은 순전히 금리생활자에 불과한 주주들의 독재, 수익성에만 집착하는 익명의 자본과 단절하고 주주들에게 기업의 발전을 고민하는 책임성을 요구하는 것을 의미한다. 또 기업 경영의 주체인 경영자들의 역할 회복, 다시 말해 지속적으로 회사에 협력하는 주주들이 감독이사회의 다수를 점하는 새로운 기업 개념을 정착시키는 것이다.

직원 대표들 역시 기업 경영에 참여할 수 있어야 하며, 이 과정에서 정부도 직접 참여, 황금주, 현재 수준보다 확충된 투자전략기금 등으로 참여할 수 있을 것이다. 이런 새로운 기업 개념 속에서 오직 감독이사회만이 회계감사위원회를 통제할 수 있어야 하며 적대적 인수 시도에 대항할 보호조치도 마련해야 할 것이다. 이런 새로운 기업 개념은 19세기의 유물인 합자회사 개념과 단절하고 프랑스 산업이 세계시장에서 진정한 비교우위를 누릴 수 있도록 도울 것이다.

—『프랑스는 몰락하는가』, 363~364쪽

한국에서는 진보신당이 '탈(脫) 삼성공화국'을 총선 공약으로 제시하면서 비슷한 방식으로 삼성의 기업 지배구조를 뜯어고치자고 주장한다. 그 구체적인 방안은 감독이사회를 신설하고 노동자 대표가 감독이사회의 절반 이상을 차지하게 하는 것이다. 그래서 이건희 일가 같은 재벌이 불법적 독재 권력의 발판으로 쉽게 악용하는 주식회사 형태의 기업 지배구조를 노동자-국민 기업 형태로 바꾸자는 것이다. 슈벤망의 제안이 지나치게 장기 투자자나 경영자를 특권화한다는 인상은 있으나, 아무튼 그가 프랑스인들에게 던지는 대안은 진보신당의 '탈삼성' 논의와 궤를 같이한다고 하겠다.

슈벤망은 유럽연합에 대해서도 기존의 선택폭을 넘어서는 대안을 제시하는데, 어찌 보면 그의 책 안에서 가장 급진적인 것이 다름 아닌 이 대목이다. 그는 우선 유럽연합 내에서 개별 국민국가의 정책 결정권을 보장, 강화하는 '국민의 유럽 공화국'을 제안한다. 하지만 이것이 독일 등의 완고한 입장 때문에 실현 불가능하다면, 과감히 '플랜 B'를 선택해야 한다고 주장한다. 그것은 바로 유로존 탈퇴, 유로화 폐기다.

　　이런 대안들이 실현되지 못할 경우, 차선이긴 하지만 알랭 코타의 말을 따르는 것 말고는 다른 방법이 없어 보인다. "서서히 죽어갈 바에는 유로존에서 탈퇴하는 편이 낫다." 유로화의 굴레를 벗어던지면 프랑스 경제에도 조금은 숨통이 트일 것이다.

　　금융 시장과 신용평가사들에 겁을 집어먹은, 자칭 정치 경제 '책임자들'의 일상적인 협박에 놀아나지 말아야 한다. (중략) 유로화의 존속을 문제 삼는 것은 프랑스에는 차선책일 뿐이다. (유로화는─장석준) 그 자체가 목적이 아니라 프랑스의 생존을 위해 불가피하게 취할 수밖에 없는 대안이다.

─『프랑스는 몰락하는가』, 394~395쪽

　　프랑스 사회당 대선 후보 프랑수아 올랑드가 금융 규제와 부자 증세 좀 하겠다는 데 대해서도 거품을 무는 독일 정부나 영국 시티(City, 초국적 금융 중심가)다. 그런데 이런 문구 앞에서는 또 얼마나 경기를 일으킬까? 하지만 한때 황당한 망상 취급이나 받던 이런 주장을 더 이상 그렇게만 몰고갈 수 없다는 것, 이것이 지금 세계가 진입하고 있는 역사적 시간대에 지배 엘리트들이 처한 궁지다.

그때나 지금이나 여전한, 생태주의에 대한 몰이해

그러나 『프랑스는 몰락하는가』에는 우리를 당혹감에 빠뜨리는 대목들도 존재한다. 가령 핵에 대한 슈벤망의 입장이 그렇다. 그는 프랑스에 아직도 존재하는 많은 장점과 저력들 중 하나로 "공화국 모델", "공공서

비스 전통" 등과 함께 "핵무기 보유"를 들기를 주저하지 않는다.(399쪽) 또한 프랑스가 추구했어야 할 발전 방향 중 하나로 "원자력 산업 강화"를 든다.(244쪽) 유럽 최대의 핵발전 국가 프랑스가 슈벤망에게는 극복 대상이라기보다는 자랑거리인 것이다. 핵발전을 단계적으로 축소하겠다는 올랑드 후보의 공약에도 한참 미치지 못하는 현실 인식이라 하겠다. 슈벤망이 프랑스 녹색당을 마뜩잖은 눈길로 바라보는 것도 이런 인식과 무관하지 않을 것이다.

사실 미테랑 정부의 최대 오점이 1983년 금융 세력에게 무릎 꿇은 일이었다면, 그다음 커다란 오점은 '레인보우 워리어(Rainbow Warrior) 호' 사건이었다. 1985년 프랑스 정보기관은 남태평양의 프랑스 핵실험을 막으려던 그린피스 선박 '레인보우 워리어'를 침몰시켰다. 이 사건으로 프랑스 좌파 정부는 세계인의 빈축을 샀다. 그런데도 슈벤망은 이때의 미테랑 정부의 태도에서 한 발도 더 나아가지 못하고 있다. 그가 사표로 삼았다던 '혁명적 개혁주의'의 주창자 앙드레 고르가 생태사회주의의 고전 『프롤레타리아여 안녕』을 쓴 게 이미 미테랑 정부 들어서기 1년 전(1980년)이었는데도 말이다.

핵무기나 핵발전은 여러 사례 중 하나일 뿐이다. GDP 중심의 성장관 등 쟁점은 더 많다. 이 모두가 생태주의에 대한 몰이해에서 비롯된 문제들이다. 이것은 슈벤망의 약점일 뿐만 아니라 30여 년 전 프랑스 좌파의 탈자본주의 구조개혁 대안의 한계이기도 하다. 미테랑은 비록 "삶을 바꾸자"는 슬로건으로 대통령에 당선됐지만, 그 자신도 이 구호의 의미를 온전히 이해하지는 못했던 것이다.

그래서 우리는 『프랑스는 몰락하는가』의 결론 부분이 아니라 오히려 그 첫머리에서 우리의 당면 과제를 더 절실히 확인하게 된다. 이 도입부에서 갓 서른의 슈벤망은 CERES 동지들과 함께 68운동 직후의 시대

상황에 맞춰 사회주의 이념과 운동을 재구성하는 작업을 시작한다.

지금 우리에게 필요한 일이 바로 그러한 작업이다. '소비에트＋전력＝공산주의'라는 레닌 시대의 비전도 아니고 '국유화＋핵발전＝삶의 변화'라는 30여 년 전의 비전도 아닌 우리 시대의 대안을 쓰는 일 말이다.

함께 읽으면 좋을 책

『프랑스 사회주의의 패러독스』 이재승(인간사랑, 2005)

『신자유주의의 탄생』 제5장 '유럽의 황혼'과 더불어, 미테랑 사회당 정부가 직면한 딜레마와 그들의 역사적 선택에 대해 소개하는 문헌.

『자크 아탈리의 미테랑 평전』 자크 아탈리(김용채 옮김, 뷰스, 2006)

미테랑의 정책보좌관이었던 아탈리는 슈벤망과는 정반대 시각에서 1983년의 정책 전환을 회고한다. 두 사람의 책을 서로 비교하며 함께 읽는 것도 흥미로운 독서가 될 것이다.

『좌파 아빠가 들려주는 좌파 이야기』 앙리 베베르(임명주 옮김, 에코리브르, 2012)

전 트로츠키주의자였던 프랑스 사회당 이론가가 청소년 독자를 염두에 두고 쓴 책. 슈벤망과는 다른 오늘날 사회당 주류의 시각을 확인할 수 있다.

유럽 좌파의 고민

—

『인간이 먼저다』 장 뤽 멜랑숑
강주헌 옮김, 위즈덤하우스, 2012.

앞에서 장 피에르 슈벤망의 『프랑스는 몰락하는가』를 다뤘다. 30년 전 미테랑 좌파연합 정부가 신자유주의에 무릎 꿇는 것을 정부 안에서 지켜본 프랑스 좌파의 역전 노장이 최근의 대통령 선거를 앞두고 펴낸 책이다. 프랑스 좌파, 그것도 이론가가 아닌 정치인의 책이 한국어로 번역되는 것은 흔치 않다. 대선이라는 중대한 정치적 계기 덕분에 가능한 일이었을 것이다.

2012년 5월 프랑스 대선 결선투표 결과는 우리가 이미 잘 알고 있다. 우파 니콜라 사르코지 대통령을 누르고 사회당의 프랑수아 올랑드 후보가 승리했다. 프랑수아 미테랑 이후 16년 만에 좌파가 대통령에 당선된 것이다. 곧이어 있는 총선에서도 사회당과 그 제휴 정당들이 승리하여 현재 프랑스는 대통령과 내각, 원내 다수파 모두 좌파다.

그런데 올랑드의 승리만큼이나 이번 프랑스 대선에서 화제를 뿌린 또 다른 인물들이 있다. 그중 한 명이 극우파 국민전선의 여성 대표 마린 르펜이다. 그녀는 1차 투표에서 17.9%를 얻어 파시즘의 부활을 우려하는 전세계 민주 시민들이 정신이 번쩍 들게 만들었다. 그녀의 정반대편에서는 또 다른 '전선'의 후보가 바람을 일으켰다. 바로 좌파전선의 장 뤽 멜랑숑이다.

멜랑숑은 한때 지지율이 15%를 넘나들기도 했다. 비록 실제 득표율은 일부 지지층이 '결선에서 당선 가능'한 후보 올랑드 쪽으로 쏠려 11.05%에 그쳤지만, 이것 역시 결코 만만히 지나치고 말 수치는 아니다. 1970년대에 프랑스 공산당의 전성기가 끝난 이후 사회당 왼쪽에서 10% 이상 득표한 후보가 나타난 것은 이번이 처음이었다. 그 역사를 멜랑숑과 좌파전선이 새로 썼다.

물론 멜랑숑의 정치적 행진이 기획대로만 되지는 않았다. 그는 대선 직후의 총선에서 일부러 마린 르펜의 지역구에 출마를 선언했다. 총선 1차 투표에서 좌파 중 최대 다수 득표자가 되어 결선에서 르펜을 물리치겠다는 게 그의 포석이었다. 하지만 1차 투표에서 그는 사회당 후보보다 적은 21.46% 득표에 그치고 말았다. 멜랑숑은 결선 진출을 포기하고 사회당 후보 지지를 선언했다. 결선에서 르펜은 불과 100표 차로 낙선의 고배를 마셨다. 르펜을 떨어뜨리겠다는 대의는 실현되었지만, 멜랑숑이 그 영광의 주역이 되겠다는 구상은 실패로 끝난 것이다.

그렇다고 멜랑숑 바람이 그저 에피소드로만 끝난 것은 아니다. 그것은 비록 우회적인 방식이나마 올랑드 정부 안에 자신의 영향력을 새겨 넣었다. 가령 최저임금 인상 건이 그러하다. 올랑드의 최초 공약에는 최저임금에 대한 내용이 없었다. 좌파가 총선 때마다 '최저임금 인상'을 들고 나오는 게 상식인 유럽의 풍토에서는 좀 이상한 일이었다. 반면, 멜랑숑은 '최저임금 인상'을 핵심 공약 중 하나로 내세웠다. 월 1,700유로 (240만 원 정도)로 올리겠다는 것이었다. 이 공약이 크게 인기를 얻자 올랑드 측도 부랴부랴 '최저임금 인상'을 공약하고 나섰다. 지금 이것은 프랑스 새 정부의 주요 정책 중 하나다.

이 정도 되면 멜랑숑 후보의 정책적 영향력을 얕잡아볼 수는 없겠다. 그런데 놀랍게도 이런 좌파전선의 정책들을 모아놓은 대선 공약집이 최근 한국어로 번역돼 나왔다. '좌파는 어떻게 세상을 바꾸려 하는가?'라는 부제를 단 『인간이 먼저다』라는 150쪽짜리 작은 책이다.

'좌파전선', 어떤 정치 세력인가?

『인간이 먼저다』의 저자는 '장 뤽 멜랑숑'으로 되어 있다. 하지만 정가(政街)의 상식으로 볼 때 그가 직접 쓰지는 않았을 것이다. '좌파전선'이라는 정치 세력의 집단 저작으로 보아야 한다. 그렇다면, '좌파전선'이 도대체 어떤 세력인지부터 짚어봐야 할 것이다.

2008년에 프랑스에서는 사회당 왼쪽에 새로운 좌파정당'들'이 등장해 이목을 끌었다. 그중 스포트라이트를 가장 많이 받은 것은 반자본주의신당(NPA)이었다. 이 당의 모체는 1968년 5월 봉기 이후 끈질기게 투쟁을 지속해온 프랑스의 유서 깊은 트로츠키주의 조직 '혁명적 공산주의 동맹'(LCR)이다. 저명한 트로츠키주의자 에르네스트 만델로부터 커다란 영향을 받은 알랭 크리뱅(전 유럽의회 의원), 다니엘 벤사이드(국내에 그의 저서 『마르크스 사용 설명서』[에코리브르, 2011]가 소개돼 있다) 등이 이 조직의 역사적 지도자들이다.

이 조직이 운동가들로만 이뤄진 일종의 전위조직에서 대중정당으로 전환하게 된 직접적 계기는 2002년과 2007년 대선에서 연이어 거둔 상당한 대중적 지지였다(5% 선). 젊은 우체국 비정규직 노동자 올리비에 브장스노가 이 두 선거에 후보로 나서서 당시 사회당의 우경화로 열린 좌파의 빈 공간을 채웠다. 그는 프랑스뿐만 아니라 전세계의 주목을 받기 시작했다. 신자유주의가 아직 승리의 깃발을 휘날리던 때에 자본주의 중심부에서 자칭 혁명적 사회주의자가 두 자리 수 여론조사 지지율을 기록하곤 하니 그럴 만도 했다.

그런데 2008년에 창당한 신생 좌파정당은 반자본주의신당만이 아니었다. 일군의 사회당 탈당자들이 녹색당 탈당자들과 함께 만든 또 다른 정당이 있었다. 좌파당이었다. 이해에 사회당에서는 당대회가 있었다. 당의 여러 경향들이 각기 입장문서(motions)를 작성하여 대의원들의 지지를 구했다. 그런데 멜랑숑이 속해 있던 좌파 경향의 지지율이 생각보다 저조했다. 이것은 2007년 사회당 대통령 후보로 나섰던 세골렌 루아얄의 '제3의 길' 노선, 즉 사회자유주의 입장이 당을 장악해가는 증거로 보였다. 그러자 좌파 일부가 당대회 도중에 탈당을 결행했다. 조스팽 내각에서 직업교육 담당 장관을 맡은 바 있는 멜랑숑이 이들 중 가장 이름이 알려진 인사였다.

마침 이들에게는 새 정당 모델이 있었다. 바로 독일의 좌파당이었다. 독일 좌파당은 구 동독의 개혁사회주의 흐름을 이어받은 민주사회주의 당을 한 축으로 하고 슈뢰더 사회민주당-녹색당 연정의 복지 축소 정책에 반발해 사민당에서 탈당한 오스카 라퐁텐 전 당대표 등 구 서독 지역 좌파 사회민주주의자들 및 트로츠키주의 정파들을 다른 한 축으로 하여 등장했다. 좌파 사회민주주의에서 혁명적 사회주의에 이르는 다양한 좌파 세력들이 '반신자유주의' 노선을 중심으로 결집한 정당이다.

멜랑숑 등 사회당 탈당파는 이러한 독일 좌파당과 유사한 정당을 프랑스에도 만들고자 했다. 그러나 프랑스는 독일이 아니었다. 전통 하나로 버티고 있던 프랑스 공산당은 자신의 간판을 내려놓을 생각이 없었다. 프랑스 트로츠키주의의 대표 정파인 혁명적 공산주의 동맹도 반자본주의신당이라는 독자 대중정당 실험을 이제 막 시작한 상황이어서 사회당 탈당파와 다시 당을 새로 만들 필요성을 느끼지 못했다. 그래서 사회당 탈당파는 일부 녹색당 탈당 세력하고만 힘을 합쳐 좌파당을 시작하지 않을 수 없었다.

프랑스 좌파당은 당세가 미약한 대신 사회당 왼쪽 정치 세력들의 광범위한 연합전선을 결성해서 사회당에 도전하고자 했다. 연합전선의 주된 상대는 공산당과 반자본주의신당이었다. 그런데 공산당이 좌파당의 제안을 받아들인 것과 달리 반자본주의신당은 이를 거부했다. 가장 강력한 이유는 공산당과 좌파당 안에 여전히 친사회당 흐름이 강해서 이들과의 연합이 자칫 급진좌파 전체를 사회당의 하위 파트너로 만들어버릴 위험이 높다는 것이었다.

이에 따라 반자본주의신당은 최근까지도 공산당, 좌파당과 선을 긋는 독자 활동에 주력했다. 이것은 결과적으로 반자본주의신당이 점점더 대중정치의 중심에서 멀어지게 만들었고, 그래서 창당 당시의 기대와는 달리 당세가 계속 위축되고 있다. 당 통합과 달리 연합전선의 문제에는 좀 더 유연한 대응이 필요했는데, 반자본주의신당이 이 점에서 패착을 한 게 아닌가 싶다. 반자본주의신당 안에서도 이 때문에 논쟁이 끊이지 않았고, 급기야는 연합전선 지지파가 탈당해 '통일좌파'라는 새 조직을 만들기도 했다.

반면 좌파당과 공산당의 연합은 탄력을 받았다. 2009년 유럽의회 선거에서 일정한 성과를 거둔 뒤 2010년 지방선거에도 공동 대응했고 '좌파전선'이라는 이름으로 이번 대선에 뛰어들기에 이르렀다. 좌파당, 공산당 외에도 반자본주의신당 탈당파인 '통일좌파', 마오주의 조직인 '프랑스 노동자공산당', 공산당 탈당파 모임인 '진보대안회의' 등 좌파 소수 정파들이 좌파전선에 합류했다. 더 중요한 것은 프랑스 반신자유주의 운동의 상징과도 같은 ATTAC(금융거래과세시민행동연합)의 주요 활동가들이 좌파전선의 지지 대오를 이뤘다는 점이다.

사실 올해 총선에서 좌파전선이 거둔 성과만 놓고 보면, 그렇게 장밋빛은 아니다. 총 577석 중 좌파전선의 의석은 10석에 불과하다. 소선거구제(비록 결선투표제가 있기는 하지만)인 상황에서 사회당과 선거연합을 구성하지 않았기 때문에 이런 결과는 피하기 어려웠다. 그러나 대선에서 좌파전선이 보여준 가능성은 의회 밖 사회운동에 여전히 신선한 충격으로 남아 있다. 심지어는 반자본주의신당까지도 이제는 연합전선에 대해 진지하게 재고하는 움직임이다.

이렇게 보면, 『인간이 먼저다』는 단순히 선거가 끝나면 망각되고 말아도 될 정세적 문건만은 아니다. 자본주의 위기의 초입인 현재, 프랑스에서 사회당 왼쪽 좌파들이 도달해 있는 고민과 합의의 수준을 일정하게 대변하는 책이라고 할 수 있다. 사회당의 시각을 잘 보여주는 앙리 베베르(지금은 사회당 정치인이지만 젊은 시절에는 혁명적 공산주의 동맹의 이론가였다!)의 『좌파 이야기』와 이 책을 함께 읽어보는 것도 꽤 흥미로운 독서 체험이 될 것 같다.

제헌의회를 통해 제6공화국을 향하여

『인간이 먼저다』의 제1장 제목은 '부의 분배와 사회적 불안정의 해소'다. 여기에는 위에서 소개한 월 1,700유로로의 최저임금 인상을 비롯해서 주 35시간 노동시간제, 각 기업의 임시직 및 계약직 고용을 10% 이하로 제한하는 비정규직 고용 상한제, 공공기관 비정규직의 정규직화, 주가 인상 목적의 정리해고 금지 등이 제시되어 있다. 한국에서 노동운동이 요구하고 있는 것들과 별로 다르지 않다. 지구화는 확실히 전세계인의 시간대를 일치시켰다.

흥미로운 것은 밑에 있는 이들의 소득을 끌어올리는 조치들과 함께 위에 있는 이들의 터무니없는 수입을 깎아내리는 정책들도 제시한다는 점이다. 모든 기업에 대해 급여 상한제를 실시한다거나 연간 최고소득을 30만 유로(5억 2,000만 원 정도)로 고정한다는 게 그러한 공약들이다.

이런 점에서 좌파전선 대선 공약은 확실히 전투적이다. 편이 분명하다. 노동자, 청년, 연금 소득자 등 신자유주의 시대에 소득과 권리가 후퇴하기만 한 이들을 편든다는 것을 분명히 한다. 이것은 또한 적을 분명히 한다는 것이기도 하다. 임원급 사원들에 대한 급여 상한제는 이런 선전포고의 일환이다. 『인간이 먼저다』는 더 나아가 이러한 자신의 적에 선명한 이름을 붙인다. 그것은 '금융자본'이다. 서문의 언급을 보자.

생태적 재앙, 불평등과 불안정과 빈곤의 폭발, 반복되는 민주주의의 침해, 연대와 협력에 근거한 인간관계의 추락 등 이 모든 것이 인간의 행동을 극단으로 몰아가는 원인입니다. 이 모든 재앙의 공통된 원인은 우리 시대의 본질적인 특징, 즉 금융자본이 세상을 지배하는 데 있습니다.

금융자본의 지배는 겉으로 보기에 결코 흔들릴 것 같지 않지만 실제로는 허약하기 그지없습니다. 금융자본의 지배는 국민이 언제든 뒤집을 수 있는 정치적 선택에 전적으로 의존하고 있기 때문입니다. 금융자본에 과감히 맞서야 우리는 하루라도 빨리 미래를 되찾을 수 있을 것입니다.

—『인간이 먼저다』, 17~18쪽

금융자본의 제압은 그럼 어떻게 가능한가? 『인간이 먼저다』는 우선 단기 대책으로 기업의 금융 소득에 대한 과세 방안을 내놓는다. 그러면서 새로운 금융 소득 과세의 세수는 사회보장 기금으로 쓰여야 한다고 거듭 강조한다. 이 새 조세 체계를 도입함으로써 개인의 일반 사회보장 분담금(우리의 4대 보험 개인 분담금에 해당)은 아예 폐지해야 한다고까지 주장한다. 금융 불로소득을 복지제도의 재정 기반으로 재분배하자는 것이다.

좀 더 장기적인 대책으로는 은행과 보험회사의 국유화를 제시한다. 그리고 이렇게 국공유화된 금융기관들을 서로 연계하여 공공 금융센터를 설립하겠다고 약속한다. 이러한 공적 금융 네트워크는 좌파전선 대선 공약에서 현존 신자유주의 체제로부터 대안 체제로 넘어가는 이행의 견인차 역할을 한다. 공공 금융센터는 고용과 직업교육, 실질 성장과 환경 보호의 원칙에 따라 금융 서비스를 수행하며, 따라서 경제 운영 방향을 지금과는 전혀 다른 쪽으로 선회시킨다. 그러자면 반드시 노동자·민중 대표가 공공 금융센터 운영을 주도해야 한다.

> 공공 금융센터의 관리는 새로운 권력을 기반으로 이루어지고, 이 권력을 수행하게 될 주체는 정부 대표 및 각 기관에서 근무하는 노동자 대표, 그리고 이용자입니다. 이용자에는 기업과 지자체만이 아니라 노동자, 실업자, 계약직 및 그들의 대표가 포함됩니다. 소비자단체와 환경보호단체도 예외일 수 없습니다. 이처럼 민주적으로 운영되면, 중소기업 재정 지원, 주거 지원, 지자체 지원, 예금자에게 돌아가는 서비스 지원 등 공익 목적의 임무 수행이 가능해집니다.
>
> —『인간이 먼저다』, 60쪽

하지만 프랑스 한 나라만의 금융 억제로는 부족하다. 프랑스가 유럽통화동맹의 한 축이기 때문에 더욱 그렇다. 『인간이 먼저다』는 이 문제에 대해 채무국들과 채무 상환 조건에 대해 재협상을 실시하자는 해법을 제시한다. 그리스에서 시리자(급진좌파연합, SYRIZA)가 주장하는 바를 그대로 받아 안은 셈이다. 동시에 이러한 일국적 처방의 초국적 기반으로서, 유럽중앙은행의 민주적 관리와 '유럽 사회·생태·연대적 발전기금' 창설을 제창한다.

이 정도의 개혁도 신자유주의 시기에 형성된 사회 세력 관계 아래서는 실행 불가능하다. 설령 멜랑숑이 대통령에 당선되고 좌파전선이 다수당이 되는 일이 벌어지더라도(물론 이것 자체가 세력 관계의 놀라운 역전을 뜻하겠지만), 그것만으로는 부족하다. 『인간이 먼저다』의 서문이 밝히는 대로, 그야말로 '시민혁명'이 필요하다. 이 책의 제6장 '국민 권력을 되찾는 헌법의 제정'은 그 출발점으로 '제헌의회 소집'을 꺼내든다.

사실상 샤를 드골의 쿠데타로 제정된 현행 '제5공화국 헌법'을 폐기하고 제헌의회와 국민적 대토론, 국민투표를 거쳐 '제6공화국 헌법'을 제정하자는 것이다. 주요 개정 사안으로는 의원내각제로의 전환, 모든 선거에서 정당명부 비례대표제 실시, 남녀 동수 대표제 실현, 상원 폐지 등 정치 제도의 민주화가 포함된다.

하지만 민주화해야 할 것이 좁은 의미의 정치 영역만은 아니다. 지금 한국 사회에서 '경제 민주화'라고 이야기되는 과제들이 더 있다. 이에 대해 『인간이 먼저다』는 새 헌법에 기업 내의 노동자 경영권을 명기해야 한다고 역설한다. 적어도 프랑스의 급진좌파에게 '경제 민주화'란 분명 생산 현장, 즉 기업에서부터 노동자가 결정권을 확보하는 것을 뜻하는 것이다.

새 헌법에서는 시민이 일하는 곳에서 시민의 권한이 강화되고, 기업의 시민권도 인정되어야 합니다. 기업 내에서 노동자는 법적으로 새로운 권리를 보장받고, 대기업의 지위는 사회적 책임을 고려하여 재정의해야 합니다.

경제력이 더 이상 주주들의 손에만 있지 않고, 노동자들과 그들의 대표들이 기업의 투자 과정에 참여해야 합니다. 그들은 민주적으로 논의를 거친 사회적·생태적·경제적 우선 과제를 고려하여 기업의 투자에 대한 결정을 내려야 합니다.

　　모든 전략적 결정에는 임직원 대표 혹은 기업운영위원회의 호의적 견해가 반드시 전제되어야 합니다. 우리는 해고를 유예하는 거부권과 노조가 제시한 역제안을 반드시 검토할 의무를 법제화해야 합니다.

　　　　　　　　　　　　　　　　　　　　　　—『인간이 먼저다』, 104쪽

　　프랑스 유권자들은 이번 대선에서 멜랑숑 후보의 입을 통해 이런 메시지를 직접 들었다. 그리고 이것은 한국의 유권자들 역시 대통령 선거라는 계기를 통해 마땅히 접해야 할 시대의 목소리다. 하지만 어쩌면 이 땅의 12월 선거에서는 이런 목소리는 장외의 외침으로 그칠지도 모른다(이 글은 2012년 12월 대통령 선거 이전에 쓰였다). 그렇기 때문에라도 『인간이 먼저다』는 한국의 독자들 사이에 읽혀야 할 충분한 이유를 지닌다.

그러나 좌파의 대안은 아직 미완성

여기까지는 좋은 이야기이고, 이제는 『인간이 먼저다』의 아쉬운 점들을 몇 가지 지적해야겠다. 우선은 여전히 구체적이지 못한 대목들이 있다는 것이다. 가령 금융 이외의 민간 기업 소유 구조에 대해 이 책은 "경제·산업·금융 활동의 주된 수단들을 국유화"(79쪽)한다는 한 문장으로 정리하고 있다. 어떤 방식으로 국유화하겠다는 것인지, 집권하면 언제까지는 어느 수준까지 국가 소유로 만들겠다는 것인지, 아무것도 말하지 않는다.

　　어쩌면 이 책이 간략한 소책자라서 그런 것일지도 모르겠다. 이 문제에 대해 좌파전선 쪽에 다른 정책 자료가 더 있을지도 모른다. 하지만 어쨌든 이 책만 놓고 보면, 좌파전선은 기업의 소유 구조에 대해 여전히 '당 강령' 수준의 원칙만 있지 실행 계획은 갖고 있지 못한 꼴이다. 선동의 소재로 '국유화'를 이야기할 뿐 당장의 실천 과제로 진지하게 고민하는 수준은 아니라는 이야기다(물론 '국유화'가 과거처럼 좌파의 대안에서 핵심을 차지해야 하는지에 대해서는 더 논의가 필요하겠지만, 여기에서는 일단 이 문제는 논외로 하자).

좌파전선의 이러한 모습은 30~40년 전의 프랑스 좌파에 비해 오히려 후퇴한 것임에 분명하다. 이때는, 후에 신자유주의 지구화에 굴복하게 되는 미테랑의 사회당조차 좀 더 진지한 자세로 '국유화'를 약속했고 이를 실행했다. 이들은 10대 제조업 그룹과 시중 은행에 대한 구체적인 국유화 계획을 갖고 있었다.

좌파전선처럼 "좌파를 다시 건설"(22쪽)하는 것을 과제로 하는 세력이라면, 신자유주의 시기를 거치면서 좌파에 상실된 이런 측면을 보다 냉정히 직시해야 한다. 그래야 주류 좌파인 사회당에 대한 비판 세력에 머물지 않고 좌파의 대안으로 성장할 수 있을 것이다. 아직은 갈 길이 멀다.

또 하나 지적해야 할 것은 좌파전선 대선 공약이 핵발전 문제에 대해서만큼은 지나치게 수세적이라는 점이다. 슈벤망이 『프랑스는 몰락하는가』에서 주장하는 것처럼 핵발전이 프랑스의 미래 산업 중 하나라는 철면피한 주장을 하지는 않는다. 하지만 그렇다고 집권 전에 올랑드 후보가 공약한 '단계적 감축' 수준에서라도 핵발전 폐기를 공약하는 것역시 아니다. 단지 "프랑스의 에너지 정책에 관한 국민 대토론회를 즉각 개최"(66쪽)해야 한다는 주장만 있을 뿐이다.

'국민 대토론회'야 좋다. 그러나 "민간 핵 분야와 관련해서도 핵 폐기든 안전하고 공적인 핵에너지의 유지이든 모든 가능성에 대한 결정이 이루어져야" 한다는 식이어선 곤란하다. 이것은 핵발전에 대해서는 좌파전선에 어떠한 공식 입장도 없다는 것을 자인하는 꼴이다.

평화 정책에서는 결코 이와 같지 않다. 『인간이 먼저다』는 아주 단호하게 "프랑스의 북대서양조약기구(NATO) 탈퇴를 즉각 결정"하겠다고 천명한다. "비핵화를 위한 행동"을 약속하고, "다자적 군비축소"의 의지를 밝힌다. 또한 노골적으로 팔레스타인을 지지하기를 꺼리지 않는다. 좌파의 대안 세력이고자 한다면, 핵발전에 대해서도 이 정도로 입장이 분명해야 하는 것 아닌가. 하지만 좌파전선은 그렇지 못하다. 실망스러운 대목이다. 아마도 핵발전 부문 노동조합과 긴밀한 연계를 맺고 있는 공산당의 입김이 작용한 결과가 아닌가 싶다.

『인간이 먼저다』는 이렇게 프랑스 급진좌파의 성취뿐만 아니라 그 한계와 모순도 맨얼굴로 보여주고 있다. 우리는 여기에서 "좌파를 다시 건설"한다는 이들의 도전이 이런 점에서 미완성임을 확인하게 된다. 그것은 이 도전이 얼핏 생각했던 것보다 더 거대하고 장기적이며 간단치 않은 과업임을 말해주는 것이기도 하다. 하지만 어쨌든 프랑스 좌파는 첫발은 뗐다. 문제는, 여전히, 우리다.

함께 읽으면 좋을 책

『생존권 혁명: 우리는 어떤 세상에서 살고 싶은가』 올리비에 브장스노 외(이세진 옮김, 푸른숲, 2012)
좌파전선의 경쟁자라 할 수 있는 반자본주의신당의 비전을 밝힌 책. 『인간이 먼저다』와 비교하면서 읽어보면 흥미로울 것이다.

『자본주의 고쳐 쓰기』 세바스티안 둘리안 외(홍기빈 옮김, 한겨레출판, 2012)
독일 사회민주당 정책전문가들이 제시하는 경제 위기 분석 및 그 정책 대안. 사회민주주의 쪽의 시각을 깊이 있게 전달한다.

『위기 반란 대안(1호): 유로존 위기와 유럽 좌파의 대안』 글로벌정치경제연구소 편(책세상, 2013)
유럽 재정위기에 대해 유럽 좌파 내 여러 흐름들이 제출하는 대안을 살펴볼 수 있다.

한국의 보수파와 수구파, 그들은 누구인가

—

『한국의 보수와 수구』 이나미
지성사, 2011.

공자는 올바른 정치의 출발이 '정명'(正名), 즉 이름을 바로 하는 일이라
고 했다는데, 현대 정치 세계만큼 이름들이 혼란스러운 경우도 없다.
'민주주의'니 '자유주의'니 '사회주의'니 하는 말들이 쓰는 사람에 따라
다 다른 뜻으로 쓰인다. 반공주의자들은 공산주의에 맞서 '민주주의'를
지키자고 하고 공산주의자들은 자신들의 인민민주주의 체제만이 참된
'민주주의'라고 선전하는 식이다. '민주주의'라는 하나의 기표 안에 정
반대 의미들이 경합하는 것이다.

  그렇다고 마치 수학의 세계에서처럼 학자들이 표준적인 정의(定義)를
제시할 수 있는 것도 아니다. 정치 용어의 생산자는 학자들이 아니라
어떤 식으로든 현실 정치에 참여하는 생활인들 자신이기 때문이다. 가
령 『조선일보』가 아무데나 다 '좌파' 딱지를 붙인다고 해서 그것을 "무
식하다"고만 이야기할 수는 없다. 차라리 세계 정치 용어 사전의 '좌파'
항목에 한국 보수 언론의 독특한 용법을 용례 중 하나로 추가해야 할
것이다.

  하지만 어쨌든 교통 정리는 필요하다. 같은 기표의 이면에 자리한 동
상이몽들을 일목요연한 지도로 정리해주는 작업이 있어야만 한다. 그래
야만 생활인들이 이 지도를 참고삼아 좀 더 정돈된 사고를 할 수 있을

것이다. 쓸데없는 말다툼은 줄이고 토론의 격을 높이며 합의의 지대를 제대로 다질 수 있을 것이다.

이 작업이야말로 민주 사회에서 정치학자들의 중요한 사회적 임무 중 하나다. 한국 자유주의의 역사적 계보를 그리는 작업을 벌여온 정치학자 이나미는 『한국의 보수와 수구』를 통해 이러한 정치학자의 과제를 충실히 수행했다. 이 책은 정치 용어 중에서도 특히 뜨거운 논쟁의 한가운데에 있는 '보수'와 '수구'에 대해 친절한 지도를 제시하려 시도한다.

"현실을 지키자"는 보수와 "과거로 돌아가자"는 수구

저자는 결코 불편부당한 체하며 이 과제에 임하지는 않는다. 이 책의 첫 몇 쪽만 훑어봐도 저자가 기본적으로 진보파의 입장에 서 있다는 것을 대번 알 수 있다. 가령 자칭 보수파치고 "진보는 인간의 특징이요, 보수는 동물의 특징이다"(13쪽) 같은 문장을 읽고 평정심을 유지하기란 쉽지 않으리라. 저자는 아주 솔직하게 당파적이다.

이런 점에서 『한국의 보수와 수구』가 가장 설득력 있게 다가갈 독자층은 저자와 마찬가지로 진보파의 시각을 가진 이들이다. 이런 독자들에게 이 책은 이들이 극복해야 할 상대들에 대한 아주 훌륭한 안내서 역할을 한다. 이 책은 300여 쪽에 걸쳐 한국의 보수 집단이 어떠한 이들인지, '보수'라고 불리는 게 적당한 이들과 '수구'라고 불리는 게 적당한 이들 사이의 차이는 무엇인지, 이들의 강점은 무엇이고 약점은 무엇인지 소상히 짚어나간다. 이 땅의 진보파들에게는 『삼성공화국』 같은 책만큼이나 훌륭한 '지피지기(知彼知己)'의 수단인 셈이다.

제목에서도 알 수 있듯이, 저자는 흔히 '우파'로 통칭되는 정치적 흐름들 중에서 '보수'와 '수구'를 엄밀히 구별한다. 사실 이러한 구분은 한국의 정치 세계에서는 아주 중요한 관심사다. 많은 이들이 『조선일보』나 『중앙일보』 같은 극우 성향 신문들을 '보수 언론'이라 하기보다는 '수구 언론'이라 불러야 한다고 믿는다. 이들에게 '보수'는 뭔가 합리적이고 상식이 통하는 사회에 있음 직한 한 흐름이라면, '수구'는 그런 사회 자체에 역행하는 암적인 존재를 뜻한다. 그래서 한나라당, 조중동, 재벌 등으로 대표되는 한국의 우파 세력은 '보수'가 아니라 '수구'일 뿐이며, 한국 사회에서는 반수구 투쟁이 현안이라고 생각하곤 한다.

그런데 저자의 보수/수구 구분은 이러한 통상적인 용법과 차이가 있다. 어쩌면 이 차이, 통상적인 보수/수구 구분에 대한 이러한 개입이야말로 『한국의 보수와 수구』의 핵심 테마라 하겠다. 이나미는 서구 근대 형성 과정에서 등장한 '보수'와 '수구'의 분기(分岐)에 주목하며 그 보편적인 맥락에서 한국 사회 지배 이데올로기의 '보수'적 요소와 '수구'적 요소를 식별한다. 그에 따르면, '보수'는 "현실을 지키자"는 보수주의(conservatism)이며, '수구'는 "과거로 되돌아가자"는 반동주의(reactionism)다. 자유주의/자유민주주의, 실리주의/실용주의, 반공주의 등의 저류에 흐르는 것이 보수의 계보이고, 반면 수구의 계보는 반자유주의, 국가주의, 유교/기독교 근본주의에서 확인할 수 있다.

위험을 무릅쓰고 단순화해보자면, 보수는 근대 자본주의의 지배계급(자산 소유자들)이 현상 유지를 위해 선택하는 정치적 입장들을 뜻하며, 수구는 이미 역사의 유물이 된 이데올로기 자원들(군주제, 종교 근본주의 등)을 바탕으로 근대의 모순들에 대결하려는 나름대로 저항적이고 유토피아적인 경향들이다. 보수파는 실용인들이고, 수구파는 이념인들이다.

내가 보기에 이 책은, 수구는 몰라도, 적어도 보수에 대해서는 우리의 시야를 밝히는 힘을 갖고 있다. 보수의 관심사는 오직 현상 유지이기에 보수파는 그것에 이롭다면 어떠한 변신도, 궤도 수정도 감행할 수 있다. 그래서 노동자와 여성의 참정권에 반대하던 '자유주의'는 사회주의의 위협 앞에서 보통선거권을 인정하는 '자유민주주의'로 변신할 수 있었던 것이다. 그리고 저자의 날카로운 지적처럼, 그 사회주의의 위협이 역사 속 기억으로 사라진 우리 시대에는 다시 '신자유주의'라는 이름으로 고전 자유주의가 회귀하는 것이다.

그렇다면 한국 재벌 언론, 족벌 언론이 취하는 입장은 보수인가, 수구인가? 저자 자신은 직접 말하지 않지만, 『한국의 보수와 수구』의 논리대로라면 이들은 수구라기보다는 보수라고 하는 게 더 적절할 것이다. 김대중, 노무현 정권을 '좌파'라고 질타하다가도 때로 복지제도 확대를 주장하는 이들의 갈지자 행보에서 일관된 것은 결국 이 사회의 기득권층의 이해를 대변하기 위해서는 무엇이든 좋다는 단 한 가지 준칙이기 때문이다.

즉, 조중동을 지배하는 것은 신앙이라기보다는 실리다. 이 점을 이해하는 게 중요하다. 그래야 이들에 맞선 싸움이 신앙 대 신앙의 그것일 수 없으며 이제는 기생적이 된 어떤 사회 세력을 극복하는 일임을 깨닫게 된다. 『조선일보』의 '좌파' 딱지 붙이기에 맞서 '수구' 딱지 붙이기에 열중할 일이 아니라 기득권 연합의 전략 구사를 분석하고 이해해야만 하는 것이다.

좀 더 파고들면 좋았을 물음들

그런데 『한국의 보수와 수구』는 보수론에 비해 수구론이 좀 미완의 느낌을 준다. 그렇다고 흥미 있는 분석이나 시사가 없다는 것은 아니다. 가령 한국 수구 이념의 중요한 한 구성 요소인 국가주의를 다룬 부분이 그렇다. 이나미는 이 점에서 이승만의 일민주의, 박정희의 민족적 민주주의, 더 나아가 김일성의 주체사상 사이에 유사성이 있다고 지적한다. 일민주의라는, 지금은 사람들의 기억 속에서 사라진 독재 이념이 주체사상과 놀랍도록 닮았음을 확인하는 것은 분명 한반도 현대사에 대한 새로운 개안(開眼)의 기회다.

하지만 수구론이 보수론에 비해 파편적이라는 인상은 지울 수 없다. 저자는 한국 수구 이념의 주요 요소들로 반자유주의, 국가주의, 그리고 유교/기독교 근본주의 등을 지적하는데, 그 담지자가 누구인지, 그리고 각 요소들 사이의 연관은 어떠한지에 대해서는 시원한 설명이 없다.

오히려 의문이 든다. 왜냐하면 보수 이념의 담지자로 지목한 이승만, 박정희 정권이 고스란히 수구 이념의 담지자로도 등장하기 때문이다. 이것은 보수와 수구를 엄격히 구분하려는 저자의 의도와 어긋나는 것처럼 보이기도 한다. 왜 보수 이념과 수구 이념이 엄연히 다른데, 한국에서는 보수파가 수구 이념의 담지자이기도 했던 것인가? 이 책에서 아쉬운 것은 한국 사회에서 이렇게 보수파가 수구 이념을 일정하게 활용할 수밖에 없었던 이유를 명쾌하게 밝히지 않았다는 점이다.

내가 보기에 이 문제는 한국 사회 지배계급의 특성과 연관되어 있는 것 같다. 국가를 중심으로 위로부터 육성된 탓에 일본 천황제 이데올로기와 일제 말의 군국주의(더 나아가 만주국의 '파시즘+스탈린주의' 복합체까지)로부터 이어받은 국가주의에 의존할 수밖에 없었던 것이 보수-수구 융합의 중요한 한 배경일 것이다. 그리고 현 지배계급의 위신을 높여줄 이데올로기 자원이 그만큼 부족하다는 점이 유교 자본주의론이나 기독교 근본주의 같은 억지를 동원해야만 하는 이유일 것이다.

아무래도 좀 더 연구가 필요하다. 그러나 이러한 연구 방향을 잡도록 자극하는 점만으로도 『한국의 보수와 수구』는 나름대로 제 몫을 다했다고 할 수 있다. 적어도 "'보수'는 괜찮고 '수구'는 안 된다"류의 시각에서 한 발 앞서 나아가도록 만들어준다는 점은 중대한 기여이고 뚜렷한 성취다. 이 책을 계기로 한국의 지배 이데올로기를 사회 세력 간 관계라는 관점에서 분석하는 작업들이 보다 활발히 이뤄지길 기대해본다.

함께 읽으면 좋을 책

『한국의 국가 형성과 민주주의』 박찬표(후마니타스, 2007)

한국 보수파의 기원과 원형을 '48년 체제'의 수립에서 찾는 본격 연구서. 오늘날 우리의 정치 구도와 그 근본 한계에 대해 우리의 시야를 넓혀준다.

『동원된 근대화: 박정희 개발 동원 체제의 정치사회적 이중성』 조희연(후마니타스, 2010)

한국 보수파 형성의 결정적 계기인 박정희 근대화 과정에 대한 검토. 그람시의 이론틀을 바탕으로 정치한 분석을 제공한다.

『한국 자유주의의 기원』 이나미(책세상, 2001)

개화 시기까지 거슬러 올라가 자유주의의 본질을 묻고 그 한국적 전개 양상을 짚는다.

4.

좌파,
녹색의 문제의식과
만나다

거대 기계에 맞서

『기계의 신화 2: 권력의 펜타곤』루이스 멈퍼드
김종달 옮김, 경북대 출판부, 2012.

'루이스 멈퍼드'라는 이름을 처음 접한 것은 에리히 프롬의 책에서였다. 프롬은 다른 저자들을 인용할 때 호불호가 분명한 사람이었다. 칼 마르크스, 지그문트 프로이트, 바루흐 스피노자, 그리고 마이스터 에크하르트, 이런 이름들은 그에게 항상 어둔 밤하늘을 밝히는 빛나는 별과도 같았다. 하지만 프롬의 동시대 저자들 중에서 이런 대접을 받은 이는 별로 없었다. 현대로 넘어올수록 프롬은 다른 저자들에 대해 엄격한 비평의 잣대를 들이댔다. 한때 프랑크푸르트 학파 동료였던 헤르베르트 마르쿠제조차도 신랄한 비판 대상이 됐다.

그런데 여기에 예외가 있었다. 그 사람이 바로 멈퍼드다. 프롬은 늘 막역한 동지처럼 그의 이름과 저작을 인용하곤 했다. 마치 현대 사회의 병리에 대한 자신의 진단과 대안을 뒷받침할 가장 강력한 원군으로 여기는 듯했다. 그래서 프롬의 열성 독자라면 멈퍼드도 한번 읽어보고 싶다는 생각이 들지 않을 수 없었다.

그런데도 멈퍼드는 오랫동안 우리가 쉽게 접근할 수 없는 저자였다. 몇십 년 전 그의 저서 한두 권과 선집이 출판된 적이 있으나 지금은 도서관이나 헌책방에서도 찾기가 녹록지 않다. 적어도 한국에서 그는 오래전에 망각된 사상가였다.

그러던 것이 몇 년 전부터 분위기가 바뀌기 시작했다. 텍스트 출판사에서 2010년부터 '루이스 멈퍼드 시리즈'를 내기 시작한 것이다. 그러면서 그의 주요 저서 『유토피아 이야기』, 『기술과 예술』, 『인간의 전환』 등이 한국어로 소개되었다. 그리고 2012년 말에는 드디어 결정적 저작 『기계의 신화 2: 권력의 펜타곤』의 국역본이 나왔다.

기술 비판에서 기계 비판으로

루이스 멈퍼드는 러셀이나 홉스봄만큼이나 장수한 인물이다. 아직 19세기였던 1895년에 미국 뉴욕에서 태어나 20세기가 끝나갈 무렵인 1990년에 사망했다. 우리의 경우 이렇게 긴 시대에 걸쳐 생존하며 활동한 사상가로 함석헌이 있다. 멈퍼드와 함석헌의 비슷한 점은 이뿐만이 아니다. 함석헌이 60~70대에 그의 가장 절정의 사색을 쏟아낸 것처럼 멈퍼드 역시 칠순을 바라보는 나이에 자신의 대표작 『기계의 신화』 1, 2부를 냈다.

또 다른 공통점은 도무지 한 단어로 규정할 수 없는 다채로운 이력이다. 함석헌은 종교인이기도 했고 시인이기도 했으며 사회운동가이기도 했다. 이 중 어느 하나도 그를 정의하기에는 딱 맞지 않아서 그저 '사상가', 즉 '생각한 사람' 정도로 소개하는 게 적절하다. 멈퍼드도 마찬가지다. 브리태니커 백과사전은 멈퍼드를 '사회학자, 저술가, 교사'라고 소개한다. 하지만 나열하기로 한다면 이것만으로는 부족하다. 도시 계획가, 비평가, 철학자, 사회운동가 등 끝이 없다. 그래서 그 역시도 그저 '사상가'라고 하는 게 가장 어울린다.(멈퍼드의 생애에 대해서는 박홍규, 『메트로폴리탄 게릴라, 루이스 멈퍼드』[텍스트, 2010]를 참고.)

멈퍼드의 이러한 전인(全人)적 면모는 어느 정도는 그의 일생의 스승, 패트릭 게디스(1854~1932)로부터 물려받은 것이었다. 게디스는 스코틀랜드 출신의 사회과학자로서, 기존 학문 분과들을 넘나들며 새로운 연구

영역을 개척한 인물이다. 그가 개척한 신대륙은 진화론을 통해 비약적으로 발전한 생물학의 통찰력을 인간 사회에 적용하는 것이었다. 단, 그는 허버트 스펜서처럼 적자생존설을 주창한 게 아니라 표트르 크로포트킨의 노선(『만물은 서로 돕는다』, 르네상스, 2005)에 따라 상호부조의 측면을 강조했다. 그래서 등장한 게 인간과 인간, 인간과 환경 사이의 상호작용에 주목하는 사회생태학이었다. 게디스의 생태학은 이후 구체적인 도시 계획론으로 발전했고, 그 실천으로 전원도시 운동을 펼치기도 했다.

멈퍼드는 게디스의 사상을 충실히 이어받았다. 그래서 그는 무엇보다도 도시 이론 및 계획 분야에서 명성을 쌓았다. 또한 게디스를 통해 크로포트킨의 아나키즘, 노동해방을 전원공동체의 부활과 연결시킨 윌리엄 모리스의 독특한 사회주의 사상을 받아들이기도 했다. 만년의 저작인 『기계의 신화 2』 곳곳에서도 이들의 깊은 영향을 감지할 수 있다.

멈퍼드가 도시 연구에 몰두하면서 동시에 자신의 또 다른 필생의 연구 과제로 천착한 것은 기술 문제였다. 그는 현대 문명의 토대를 이루는 기술 발전 과정에 주목하면서 거기에서 현대 사회의 연원과 전개 방향, 성과와 한계를 읽어내려 했다. 그리고 기술과 예술, 중세 기술과 현대 기술을 서로 비교하면서 점차 현대 문명 전반에 대한 비판으로 나아갔다. 그 한 성과가 『예술과 기술』이다.

멈퍼드의 기술 문명 비판은 '거대 기계' 비판에서 정점에 이르렀다. 그는 고대 문명에 예외 없이 등장한 거대한 토목 구조물들(가령 이집트의 피라미드)에 주목했다. 이것은 엄청난 기술 발전의 산물이지만, 이것을 좁은 의미의 기술로만 이해하려고 하면 벽에 부딪히게 된다. 거대 구조물을 축조한 기술은 그것 자체만으로는 실현될 수 없었다. 고달픈 노역에 의미를 부여해줄 상징 체계가 있어야 했고, 엄청난 규모의 인력 동원이 가능하게 할 사회적 장치들이 필요했다. 그 상징 체계는 인간이 아니라 태양에서 우주의 중심을 찾는 태양 숭배 신앙이었고, 그 사회적 장치는 전제군주제, 군사 국가, 그리고 노예제였다.

멈퍼드는 이러한 사회적 요소들이 고대 기술과 서로 결합돼 하나의 '거대 기계'를 구성했다고 보았다. 인류 문명의 어떤 국면에서 돌연 거대 기계들이 등장한 것이다. 피라미드 같은 기적적인 건축물을 만들어낸 것은 다름 아닌 이 거대 기계의 힘이었다. 하지만 인간이 거대 기계의 부속품이 된 결과는 참혹했다. "계급 구조, 평생 동안의 역할 고착, 토지의 독점, 경제적 교육적 기회의 독점, 재산과 특권의 불평등, 노예제도의 고질적인 야만성, 전쟁, 두려움, 강박관념, 통치계급의 과대망상적 야망, 그리고 극단적인 대량 파괴와 대량 살상"(40쪽)이 뒤따랐다. 고스란히 현대의 질병이기도 한 이들 병폐는 결국 노예 반란과 문명의 해체라는 역풍을 불러왔다.

멈퍼드는 이 격변에서, 카를 야스퍼스가 '차축(車軸) 시대'라고 부른 전환기의 의미를 읽는다. 야스퍼스는 중동, 인도, 중국, 그리스 등 고대 문명 곳곳에서 비슷한 시기에 예언자, 깨달은 자, 현인들이 등장하고 오늘날의 모든 고등 종교와 철학이 다 이 시기에 연원을 두고 있다는 사실에 주목했다. 그는 이 시기가 인류 문명의 모든 바퀴살이 거슬러 올라가는 원점과 같다고 하여 '차축 시대'라 이름 붙였다. 멈퍼드는 차축 시대의 종교와 철학이 거대 기계에 대한 인간의 반성과 저항, 극복 과정에서 나온 것이라고 보았다. 이들 모두는 태양이 아니라 인간으로 눈을 돌렸고 거대 기계에 참여하길 거부했으며 새롭게 구성된 공동체로부터 문명을 다시 시작하려 했다. 이를 통해 고대의 거대 기계는 일단 무너졌다. 멈퍼드는 『기계의 신화 1: 기술과 인간 발전』에서 이 같은 거대한 역사 드라마를 전개했다. 아쉽게도 이 책은 아직 한국어로 번역되지 않았지만, 우리는 『인간의 전환』(텍스트, 2011)에서 그 압축판을 읽을 수 있다.

부활한 거대 기계 ― 권력의 펜타곤

『기계의 신화 2』는 제1부에서 일단 해체되었던 거대 기계가 인류사에서 재출현하는 과정을 다루고 있다. 이 책에서 압권은 제2장 '태양신의 재림'에서 제5장 '기술로서의 과학'에 이르는 부분이다. 이 4개 장은 서구인들이 '르네상스', '과학혁명' 등의 이름을 붙이며 칭송하는 16~18세기 지성사의 진상이 무엇인지 파고든다. 놀랍게도 멈퍼드는 그것을 '태양 숭배 신앙의 부활'이라 규정한다.

황당하게 들릴지 모르겠다. 우리의 상식 속에 이 시기는 천동설의 미신에 맞서 지동설의 과학이 승리한 시대, 신 중심에서 인간 중심의 세계관으로 전환한 위대한 계몽의 시대다. 그리고 니콜라우스 코페르니쿠스, 갈릴레오 갈릴레이, 요하네스 케플러, 그리고 프랜시스 베이컨은 이 시대의 빛나는 영웅들이다.

그런데 멈퍼드는 이들이 마치 고대 전제 체제가 그랬던 것처럼 태양 숭배로 돌아간 것일 뿐이라고 주장한다. 인간 내면과 연관되었던 '신'을 인간 바깥의 '태양'으로 바꿨을 뿐, 결코 '인간 중심'으로 전환한 게 아니라는 것이다. 16세기 이후 서양인들이 세상의 중심을 인간 자신이 아닌 바깥 세계에서 찾기 시작하면서 이로 인해 인간성에 대한 관심은 오히려 뒤로 밀려나고 말았다.

물질세계와 이 세계에 살고 있는 인간을 단순한 양과 운동의 생산물로 이해하기 위해서 우리는 살아 있는 영혼을 제거해야 한다. 새로운 세계상의 중심에 인간은 존재하지 않으며, 존재할 이유가 없게 된다.

측정할 수 없을 만큼 오랜 역사를 가진 행성 위에서 긴 역사를 가지고 있는 인간 대신에, 불임화된 지식의 특정 생산물인 과학적 이론과 기계만이 영구적인 지위나 높은 수준의 실제를 요구할 수 있다. 객관성에 대한 관심에서, 새로운 과학은 역사적인 인간과 그의 모든 주관적인 행위를 제거했다. 갈릴레이의 시대 이후로 이러한 실행은 '객관적인 과학'으로 알려져 있다.

—『기계의 신화 2』, 86~87쪽

이러한 지적 전환 과정은 사물을 수량 중심으로 파악하는 새로운 인식을 동반했다. 수량으로 환원된 세계에는 한계가 없었다. 우주에 대한 공상에 사로잡힌 인간은 이제 자기 주위의 세계를 무한한 확장의 공간으로 바라보았다. 마침 아메리카 대륙의 식민지화와 맞물려 이러한 수량적 세계관은 세상을 끝없는 욕망 실현의 무대로 삼으려는 인간들을 양산하기 시작했다.

이것은 곧 우리가 '자본주의'라고 부르는 시대의 등장, 그것이다. 하지만 멈퍼드는 그 등장 과정에서 흔히 간과되곤 하는 새로운 세계관의 적극적 역할을 강조하는 것이다. 그는 '새로운 태양 숭배 신앙'이라고나 할 이 기계적 세계상이 서구에 출현한 전면적인 화폐적 연계 및 고도의 관리 조직, 중세의 다양한 기술을 대체한 단순 기술 등과 결합해 하나의 권력 복합체를 구성했다고 주장한다. 그것이 『기계의 신화 2』의 부제인 '권력의 펜타곤(오각형)'이다.

'오각형'이라고 부른 것은 이 권력 복합체가 다섯 개의 꼭짓점으로 이루어져 있기 때문이다. 공교롭게도 이 다섯 꼭짓점은 모두 알파벳 'P'로 시작된다. 첫째는 권력(power)이다. 이것이 정치 권력에서 화폐 권력으로 확장되면서 세 개의 다른 요소들과 결합되는데, 생산력(productivity)과 이윤(profit), 자산(property)이 그것이다. 마지막으로 이는 더 많은 인간 무리를 이 권력망 안에 포획하기 위한 선전 활동

(publicity)을 수반한다. 근대 세계는 이 '권력의 펜타곤'이 끊임없이 확산되는 과정을 '진보(progress)'라 불렀다. 흥미롭게도 '진보' 역시 알파벳 'P'로 시작한다.

권력의 펜타곤은 근대에 들어 다시 부활한 저 고대의 거대 기계다. 그러나 이것은 고대의 거대 기계를 잇고 있는 것만큼이나 그것과 다른 중요한 차이도 지니고 있다. 그 첫째는 정치 권력과 화폐 권력 사이의 연합이다. 여기에서 새로운 요소는 화폐 경제다. 이로써 새 거대 기계는 역사상 유례없는 경제적 역동성 안에 인간들을 옭아맬 수 있게 된다. 대중은 이제 강제 생산과 강제 소비의 다람쥐 쳇바퀴 안에 갇히게 된다.

또 다른 차이는 근대의 정치 권력이 민주적 국민국가의 형태를 취한다는 점이다. 근대의 혁명과 전쟁들은 대중을 직접적으로 국가 권력에 복속시키는 역할을 했다. 이 점에서 멈퍼드는 프랑스 대혁명도 비판적으로 바라보고, 러시아 혁명에 대해서도 차가운 평가를 내린다. 이들 혁명은 하나같이 '압제로부터의 해방'을 약속했지만, 결과적으로는 거대 기계의 부활과 확장에 일조했을 뿐이다.

멈퍼드의 문명 비판이 사회주의에 촉구하는 반성

이쯤 되면 멈퍼드의 현대 문명 비판이 마르크스주의와 갈라지는 지점이 확연하게 드러난다. 우선 멈퍼드는 근대를 자본주의의 경제적 운동 하나만으로 환원하지 않는다. 역사유물론 도식에 따르면 상부구조에 속하는 세계관의 변화를 중요한 요인으로 강조하며, 근대를 경제 권력과 정치 권력, 지배적 세계상의 복합체('권력의 펜타곤')로 바라보려 한다. 물론 오늘날 이런 주장은 다른 많은 사상가들도 동의하는 내용이다.(가령 가라타니 고진, 『세계사의 구조』[b, 2012]) 하지만 『기계의 신화 2』 초판본이 나올 때(1970년)만 해도 이것은 선구적인 주장임이 분명했다.

그런데 사실 더 큰 대립 지점은 다른 데 있다. 멈퍼드는 마르크스주의를 포함한 근대 사회주의-노동운동이 거대 기계에 맞서는 듯 보였지만 실은 그것을 강화하는 역할만 했다고 통렬히 비판한다. 이들은 적의 실체를 남김없이 포착하지 못했고, 그래서 권력 복합체가 주창하는 '진보'를 무비판적으로 따라갔다. 멈퍼드에게 국가사회주의는 거대 기계의 '좌파적' 확장판일 뿐이었다. 그는 이렇게 매섭게 평가한다.

> 19세기 초부터 이러한 새로운 힘에 대항하기에는 자신들이 무기력하다는 것을 발견한 노동자 계급은 지배 엘리트들이 아닌 프롤레타리아 계급을 위해서 기계가 이용되는 자신들만의 신화—사회주의, 무정부주의, 공산주의—를 가지고 이러한 이데올로기 신화의 자본가적, 군사적 표출에 대항했다.
>
> —『기계의 신화 2』, 216쪽

그러나 권력 시스템을 위한 더욱 효과적인 보호막이 존재했는데, 이러한 보호막은 단지 크로포트킨과 같은 인간적인 무정부주의적 공산주의자만이 인식했다. 즉, 노동자 계급의 혁명 운동은 권력 복합체의 이데올로기적 전제들을 순진하게 받아들였다.

기계적 진보는 불가피하고 실제로 필연적인 것이라는 마르크스적 견해를 통해, 사회주의는 단지 하나의 지배계급에서 다른 지배계급으로의 힘의 양도를 제안한 것에 지나지 않는다. 전반적인 메커니즘은 동일하게 남아 있다.

사회주의의 가장 실현 가능한 이상향은 혁명 과정 자체였다. 그리고 일단 혁명이 일어나면, 우리가 소련과 같은 국가에서 보아왔듯이, 다른 국가 내에 공통의 합의와 입법부에 의해 마련된 질서로부터 새로운 질서를 구분하기란 매우 어렵다.

—『기계의 신화 2』, 473쪽

여기에서 이런 의문이 들 수 있다. 그럼 멈퍼드는 현대 기술 문명 전체를 거부하는 것인가? 그는 히피들처럼 반문명주의를 주장하는 것인가? 그렇지 않다. 기술 자체와 거대 기계는 구분해서 봐야 한다. 우리가 극복해야 할 것은 '거대 기계', 즉 기술이 사회의 다른 요소들과 결합돼 만든 특정한 권력 복합체다. 멈퍼드 자신의 설명을 들어보자.

거대기술의 직접적인 생산물만을 따로 조사한다면, 이런 주장, 이런 약속은 근거가 분명한 것으로 이들 업적은 진짜다. 각각의 이익은 장기간의 인간의 제반 목적, 그리고 의미 있는 생활 형태로부터 떼어 놓고 보면, 이론의 여지가 없다. 거대기술의 효과적인 조직화의 제반 방식 그 어느 것도, 힘을 절약하게 하는 제반 장치 그 어느 것도, 신제품의 그 어느 것도 (중략) 무시되거나, 하물며 그 자리에서 거절되거나 하는 일이 있어서는 안 된다.

그렇다고 해도 거기에는 꼭 한 가지 단서 조항이 붙어야만 한다. 그것은 권력 복합체의 대변자들이 고의로 누락시킨 사실인데, 이 모든 재화는 보다 중요한 인간적 관심이 무시되거나 말살되지 않는 경우에만 가치가 있는 것이 된다는 사실이다.

—『기계의 신화 2』, 443쪽

기술 발전에 무턱대고 반대하자는 것도 아니고, 과거로 되돌아가는 길밖에 없다는 것도 아니다. 기술 발전보다 상위의 가치로 "인간적인 균형"(549쪽)을 두어야 한다는 것이다. 그런데 그게 쉽지가 않다. 거대 기계가 일단 작동을 시작하면, 끊임없는 자동화가 지상 명제가 되기 때문이다. 자동화를 제어할 힘은 거대 기계 '안에는' 없다. 거대 기계에게 자동화 운동의 정지는 붕괴를 뜻할 뿐이다.

여기에서 우리는 괴테의 마법사의 견습생 우화에서 설명하는 자동화의 큰 모순에 직면하고 있다. 우리의 문명은 (중략) 속도를 증가시키도록 하는 마법의 공식을 발견했다. 그러나 이 방식(예견과 사후 관리)이 모든 유기적 과정에서도 분명히 있지만, 이 과정의 템포를 바꾸거나 그 과정이 인간 기능과 목적을 충족시키지 않을 때 그 과정을 정지시키는 우두머리 마법사의 마력을 잃어버렸다.

결과적으로 우리는 견습생처럼 홍수에 빠지기 시작하고 있다. 교훈은 간단하다. 자동화 과정을 정지시킬 수 있는 힘이 없다면, 그리고 그것을 역전시킬 필요가 있다면 그것을 시작하지 않는 편이 낫다.

—『기계의 신화 2』, 245쪽

인간은 어떻게 제어력을 되찾을 수 있을까? 어떻게 "현재의 거대기술적 제도와 구조"를 "인간적 규모로 축소"하고 "인간의 직접 통제 아래"(575쪽) 놓을 수 있을까? 비판의 철저함에 비하면, 멈퍼드의 변혁론은 모호하다. 거대 기계의 실패(요즘 식으로 말하면, 생태적 재앙)에 따른 대중의 각성에 기대를 거는 것처럼 보이기도 하고, 1960년대에 한창 치열하게 전개되던 학생운동에서 희망을 발견하는 것으로 보이기도 한다.

하지만 멈퍼드는 의외로 낙관적이다. 그는 『기계의 신화』 전체를 꿰뚫는 메시지가 거대 기계를 극복하려는 이들에게 희망을 주려는 것임을 강조한다. 거대 기계의 토대 중 하나가 근대인의 기계적 세계상이라면, 거대 기계는 이러한 세계상에 맞선 대중적 각성에 의해 밑에서부터 허물어질 수 있다는 이야기가 된다. "권력 시스템이 우선 인간의 마음의 산물이라면, 미래는 많은 개방적 가능성을 가진다."(576쪽)

생태사회주의의 출발점 — 멈퍼드의 거대 기계 비판

『기계의 신화』에 따르면, 사회 변혁에 대한 기존의 지배적 관점은 정정되어야만 한다. 이제까지의 주된 관념은 근대 부르주아 문명의 모순이 발전하는 가운데 새로운 사회 주체들이 등장해 그 성과들을 인수한다는 것이었다. 그러나 멈퍼드에게 이는 거대 기계의 유지·확장 과정에 다름 아니다.

현대 문명에 진정 필요한 변혁은 거대 기계의 작동을 정지시키고 이를 해체하는 '대전환'이다. 차축 시대의 종교와 철학이 고대의 거대 기계를 허물어뜨렸던 것과 같은 역할을 대중운동을 통해 다시 실현해야 한다. 좀 더 구체적으로 말하면, "기계적 세계상을 유기적 세계상으로 대체"하고 "기계와 컴퓨터에 주어졌던 우선권을 가장 고귀한 생명인 인격에 부여"하는 전환이 있어야 한다.(554쪽)

멈퍼드에게 대안 사회의 핵심 원리는 자연에 있다. 기계의 원리가 아니라 생명의 원리, 유기체의 원리에 따라 사회를 재구성하면 된다. 획일성이 아니라 "다양성"(384쪽)이, 자동화가 아니라 "공동의 자율성"(537쪽)이, 권력이 아니라 "충만"(531쪽)이 사회의 주된 가치이자 목표가 되어야 한다.

멈퍼드는 이런 비전의 선구자로서 크로포트킨, 모리스, 게디스, 그리고 헨리 소로를 든다. 그리고 마르크스도 다시 불러온다. 이때의 마르크스는 다른 무엇보다 『독일 이데올로기』의 마르크스, 좁은 분업 체계를 넘어서 개인의 다양한 가능성을 자유로이 실현하는 사회를 염원했던 마르크스다.

멈퍼드가 이들 선구자에게서 높이 평가한 것은 "금전적 보수에 대한 무관심, 자가 팽창되는 대중성으로부터의 해방, 직업적인 활동의 다양성, 산업적 지적 생산 속도의 의도적 감속, 상위의 인간 기능과 문화적 가치에 대한 집중을 부활시키는 것, 정부를 능동적으로 '재흡수'하지 않는 것"(543~544쪽, 마지막 구절은 오역으로, 원래는 "특히 정부를 사회에 실질적으로 '재흡수'하는 것")이었다. 이것은 고스란히 현대 생태사회주의가 탈자본주의 변혁의 목표이자 지향으로 제시하는 것들이다.

이런 맥락에서 멈퍼드의 『기계의 신화』 1, 2권은 마르크스 사상의 어떤 측면, 그리고 크로포트킨과 모리스를 관통하던 사회주의-아나키스트 사상의 숨어 있던 광맥을 발굴하고 그것을 전면에 내세운 사회 비판이라 할 수 있다. 자본주의뿐만 아니라 국가사회주의를 가장 근본적인 차원에서 비판하며, 이들의 극복은 생명 원리에 입각한 새로운 관점의 사회 변혁을 통해서만 가능함을 역설한다. 그렇기에 이 책은 사회주의의 생태적 전환에 영원한 참조 역할을 할 고전이기도 하다.

함께 읽으면 좋을 책

『유토피아 이야기』 루이스 멈퍼드(박홍규 옮김, 텍스트, 2010)

『인간의 전환』 루이스 멈퍼드(박홍규 옮김, 텍스트, 2011)

『예술과 기술』 루이스 멈퍼드(박홍규 옮김, 텍스트, 2011)

한마디로, 멈퍼드를 읽자!

『기술의 역사』 자크 엘루(박광덕 옮김, 한울, 2011)

『인간을 위한 혁명』 자끄 엘륄(하태환 옮김, 대장간, 2012)

자주 멈퍼드와 함께 인용되곤 하는 저자가 20세기 프랑스의 개신교 사상가이자 아나키스트인 자끄 엘륄이다. 기술-도시 문명에 대한 근본적 비판, 산업 문명의 연장이 아니라 그 전환으로서의 혁명 등 멈퍼드와 문제의식이 겹치는 데가 있다.

자율성을 잃으면 혁명도 없다

—
『행복은 자전거를 타고 온다』 이반 일리치
박홍규 옮김, 미토, 2004.

'생태주의'라고 하면 우리는 으레 '환경 위기'부터 떠올리게 된다. 실제로 20세기 생태주의 사조의 본격적 출발은 산업 문명이 초래한 공해의 충격이었다. 흔히 생태주의의 첫 번째 고전으로 레이첼 카슨의 『침묵의 봄』(에코리브르, 2011)을 드는 이유가 여기에 있다. 1962년에 나온 이 책은 농업 혁명의 기반인 살충제가 오히려 농업을 파괴하고 뭇 생명을 위협한다는 것을 폭로했다.

1970년대에 들어서면 공해에 더해 '에너지 위기'가 부각된다. 석유 가격 폭등이 다른 사회적 요인들과 결합돼 스태그플레이션이라는 초유의 위기 상황을 낳았고 이 때문에 전후 자본주의의 황금기가 막을 내렸다. 그동안 값싼 에너지 사용을 당연시해온 세계인들(특히 제1세계인들)에게는 정말 충격이 아닐 수 없었다. 때맞춰 로마클럽의 『성장의 한계』(갈라파고스, 2012. 원저는 1972년 출간), 제러미 리프킨의 『엔트로피』(세종연구원, 2000. 원저는 1980년 출간) 같은 책들이 나와 이런 분위기에 이론적 틀거리를 제공해주었다.

요즘도 생태주의 서적들은 대체로 이런 위기론으로 시작한다. 최근의 주된 소재는 기후 변화와 피크 오일(peak oil)이다. 화석 에너지 남용으로 인한 지구온난화, 그리고 그 화석 에너지 자체의 고갈이 인간 생활

양식의 근본적 전환을 요구한다는 것이다. 물론 21세기를 사는 지구인 중 그 누구도 비켜갈 수 없는 중대한 문제제기다. 나 역시 이런 생각에 공감한다.

하지만 이것이 생태주의의 전부냐 하면, 그건 아니다. 지금까지 이야기한 흐름은 생태주의의 '한' 계보일 뿐이다. 생태주의 안에는 그 발원지가 좀 다른 '또 다른' 계보도 존재한다. 위의 계보가 주로 인간 문명과 그 문명 바깥인 '환경' 혹은 '지구' 사이의 모순에서 출발한다면, 또다른 계보는 문명 자체의 모순에서 논의를 풀어나간다. 여기에서는 자연의 위기 이전에 이미 깊이 병들어 있는 인간 삶 자체의 위기를 문제로 삼는다.

논리적으로 극단화한다면, 이 입장에서는 인간 생활양식의 전환은 공해나 에너지 위기가 없더라도 절박하게 필요한 과제다. SF 영화에서처럼 화성에 식민지를 건설할 수 있게 된다 하더라도, 황해에서 엄청난 매장량의 유전을 발견할지라도, 문명의 대전환은 시급히 필요하다. 이런 점에서 이 흐름에 속한 사상가들은 생태주의 안에서도 더욱 근본적인 입장에 서 있다고 하겠다.

이 계보의 선구자이자 동시에 대표적 사상가는 이반 일리치다. 국내에서도 1980년대에 운동권 서적깨나 읽었던 사람들 중에서는 파울루 프레이리와의 '탈학교 논쟁'(존 L. 엘리아스, 『의식화와 탈학교』[사계절, 1984] 참고)이나 『병원이 병을 만든다』(미토, 2004) 같은 기서(奇書)를 통해 이반 일리치를 기억하는 사람들이 꽤 있을 것이다. 그러나 이 이름은 주체사상과 마르크스-레닌주의가 한국 운동권을 평정한 이후 더 이상 주목의 대상이 되지 못했다. 『녹색평론』 같은 예외적 매체를 제외하면 말이다.

도발적 문제제기자 이반 일리치

이반 일리치의 생애에 대한 가장 기본적인 정보는 1926년에 태어나 2002년에 사망했다는 것, 출생지는 오스트리아 비엔나라는 것, 그리고 가톨릭교회 신부였다는 것이다. 그러나 정작 그의 삶은 이들 정보에서 유추할 만한 방향과는 오히려 정반대 길로 나아갔다.

비록 중부 유럽 태생이지만 그의 활동 무대는 남미와 북미를 아우르는 광활한 지역이었다. 특히 그의 사상이 탄생한 곳은 사제로 봉직한 남미 푸에르토리코였다. 그는 죽을 때까지 신부는 아니었다. 교황청과의 마찰 때문에 1969년 사제직을 떠나야 했던 것이다. 이 무렵 가톨릭교회는 이미 제2차 바티칸공의회를 거쳐 일정하게 혁신한 다음이었지만, 일리치라는 인물은 그 정도의 변화를 넘어서는 그릇이었다.

아직 사제로 활동하던 당시, 일리치는 남미에서 해방신학이 막 태동하던 현장에 함께 있었다. 저세상이 아닌 이 세상에서 가난한 이들의 구원을 바란 해방신학의 초기 문제의식은 고스란히 일리치의 출발점이기도 했다. 하지만 이후 해방신학의 전개 방향과 일리치의 사상 및 실천 역정 사이에는 상당한 각도 차이가 있다. 해방신학은 그 주된 대화 상대를 마르크스주의로 삼고 이 대화의 창조적 긴장 속에 발전해갔다. 그러나 일리치가 이야기를 나눈 상대는 달랐다.

일리치는 마르크스주의보다는 칼 폴라니에 주목했다. 폴라니는 당시만 해도 아직 극소수 지식인들에게나 이름이 알려진 인물이었다. 당연히 그의 사상에 대한 이해도 그리 깊지 못했다. 하지만 일리치는 누구보다 먼저 폴라니 사상의 깊이에 육박했다. 그는 여기에서 '경제'라는 물신화된 영역을 '인간의 살림살이'로 다시 사고하고 변형시켜나가야 한다는 근본 과제를 확인했다. 이 문제의식에서 1970년대 일리치의 빛나는 저작 활동이 시작됐다.

일리치의 대표작들은 대체로 1970년대에 저술되었다. 위에 소개한 『병원이 병을 만든다』 등이 모두 이때 쓰인 저작들이다. 국내에서는 미토 출판사가 주로 이 시기 저작들을 번역하여 냈었다. 그런데 웬일인지 요즘 이 시리즈를 서점에서 구하기 힘들다. 대부분 품절 상태다. 안타까운 일이다. 어느 출판사에서라도 좀 더 체계적인 번역 작업을 통해 일리치의 저작 전체를 다시 내주면 좋겠다.

지금 내가 손에 든 책은 바로 이 '전집'의 한 권으로 나온 『행복은 자전거를 타고 온다』(이하 『행복은』)라는 책이다. 원서는 1974년에 처음 나왔고, 본래 제목은 'Energy and Equity(에너지와 공정성)'이다. '역자 해설'까지 포함해 150쪽밖에 안 되고 큼지막한 활자에 성긴 편집이어서 한 달음에 다 읽을 수 있는 분량이다. 단행본보다는 팸플릿에 가까운 느낌이다.

하지만 그 깊이는 보통의 단행본들 이상이다. 일리치의 글 쓰는 스타일이 이렇다. 그는 장황하게 말하지 않는다. 단숨에 핵심을 향해 꽂힌다. 그것은 그만큼 시원하기도 하고 또한 아프기도 하다. 왜냐하면 우리가 너무도 당연시하는 상식들을 여지없이 깨고 '처음부터 다시 생각해야만 한다'는 곤란한 처지로 우릴 내몰기 때문이다. 한마디로, 그는 도발적 문제제기자다. 사정 봐주지 않고 우리를 뒤흔들어놓는다. 누구든 그의 책을 읽으면 아마 고대인들이 붓다나 예수, 소크라테스 같은 이들에게 느꼈을 법한 당혹감을 느끼지 않을 수 없을 것이다. 『행복은』도 여기에서 예외가 아니다.

에너지 위기가 아니라 삶의 위기다

『행복은』은 1974년 오일 쇼크가 한창일 때 나온 책이다. 에너지 위기를 배경으로 멕시코에서 열린 세미나에 제출한 일리치의 보고서를 단행본으로 낸 것이다. 그래서 이 책이 처음 운을 떼는 주제도 '에너지 위기'다.

그런데 일리치는 통상의 생태주의자들처럼 '에너지 위기'를 강조하는게 아니라 도리어 그것이 "어떤 모순을 은폐하고 나아가 어떤 환상을 신성화하고 있다"(10쪽)고 비판한다. 어떤 모순인가? "공정성과 산업 발전을 함께 추구하는 것에 필연적으로 수반되는 모순"이다. 어떤 환상인가? "기계의 힘이 인간의 힘을 무제한으로 대체할 수 있다고 믿는 환상"이다.

물론 일리치가 "대량의 에너지 소비"가 "필연적으로 자연환경을 파괴"한다는 것을 부정하는 것은 아니다. 이것은 이미 1970년대에도 명백히 드러난 사실이었다. 그가 강조하고자 한 것은 에너지 위기의 이 측면을 강조하면서 정작 알아채지 못하고 있는 보다 근본적인 위험이었다. 그것은 "대량 에너지 소비"가 자연환경뿐만 아니라 "사회적인 제 관계도 타락시킨다"(10쪽)는 점이다.

『행복은』의 주제인 '교통' 문제는 이 점을 선명히 드러내주는 한 사례다. 교통은 에너지 남용의 모순이 가장 첨예하게 나타나는 영역이다. 우선 에너지 소비에서 차지하는 총량 자체가 크다. 일리치에 따르면, 1970년대 당시 미국에서는 에너지 총사용량의 최소 25%, 최대 45%를 수송에 쏟아붓고 있었다. 그리고 그 결과는 쉽게 실감할 수 있는 지표인 속도의 무제한 증가로 나타나고 있었다.

오늘날도 교통은 에너지 문제의 아킬레스건이다. 재생 가능 에너지로 화석 에너지를 대체할 수 있다는 낙관론이 먹히지 않는 게 교통 영역이다. 태양 전지판을 이고 가는 승용차란 석유로 가는 마차만큼이나 시답잖은 농담일 뿐이다. 영국 자본주의의 상징이던 증기기관차부터 미국 자본주의의 엔진인 개인 승용차에 이르기까지 철저히 화석 에너지와 운명을 함께하는 게 다름 아닌 수송수단이다.

일리치는 인간의 에너지 사용량이 일정 수준을 넘어서면 어떤 위험에 빠지게 되는지를 교통의 '속도'를 사례로 보여준다. 수송수단의 속도가 어떤 한계를 초과하면, 사회는 결국 심각한 문제들에 봉착하게 된다. 그 첫 번째는 공정성의 파괴, 즉 불평등이다.

교통의 속도가 전반적으로 빨라졌다고 해서 만인의 이동 시간이 줄어드는 게 아니다. 대다수 서민들은 속도 증가에 따라 새로운 시간 목표를 강요받고 여기에 억지로 적응하게 된다. 이제 그/그녀는 자신의 두 발로 걷던 거리의 범위를 넘어서 출퇴근해야 하고, 통근 시간에 맞추기 위해 길거리에서 더 많은 시간을 보내야 한다. 이것이 새벽 일찍 일어나 몇 시간이나 교통 체증과 싸우며 일터로 향하는 현대인의 모습이다. 결과적으로 서민들이 이동에 들이는 시간은 더 늘어나고만 있다. 이동 시간이 단축된 것은 오직 소수 부유층뿐이다. 이들은 엄청난 에너지를 써대며 비행기를 타고 '지구화'를 만끽한다. 일리치는 이렇게 지적한다.

미국에서 사람들이 노상에서 보내는 모든 시간의 5분의 4는, 비행기를 타는 경우가 결코 없는 통근자와 물건을 사려는 손님들이 보내는 시간이다. 한편 회의나 휴양지에 가기 위하여 이용하는 항공기 비행거리의 5분의 4는, 매년 정해진 인구 중 동일한 1.5% 사람들이 차지하고 있다.

—『행복은 자전거를 타고 온다』, 32쪽

수송산업이 없는 나라에서는 (중략) 그 사회의 시간예산 가운데 교통에 할애하고 있는 것은 겨우 3~8%에 불과하지만 미국의 경우에는 28%에 이른다. 부유한 나라의 교통이 가난한 나라의 교통과 다른 점은, 대다수의 사람들이 생활시간을 체험하는 속도가 빠르다고 하는 것이 아니라, 수송산업에 의해 불평등하게 분배되는 대량의 에너지를 더 많은 시간동안 소비하게끔 강제된다는 것이다.

—『행복은 자전거를 타고 온다』, 34쪽

불평등만 늘어나는 게 아니다. 비합리성도 증가한다. 대다수 서민들에게 이동의 총거리가 늘어나고 이동에 걸리는 생활시간의 총합이 증가한다는 것은 이 모든 것의 사회적 총량이 늘어난다는 이야기이기 때문이다. 교통의 평균 속도가 빨라지면 빨라질수록 역설적으로 비효율성과 낭비가 증가하는 것이다. 교통 문제를 에너지 사용 전체로 확대하면, 이것은 곧 에너지 사용량이 일정 수준을 넘어서면 공정성과 비합리성이 증가하게 된다는 명제가 된다.

근본적 독점 상태 — 마르크스 '사회화'론의 맹목 지점

이쯤 되면, 논의가 '공공 대중교통 확대'로 이어지겠구나 하고 짐작하게 된다. 이게 좌파의 통상적인 논의 전개였다. 더 빨라진 수송수단을 공적 소유로 바꿔 민주적으로 운영하자! 그러면 불공정성이나 비합리성을 극복하고 사회 전체의 자유 시간을 늘릴 수 있을 것이다!

그런데 일리치는 여기에 '아니오!'라고 답한다. 물론 그가 공공 대중교통에 반대하면서 개인 승용차 천국을 받아들이자는 것은 아니다. '공공 대중교통'을 이야기하는 것만으로는 부족하다는 것이다. 핵심에서 비켜났다는 것이다. 그는 이렇게 말한다.

'쾌속'의 운수기관을 모든 사람이 무료로 이용할 수 있는 교통의 유토피아가 생겨나면, 그것은 필연적으로 인간의 생활에 대한 교통의 지배를 더욱 확대하는 것이 될 것이다. (중략) 이 어리석은 사람들의 낙원에서는 모든 승객들이 평등하나, 똑같이 평등하게 수송에 사로잡힌 소비자가 될 것이다. 그리하여, 결국 자동차화된 유토피아의 시민은 각자가 발의 효용을 빼앗기고, 증대되는 수송기관망의 노예가 될 것이다.

—『행복은 자전거를 타고 온다』, 68쪽

여기에서 일리치가 에너지 과소비 체제의 가장 근본적인 문제로 생각한 게 드러난다. 그것은 자율성의 침해다. 인간의 독자적인 활동으로 해결할 수 있는 영역이 줄어들고 그것을 산업이 지배하기 시작한다는 것이다. 이 문제를 일리치는 '근본적 독점' 상태라 규정한다. 이 대목에서 우리는 일리치 사상의 핵심과 마주하게 된다. 길지만 그의 문장을 직접 인용해보겠다.

자연스러운 이동력에 대한 수송산업의 이러한 지배가 낳은 독점은, 포드가 자동차시장에 대하여 획득하는 상업적 독점이나, 자동차 제조회사가 전차와 버스의 발전에 대항하여 행사하는 정치적 독점 따위보다도 훨씬 침투력이 강하다. 이 독점은 음성적이고 밑바닥에 거점을 구축하여 구조화하는 성격을 갖기 때문에 나는 그것을 '근본적 독점'이라고 부르고 싶다. 여러 욕구는 과거에는 개인적 대응에 의해 처리되었으나, 산업이 그 욕구를 충족시키는 강력한 수단이 되면, 그것은 지금 서술한 뿌리 깊은 독점을 행사하는 것이다.

에너지를 대량으로 사용하는 상품(자동차화된 수송)의 강제적인 소비는, 풍부한 사용가치(본래의 자율적 이동능력)를 향수하기 위한 여러 조건을 제약한다. 여기서 교통은 일반적인 경제법칙의 보기가 된다.

곧 '산업적 생산물은 어떤 것이라도 1인당 사용량이 일정한도를 넘어서면 욕구의 충족에 대하여 근본적 독점을 발휘한다'고 하는 법칙의 범례가 된다.

—『행복은 자전거를 타고 온다』, 63쪽

바로 이 지점에서 마르크스주의와 일리치의 생태주의 사상이 극명히 갈라진다. 칼 마르크스라면, 동일한 사태를 두고 "생산의 사회화"가 극도로 진전된 것이라고 할 것이다. 마르크스라면, 이 사태 자체를 문제시하기보다는 이러한 생산의 사회화와 사적 소유 사이에 발생하는 모순에 대해 주의를 환기시킬 것이다. 이 경우 필요한 것은 사적 소유를 철폐해 생산의 사회화에 조응하는 사회적 소유 체제를 구축하는 혁명이다.

그러나 이러한 처방의 옳고 그름을 따지기 이전에 지난 150년 동안 선진 자본주의 사회에서는 한 번도 이 처방이 실현된 적이 없다는 사실을 환기해보자. 마땅히 이 혁명의 주역이어야 할 프롤레타리아 계급이 이런 혁명을 진지하게 시도해본 적이 없다. 왜 그랬을까? 마르크스주의와 대별되는 일리치의 시대 인식은 이 물음에 일말의 단서를 제공한다.

일리치는 '생산의 사회화'의 동전 뒷면은 '근본적 독점'이며 이것은 대중의 삶의 자율성이 위기에 처했다는 것을 뜻한다고 지적한다. 『공산당 선언』의 저자들에게 혁명의 목표는 '자유인의 연합'을 건설하는 것이었다. 즉, '자유'의 감각을 어렴풋하게라도 지닌 이들이 자본과 국가에 맞서 그것을 전면적으로 확대해가는 것이었다. 그런데 '근본적 독점'은 '자유'의 감각 자체를 질식시킨다. 이것은 자본과 국가에 대해 비판과 저항의 거리를 확보한 대중운동이 등장하는 것을 차단한다.

즉, 역사적 마르크스주의가 전제한 '생산력 발전=민중의 능력 성숙'이라는 낙관적 도식에는 함정이 있다는 것이다. 생산력 발전의 이면에는 대중이 그 새 주인으로 등장하는 것을 가로막는 어두운 힘이 작동한다. 이 힘은 대중의 삶의 자율성을 파괴하는데, 기실 이러한 자율성 없이는 혁명도 없다. '생산력 발전=민중의 능력 성숙'인 게 아니라 오히려 생산력 발전의 어떤 측면이 민중의 능력이 성숙하는 것을 가로막고 퇴행시키기까지 한다. 어쩌면 이것이 지난 한 세기 동안 서구 자본주의 역사가 보여준 기본 논리 아니었을까.

그럼 일리치의 대안은 무엇인가? '탈학교' 논쟁에서 보여준 그의 고집스런 입장(학교 '제도'의 부정)이나 말년에 암 치료를 거부한 일화를 얼핏 아는 이들은 그의 대안을 일종의 반과학주의, 전근대-회귀주의로 오해할 수도 있다. 하지만 이것은 그야말로 '일면적' 이해다. 그는 훨씬 복잡한 사유를 전개한 사상가다.

일리치는 『행복은』에서 "과잉산업화"가 문제일 뿐만 아니라 "저설비" 역시 극복해야 할 상태라고 단언한다. 선진 자본주의 국가의 '과잉산업화'가 "인간을 자신들이 숭배하는 도구의 노예로 만든다"면, '저발전'이라고도 표현할 수 있는 '저설비' 국면 역시 "인간이 인간을 노예로 만드는 원시적인 상태에 몰아넣는다". 일리치가 제시하는 대안은 "기술적인 성숙" 상태다.(98쪽)

각 시민에게 자전거 1대를 할당할 수 없고, 또는 타인을 자전거로 운반하고 싶은 사람에게 5단계의 변속기를 공급할 수 없는 나라는 저설비의 나라로 분류될 수 있다. (중략) 사회생활이 수송산업에 의해 지배되고 그 산업이 계급적 특권을 결정하며 시간의 결핍을 강요하고, 산업이 부설한 제도에 국민을 더욱 묶어두고자 한다면 그 나라는 과잉 산업화된 나라로 분류될 수 있다.

저설비나 과잉산업화의 세계와는 별도로 탈산업적인 효율을 갖춘 세계를 위한 여지가 있다. 그곳에서는 산업적인 생산양식이 다른 자율적인 생산양식을 보충한다. 달리 말하자면 기술이 성숙된 세계를 위한 장소가 있는 것이다. 교통의 면에서 그것은 자전거를 타는 것에 의해 일상의 행동범위를 3배로 넓히는 사람들의 세계이다.

—『행복은 자전거를 타고 온다』, 96~97쪽

더 많은 생산력이 아니라 민중이 생산력의 고삐를 쥐는 사회를!

교통 문제를 사례 삼아 논의를 출발한 일리치는 저설비와 과잉산업화 사이의 대안으로 '자전거'를 제시한다. 자전거, 너무도 간단한 도구다. 하지만 우습게 보지 마시라. 자전거를 구성하는 기술의 골격은 자동차와 다르지 않다. 일리치는 자전거와 자동차 모두 볼베어링 기술 혁명의 산물임을 지적한다. 같은 기술 발전 단계 안의 두 선택지인 것이다.

동일한 기술 수준을 전제하면서도 자전거가 자동차와 근본적으로 다른 점은 그것이 인간의 자력(自力)으로 움직인다는 것이다. 화석 에너지에 의존하지 않는 것이다. 그러면서도 인간이 두 다리에만 의존했을 때보다 몇 배의 활동력을 갖도록 해준다. 근본적 독점의 덫에 빠뜨리지 않으면서 대중의 삶의 자율성을 지키고 강화해주는 탈것인 셈이다. 그래서 이 책의 국역본 제목도 '행복은 자전거를 타고 온다'이다.

그렇다고 일리치의 대안이 고작 이재오, 유인촌, 오세훈류의 자전거광(狂)이 되자는 이야기는 아니다. '자전거'는 어쩌면 상징이다. 저설비와 과잉산업화 사이의 미묘한 균형점, 즉 '사회적인 최적의 1인당 에너지 소비량'을 결정하고 이에 따라 사회 전체의 틀을 다시 짜야 한다는 한 과제의 상징이다.

일리치는 이러한 에너지 정량은 대중이 직접 참여하여 결정할 수밖에 없다고 못박는다. 기존 체제의 불평등과 비합리성에 똬리를 틀던 기득권 세력, 엘리트 지배자들에게 결정을 맡겨둔다면, 백년이 가도 변화는 없다. 민중 자신만이 누가 길의 주인이 되어야 하는지 결정할 수 있다. 그리고 이런 결정들에 기초해서만 참여민주주의 역시 강화된다. 자동차가 아니라 자전거를 선택한 민중만이 거리를 정치의 공간으로 만들 수 있기 때문이다. 일리치의 정식화에 따르면, "참여민주주의는 저(低)에너지 기술을 요구한다. (역으로) 오직 참여민주주의만이 합리적인 기술을 위한 조건을 만들어낼 수 있다."(14쪽)

시장이나 관료 기구가 아니라 대중이 직접 참여하는 정치 과정을 통해 한 사회의 살림살이를 짜나가야 한다는 구상, 이것은 고전 마르크스주의의 이상과도 만난다. 하지만 커다란 근본적 차이가 있다. 비록 마르크스 자신의 사유에는 많은 머뭇거림이 존재하지만(이것만을 주제로 삼은 책이 존 벨라미 포스터, 『마르크스의 생태학』[인간사랑, 2010]일 것이다), 결국 그 큰 줄기는 프롤레타리아 계급이 자본주의가 풀어놓은 생산력을 이어받아 (이제는 사적 소유의 제한을 받지 않고) 더욱 발전시켜나간다는 것이었다. "혁명은 역사의 기관차"라는 마르크스의 언명에서 다른 어떤 인상을 받을 수 있겠는가?

그러나 일리치에게 '해방된 민중'의 과업은 차라리 기관차의 폭주를 일단 정지시키는 것이다. 생산력 발전을 그 끝까지 몰아붙이는 게 아니라 그것을 선별하거나 조절, 제어하는 일이다. 인간이 인간으로서 좋은 삶을 살 수 있게 해줄 생산력 발전의 적정 수준이 무엇인지 숙고하고 이런 집단적 판단에 따라 고삐를 채우는 일이다. 이제 우리는 이렇게 말해야 한다. "혁명은 (역사의 기관차가 아니라) 역사라는 자전거의 페달 밟기"다.

이 새로운 해방관으로 완전히 전향한 사람이 일리치와 마찬가지로 오스트리아 출신인 당대의 뛰어난 마르크스주의자 앙드레 고르였다. 그는 일리치라는 문을 통해 생태주의를 받아들였고, 생태사회주의라는 비옥한 대지를 일구기 시작했다. 그의 대표작 『프롤레타리아여 안녕』은, 감히 단순화해 말하자면, 일리치의 문제제기에 대한 전(前) 마르크스주의자의 웅대한 화답이었다.

지금 한국의 전(前) 진보파들은 "잘 살아보세"라는 40여 년 전 구호의 역습과 그 압도적 승리에 당황해 있다. 이 상황에서, 민주주의 혁명의 깃발을 결코 손에서 놓을 수 없는 이들이 마주해야 할 것은 "잘 살아보세"의 저 "잘 산다"는 말을 곱씹어보는 일이다. "잘 산다"는 것의 참뜻이 무엇이며 혹시 우리가 이제까지 그 박정희 식 의미에서 벗어나지 못했던 것은 아닌지 자문해봐야 한다.

어떤 현대인보다도 먼저, 그리고 더 깊이 이 "잘 사는 것"의 참뜻을 캐물었던 사람이 다름 아닌 이반 일리치다. 우리가 지금 뒤늦게, 하지만 더없이 시의적절하게 그를 다시 읽고 더불어 대화해야 할 이유가 여기에 있다.

함께 읽으면 좋을 책

『이반 일리히의 유언』 이반 일리히·데이비드 케일리 (이한·서범석 옮김, 이파르, 2010)

『이반 일리치와 나눈 대화』 이반 일리치·데이비드 케일리 (권루시안 옮김, 물레, 2010)

일리치가 직접 쓴 저작들은 국역본이 다 절판 상태이지만, 다행히도 그의 대담집이 두 권 나와 있다. 이 책들을 통해서라도 갈증을 풀어보자.

『살림/살이 경제학을 위하여』 홍기빈 (지식의날개, 2012)

폴라니, 베블런, 일리치 등의 사상을 계승하여 새로운 비판적 정치경제학을 구축하고자 하는 시도. 일리치 사상을 좀 더 넓은 맥락 안에 위치 짓고 이해하는 데 적격이다.

'이중 위기'의 시대, 앙드레 고르를 읽자

—

『프롤레타리아여 안녕』 앙드레 고르
이현웅 옮김, 생각의나무, 2011.

책 제목은 그 책의 내용으로 인도하는 첫 번째 안내판이다. 그런데 어떤 경우에는 제목이 주는 인상이 너무 강해서 그것만으로 내용을 지레짐작하게 만들기도 한다. 이 경우에는 제목이 안내판 역할을 하기보다는 장벽 노릇을 하기도 한다. 제목만으로 그 책을 어떤 전형적인 입장으로 분류하게 하고 독서 자체를 꺼리게 만든다. 이것은 특히 제목만 먼저 알려진 외국 책들에서 빈번히 일어나는 일이다.

국내에서 이런 대접을 받은 대표적인 책들 중 하나가 앙드레 고르의 『프롤레타리아여 안녕』이다. 이 책이 한국어로 번역된 것은 원전 출판 이후 30년이 지난 뒤이지만, 그 제목만은 좌파 사회과학서적 독자층에게 그 전부터 상당히 알려져 있었다. '프롤레타리아여 안녕'(영어 번역본은 'Farewell to the Working Class'라고 되어 있다), 이 제목이 던져주는 인상은 한마디로 좌파 정치의 근간인 노동운동에 대한 부정이고 그 청산이었다.

게다가 이 책의 국역 이전에 그 내용을 단편적으로 소개, 인용한 저자들(대표적으로, 『계급으로부터의 후퇴』[창비, 1993]의 엘린 메익신스 우드)이 이 책의 함의를 그런 투로 해석하기도 했다. 그래서 고르의 이 대표작은 1990년대 현실 사회주의의 몰락과 함께 격하게 진행되던 운동권 논쟁 과정에서 '포스트마르크스주의'의 대표적인 한 사례쯤으로 낙인찍혀버렸다. 누군가에게는 읽지 말아야 할 책이었고 다른 누군가에게는 굳이 읽어보지 않아도 알 만한 책이 되어버린 것이다.

변혁 운동의 청산이 아니라 그 지속을 위한 마르크스주의 비판

그럼에도 불구하고 1990년대에 한때 앙드레 고르의 책들이 국내에 소개될 기회가 있기는 했다. 한 사회과학 출판사에서 고르의 대표작들을 출간하겠다는 광고를 냈던 것이다. 하지만 어쩐 일인지 책은 나오지 않았다.

정작 앙드레 고르라는 이름이 한국 독자들에게 널리 알려지기 시작한 것은 2007년에 그가 아내 도린과 동반자살하면서였다. "치매에 걸린 아내와 함께 자살한 저명 좌파 사상가"는 협소한 사회과학서적 독자층을 넘어서 호기심을 끌 만한 주제였다. 그래서 『D에게 보낸 편지: 어느 사랑의 역사』(학고재, 2007)라는 제목을 단, 아내 도린에게 바치는 사랑의 편지가 고르의 첫 번째 한국어 번역 저작이 되었다.

다행인 것은 이 관심이 일회적인 에피소드에 그치지 않고 그의 다른 저작들이 소개되는 계기가 되었다는 점이다. 사망한 지 1년 뒤에 고르의 유작 『에콜로지카』가 번역된 데 이어 그의 대표작인 『프롤레타리아여 안녕』이 한국 독자들과 조우하게 되었다.

막상 우리에게까지 와닿은 이 책들의 메시지는 책 제목이나 비우호적인 인용자들을 통해 어림짐작하던 것과는 상당히 거리가 있었다. 무엇보다도 저 악명 높은 『프롤레타리아여 안녕』을 보자. 과연 이 책은 마르크스의 노동계급관에 대한 신랄한 비판을 담고 있다. 이 책의 제1장 '프롤레타리아여, 안녕'은 어쩌면 이제까지 나온 마르크스주의 비판 중 가장 통렬한 것이 아닐까. 하지만 그렇다고 해서 노동운동에 절교장을 던지고 혁명이라는 목표를 쓰레기통에 던지는 식의 결론으로 이어지는 것은 아니다.

아니, 결론은 오히려 정반대다. 이 책은 서구 마르크스주의 지식인들의 머릿속에 존재하는 가상의 '노동계급운동'을 아프게 헤집지만 그것은 오직 현실의 '노동해방운동'을 다시 세우기 위해서다. '포스트마르크스주의'가 단지 마르크스주의의 청산이고 탈자본주의 변혁의 포기를 뜻한다면 고르는 결코 그런 의미의 '포스트마르크스주의자'가 아니었다. 그런 '포스트마르크스주의자'들의 눈으로 본다면 고르의 책은 도리어 마르크스주의의 화석 같을지 모른다. 여전히 '노동해방'을 이야기하며, '계획경제'를, '자주관리'를 주창하니 말이다.

그도 그럴 것이 이들 주제, 즉 노동해방, 그리고 이를 실현할 경로로서 민주적 계획, 노동자 자주관리 등은 고르의 필생의 연구 주제였다. 고르가 문명을 떨치기 시작한 것은 20대 후반 젊은 나이에 장 폴 사르트르를 만나 그가 창간한 잡지 『현대』(*Les Temps Modernes*)의 편집위원으로 일하면서부터였다. 이때부터 줄곧 그의 관심사는 선진 자본주의 사회에서 노동해방을 실현할 방도였다. 그는 서유럽에 이미 정착된 케인즈주의적 개혁을 넘어서면서 또한 소련식 국가사회주의와도 다른 길을 모색했다.

그래서 그가 잠정적으로 제시한 결론이 '비개혁주의적 개혁' 혹은 '혁명적 개혁' 전략이었다. 그는 이탈리아 공산당에서 그람시 사상의 급진적 해석을 주창하다가 쫓겨난 로사나 로산다, 루치오 마그리 등의 그룹(이들이 낸 대중 신문의 이름을 따 '선언[Il Manifesto] 그룹'이라 불림), 프랑스에서 사회민주주의와 공산주의를 모두 비판하며 '제3좌파'를 천명한 통합사회당(PSU)과 민주노동총연맹(CFDT), 독일이나 스웨덴 노동운동 내부의 좌파 흐름과 교류하며 이 노선을 다듬어나갔다. 그 자신은 이를 이렇게 정식화했다.

비개혁주의적 개혁—반자본주의적 개혁—을 위한 투쟁은 (중략) 점진적일 수도 있지만 갑자기 이뤄질 수도 있다. 그러나 어떤 경우에든 이러한 변화들은 권력 관계의 변경을 수반한다. 노동자들이 권력을 장악하든가, 아니면 자본주의를 약화시키거나 그 결절점들을 뒤흔드는 데 기여할 경향들을 체제 안에 구축하고 유지하며 확장시킬 만큼 강력한 힘 (즉, 비제도화된 힘)을 주장하게 된다. 즉, 이러한 변화들은 구조 개혁의 형태를 띤다.

　　—"Reform and Revolution", *Socialist Register 1968*, Merlin Press, 1968, p. 115

구조 개혁이란 것은 현존 권력 관계에 아무런 영향도 끼치지 않은 채 현 체제를 합리화해줄 뿐인 그런 개혁을 말하는 게 아니다. (중략) 구조개혁의 뜻은 개혁을 요구하는 주체들 자신이 직접 수행하고 통제하는 개혁이라는 것이다. (중략) 구조 개혁은 항상 새로운 민주적 권력의 중심들을 만들어내야만 한다. (중략) 구조 개혁은 항상 결정권의 분산, 자본이나 국가의 권력에 대한 제한, 민중 권력의 확장, 즉 이윤 독재에 대한 민주주의의 승리를 요구한다.

　　—*Strategy for Labour: A Radical Proposal*, Beacon Press, 1967, p. 8

고르는 1968년 5월의 프랑스 학생-노동자 봉기와 그 이후의 공장 자주관리 시도들에서 이러한 전략을 실현할 기회를 보았다. 하지만 그 결과는 만족스럽지 않았다. 모처럼의 자주관리 실험은 자본주의적 경쟁에 자발적으로 재흡수되기 일쑤였다. 『프롤레타리아여 안녕』의 제1장 (72~74쪽)은 이런 실패 사례들을 생생히 전한다.

고르 후기 사상의 출발점은 다름 아닌 이런 쓰디쓴 경험들이었다. 노동자 자치의 이상을 실현하기 위해서도 이제 뭔가 근본적인 사고의 전환이 필요했고, 그는 이 요청에 따라 다시 길잡이 역할을 맡고 나섰다. 즉, 고르가 마르크스주의의 기본 전제들에 가차없는 비판의 칼날을 댄 것은 다른 많은 이들이 그랬던 것처럼 현란한 이론 전개나 전향의 제스처를 위해서는 아니었다. 그것은 오히려 변혁 운동을 완강히 지속하기 위해서였다.

노동해방은 곧 자율성의 회복

고르의 비판이 과녁으로 삼은 것은 역사유물론의 어떤 핵심 전제들이었다. 『프롤레타리아여 안녕』의 서론에서 저자는 이것을 두 개의 명제로 압축, 정리한다. 하나는 "생산력이 발전하면 사회주의의 물적 토대가 마련된다"는 것이고, 다른 하나는 "생산력 발전이 탄생시킨 노동계급이 사회주의의 사회적 토대가 된다"는 것이다.(8쪽) 고르가 작별을 고하려는 '노동계급'은 현실의 노동자들이 아니라 이렇게 '자본주의가 발전시키는 생산력의 담지자'인 노동계급, 그래서 '사회주의의 대문자 주체로 예약되어 있는' 노동계급이다.

고르는 이 명제들을 자본주의의 실제 역사의 뼈저린 경험과 대면시킨다. 현실은 무엇을 말하는가? "자본주의가 발전시킨 생산력에는 자본주의의 본성이 너무 깊이 각인되어 있어서 그 생산력은 사회주의적 합리성에 따라 경영될 수도, 작동될 수도 없다"는 것이고, "자본주의의 생산력 발전은 이것을 이용하는 노동자 집단이 생산력을 직접 소유하지 못하게끔 이루어져 왔다"(9쪽)는 것이다. 한마디로, 현실의 노동자들은 자본주의적 생산력 '때문에' 자본주의 사회 변혁의 주인공으로 성장하는 게 아니라 그 수인(囚人)이 되어가고 있다는 이야기다.

이 대목에서 고르의 눈이 새로운 지평을 향해 트이도록 안내한 이는 이반 일리치였다. 일리치는 19~20세기 사회주의가 무비판적으로 계승하려 한 자본주의 생산력 발전을 정색하고 다시 바라보게 만들어준 사상가다. 그는 마치 달의 어두운 면처럼 두 세기 동안 맹목 지점이었던 생산력 발전의 또 다른 얼굴을 폭로했다. 그것은 대중의 자율성에 대한 타율성의 지배이고 그것의 끝없는 확장이었다(일리치는 이를 '근본적 독점 상태'라고도 지칭했다). 마르크스주의 전통에서는 생소한 이 '자율성/타율성'이란 무엇인가?

타율성 영역은 개인들의 생활과 사회의 운영에 필요한 모든 것을 프로그램화하고 계획화해 가장 효율적으로, 곧 가장 적은 노력과 자원을 들여 생산하는 일을 목표로 삼는다. 자율성 영역에서는 개인들이 경제영역 바깥에서 혼자서든 다른 사람들과 함께든 물질적이거나 비물질적인 상품과 서비스를 생산하는데, 이 상품과 서비스는 생활에 필요한 것이라기보다는 각자의 욕망과 취향과 상상력에 따라 만드는 것이다.

—『프롤레타리아여 안녕』, 156쪽

자본주의는 자본의 지배와 확장을 위해 타율성 영역을 인류 역사상 유례없이 확장했고, 이제는 그나마 남아 있는 자율성의 기반들마저 끊임없이 타율성의 지배에 복속시키려 한다. 불행히도, 자본주의의 대안으로 등장한 사회주의 역시 타율성의 지배라는 점에서는 결코 새롭지 못했다. 대규모 산업이 인간 생활을 지배하는 구조를 자본주의로부터 그대로 이어받았기 때문이다. 다만 타율성의 주체가 사기업에서 국가로 바뀌었을 뿐이다.

우리는 생산력의 발전으로 말미암아 모든 활동이 사회화되는, 곧 국가기관의 중개로 분절화되고, 전문화되고, 규격화되고, 다른 활동들과 연결되어야만 하는 사회에서는 상황이 어떤 식으로 전개될지 보지 않는다. 이런 사회에서는 (중앙집권화된 행정과 공무원집단의 중개를 통하지 않을) 소비, 생산, 통신, 교통수단, 병, 건강, 죽음, 지식의 습득, 교환은 존재하지 않는다.

자본주의적 중앙화로 개인에게서나 단체에게서나 공동체에게서나 자율적 생산, 소비, 교환의 모든 가능성이 파괴되면서, 모든 사회관계들도 뿌리까지 파괴되었다. 아무도 자신이 소비할 것을 생산하지 않고, 아무도 자신이 생산한 것을 소비하지 않는다.

심지어 '연합한 생산자들'이 생산조직을 통제한다 가정하더라도, 어떤 생산조직도 자신이 활동하는 지역의 필요나 희망에 맞추어 생산하지 않고, 그럴 능력도 갖추지 못했다. (중략) 어떤 수준에서든 모든 노동자나 노동자집단이 상호교환을 실제적으로 경험하지 않고, 모든 이에게 유용한 결과를 도출하기 위해 협업하는 과정도 실제적으로 경험하지 않는다. 반대로 각 노동자는 모든 수준에서 (중략) 자신이 국가에 의지해 있는 사실을 경험한다.

—『프롤레타리아여 안녕』, 56~57쪽

그렇다고 러다이트 운동으로 돌아가는 게 답은 아니다. 일부 근본 생태주의자들은 그렇게 주장할지도 모른다. 그러나 일리치의 결론은 그런 게 아니었다. 고르에 따르면, 일리치는 "생산활동과 산업노동의 폐기를 주장하는 대신, 자율성을 최대한 확장하기 위해 타율적 생산양식과 자율적 생산양식 사이에서 시너지의 관계를 정립할 것을 주장"(154쪽)했다. 문제는 타율성의 존재 자체가 아니라 그것이 자율성을 지배하는 방식으로 존재한다는 것이다. 그렇다면 우리의 과제는 타율성의 파괴가 아니라 자율성의 확대라는 목표에 이를 복속시키는 것이 되어야 한다.

이것은 뜻밖에도 마르크스의 어떤 문제의식과 만난다. 『자본』 제3권에서 "필연의 왕국"은 계속 존재할 테지만 그것은 "자유의 왕국"을 위해 복무해야만 한다고 주장한 그 마르크스 말이다.(152~154쪽) 다만 마르크스가 단지 '자유 시간'만을 강조했다면, 일리치는 그 자유 시간을 채워야 할 내용으로서 자율성을 환기시켰다. 고르는 이런 식으로 일종의 '마르크스-일리치 종합'에 도달한다.

이러한 '마르크스-일리치 종합'에서 과거의 목표들은 모조리 새롭게 다시 정식화된다. 가령 '노동자 자주관리'는 이제 더 이상, 핵발전소를 전력회사 사장 대신 그 노동자들이 직접 운영하거나 거대 자동차 공장의 컨베이어 벨트 속도를 노동자 스스로 결정하는 것 따위일 수 없다. '자주관리'는 오히려 그런 핵발전소나 대공장의 부속품이 되어버린 노동자들의 삶에 자율성을 회복하는 과제로 다가오게 된다. 마찬가지로, 사회주의-코뮌주의가 함축하는 바 역시 변화한다.

자본주의에 대해 '후기산업사회의 사회주의'가 갖는 우수성은 다음과 같다. 그 사회에서는 지속적인 성장의 불가능성이 위기가 나타나고 생활수준이 저하되는 것으로서 경험되지 않는다. 대신 사회적 생산의 감소가 생산의 저성장을 선택한 것의 결과로, 곧 다른 활동을 더 많이 하고, 덜 일하면서도 더 잘 살아가는 일을 선택한 것의 결과로 나타날 것이다.

그런데 '후기산업사회의 사회주의'라는 표현은 여기서 부적합하다. 마르크스주의 용어로 정확하게 표현한다면, '공산주의(코뮌주의)'가 될 것이다. 이때 '공산주의'는 '생산력의 완전한 발전'이 완성된 단계고, 이 단계에서 근본적으로 중요한 일은 최대한의 생산이나 완전고용이 아니라, 더 이상 완전한 보수를 받기 위해 풀타임 근무를 할 필요가 없는 다른 경제시스템을 조직하는 것, 혹은 다음의 표현이 더 낫다면, 각자가 생활의 아주 적은 부분만을 사회적 노동으로 제공하는 대가로 필요를 충족시킬 수 있는 다른 경제시스템을 조직하는 것이다.

—『프롤레타리아여 안녕』, 200쪽

즉, 프롤레타리아에게 작별 인사를 건네면서 고르가 현실의 노동자들에게 제시한 대안은 생태주의화된 사회주의, 곧 '생태사회주의(혹은 녹색 사회주의)'였다. 이제야 한국의 독자들은 급진 개혁을 통한 선진자본주의 사회 변혁을 모색하던 사상가이자 유럽 여러 나라 좌파정당과 노동운동의 존경받는 멘토였던 실천가의 만년의 메시지가 속류 '포스트마르크스주의'가 아니라 '생태사회주의'임을 알게 되었다. 진실의 확인으로는 다소 늦은 감이 있지만, 어떤 점에서는 가장 적절한 시점에 한국 사회에 도착한 절실한 메시지가 아닐 수 없다.

더욱 수신되어야 할 고르의 메시지들

적시에 도착한 메시지라는 것은, 가령 고르가 전통적인 프롤레타리아 대신 새로운 변혁운동의 주체로 주목하는 '새 프롤레타리아'에 대한 이해에서 확인할 수 있다. 20년 전의 한국 사회라면 이 '새 프롤레타리아' 개념을 낯설어하기만 했을 것이다. 하지만 이제는 고르가 말하는 이 '새 프롤레타리아', "불안정한 보조직, 기간직, 구 기술의 노동직, 대체직, 파트타임직을 수행하는, 지위와 계급 없는 사람들"(110쪽)이 누구인지 모를 한국인은 거의 없다. 그리고 노동운동의 미래가 이들에게 달려 있다는 것을 부정할 운동가들도 거의 없을 것이다.

이렇듯 앙드레 고르는 오늘날 한국 자본주의가 우리 모두를, 심지어는 이 체제를 대체하겠다는 세력까지도 몰아넣고 있는 출구 없는 막다른 길에 상상력의 신선한 틈을 열어준다. 모두가 다 고르의 결론에, 그러니까 노동시간의 획기적 단축으로 모든 시민이 다 일종의 파트타임 노동자가 되고 소득의 상당 부분은 시민기본소득으로 해결하는 사회에 곧바로 동의해야 한다는 것은 아니다. 하지만 이제 우리에게는 적어도 고르 식의 물음을 스스로에게 던지는 일이 절실히 필요하다.

아빠는 자가용 승용차 타고 회사에 가서 사장을 투표로 뽑고 그 시간에 엄마는 가장이 타온 급여로 집안일을 꾸리면 그게 대안 사회인 것일까? 주주나 재벌 회장이 아니라 이제 노동자들이 어떻게 하면 더 많은 SUV 차량을 판매할 수 있을지 고민하고 누구에게나 다 아파트 입주권이 돌아가면 그게 사회주의인 것일까?

아니, '사회주의'니 '코뮌주의'니 하는 거창한 말을 굳이 들이밀지 않더라도 좋다. 이제는 민주통합당뿐만 아니라 박근혜 정부까지 주창하는 '복지국가'만 하더라도, 과연 박정희 식 근대화가 만들어놓은 '수도권 공화국', '토건 경제', '학벌 사회'를 그대로 두고서 여기에 복지 정책 몇 개 더한다고 실현될 수 있는 것일까?

이런 물음들을 제대로 던지고 우리의 집단적 상상력에 신선한 바람 구멍을 더하기 위해서 우리에게는 더 많은 고르가 필요하다. 앙드레 고르의 저작들(가령, 『경제적 이성 비판』이나 『자본주의, 사회주의, 생태주의』 등)이 더 많이 소개되어야 하고, 고르의 생태사회주의 친구들의 고민과 제안들(가령, 크리시스 그룹의 『노동을 거부하라!』[이후, 2007]) 역시 더 많이 읽혀야 한다. 자본주의 경제의 위기와 지구 생태계의 위기라는 '이중의 위기' 시대에 우리가 새롭게 시작해야 할 독서와 토론, 그리고 실천의 광맥이 여기에 있다.

함께 읽으면 좋을 책

『에콜로지카: 정치적 생태주의, 붕괴 직전에 이른 자본주의의 출구를 찾아서』 앙드레 고르(임희근·정혜용 옮김, 생각의나무, 2008)

고르의 만년의 논설들을 모은 책. 고르가 도달한 가장 원숙한 생태사회주의 사상과 만나게 된다.

『래디컬 에콜로지: 잿빛 지구에 푸른 빛을 찾아 주는 방법』 캐롤린 머천트(허남혁 옮김, 이후, 2007)

생태주의의 다양한 사상·운동들에 대한 썩 괜찮은 입문서.

『사회주의, 녹색을 만나다: 생태주의, 사회주의, 민주주의』 서영표 편역(한울, 2010)

영국 적록연구그룹의 녹색사회주의 전망이 실려 있다.

『자연과 타협하기』 그레고리 앨보 외(허남혁 옮김, 필맥, 2007)

캐나다의 좌파 연간지의 2007년 생태·환경 특집을 번역한 책이다. 생태사회주의 사상과 운동의 최근 양상들을 한눈에 조망할 수 있다.

지역에서부터 혁명을

—

『머레이 북친의 사회적 생태론과 코뮌주의』 머레이 북친
서유석 옮김, 메이데이, 2012.

1960년대 초라면 아직 '환경 문제'라는 말조차 낯설 때다. 환경 오염을
고발한 선구적 저작이라고 하는 레이첼 카슨의 『침묵의 봄』이 처음 나
온 게 1962년이다. 산업 문명과 지구 생태계 사이의 모순을 의제에 올
려놓은 로마클럽 보고서 『성장의 한계』는 그로부터 10년 더 뒤인 1972
년에야 발표된다. 그런데 『침묵의 봄』이 출간되기 몇 달 전에 이미 환경
문제가 자본주의의 구조적 산물임을 밝힌 책(*Our Synthetic Environment*)
을 낸 사람이 있다. 미국의 좌파 사상가이자 운동가인 머레이 북친
(1921~2006)이 그 사람이다.

북친은 흔히 사회생태론(social ecology)의 창시자로 기억된다. 1990년
대 초부터 우리나라에도 생태주의 사상의 여러 흐름들이 소개되기 시
작했는데, 그 통로 역할을 한 국역본 개론서들이 항상 상당한 분량을
할애해 소개한 인물이 북친, 이 사람이다. 그는 경제 위기는 이제 아련
한 옛 추억이 되어버린 듯한 전후 자본주의에 생태 위기라는 새로운, 더
욱 심각한 재앙이 닥쳐올 것이라고 예언한 최초의 인물들 중 한 명이다.
또한 그는 처음부터 이 위기의 근본 원인을 자본주의 지배 질서에서 찾
고 따라서 그 해결책은 원시로의 회귀나 개인적 웰빙 따위가 아니라 사
회 변혁임을 한평생 고집스레 주장한 인물이기도 하다. 이러한 생각에

그 자신이 붙인 이름이 '사회생태론'이다.

이런 북친의 사회생태론을 개론서의 한 단락이 아니라 그 자신의 필치로 접할 수 있는 책들이 몇 권 국내에 소개된 바 있다. 민음사에서 나온 두 권의 책 『사회생태주의란 무엇인가』(1998)와 『휴머니즘의 옹호』(2002), 그리고 작고한 문순홍 선생이 옮긴 『사회생태론의 철학』(솔, 1997)이다. 하지만 지금은 모두 절판 상태다.

이런 차에 작년에 북친의 글 네 편을 모은 『머레이 북친의 사회적 생태론과 코뮌주의』라는 책이 나왔다. 비록 큼지막한 활자에 200쪽 분량의 짧은 책이지만, 이것만으로도 가뭄의 단비처럼 반가운 조우가 아닐 수 없다.

80년 좌파 여정의 결론, 코뮌주의(communalism)

짤막한 책이라고는 하지만, 그래도 북친 사상의 전모를 접하기에는 썩 괜찮은 선집이다. 선정된 글 네 편이 북친 사상의 주된 주제들을 빈틈없이 포괄하고 있어서 한 권의 입문서로서 손색이 없다.

가령 첫 글 '사회적 생태론이란 무엇인가?'는 "자연을 지배하겠다는 '생각'은 다름 아닌 인간에 의한 인간의 지배에 뿌리를 두고"(47쪽) 있으며 그러한 지배의 핵심은 "(부계 중심 사회 등장 이후의―장석준) 위계적 문화와 (자본주의의―장석준) 계급관계"(18쪽)라는 북친 생태주의의 핵심 명제를 명쾌히 전달한다. 또한 세 번째 글 '반동의 시대, 사회적 생태론의 과제'는 만년의 치열한 과제였던 '반계몽주의적' 생태주의 비판을 압축적으로 제시한다.

그런데 이 책을 꼼꼼히 살펴본 독자라면 반드시 궁금하게 여길 게 하나 있다. 그것은 이 책의 국역본 제목에 나와 있는 '코뮌주의'라는 말이다. 많은 좌파 서적들에서 '코뮌주의'는 이제껏 '공산주의'로 번역되어온

'communism'이라는 단어의 음차 표기다. '공산(共産)주의'라는 전통적 번역어가 성에 안 차는 이들이 보통 이런 해결 방안을 찾곤 한다(어의를 잘 전달하기로는 차라리 '공생[共生]주의'가 낫지 않을까).

하지만 『사회적 생태론과 코뮌주의』의 원서 제목은 'Social Ecology and Communalism'이다. 'communism'이 아니라 'communalism'이다. 사전에서 'communalism'을 찾아보면, "지방자치주의, 자민족 중심주의, 공동체주의"로 되어 있다. 인도에서는 이 말이 반동적인 힌두교 근본주의를 뜻하기도 한다. 그런데 북친은 '사회적 생태론'과 함께 이것을 자기 사상의 표어로 삼는다. 그리고 국역본 역자는 이를 '코뮌주의'라 옮겼다.

좀 혼란스러울 수도 있는 용어 사용의 정치학이다. 옮긴이가 역어를 잘못 선택한 게 아닌가 의문이 들 수도 있다. 그러나 이것은 20세기 미국 좌파, 아니 전세계 좌파의 고뇌를 오롯이 안은 북친의 팔십 평생에 걸친 여정의 결론이다. 이 여정을 이해해야만 그가 왜 사회주의, 아나키즘 같은 전통적 용어가 아니라 굳이 'communalism'을, 그것도 'communism'을 대신해서 'communalism'이라는 낯선 단어를 선택했는지 감을 잡을 수 있다.

북친의 조부모는 본래 유대계 러시아인으로서, 사회주의혁명당 당원이었다. 사회주의혁명당은 마르크스주의 정당이던 사회민주노동당(이후 볼셰비키와 멘셰비키로 나뉜다)과는 달리 일종의 농민 사회주의를 추구했다. 이 당에서 활동하던 북친의 조부모는 1905년 혁명이 실패하자 뉴욕으로 이주하게 된다. 이런 가족사 때문인지 북친은 자신이 가장 존경하는 사회주의자 중 한 명으로 마리아 스피리도노바를 들곤 한다.(114쪽) 그녀는 10월 혁명 당시 사회주의혁명당 좌파를 이끌고 볼셰비키당과 함께 연립정부 형태의 첫 혁명 정권을 수립한 여성 혁명가다.

북친 자신의 정치 이력은 미국 공산당 청소년 조직에 가담한 것으로부터 시작한다. 그가 막 10대에 접어들 무렵 미국은 대공황 와중에 있었고 이때는 공산당이야말로 노동계급의 희망으로 보였다. 하지만 스페인 내전을 겪으며 스탈린주의에 환멸을 느끼고는 트로츠키주의 정당인 사회주의노동자당으로 돌아섰다. 제2차 세계대전 후에는 정통 트로츠키주의로부터도 벗어나 '실질적 민주주의를 위한 운동'이라는 소그룹을 결성했다. 이때부터 북친은 점차 아나키즘에 경도되었다. 한창 사회적 생태론을 개척하던 1960~70년대에 그는 아나키스트를 자처했다.

하지만 북친은 아나키즘에서도 영원한 안식처를 찾지는 못했다. 그는 마르크스주의만큼이나 아나키즘에서도 19세기 좌파 사상이 갖는 한계와 편향들을 보았고, 더구나 1960년대 이후 미국에서 득세한 '개인' 중심적 아나키즘 또한 그의 실망을 부추겼다. 그래서 만년의 그가 도달한 정식이 곧 'communalism'이다. 코뮌(commune), 즉 위계제와 계급을 극복한 자치 공동체들로 이뤄진 세상을 만들겠다는 것이다.

이런 이념의 전통적인 표현은 'communism'이지만, 바로 이 말을 내세웠던 정당들의 뼈아픈 기억 때문에 북친은 'communalism'이라는 대체어를 내세울 수밖에 없었다. 사실 이게 이치에 맞기도 하다. '사회의 자기 통치 이념'이 'social-ism(사회주의)'이니 '코뮌의 이상'은 'communal-ism'이라고 하는 게 어울린다. 이런 점에서 국역본 역자가 이를 '코뮌주의'라 옮긴 것도 이해가 간다. 아무튼 이 'communalism= 코뮌주의'는 스탈린주의, 트로츠키주의, 아나키즘을 두루 거친 20세기의 한 치열한 좌파 사상가·운동가가 도달한 총결산이다.

민중 권력은 곧 지방 자치 권력

북친 자신은 '코뮌주의'의 두 축이 "변증법적 자연주의"와 "리버테리언 지역자치주의"라고 정리한다.(144쪽) 또 낯선 말이 나왔다, '리버테리언 지역자치주의(libertarian municipalism)'. 'libertarian' 역시 번역하기 힘든 단어 중 하나다. 멋은 없어도 내용 위주로 풀면 '자유지상주의'쯤 되겠다. 보통 프리드리히 하이에크 같은 시장지상주의자들을 이런 이름으로 부르기도 하지만, 좌파에서도 '리버테리언'을 자처하는 이들이 꽤 있다. 삶의 자율성 회복을 강조하는 아나키스트들이나 생태사회주의자들 중에 이런 이들을 쉽게 발견할 수 있는데, 북친도 그중 한 명이다.

'리버테리언 지방자치'란 한마디로 도시 단위로 직접민주주의를 실현한다는 것이다. 북친에 따르면, 민중 자치를 통해서만 뿌리 깊은 위계제를 극복할 수 있다. 그리고 이러한 자치체가 생산 수단을 통제해야 한다. 북친은 이런 자치체가 미래 사회의 세포인 코뮌으로 발전할 것이라고 내다본다. 그리고 국민국가 대신 이런 코뮌들의 연방이 들어서야 한다고 주장한다. 이런 새로운 질서 아래서만 자연과 인간의 조화는 실현될 것이다.

'자유로운 자연'이 확보되려면 도시들이 탈중심화되어 주변 자연 환경에 최적화된 공동체들의 연방으로 바뀌어야 한다. 상보성의 윤리에 따라, 각종 친환경 기술은 물론이고, 태양, 풍력, 메탄과 같은 재생 가능한 에너지 자원들, 유기농, 그리고 인간적 규모로 설계되고 연방 공동체들의 지역적 수요에 맞게 설계된 다용도 산업시설 등, 이런 여러 가지가 생태적으로 건강한 세계를 형성하는 데 모두 동원되어야 한다. (중략)

그러면 비정한 노동은 창조적 노동으로 바뀔 것이다. 기계화된 생산보다는 예술적 공예가의 정신과 작업이 활성화될 것이고, 자유 시간이 확보되어 누구나 예술 활동을 할 여유, 공동체의 일에 족히 참여할 여유가 생길 것이다.

—『사회적 생태론과 코뮌주의』, 60~61쪽

너무 이상적인가? 하지만 북친은 역사 속에 이미 선례들이 있다고 한다. 아테네 민주주의도 있고, 미국 독립혁명의 기반이던 마을 회의(town meetings)도 있으며, 프랑스 대혁명 당시 파리 민중의 자치 조직이던 구(區, '섹시옹[sections]') 위원회도 있다. 북친은 더 나아가 근대 초기 유럽 역사를 재해석한다. 이 무렵 자치 도시의 전통이 국민국가 건설 흐름과 경합하다가 후자가 승리해 현재의 정치 질서가 등장했다는 것이다. 북친은 이제 전자가 다시 부활해야 할 때라고 주장한다.

흥미로운 구상이다. 북친의 자치 도시는 표트르 크로포트킨이나 윌리엄 모리스가 이상으로 생각한 농업과 수공업이 결합한 전원 공동체를 연상시킨다. 직접민주주의의 강조는 한나 아렌트와 비슷하다. 또한 불평등을 줄이고 생태 문제를 해결하려면 생활을 영위하는 기본 단위들을 축소해야 한다는 에른스트 슈마허의 문제의식("작은 것이 아름답다")과도 만나는 데가 있다.

그런가 하면 길드 민주주의(산업 현장)와 코뮌 민주주의(지역 현장)의 이원 체계를 주장한 G. D. H. 콜의 길드 사회주의 구상과도 비교해볼 수 있는데, 북친의 경우는 길드 사회주의자들과 달리 코뮌 민주주의 쪽을 보다 강조했다고 하겠다. 비슷하게 마이클 앨버트의 참여경제 구상과 견주어 봐도 생각이 통하는 데가 많다.

이러한 북친의 대안은 곧 그의 독특한 변혁 전략으로 이어진다. 그는 지자체 단위의 정치적 실천과 대중운동이야말로 사회 변혁의 새로운 주 무대라고 말한다. 가령 이런 식이다. "프롤레타리아 급진주의의 중심지가 공장이었다면, 생태 운동의 중심지는 마을, 타운, 자치체 등의 공동체다."(76쪽) 그러면서 중앙 정치에 발을 들이밀기보다는 지방의 정치적 반란에 앞장설 것을 제안한다.

> 코뮌주의자들은 지방자치 선거에 출마하는 것을 주저하지 않는다. 당선되고 나면 그 직위가 허용하는 모든 권력을 행사하여 합법적으로 민회를 만들어내고, 민회들로 하여금 결국 효과적 형태의 마을회의 정부를 만들 수 있는 권력을 갖도록 한다. (중략) 이러한 의식을 갖고 지방자치 선거에 참여하는 것은 지역자치에 기초한 연방의 건설이라는 역사적으로 중요한 리버테리언의 전망을 여는 것이기 때문에 단순히 국가 기구의 대표로 선출되려는 수정 사회주의자들의 시도와는 다르다.
>
> ─『사회적 생태론과 코뮌주의』, 173쪽

지방으로부터 중앙을 포위한다? 너무 비현실적인 주장으로 들릴 수도 있다. 하지만 북친만의 생각은 아니다. 북친보다 더 도발적인 어조로 지역발(發) 혁명을 이야기하는 이들도 있다. 『반란의 조짐』(여름언덕, 2011)이라는 혁명 선언을 낸 프랑스 아나키스트 그룹 '보이지 않는 위원회'가 그들이다. 이들은 국민국가뿐만 아니라 혁명 역시 이제 더는 중앙집권화될 수 없다며, 지방의 봉기들로부터 출발해 중앙정부를 무력화시키는 혁명 시나리오를 제시한다.

뭔가 시대정신의 풍향을 알리는 공통점이 감지된다. 결코 쉽게 무시해버릴 수 없는 불온한 바람의 조짐. 반자본주의적 생태주의의 선구자 머레이 북친은 21세기의 우리에게 폭탄 같은 한 무더기의 메시지들을 던지고 간 것이다. 이제 그 메시지들을 해독할 시간이다.

함께 읽으면 좋을 책

『작은 것이 아름답다: 인간 중심의 경제를 위하여』에른스트 슈마허(이상호 옮김, 문예출판사, 2002)

『굿 워크』E. F. 슈마허(박혜영 옮김, 느린걸음, 2011)

북친과 슈마허는 서로 전혀 다른 전통에서 출발한 생태주의의 선구자들이지만, 그들의 결론은 묘하게 수렴되는 데가 있다. 비교 독서를 권한다.

『상 뀔로트』알베르 소불(이세희 옮김, 일월서각, 1990)

북친의 중요한 참고 사례이면서 1871년 파리코뮌의 뿌리이기도 한 대혁명 시기의 '섹시옹'(구 위원회)들을 소개한 책. 아쉽게도 절판 상태다.

『프랑스 내전』칼 마르크스(안효상 옮김, 박종철출판사, 2003)

『파리 코뮌』가쓰라 아키오(정명희 옮김, 고려대학교출판부, 2007)

북친 코뮌주의 사상의 영원한 원점, 1871년 파리코뮌을 이해하기 위해 반드시 읽어야 할 책들.

『민주주의에 反하다』하승우(낮은산, 2012)

한국에서 북친의 후기 사상과 가장 통하는 문제의식을 펼쳐온 저자의 도발적 문제제기.

녹색이 적색과 만나야 할 이유

—
『미래를 위한 경제학: 자본주의를 넘어선 상상』 제임스 구스타브 스페스
이경아 옮김, 모티브북, 2008.

한국의 서점가에도 이제는 '녹색' 사조에 속하는 책들이 제법 된다. 『녹색평론』이 외롭게 선구자의 지위를 점하던 시대는 이미 옛말이다. 찾아보면, 석유 고갈을 경고하는 책들도 꽤 있고, 기후 변화 관련서도 적지 않다. 또한 먹을거리에서부터 집짓기, 은퇴 후 귀농까지 녹색 생활양식으로 전환할 것을 권하는 책들도 쉽게 손에 집어들 수 있다.

그러나 이런 수많은 '녹색' 서적들 중에 끝까지 읽었을 때 그 여운이 길게 남는 것은 별로 없다. 항상 결론 부분이 문제다. 뭔가 천편일률의 느낌을 준다. 문제제기는 거창하고 정세 인식도 절박하기 짝이 없는데, 결론은 모두들 개인의 의식 변화를 촉구하는 데 머문다. 아니면, 위기론에 비해서는 태평하게만 느껴지는 파편적인 정책들의 나열로 끝나든가 말이다.

물론 예외도 있다. 제임스 구스타브 스페스의 『미래를 위한 경제학: 자본주의를 넘어선 상상』(*The Bridge at the Edge of the World: Capitalism, the Environment and Crossing from Crisis to Sustainability*)은 그 얼마 안 되는 예외들 중 하나다. 사실 이 책은 그렇게 독창적인 저서는 아니다. 생태 위기와 그 대안에 대한 기존의 여러 논의들을 종합 정리한 성격의 책이다. 따라서 생태 문제에 입문하려는 독자들에게는 퍽 도움이 되지

만, 이미 이 분야에 일가견이 있는 사람들에게는 식상하게 느껴질 수도 있다.

그럼에도 불구하고 이 책에 주목하는 것은 무엇보다 저자의 이력 때문이다. 스페스는 어느 모로 보나 '주류'에 속하는 인물이다. 지미 카터와 빌 클린턴의 환경 자문위원으로 활동한 것도 그렇고, 1993년부터 1999까지 유엔개발계획(UNDP) 사무총장을 역임한 것도 그렇다. 환경운동 중에서도 흔히 '환경보호주의'로 불리는 온건한 흐름의 대표자이고, 그 안에서도 최상층 엘리트에 속하는 인물이다.

이런 저자가 쓴 책이라면, 자연히 다른 환경 관련서들과 별로 다르지 않은 결론으로 끝나리라 짐작해볼 수 있다. 그런데 그렇지가 않다. 바로 이 점에 이 책의 독특함이 있다. 주류 환경운동의 대표자가 썼는데, 그 주류 환경운동을 비판한다. 위기의 근본적이고 거대한 원인과는 동떨어진 공학적 대안이나 도덕적 훈계로 끝나고 마는 그 구조가 비판의 대상이 된다.

아니, 비판이기 이전에 반성이다. 자신이 40여 년간 참여해온 그 환경운동에도 불구하고 왜 생태 위기는 더욱 확대되고만 있는지에 대한 반성이다. 스페스에게 이 반성의 핵심은 이제까지 환경운동 진영이 생태 위기를 고발하면서도 의식적·무의식적으로 말하지 않고 우회해온 한 가지 단어를 끄집어내는 데 있다. 그것은 바로 '자본주의'다.

스페스는 책 전체에 걸쳐 생태 위기의 원인은 자본주의이며 따라서 자본주의를 넘어서지 않고서는 생태 위기 극복은 불가능하다는 것을 끊임없이 지적한다. 이제까지 환경운동이 시간을 낭비하며 변죽만 울린 것은 이 사실을 제대로 직시하지 않았기 때문이다. 그래서 저자는 이제라도 진짜 적과 제대로 싸워야 한다고 촉구한다. "생태 위기를 해결하고 싶은가? 그렇다면 자본주의와 대결하라."

자본주의와 생태계의 모순 지점 — 성장

사실 이러한 주장 자체는 이미 수많은 생태사회주의자들이 제시해온 것이다. 어쩌면 스페스는 이들의 주장을 '뒤늦게' 받아들인 것에 불과하다. 하지만 다름 아닌 스페스 같은 사람이 이런 주장을 받아들였다는 게 중요하다. 스스로 체제의 '내부자'임을 자처하는 그가 '자본주의'를 생태 위기의 뿌리로 지목하지 않을 수 없음을 인정했다는 게 인상적이다.

책 첫머리에서 스페스는 오늘날 지구 생태계 위기를 여덟 가지 측면으로 정리한다. 기후 혼란, 삼림 감소, 토양 유실, 담수 감소, 해양 수산 자원 감소, 유독성 오염물질, 생물 다양성 훼손, 질소로 인한 과영양화. 이 중에서도 가장 심각한 것은 기후 혼란이다. 이에 대해서, 스페스처럼 체제 '내부자'이면서 불편한 예언자 역할을 꺼리지 않는 NASA 소속 기후학자 제임스 한센은 이렇게 지적한다.

현재 문명은 1만 2000년 동안만 비교적 기후가 안정적인 충적세에 들어 발전했다. 지구의 기온은 북미와 유럽에서 빙하가 녹을 정도로 상승했지만, 그린란드와 남극 대륙의 빙하를 다 녹일 정도는 아니었기 때문에 균형을 잡을 수 있었다. 그런데 지난 30년 동안 평균 기온이 0.6도씩 급속도로 상승함으로써 지구의 기온은 충적세에서 가장 높은 수준을 기록하고 있다.

이러한 지구온난화로 우리는 거대한 '정점' 직전의 낭떠러지로 내몰렸다. 우리가 낭떠러지를 건너면 그 건너편에는 지금과 완연히 '다른' 지구가 나타날 것이다. 인류가 이제껏 경험하지 못했던 환경 말이다. (중략) 우리는 전지구적인 수준에서 정점에 도달했다. 돌이킬 수 없는 변화를 가져올 기후변화의 시작을 막을 기회를 잡기 위해 10년 안에 새로운 노력을 기울여야만 한다.

—『미래를 위한 경제학』, 55~56쪽에서 재인용

우리는 모르고 있었지만, 우리의 문명은 충적세(Holocene, 沖積世) 문명이었다. 지구 역사상 예외적으로 광범한 온대 기후대가 등장한 충적세라는 조건에 기반을 두고 우리의 문명 전체가 존립하는 것이었다. 우리는 참으로 희귀한 이 기후 균형 위에 가까스로 서 있는 꼴이었다. 그런데 그걸 모르고 그 균형을 우리 스스로 깨뜨렸다. 인류 문명의 등장을 허용한 그 조건이 지금 인류 자신이 초래한 결과들로 인해 허물어지고 있다.

문제는 성장에 있다. 언제부터인가 인류는 기하급수적인 성장을 거듭하고 있다. 이 성장은 지구 생태계의 모든 균형을 깨뜨릴 정도로 급속하고 거대하게 진행되고 있다. 스페스가 인용하는 경제사가 앵거스 매디슨은 이 양상을 다음과 같이 요약해 제시한다.

1000년에 지구의 인구는 고작 2억 7000만 명이었다. 현재 미국의 인구보다도 적은 숫자이다. 세계 경제의 생산량은 1200억 달러에 지나지 않았다. 그로부터 800년 후에도 사람이 만든 세계는 여전히 작았다. 1820년 즈음 세계 인구는 10억으로 늘었지만 경제의 생산량은 6900억 달러에 불과했다. 800년 동안 1인당 소득은 1년에 겨우 200달러 정도 늘었다.

하지만 그 후부터 비약적인 성장이 시작되었다. 2000년에 인구는 50억이 더 늘었으며 놀랍게도 경제 생산량은 40조 달러가 넘었다. 성장은 계속되고 있다. 세계 경제의 규모는 1960년 이후로 2배로 성장했고 곧 다시 2배로 늘어날 것이다. 세계의 경제활동은 50년 후면 다시 4배가 될 것이다.

—『미래를 위한 경제학』, 27쪽에서 재인용

이런 전례 없는 성장이 시작된 것은 언제부터인가? 산업 자본주의가 등장한 1800년 무렵부터다. 이 시기를 전환점으로, "고용주들이 이윤을 내기 위해, 시장에서 팔 재화와 용역을 생산하려고 노동자들을 고용하는 경제 체제"(97쪽)인 자본주의가 인류 문명과 지구 생태계 사이의 관계를 송두리째 뒤바꿔놓았다.

개별 자본이 끊임없이 이윤을 확보하고 축적해야만 생존할 수 있는 이 체제에는 지속적이고 폭발적인 확장 경향이 내재해 있다. 계속 덩치가 불어나야만 피가 돈다. 확장이 멈추는 순간, 곧 임종이다. 그래서 이 체제에는 다른 선택의 길이 없다. 일단 지구 위에 그 모습을 드러낸 뒤에는 두 눈을 가린 채 성장의 질주를 계속하는 수밖에는 없다.

이 질주를 중단시켜야 한다. 그런데도 이제까지 환경보호주의는 이 질주로부터 비롯되는 이런저런 문제들에 대해 땜질 처방만을 계속했다. 이것은 그야말로 시지프스의 노동이었다. 이곳을 때우면 저곳에서 또 다른 문제가 발생했다. 한 곳을 때우면 또 다른 여러 곳에서 문제가 폭발했다. 어떤 때는 땜질한 곳이 다시 터져 더 이상 손쓸 수 없게 되었다. 생태 위기는 항상 환경운동을 추월했다.

책 곳곳에서 우리는 이러한 환경운동의 한계에 대한 스페스의 회한을 읽을 수 있다. 그러나 회한은 결코 패배주의로 귀결되지 않는다. 이 책의 목표는 운동의 한 세대를 마감하고 새로운 세대의 운동을 시작하는 데 있다. 스페스가 염원하는 새로운 운동은 자본주의적 성장 그 자체에 대한 도전이다.

탈성장 ― '정지 상태' 개념의 귀환

하지만 성장 자체에 도전한다는 것은 말처럼 그렇게 쉽지 않다. '성장'은 이미 자본가들만의 깃발은 아니기 때문이다. 반자본주의 도전의 후보자로 제시되는 세력들도 성장에 미련을 갖는다. 한국에서도 2007년 대선 즈음에 이른바 '진보적 성장'이 유행어가 된 적이 있다. 우파만이 아니라 좌파도 '성장'을 중심에 놓고 대안을 제시한 것이다. 그만큼 좌파의 잠재 지지자들에게도 '성장'은 호소력 있는 긍정적인 가치다.

'탈성장'이라는 구호만으로는 부족한 이유가 여기에 있다. 자본주의적 성장에 무턱대고 동의하는 입장을 논파하려면 좀 더 분석적인 접근과 차근차근한 설득이 필요하다. 그래서 스페스도 자신의 책 상당 부분을 성장에 대한 이러한 성찰에 할애한다. 그는 우리가 '성장'이라고 뭉뚱그려 부르는 것이 사실은 세 가지 서로 다른 맥락을 함축한다는 것을 지적한다. 그 첫째는 생산의 성장, 즉 재화와 용역 및 정부 지출의 양적 크기의 확대다. 이것은 자본주의에서 성장의 표준적 의미로서, 우리는 이를 흔히 GDP 수치로 나타내곤 한다.

두 번째는 이러한 생산의 성장에 반드시 수반되는 생물물리학적 처리량의 성장이다. 여기에서 '처리량'이란 "자연계에서 얻어서 경제에서 사용되며 조만간 폐기물로 나타나는 모든 재료"(162쪽)를 포함한다. 처리량과 처리량의 증가는 경제 확대로 인한 생태계의 부담을 뜻한다. 현 경제에서는 GDP가 증대할수록 처리량 역시 이에 비례해 증가하게 되어 있다.

세 번째는 인간 복지의 성장이다. 이것은 사실 '성장'이라기보다는 '발전'이라고 표현하는 게 더 맞다. 하지만 대다수 민중은 '성장'이라고 이야기하면서 실은 이 의미를 염두에 두는 경우가 많다. 이것은 GDP로는 결코 표현되지 않는다. 그래서 이미 경제복지지수, 인간개발지수 등 대안적 경제 사회 지표에 대한 논의가 활발히 전개되고 있다.

이상의 구분에 따른다면, 자본주의에서 '성장'은 생산의 성장을 무제한적으로 추구함으로써 처리량을 급증시키는 것이라 할 수 있다. 그리고 이것은 인간 복지의 성장과 직결되지 않는다. 스페스를 비롯해서 생태적 탈성장론자들이 이야기하는 '탈성장'은 곧 이러한 의미의 '성장'과 단절하자는 것이다.

그럼 성장 '이후'에 필요한 것은 무엇인가? 한마디로, 이제는 인간 복지의 성장이 첫 자리에 놓여야 한다. 처리량의 증가를 최소화하면서 인간 복지의 성장을 최대화하는 것이다. 이 과정에서 생산의 성장은 종속변수로서 조절된다. 이것을 계속 '성장'이라 불러도 상관은 없지만, 그래도 지금 우리가 절대시하는 '성장'과는 전혀 다른 방향임에 분명하다. 스페스는 이렇게 말한다.

> 성장을 끝내야 한다고 해서 개발까지 끝내야 한다는 뜻이 아니다. 우리가 정의하는 개발은 양적 변화, 잠재력의 실현, 구조나 체제의 몸집을 불리는 것이 아니라 질적 개선 등을 의미한다. 즉, 주어진 처리량으로 재화와 용역의 질을 높이는 것이다(여기서 질이란 인간의 복지를 향상시킬 수 있는 능력을 의미한다).
>
> —『미래를 위한 경제학』, 172쪽

이런 사회가 꼭 정적인 상태인 것만은 아닐 것이다. 인간 활동들 중에는 GDP 수치에 재화와 용역 증가로 잡히는 쪽보다는 잡히지 않는 쪽이 훨씬 더 많다. 생산량과 그에 비례한 처리량을 늘리지 않으면서도 혹은 완만하게만 늘리면서도 사회의 활기를 높이는 일은 충분히 가능하다.

하지만 그럼에도 불구하고 지난 200년간 인류가 경험한 상태에 비하면 훨씬 안정된 어떤 상태일 것만은 틀림없다. 몇 세대에 걸쳐 경제 활동의 유례없는 확대를 경험하고 난 뒤의 진정 국면. 고전파 정치경제 학자 존 스튜어트 밀은 이 필연적 국면을 예감하고 여기에 '정지 상태(stationary state)'라는 이름을 붙였다. 벌써 150년 전에 밀은 인류가 이 정지 상태에 익숙해질 수 있어야 한다고 조언했다.

> 단순히 대지로 하여금 더 많은 인구, 그렇지만 반드시 더 낫거나 더 행복하지는 않은 인구를 부양할 수 있게 하려는 목적에서, 부와 인구의 무한한 증가를 위해 대지에서 뿌리를 뽑혀야 하는 것들 덕분에 가능한 기쁨 가운데 커다란 분량을 상실해야 하는 것이라면, 우리의 후손들은 어차피 필연성에 의해 그럴 수밖에 없이 강제되기 훨씬 전에 정지 상태에 만족하게 되기를 나는 후손들을 위해서 진심으로 바란다.
>
> ─존 스튜어트 밀, 『정치경제학 원리 4』, 나남 2010, 95쪽

탈성장론은 어찌 보면 이 '정지 상태'론의 귀환이라 할 수 있다. 경제 활동의 예외적인 확대는 어느 시점에서는 더 이상 바람직하지도 않고 지속 가능하지도 않다. 이 예외 국면 이후에는 반드시 조정 국면이 뒤따를 수밖에 없다. 그렇게 되면 이상 비대증에 빠진 경제활동을 동결 혹은 축소하고 이를 전체 인간 활동 속에 다시 끼워맞춰야 한다. 2008년 위기 이후 세계 자본주의의 상황이 바로 이러한 인류사적 조정 국면의 조짐은 아닐까?

'정지 상태'라고 해서 우울해할 이유는 없다. '정지'된 게 실은 파괴를 수반한 생산이라는 것을 감안하면, 이것은 과거의 모험의 '정지'이기는 하지만 새로운 모험의 '시작'이기도 하기 때문이다. 그래서 밀은 오히려

정지 상태를 마르크스가 말한 '자유의 왕국' 비슷한 가능성이 꽃필 기회로 바라보았다.

자본과 인구의 정지 상태라고 해서 인간적 향상이 정지된 상태를 함축하지 않는다는 점은 지적할 필요도 없다. 모든 종류의 정신적 교양, 도덕과 사회의 진보를 위한 공간은 이전과 같이 넓을 것이다. 살아가는 기술을 향상할 수 있는 여지는 전과 다름없이 넓은데, 정신이 살아남는 기술에 몰두할 필요가 없기 때문에 실제로 향상이 일어날 확률은 더욱 높아질 것이다.

심지어 산업의 기술도 전과 마찬가지로 열심히 연구되어 성공을 거둘 텐데, 그것이 오로지 부의 증가를 위해서가 아니라는 점, 다시 말해서 노동을 절감한다고 하는 본래의 정당한 효과가 산업의 향상으로써 빚어진다는 점이 유일한 차이일 것이다.

—『정치경제학 원리 4』, 96쪽

'비사회주의적' 대안 사회를 향해

자본주의에 성장 광기가 필연이라면, 경제활동의 위상 재조정은 반드시 또 다른 구조 변화와 함께해야만 한다. 즉, 경제활동의 팽창을 통해 등장한 권력 관계의 철폐가 동시에 이뤄져야만 한다. 이것은 전통적으로 사회주의 운동의 과제로 여겨온 영역이다.

『미래를 위한 경제학』의 후반부는 바로 이 영역의 주제들을 다루고 있다. 기업의 소유 및 지배 구조를 논하고, 국가의 자본 통제에 대해 짚는다. 통상의 환경 서적 결론부에 비하면 좀 낯선 논의들이다. 그러나 스페스는 이제 이런 쟁점들이야말로 '녹색'의 주된 관심사여야 한다고 주장한다. 자본과 권력의 변혁을 이야기하지 않는 '녹색'은 쉽게 자본과 권력의 먹이가 될 뿐이다.

스페스는 앞선 논의들과 마찬가지로 대안에 대해서도 다양한 선행 논의들을 끌어와 종합을 시도한다. 한 가지 분명한 원칙은 현재의 자본주의 구조를 넘어서야 한다는 것이다. 하지만 스페스는 굳이 이를 '사회주의'라 부르는 것은 피한다. 오히려 '비사회주의적' 대안 사회 식으로 사회주의와의 관계를 애써 부인하려 한다.

과거의 사회주의가 워낙 과오가 많아서이기도 하겠지만, 스페스가 미국 쪽 저자인 것도 커다란 이유일 것이다. 하지만 그럼에도 불구하고 스페스의 대안은 큰 틀에서 현대 사회주의자들의 고민과 일치한다. 가령 기업의 지배 구조를 "주주, 직원, 노조, 미래 세대, 정부, 소비자, 각종 공동체와 공급자들"이 함께 참여하는 형태로 바꿔야 한다는 주장(253쪽)은 자본주의적 주식회사와 현실 사회주의 식 국영 기업 모두의 대안으로 공감할 만한 것이다.

스페스가 특히 의존하는 것은 가르 알페로비츠가 자신의 저서 *America beyond Capitalism*(국내에는 아직 번역되지 않았다)에서 제시한 대안 사회 구상이다. 알페로비츠는 금융 자본주의의 광기가 휩쓸고 지나가는 와중에도 미국의 각 지역에서는 '부의 민주화'가 조용히 진행되고 있다고 지적한다. 종업원 소유제, 공공 소유제, 전통적인 방식으로 이윤을 추구하지 않는 민간 및 공공 부문 기업 등이 묵묵히 성장하고 있다는 것이다. 알페로비츠는 이러한 대안적 기업들을 서로 연결하여 새로운 경제권으로 만들고 이를 확대한다면 '미국적 방식'의 자본주의 극복이 가능할 것이라 전망한다. 스페스는 이러한 비전에 공감한다. 그래서 기업의 소유 및 지배 구조가 이런 식으로 바뀌어가면서 사회가 비로소 성장 강박에서 벗어날 것이라 내다본다. 2012년에 나온 스페스의 최근작 *America the Possible*(Yale University Press)은 이러한 전망을 더욱 구체적인 체제 변혁 프로그램으로까지 제시한다.

이름이야 뭐든 좋다. '녹색 사회주의'라 하든, 스페스처럼 기어코 '비사회주의적'(더 정확히 말하면, '비국가사회주의적') 대안 사회라 하든, 상관없다. 자본주의를 넘어서야 한다는 인식과, 이에 따라 지금 여기에서부터 비자본주의적인 사회 형태를 만들어가는 노력이 중요하다. 이 인식과 노력 속에서 '녹색'은 반드시 '적색'의 가장 훌륭한 전통과 만나야 한다. 스페스의 '전향'은 그 살아 있는 사례이고, 그의 책은 그래서 설득력 있다.

함께 읽으면 좋을 책

『아침의 붉은 하늘: 환경 위기와 지구의 미래』 제임스 구스타브 스페스(김보영 옮김, 에코리브르, 2006)
스페스의 또 다른 대표작. 환경위기의 전모와 궤적을 파악하는 입문서로도 좋다.

『성장숭배: 우리는 왜 경제성장의 노예가 되었는가』 클라이브 해밀턴(김홍식 옮김, 바오출판사, 2011)
성장과 생태계 사이의 모순을 집중적으로 다룬다. 앙드레 고르의 대안들을 적극 계승한다는 점도 흥미롭다.

『거대한 역설: 왜 개발할수록 불평등해지는가』 필립 맥마이클(조효제 옮김, 교양인, 2013)
남반구 국가들의 지상 목표였던 '개발'이 어떻게 이들 나라를 기만해왔는지 파헤친 역작. 이 책의 결론 역시 '탈성장'으로 향한다.

생태사회주의의 새로운 교과서

—

『기후 정의: 기후변화와 환경 파괴에 맞선 반자본주의의 대안』 이안 앵거스 편
김현우·이정필·이진우 옮김, 이매진, 2012.

"더 높은 경제적 형태를 갖춘 사회의 관점에서 보면, 지구를 개인이 사적으로 소유하는 것은 한 인간을 다른 이가 사적으로 소유하는 것만큼이나 불합리하다. 사회 전체, 국가 또는 공존하는 모든 사회를 다 합치더라도 이 지구의 소유자일 수 없다. 그들은 단지 지구의 점유자이고, 지구에게서 이익을 얻는 이들이며, 뒤를 이을 다음 세대에게 더 나은 상태로 물려줘야 할 책임이 있기 때문이다."

누가 한 이야기일까? 누구라도 이 문장을 보면, 20세기 말 이후에 등장한 환경보호론자나 생태 위기론자의 말이겠거니 할 것이다. 그런데 이것은 마르크스가 『자본』 제3권에 남긴 문구다.(『자본 3-2』, 길, 2010, 1306~1307쪽) 나도 최근에야 알았다. 내게 오랫동안 주목받지 못했던 이 문장을 소개해준 것은 『기후 정의』라는 신간 서적이다. 이 책은 이안 앵거스라는 캐나다 사회주의자의 편저서를 에너지기후정책연구소가 한국어로 번역해서 낸 것이다.

'기후 정의'라……. 사실 이미 기후 변화 문제에 관심 있는 소수 독자층을 제외하면 그렇게 매력 있게 다가올 제목은 아니다. MBC 다큐멘터리 〈지구의 눈물〉의 내용을 좀 더 현학적인 필치로 다룬 책이라고 지레

짐작할 수도 있다. 하지만 이 책의 부제는 좀 더 자극적이다. '기후 변화
와 환경 파괴에 맞선 반자본주의의 대안'.

책 첫 머리를 장식한 위의 마르크스의 인용구부터 예사롭지 않다. 저
자 명단 안에 피델 카스트로나 에보 모랄레스(현 볼리비아 대통령)가 올라
있는 것도 그렇다. 실제 책 내용도 제목보다는 부제가 던져주는 인상에
더 가깝다. 이 책은, 한마디로, 기후 변화 문제를 실마리로 한 우리 시대
생태사회주의의 교과서다. 내가 이 책을 꼭 소개해야겠다고 마음먹은
이유도 바로 여기에 있다.

우리 시대 생태사회주의의 교과서

이 책은 '선집'이다. 무려 45편의 글들을 모아놓았다. 그중에는 불과 한
장짜리 짧은 연설문도 있고, 논문 성격의 좀 긴 글도 있다. 저자들의 출
신지도 다양하다. 우리가 번역서에서 흔히 볼 수 있는 북미나 유럽 쪽
필자들이 있는가 하면, 낯선 남반구(남미, 남아공 등) 필자들의 글도 상
당수 실려 있다. 영어 제목 'The Global Fight for Climate Justice'의
'Global'이 허언이 아님을 알 수 있다. 특히 눈길을 끄는 것은 개인 저자
가 아닌 단체 명의의 글들이 많이 실려 있다는 점이다. '사회주의자 저
항'이니 '사회주의 동맹'이니 하는 낯선 외국 좌파 단체의 이름도 볼 수
있고, '비아 캄페시나'(국제 농민운동 단체)나 '기후 변화 원주민 지구회의'
같은 국제 조직들도 마주하게 된다.

대개 이런 종류의 선집은 자료집 이상의 역할을 하지 못하곤 한다.
다채로워서 좋기는 한데 책 전체를 꿰뚫는 문제의식이나 선명한 결론이
아쉬운 경우가 많다. 더구나 단체 명의의 성명서 비슷한 글들이 다수
실려 있다면, 꽤 지루한 독서가 될 위험도 높다. 그런 성명문이라는 게
대체로 판에 박은 정치적 입장의 확인이나 상투적 주장의 나열 수준에

서 벗어나지 못하기 때문이다. 내가 『기후 정의』를 처음 마주하며 우려한 것도 이런 위험이었다.

그러나 책장을 넘기면서 이런 우려는 말끔히 씻겼다. 때로 지루한 글도 없었던 것은 아니지만, 전반적으로 저마다 특색 있는 글들이 마치 한 저자의 책처럼 체계적으로 배열돼 있었다. 처음에는 기후 변화의 심각성과 원인을 밝히는 글들이 실려 있고, 그다음에는 탄소 배출권 거래제도 등 자본주의적 해결책의 오류와 한계를 따지는 글들이 기다리고 있다. 그리고 책 뒷부분으로 가면, 한 편 한 편 읽어갈수록 '반자본주의적' 대안의 골격이 점점 더 분명히 눈에 드러난다.

그래서 이 책은 기후 변화 문제에 문외한인 독자라도 전혀 부담감 없이 읽을 수 있다. 일단 과감히 이 책을 손에 들고 읽어내려가다 보면, 어느새 기후 변화 문제에 대해, 그것이 인간 사회와 어떤 관계를 갖는지에 대해 생각이 깊어지게 된다. 또한 낯설게만 느껴지던 '생태사회주의'의 문제의식이 점점 생생하게 다가오게 된다.

편저자 이안 앵거스는 참으로 요령 있는 편집자인 것 같다. 아마도 생태사회주의자로서의 그의 오랜 이력도 이런 솜씨와 무관하지 않을 것이다. 그는 젊은 시절 영국 노동당의 캐나다판인 신민주당(NDP)에서 당내 좌파로 활동했던 불굴의 사회주의자이고, 오랫동안 온라인 저널 『기후와 자본주의』(Climate and Capitalism)를 내면서 기후 정의 운동의 최전선에 서온 인물이다.

그가 중요하게 다루고 있는 저자들을 보면, 이 책의 정치적 지향이 어떠한지 대략 짐작해볼 수 있다. 위에서도 이미 언급한 카스트로, 모랄레스 등 남반구 좌파들이 있는가 하면, 트로츠키주의 제4인터내셔널 국제서기국(USFI)이나 오스트레일리아의 급진좌파정당인 민주사회주의당(DSP)도 있다. 서문을 쓴 데릭 월은 최근 원내 진출에 성공한 영국 녹색당 안에서 생태사회주의 블록을 이끌고 있는 인물이다. 녹색 정치의 선구자인 독일 녹색당이 정치적 실용주의의 포로가 된 상황에서 녹색 운동의 급진성의 새로운 담지자로 부상하는 흐름들이 주로 망라되어 있는 것이다.

지금까지 이야기한 여러 가지 특성들로 인해 『기후 정의』는 단순히 기후 변화 문제만을 다루는 전문 서적이 아니라 생태사회주의 전반의 교양 입문서로 읽힌다. 내가 보기에는 한국어로 나온 책 중에서 생태사회주의의 최신 흐름들을 살피는 데 가장 좋은 개설서가 아닌가 싶다. 가령, 이 책에 실린 테리 타운센드의 글(「자본주의의 반생태적 러닝머신」) 한 편만으로도 초심자가 생태사회주의의 핵심 내용을 접하는 데에 전혀 부족함이 없다.

탄소 자본주의를 넘어 '태양 코뮌주의'를 향해

한국 사회에서 기후 문제 대안이라고 하면 흔히 이야기하는 것이 탄소 배출권 거래제도다. 국내 환경운동 일각에서도 이를 적극 지지하고 있고, 이명박 정부 안에도 그런 흐름이 있다. 그러나 『기후 정의』의 필자들에게 탄소 배출권 거래제도는 대안이기는커녕 질병의 한 양상일 뿐이다. 이것은 생태 문제에 대한 자본주의적 접근이 생태 위기를 더욱 심화시키기만 한다는 것을 잘 보여주는 전형적 사례다. 패트릭 본드(남아공)의 말을 들어보자.

다국적 기업들은 실제로 공기와 대기 중 오염을 상품화하려는 시도를 하고 있다. 그 권리를 원하며, 그 계약을 법적인 용어로 성문화해서 가격을 책정하고 이미 배출한 오염물질에 대한 배출권을 확보하고자 한다. 그리고 그러한 맥락에서 유럽 탄소시장 시스템은 그들에게 배출권과 나아가 계속 오염할 권리를 할당한다. 그리고 그것은 실제 돈이 된다. 그들은 그 배출권을 팔 수 있다. 그래서 '오염자 부담 원칙'이 아니라 '오염자 수익 원칙'이 되는 것이다.

—『기후 정의』, 291쪽

대기의 이산화탄소량 증대로 인한 기후 변화 가속화 자체가 이미 자본주의 문명의 산물인데, 자본주의는 다시 이 생태 격변을 자본주의 이윤 추구의 지속과 시장 확대의 소재로 삼으려 하는 것이다. 이것은 기후 변화 양상을 더욱 심화시키는 것은 물론 인류가 이것과는 다른 방식의 대안들을 시도하는 것을 봉쇄하는 역할을 한다. 자본주의는 이런 이중의 맥락에서 생태 위기의 주범 역할을 한다.

이것은 『기후 정의』에 글을 실은 불평꾼들만의 시각이 아니다. 미국 카터 정부와 클린턴 정부에서 일했고 현재는 예일대학교 산림환경학부 학장으로 있는 제임스 구스타브 스페스는 누가 봐도 '극좌파'와는 거리가 먼 인물이다. 하지만 그는 분명히 말한다. "많은 연구와 엄청난 고민 끝에 (도달한) 내 결론은 대부분의 환경 황폐화가 현재 우리가 속한 자본주의 체제의 실패의 결과라는 것이다."(350쪽에서 재인용)

그럼 해법은 무엇인가? 『기후 정의』의 논자들이 바라보는 방향은 해가 뜨는 곳이다. 이들은 "지구상의 모든 사람이 사용하는 에너지의 1만 7000배에 해당하는 태양 에너지가 매일 지구에 도달"(187쪽)한다는 것에 주목한다. 태양광이나 풍력 같은 태양 에너지의 기술적 잠재력이 "현재의 지구 전체 에너지 소비의 7~10배"(399쪽)에 달한다는 것이 이들의 평가다. 태양 에너지 체제로 전환한다면, 이산화탄소 배출량의 획기적이고 즉각적인 감축은 충분히 가능하다.

이 책의 대미를 장식하는 다소 긴 분량의 글(「기후 위기: 21세기 사회주의는 생태사회주의가 되어야 한다」)에서 다니엘 타누로(벨기에)는 이러한 지향에 '태양 코뮌주의(solar communism)'라는 이름을 붙인다. 좀 난데없는 조어(造語)로 들릴 수도 있다. 하지만 달리 보면 '태양'과 '코뮌주의'만큼 서로 잘 어울리는 말들도 달리 없다. '태양'이라는, 지구 위 만물의 원천 앞에서 우리는 '코뮌'(공동체) 외에 다른 무엇일 수 없기 때문이다.

'태양 코뮌주의'는 결코 허황된 꿈이 아니다. 『기후 정의』도 지적하는 것처럼, 덴마크 등은 이미 20% 이상의 에너지를 태양광과 풍력으로 충당하고 있다.(363쪽) 문제는 기술적 실현 가능성에 있지 않다. 전환의 비용이 진짜 쟁점이다. 현 체제가 기피하는 것은 바로 이 비용의 지불이다. 『기후 정의』가 지목하는 부담 주체는 이제껏 탄소 자본주의를 통해 생태 위기를 누적시키면서 기득권을 누려온 집단들이다. 일국적인 수준에서도 그렇고(자본 소유 계급), 전지구적인 수준에서도 그렇다(북반구). 그래서 지구적 차원의 대안으로 주창하는 것이 '생태 부채' 개념이다.

이미 1992년 브라질 리우데자네이루의 지구정상회의에서 피델 카스트로는 "해외 부채가 아닌 생태 부채를 지불"(22쪽)하자고 제안한 바 있다. 북반구 국가들이 자원 수탈, 환경 파괴, 온실 가스 등 폐기물 투기로 남반구에 막대한 빚을 지고 있으며, 그것이 금전적으로 보상되어야 한다는 것이다. 에콰도르의 한 기관은 이 액수를 연간 최소 1조 6,000억 달러로 추산했다. 이것은 최빈국 부채 총액의 3배에 달하는 수치다.(185쪽)

『기후 정의』의 저자들은, 이렇게, 태양 사회로의 전환과 부의 거대한 재분배(더 정확히 말하면, 사회 세력 관계의 역전)를 하나의 과제로 통합하여 바라본다. 인간과 자연 사이 관계의 변화는 인간과 인간 사이 관계의 변화의 전제이며, 역으로 인간과 인간 사이 관계의 변화 역시 인간과 자연 사이 관계의 변화의 전제다. 이것이 곧 생태사회주의의 가장 기본적인 출발점이며 동료 인간들에게 전하려는 핵심 메시지다.

사회주의 역시 바뀌어야 한다 — '생태화된' 사회주의의 변화 지점

한데 여기에서 오해하면 안 될 것이 있다. 단순히 기존의 '사회주의'에 '생태주의'를 덧붙이면 '생태사회주의'가 되는 것이 아니라는 사실이다. 사회주의와 생태주의가 서로 융합하려면 둘 모두 크게 변화해야 한다. 생태사회주의는 곧 '사회(주의)화된' 생태주의이며 '생태(주의)화된' 사회주의다.

사회주의의 입장에서는 무엇이 크게 바뀌어야 하는가? 자본주의 생산력에 대한 역사유물론의 근본 관점이 변화해야 한다. 자본주의 생산력을 새로운 사회의 계승 대상으로 바라보고 따라서 사회주의를 자본주의 발전의 연장선 위에서 사고했던 전통을 이제는 달리 생각해야 한다.

이것은 『기후 정의』의 여러 글들에서 반복적으로 나타나는 또 다른 핵심 주제다. 자본주의 생산력 발전은 어떤 측면에서 새로운 사회의 저력이 되기보다는 그것을 방해하는 힘이 된다. 그렇다면 사회주의는 이런 방식의 생산력 발전의 단순한 계승자일 수만은 없다. 때로는 그것을 막고 중단시키며 되돌려야만 한다. 앙드레 고르가 그의 대표작 『프롤레타리아 안녕』에서 제기한 바 있는 이 문제를 다니엘 타누로는 이렇게 제시한다. 혁명이 지연되면서 "비자본주의적 사회의 객관적 조건이 성숙했을 뿐만 아니라, 부패하기 시작했다"(433쪽)고. 그에 따르면, 기후 위기는 이러한 부패의 가장 생생하고 포괄적인 예증이다.

대전환이 계속 지연된다면, 어쩌면 진보의 가능성은 고사하고 인류의 생존 자체가 불가능하게 될지 모른다. 이안 앵거스는 마르크스·엥겔스가 『공산당 선언』에 수수께끼처럼 끼워넣은 "투쟁하는 계급들의 공멸"이라는 문구가 바로 이러한 가능성의 암시라고 해석한다. 로자 룩셈부르크가 제시한 "사회주의냐, 야만이냐"는 선택지 역시 마찬가지다. 이 선택지에서 사회주의는 야만, 즉 문명의 붕괴를 막기 위한 필사적인 시도로 나타난다. 이런 착잡한 전망을 가장 선명하게 제시한 인물은 발터 벤야민이다. 그는 우리가 직면한 상황을 이렇게 정리했다.

마르크스는 혁명이 세계 역사의 기관차라고 말한다. 그러나 이 상황은 아주 다른 것 같다. 필시 혁명은 기차 타기가 아니라 비상 브레이크를 잡는 인류가 아닐까.

—『기후 정의』, 354쪽에서 재인용

이런 맥락에서 이제 좌파에게 더 어울리는 표어는 '진보'가 아니라 '전환'이다. 앞으로 나아가는 것이 아니라 멈춰서고 돌아서는 것이다. 이렇게 '멈춰서고 돌아서는 것'으로서의 사회주의는 과거의 사회주의와 너무도 다른 얼굴을 지닐 수밖에 없다. 가령 태양 에너지 체제는 필연적으로 분권화된 경제, 사회 체제를 요구한다. 이것이 현재의 자본주의 체제가 태양 사회로의 전환을 선뜻 반기지 않는 근본 이유다. 권력 집중과 자본 독점 없는 자본주의를 생각할 수 없는 것처럼, 이런 집중 및 독점과 호응하는 태양 에너지 체제도 생각하기 힘들다.

이러한 사정은 기존의 중앙집권적 사회주의 모델들의 경우에도 마찬가지다. '바뀐' 사회주의가 아니라면 태양 에너지와 조응할 수 없다. 그것은 '다원화되고 분권화된' 사회주의여야만 한다. 그것은 자본주의를 단순히 이어받거나 그것과 경쟁하는 사회주의가 아니라 문명적 차원에서 그것과 단절하는 사회주의다. 『기후 정의』에서 우리는 이러한 근본적 반성의 토로들을 발견할 수 있다. 그중의 하나는 쿠바에서 들려온 목소리다. 쿠바 의회의 경제사업위원회 의장 오스왈도 마르티네스의 말인데, 좀 길지만 인용해보겠다.

사회주의 진영의 국가들에서 시행된 사회주의는 자본주의의 발전 모델을 복제했는데, 사회주의를 생산력 발전의 양적 결과로 인식했다는 의미다. 그래서 자본주의와 순전히 양적인 경쟁을 벌였고, 자본주의 발전 모델이 전체 인류를 인식 못하는 소비사회의 구조물이라는 점을 고려하지 않고 발전을 달성하려 했다. 이 행성은 존속할 수 없을지 모른다. 모든 가정이 승용차를 한 대씩 가진 모델, 북미식 목가적 모델, 할리우드 등을 복제하는 것은 불가능하다. 절대 불가능하며, 미국 2억 5000만 주민의 실상일 수도 없고, 세계 다른 곳에 있는 엄청난 배후의 빈곤층을 떼어놓고 생각할 수도 없다. 환경과 양립 가능하고 더 집합적으로 기능하는 다른 발전 모델을 추구할 필요가 있다.

—『기후 정의』, 353쪽에서 재인용

70억 인류 모두가 미국 중산층처럼 살 수는 없다. 더구나 그 미국 중산층도 지금 무너지고 있다. 그렇다면 이제 우리 모두가 함께 꿈꾸고 실현해야 할 '좋은 삶'이란 무엇인가? 인간에게도 좋고 지구에게도 좋은, 그래서 우리의 후손들에게도 좋을 그런 삶은? 『기후 정의』가 기후 문제를 기회 삼아 우리에게 던지는 물음이 바로 이것이다. 이 물음을 접하게 된다는 것만으로도 이 책은, 평소 기후 문제에 대한 관심과는 별개로, 필독의 가치를 지닌다.

함께 읽으면 좋을 책

『착한 에너지 기행: 기후정의 원정대, 진짜 녹색을 찾아 세계를 누비다』 김현우 외(이매진, 2010)

『기후정의』의 역자들이 세계 곳곳의 기후 변화 대응 시도들을 살펴본 보고서. 에너지 전환이 충분히 가능하다는 것을 실감할 수 있다.

『환경과 경제의 작은 역사』 존 벨라미 포스터(김현구 옮김, 현실문화연구, 2001)

『마르크스의 생태학: 유물론과 자연』 존 벨라미 포스터(이범웅 옮김, 인간사랑, 2010)

『생태 혁명: 지구와 평화롭게 지내기』 존 벨라미 포스터(박종일 옮김, 인간사랑, 2010)

『환경주의자가 알아야 할 자본주의의 모든 것: 자본주의와 환경에 대한 안내서』 존 벨라미 포스터·프레드 맥도프(황정규 옮김, 삼화, 2012)

포스터는 마르크스 사상에서 생태적 문제의식을 재발굴해 이를 우리 시대 대안 찾기의 출발점으로 삼고자 하는 대표적인 생태사회주의자다. 하지만 이런 생각에 동의하는지 여부와 상관없이 위의 책들은 녹색 필독서 목록에서 빠져선 안 될 중요한 저작들이다.

글자의 이야기 속에서 우리의 생각을 시작하자

—

『낱말의 우주』 우석영
궁리, 2011.

도(道)는 '길', '진리', '방법' 등의 의미를 지닌 한자다. 애초 의미는 '길'이었고, 여기에서 '진리', '방법' 등의 뜻이 파생되었다. 저 유명한 노자의 『도덕경』은 '덕(德)'과 함께 이 '도'라는 한 글자의 풀이로 수렴된다. 한자 문화권에서 생활하는 이들에게 이것은 너무나 진부한 상식이다.

그런데 한자는 상형문자다. 즉, 한자의 출발은 그림이며, 지금도 거기에는 그림의 요소가 담겨 있다. 다만 태곳적 그 그림은 수천 년을 지나며 지극히 추상화되었기에 그 본래 자취를 찾기 쉽지 않다. 그래서 중국인들 자신이 『설문해자』 같은 방대한 그림 풀이를 필요로 했고, 지금도 학자들은 갑골문에서 현존 한자의 뿌리 그림을 찾으려 한다. '도' 역시 여기에서 예외가 아니다. 이것은 '길'이라는 의미와 연관된 어떤 그림을 담고 있다. 일반적이고 단순한 풀이는 이 글자가 머리 수(首) 자를 포함하는 것에 착안해 사람이 특정한 방향을 향해 나아가는 모습이라고 보는 것이다.

그런데 일본의 저명한 갑골문 학자 시라카와 시즈카는 사뭇 충격적인 이견을 내놓았다. 단순히 길을 가는 사람을 형상화한 게 아니라 그가 다른 사람의 머리를 들고 가는 형상이라는 것이다. 길을 나서는데 왜 남의 잘린 머리를 들고 있는가? 옛 사람이 미지의 길에 나서는 두려움을 떨치기 위해 액막이로 적의 수급을 들고 가는 것이라는 게 시라카와의 설명이다.

이 설명을 과연 정설로 받아들일 수 있는지는 여기에서 논할 바가 아니다. 하지만 '도'라는 한자에서 시라카와가 읽어낸 그림이 우리를 수많은 연상과 상상의 연쇄, 이야기의 바다 속에 빠뜨리는 것만은 분명하다. 어디로 이어질지, 누구와 마주칠지, 어떤 위험이 도사릴지, 알 수 없는 길에서 오직 누군가의 잘린 목에 의지하며 발걸음을 떼어야만 한 옛 사람의 마음, 혹은 그런 사람과 마주친 그 길 위의 또 다른 옛 사람의 마음. 이것은 그야말로 코맥 매카시의 소설 『더 로드』(문학동네, 2008)의 한 장면으로 어울릴 법한 상황이 아닌가.

생각의 나래를 더 펼쳐본다면, '도'에 담긴 이 뜻밖의 그림이 불러일으키는 연상들을 한자 문화권에서 전개된 '도'의 사유들과 만나게 할 수도 있을 것이다. 그러다 보면, 『도덕경』을 비롯해 유불선 삼교에서 저마다 풍부하게 전개되었던 '도'의 철학들을 이제까지의 상투적인 해석들과는 달리 새롭게 읽어낼 수 있을지도 모른다.

한자란 이런 물건이다. 그 한 글자 한 글자에는 그림이 숨어 있고, 그 그림은 저마다 이야기보따리 한 꾸러미씩이다. 그것도 수천 년의 이야기, 동아시아에 살았던 수많은 선인(先人)들의 이야기, 그리고 어쩌면 지금 이곳에서 살아가는 우리의 앞길에 실마리가 되어줄지도 모를 그런 이야기다. 더 이상 미지의 조우를 두려워해 남의 머리를 들고 갈 필요 없이, 우리가 이 외로운 길 위에서 마음에 새기며 늘 벗할 수 있을 그런 이야기다.

사실은 한자만이 아니다. 어느 나라 말이든 단어들의 뿌리를 거슬러 올라가다 보면 예기치 않았던 옛 사람들의 지혜와 맞부딪히곤 한다. 그리고 이것이 철학적 사유의 주요한 한 경로가 되기도 한다. 유럽에서는 마르틴 하이데거가 이 길을 따라가며 사색했고, 우리의 경우에는 다석 유영모가 그 길을 열었다. 그리고 지금 그 유영모의 넋에 감화된 한 저자가 또한 이 길에 나섰다. 그리고 그 산책의 경험담을 700쪽에 달하는 방대한 일기로 적어 우리에게 선보였다. 우석영의 『낱말의 우주』는 그런 책이다.

시대의 절박함 속에서

저자 우석영은 세상의 흔한 분류법으로 쉽게 규정할 수 없는 이력의 소유자다. "연구보다는 시서화 창작을(즉 놀이를) 더 좋아하는 인문사회과학 연구자이자 문필가"라는 책날개의 자기소개부터가 예사롭지 않다. 사회학, 문학, 철학을 두루 공부했다고 하는데, 이러한 박학풍은 『낱말의 우주』 안에서도 선명히 드러난다. 책을 쭉 훑고 난 뒤에 내가 느낀 바로는 함석헌이 말한 그대로 '생각하는 사람'이라고 하는 게 제일 어울릴 법하다.

그렇다. 저자는 생각이 많은 사람이다. 그 결실을 토해내느라 수백 쪽의 지면이 필요했을 정도로 생각하고 또 생각하는 사람이다. 그 생각이 미치는 범위가 너무 넓어서 때로는 조선 말 실학자들의 유서(類書)를 읽는 듯한 느낌마저 준다. 그러나 결코 요령부득은 아니다. 110여 개에 이르는 각 단상은 특정한 한자 한 글자에서 그림을 찾아내고 그것을 풀어내는 데서 출발한다. 이 글자 풀이가 종횡으로 확장되며 미처 예상치 못한 철학적 사색으로, 사회 비판으로 이어진다. '낱말의 우주'라는 제목처럼 단 한 글자의 한자로부터 다채로운 이야기의 실타래를 뽑아낸다. 단상들을 하나하나 읽다 보면 어느새 이러한 사유 방식에 익숙해지게 되고 그것이 마치 음악처럼 느껴지게 된다.

이 음악이 귀에 익다 보면 자연스레 이것이 단순한 소곡들의 무질서

한 모음이 아니라 거대한 교향악의 일부임을 깨닫는다. 이 책의 단편들은 서로 모여 9개의 장을 이루고 있는데, 우주에 대한 물음으로 시작되는 제1장 '우주의 지붕, 만물의 그릇'부터 이 책의 중요한 결론 중 하나인 '어린이 되기'를 역설한 제9장 '어린이 됨의 존재론'까지 전체를 일관하는 생각의 커다란 흐름이 존재한다. 그 생각의 흐름을 몇 개의 명제들로 압축하는 것은 이 글의 과제가 아니다. '만남', '세계의 선물됨', '나 없음', '간이(簡易)한 삶', '어린이(얼인 이) 됨' 등의 중요한 푯말들은 독자 자신이 이 책에서 직접 반가이 해후해야 할 것이다.

나는 다만 『낱말의 우주』 전체를 꿰뚫는 어떤 절박함을 지적하고자 한다. 그 절박함은 저자의 시대 인식에서 비롯된다. 우석영은 "우리의 삶의 세계가 '위독하다'고 주장"한다.(37쪽) 진부한 사회과학 용어를 동원해 규정한다면, 이 병증은 곧 모든 인간을 생산-충족-폐기의 회로 안에 가두는 자본주의 소비 문명이고, 그것의 최신판인 신자유주의다. 또한 이러한 자본의 전제(專制)에 맞설 무기가 되지 못하는 껍데기 민주주의다.

저자가 특히 우려하는 것은 이러한 자기 파괴적 문명이 인간의 생존을 포함해 뭇 생명을 위협하는 지구 생태계 파괴로까지 치닫고 있다는 점이다. 그러면서 저자는 이러한 현실에 대한 비판이 반드시 그 현실을 낳은 어떤 삶의 태도 그 자체의 극복에 기초해야만 한다는 점을 역설한다. 비판은 더욱 깊어져야만 하는 것이다. 이런 생각이 뚜렷이 드러나는 한 대목을 인용해보자.

과학이 모든 것을 해결해줄 열쇠가 되리라는, 널리 퍼져 있는 막연한 믿음의 맹목성을 오늘날 가장 적나라하게 보여주는 사례는 지구 기후변화 대처법으로 제시된 '플랜 B'라는 지구-엔지니어링이다. 플랜 B만이 유일한 대안이라는 생각의 가두리에서 혹은 심층에서 우리가 발견하는 바는, 어떤 식으로든 언제든 과학 천재-테크니션이 나타나 (환경) 위기에 처한 인류를 일시에 구원해줄 것이라는 유아적 믿음이다. (중략)

기후변화에 대한 근본 대처법으로 요청되고 있는 '삶의 양식 전환 운동'의 발목을 잡고 있는 것은, 비단 지금껏 실컷 누려왔던 바를 계속 실컷 누리고 싶다는 노골적 소비 욕망뿐만이 아니며 이 우스꽝스럽고 유아적인 그러나 강력한 신화이기도 한 것이다. 이 유아적 신화를 가치 있는 것으로서 만들어주는 밑돌-아이디어는 무엇인가? 우리가 아는 한, 그것의 이름은 바로, 과학을 신격화하는 과학주의다.

—『낱말의 우주』, 122쪽

과학주의의 유토피아는 더 이상 비판의 무기가 될 수 없다. 그것은 오히려 생산-충족-폐기의 회로를 강화해주거나 기껏해야 그 알리바이가 될 수 있을 따름이다. 그래서 저자에게는 한자에 담긴 수십, 수백 세대의 역사로부터 길어낸 지혜들이 필요했던 것이다. 마르크스주의 같은 이념 체계는 일종의 상투어가 되어버리고 예수나 붓다의 가르침조차 그들을 내세운 조직 체계에 의해 참된 권위를 잃어가는 시대에 저자가 찾아낸 비판의 무기고가 곧 수천 년 역사와 우리의 일상어가 서로 만나는 그곳이었던 것이다.

인간을 묻다

위에 잠깐 언급한 이 책의 중요한 푯말들을 아우르는 것은, 내가 보기에는, '인간이란 누구인가'라는 물음인 것 같다. 우주란 무엇이냐고 묻는 첫째 단락에서부터 저자의 관심은 기실 우주에 있지 않고 그 우주를 바라보는 인간의 마음에 있다. '사람이라는 것', '사색하는 인간', '창조하는 인간', '짐승에서 살옴으로: 사람의 문명살이', '사람은 언제 고매해지는가' 같은 각 장의 제목도 이런 심증을 굳혀준다. 한 대목에서 저자는 "인간은 '문제' 또는 '과제'"(621쪽)라고 규정하기도 한다.

지구 생태계의 지속 가능성 자체가 위협받는 절박한 상황에서 '인간'에 대해 묻는다? 이것은 그 시대 인식의 절박함에 비하면 너무 느긋한 대응처럼 느껴지기도 한다. 하지만 우리에게는 이러한 대응의 훌륭한 전례가 이미 있다. 그것은 최인훈의 소설 『화두』다. 소설이라기보다는 긴 에세이에 가까운 이 책에서 최인훈은 현실 사회주의의 붕괴, 한반도 분단의 지속에 대한 물음을 다름 아닌 "인간이란 누구인가"라는 물음으로 귀결시켜 그 답을 구했다. 그렇게 해서 그가 내놓은 사색은 이제껏 그 어떤 사회과학자가 내놓은 것보다 훨씬 깊이 있고 믿음이 가는 것이었다.

『낱말의 우주』는 장년이 되기 전에 민주화의 세례, 현실 사회주의의 몰락, 신자유주의의 모순 폭발을 모두 경험한 한 세대가, 유영모, 함석헌의 가르침과 현대 철학, 좌파 사회과학의 지적 영향을 서로 만나게 할 줄 알게 된 한 세대가 최인훈의 그 작업을 이어받아 수행한 한 결과물이다. 저자가 제시한 답안이 얼마나 참고가 될지는 각자 판단할 문제다. 그러나 누구든 『낱말의 우주』에서, 우리 세대에도 작업은 분명히 다시 시작되고 있다는 것만은 확인할 수 있을 것이다.

그렇다. 우리는 생각이라는 것을 다시 시작하고 있다. 우리는 묻고, 비판하며, 상상하기를 다시 시작하고 있다. 적어도 우리 중의 누군가는 이미 시작하고 있다. 그런 의미에서 『낱말의 우주』는 '우리'의 책이다.

함께 읽으면 좋을 책

『함석헌 저작집』 함석헌(전30권, 한길사, 2009)

난해하기로 이름난 유영모까지는 몰라도 함석헌은 꼭 읽어보자! 30권의 저작집 중 어떤 책이라도 좋다. 거기에서부터 우리의 변혁 사상, 생태 사상을 '생각'해보기 시작하자.

『나락 한 알 속의 우주』 장일순(녹색평론사, 2009)

한국이 낳은 선구적 생태 사상가이자 운동가 장일순이 남긴 글월들의 모음.

『화두』 최인훈(전2권, 문학과지성사, 2008)

우리 자신의 역사로부터 세계사의 고뇌로 생각을 확장해가는 소설이자 동시에 사상서. 읽기란 결국 이런 '생각'이란 걸 해보자는 훈련이 아니겠는가.

5.

자본주의가 아니면

안 된다는

관성을 넘어

'사회주의'의 그 '사회'를 물으며 노동운동의 '녹색화'를 꿈꾼다

—

『영국 노동운동사』 G. D. H. 콜
김철수 옮김, 책세상, 2012.

2008년 금융 위기 당시, 미국 정부가 파산 금융사들을 사실상 국유화하는 조치를 단행하자 공화당 진영에서는 "이것은 금융 사회주의"라는 볼멘소리가 터져 나왔다. 대통령(조지 W. 부시)이 네오콘 공화당원이고 재무장관(헨리 폴슨)이 월가의 은행가인데도 이들의 위기 처방에는 "사회주의"라는 딱지가 붙었다. 20년 전 사망을 선고받은 '사회주의'가 투기로 돈을 날린 백만장자들의 생명줄로 참으로 기이하게 부활하는 순간이었다.

미국 정부의 은행 구제 조치를 "사회주의"라고 비난하는 사람들이 염두에 둔 것은 국가의 경제 개입이다. 이들에게는 사적 자본이나 시장 경쟁에 맡겨야 할 일에 국가 기구가 나서는 것이 곧 '사회주의'다. 즉, 이들에게 '사회주의'는 그냥 '국가주의'라고 해도 상관없는 물건이다. 꼭 미국의 골수 공화당원들만 그렇게 생각하는 것은 아니다. 사실 지구 위 대다수 생활인들의 상식 속에서 '사회주의'는 곧 '국가주의'다. '사회주의'라고 하면, 남한 사람들은 국가 최고 권력자를 예배 대상으로 삼는 이웃 체제를 떠올릴 것이고, 중국 사람들은 공산당 국가 관료들의 훈시를 연상할 것이다. 또한 동유럽 사람들은 20여 년 전 일당독재 시절을 기억할 것이며, 서유럽 사람들은 아직 남아 있는 복지국가의 여러 법제들을 떠올릴 것이다. 공통의 열쇳말은 결국 '국가'다.

물론 지난 30여 년간 인류 사회의 풍향계가 지나치게 '시장' 쪽으로 쏠려 있었기에 요즘은 이런 식의 '사회주의', 즉 '국가주의'가 오히려 신선하게 다가오기도 한다. 이런 맥락에서 이미 오래전부터 서구에서는 신자유주의 비판자들 가운데 과거 한국 박정희 정권의 경제 정책에 박수를 보내는 이들이 적지 않았다. 얼마 전부터는 스탈린주의 국가와 신자유주의 시장이 결합된 중국 모델이 비슷한 시각에서 주목받기 시작했다.

하지만 그렇다고 국가주의로 회귀하는 것이 신자유주의 이후의 대안일 수는 없다. 시장주의, 국가주의 모두 우리가 깨어나야 할 악몽들이다. 은행가들이 지배하는 체제만큼이나 정치국원들이 지배하는 체제도 사람들 위에 군림하는 것은 마찬가지다. 사실 신자유주의가 이토록 무소불위의 지배력을 갖게 된 것도 그전의 중앙집권형 계획이나 복지 관료제의 경험들이 결코 유쾌하지 못했기 때문이다. 지난 30여 년간 시장주의는 이러한 국가주의에 대한 대중의 환멸을 연료 삼아 전성기를 구가했던 것이다.

'국가'주의가 아닌 '사회'주의 — 길드 사회주의

이 대목에서 우리는 상식에 반하는 질문을 던져보아야 한다. 사회주의가 과연 국가주의일 뿐인 것인가? 사회주의의 그 '사회'가 '국가'로 대체되거나 환원될 수 있는 것인가? 애당초 사회주의자들이 그렇게 생각했을까? 사회주의 운동이 그런 걸 실현하자고 분투했던 것일까?

정색을 하고 들여다 보면, 금세 전혀 다른 그림이 눈에 들어오게 된다. 마르크스만 하더라도 그렇다. 그가 엥겔스와 함께 쓴 『공산당 선언』에서 궁극적인 이상으로 내세운 것은 '자유인들의 연합'이었다. 이 '연합(association)'은 자본주의 기업도 아니지만 그렇다고 국가 관료 기구도 아니다. 마르크스와 엥겔스가 굳이 '연합'이란 말을 쓴 것은 바로 이 두 지배적인 조직 형태와는 다른, 삶의 조직화 형태를 염두에 두었기 때문이다. 이들을 비롯한 1세대 사회주의자들이 자본주의에 맞선 대안에 '국가주의'라는 이름을 붙이지 않은 이유가 바로 여기에 있다. 이들에게 자본주의 이후의 대안은 '사회'주의든가 아니면 '코뮌(commune)'주의('공산주의'로 불만족스럽게 번역되는)였다. 여기에서 '사회'와 '코뮌'은 모두 『공산당 선언』 속의 '연합'과 비슷한 함의를 지닌다. 미래의 주역은 '사회'나 그 미래형인 '코뮌'이지 '국가'는 아니다. 비록 사회가 때로 국가를 통해 대변되기는 하지만 이것은 엄연히 독자적인 실체다.

다른 누구보다도 이런 맥락에서 '사회'를 강조한 사상가는 칼 폴라니다. 그의 대표작 『거대한 전환』에서 '자기조정 시장'이라는 허구의 장막을 뚫고 점차 그 육중한 실체를 드러내는 주인공이 바로 이 '사회'다. 그런데 폴라니는 이러한 '사회'의 발견을 오롯이 한 선구적 사상가이자 실천가의 공적으로 돌린다. 그는 생시몽, 푸리에와 함께 흔히 유토피아 사회주의의 세 거장 중 한 사람으로 불리는 로버트 오언이다.

그 누구보다도 산업 사회라는 새로운 영역으로 깊이 파고들었던 이는 로버트 오언이었다. 그는 국가와 사회가 다른 것이라는 것을 깊이 의식하고 있었다. 그는 고드윈처럼 국가에 대해서 편견을 품는 일도 없었지만 그것이 수행할 수 있는 것 이상을 기대하는 법도 없었다. 공동체에 끼치는 해악을 피하는 데에 도움이 될 만한 개입이라면 얼마든지 국가에 기대했지만, 사회를 조직하는 일 자체를 국가에 기대하는 법은 결코 없었다. 국가라는 정치적 메커니즘도, 또 기계라는 기술적 도구도 가장 핵심적인 현상이 무엇인지를 꿰뚫어보는 그의 혜안을 가리지는 못했다. 그 핵심적인 현상이란 바로 사회라는 것이었다.

—『거대한 전환』, 366쪽

그런데 폴라니만큼이나 이런 측면에서 오언에 주목한 또 다른 위대한 사회주의 사상가가 있다. 그는 영국의 사회주의 운동가이자 경제학자이고 정치·사회학자이며 역사가인(그리고 심지어는 추리소설 작가이기도 했던) 조지 더글러스 하워드 콜(1889~1959)이다.

콜은 '길드 사회주의'의 주창자였다. 우리에게는 아직 잘 알려져 있지 않지만(김명환, 『영국의 위기 속에서 나온 민주주의: 길드 사회주의……』[혜안, 2009]가 유일한 소개서다), 길드 사회주의는 폴라니에게도 영향을 주었을 뿐만 아니라 안토니오 그람시나 에른스트 비그포르스 같은 당대 일급 사회주의자, 노동운동가들에게 중요한 영감의 원천이었다. 유럽 대륙에서 노동자 평의회를 중심에 놓고 혁명을 바라보던 로자 룩셈부르크, 구스타프 란다우어 등의 흐름을 영국의 풍토에서 전개한 이들이 콜을 비롯한 길드 사회주의자들이었다.

길드 사회주의는 한마디로 사회가(국가가 아니라) 길드들(guilds)로 실체화되는 사회주의다. '길드'라고 하면, 우리에게는 좀 낯설다. 아마 인터넷 게임을 즐겨 하는 사람들에게나 귀에 익을 것이다. 이것은 본래 서구 중세의 수공업자 조합을 일컫는 말이다. 길드 사회주의자들은 자본주의 기업과 구별되며 또한 우리에게 익숙한 노동조합과도 다른 '생산자 조합'을 가리키기 위해 이 '길드'라는 오래된 단어를 재활용했다.

콜의 경우, 필요한 것은 생산자 조합만이 아니었다. 소비자 조합도 중요했다. 이런 다양한 형태의 길드들을 통해 대중의 이해가 조직으로 실체화되어야 한다는 것이었다. 콜의 길드 사회주의에서 경제 전반을 조절하는 것은 국가 기구가 아니라 이들 길드 사이의 협력과 협상이다. 기존의 국가 기구는 오히려 이제까지의 그 배타적인 권력 중 상당 부분을 길드와 같은 자발적 결사체들에 이양해야만 한다.

콜의 길드 사회주의가 의도한 것은 로버트 오언이 발견한 '사회'의 의미를 가장 충실히 구현한 사회주의였다. 이후의 사회민주주의나 스탈린주의가 지향한 사회주의가 대체로 '국가 중심 사회주의'라 할 수 있다면, 콜의 이상은 '사회 중심 사회주의'였다. 국가 기구라는 단일한 대리 조직이 아니라 다양한 결사체들로 실체화된 역동적 사회 자체가 주역이 된다는 점에서 이것은 또한 '다원적 사회주의'이자 '복합적 사회주의'이기도 했다.

오늘날 우리는 마치 시장/국가의 이분법에 갇혀 있는 것만 같다. 하지만 정말 시장주의와 국가주의 사이에서 진자운동을 반복하는 것이 인류 역사의 숙명인 것일까? 시장주의 아니면 그 대안은 국가주의뿐이며 따라서 불만이 있더라도 시장의 자유에 만족하라는 서구 경제학자의 협박이나, 아니면 바로 그렇기 때문에 중화 모델을 받아들이라는 중국 공산당 관변 학자의 궤변, 둘 중 하나만을 선택할 수밖에 없는 것일까?

오언과 콜을 비롯한 고전 사회주의자들이 제시하는 '사회 중심 사회주의', 좀 더 정확히 말해 본래의 사회주의는 이 답답한 이분법의 세계를 거부한다. 전복되어야 할 것은 진짜 주인공이 주인공으로 나서지 못하게 하는 시장/국가의 이항 대립 세계 그 자체다. '사회'를 육화(肉化)하라! '사회'의 능력을 배양하라! '사회'에 권력을! 애초 모든 운동의 출발점이었던 메시지, 그리고 다름 아닌 지금의 우리에게 가장 절실한 메시지가 바로 이것이다.

『영국 노동운동사』로 읽는 콜의 메시지

안타깝게도 콜의 수많은 저작들 중 한국어로 번역된 것은 얼마 안 된다. 특히 길드 사회주의를 직접 다룬 저작들은 소개된 적이 없다. 다만 그가 만년에 집필한 역사서들 중에 번역된 것이 조금 있다. 『영국 노동운동사』(광민사, 1980)도 그중 하나다. 이 책은 작년(2012년)에 그간의 언어 사용 변화를 감안한 문장 손질을 거쳐 다시 나왔다. 사실은 나도 이 작업에 참여했고, 해제를 쓰는 영광을 얻었다.

콜은 역사가로서도 뚜렷한 족적을 남긴 인물이다. 그의 대표작 중 하나인 방대한 분량의 『사회주의 사상사』(국내에는 1권만 번역돼 나왔다. 『사회주의 사상사 1』, 신서원, 1992)는 제2차 세계대전 무렵까지 전세계 사회주의 사상의 전개에 대한 정리로는 독보적인 저작이다. 그 밖에도 그는 영국 노동운동의 역사를, 때로는 노동당을 중심으로, 때로는 노동조합 혹은 협동조합을 중심으로 여러 저작을 통해 다뤘다. 또한 자신에게 커다란 영향을 끼친 로버트 오언이나 차티스트 운동가들에 대한 전기도 집필했다.

콜이 자신의 독창적 사상을 직설적으로 풀어낸 저작을 한국어로 볼 수 없다는 것은 참으로 아쉬운 일이다. 하지만, 아쉬운 대로, 우리는 『영국 노동운동사』를 통해 그의 문제의식을 접할 수 있다. 이 책에서 콜은 단지 냉정한 사가(史家)의 자세만을 취하지는 않는다. 그는 영국 노동운동의 참여자 중 한 사람으로서 역사 서술 안에 논쟁적 평가를 담는 것을 꺼리지 않는다. 그래서 우리는 『영국 노동운동사』 안에서 길드 사회주의 시절부터 쭉 이어지는 콜의 사상의 편린을 어렵지 않게 읽어낼 수 있다.

이것은 이 책을 읽는 이중의 즐거움이다. 사실 노동운동의 발전 정도에 비해 국내에는 외국 노동운동의 역사가 풍부히 소개되어 있지 못하다. 서점에든 도서관에든 각국 노동운동사 관련 책자가 별로 없다. 따라서 콜의 『영국 노동운동사』는 가장 긴 산업 자본주의의 역사를 지닌 나라의 노동운동에 대한 거의 유일한 한국어 읽을거리라는 점만으로도 충분히 독서의 가치를 지닌다. 그런데 이에 더해 영국 노동운동을 쟁점 삼아 사상가 G. D. H. 콜과도 대화할 수 있는 것이다.

이 책을 처음 접한 한국의 노동자나 진보적 독자라면 가장 먼저 놀랄 것은 이 책이 '영국 노동운동사'이되 '영국 노동조합 운동사'는 아니라는 점이다. 한국 사회의 상식에 따른다면, '노동운동'은 곧 '노동조합 운동'이다. 좁은 의미의 '노동조합 운동', 즉 작업 현장의 노동자 조직화와 경제 투쟁, 그리고 단체협상이다.

그런데 이 책이 다루는 것은 그런 의미의 노동조합 운동의 범위를 넘어선다. 노동자 정치운동을 다루고, 생산 및 소비 협동조합을 다룬다. 또한 다양한 형태의 노동자 상호부조 조직들에 대해서도 다룬다. 어떤 역사적 국면에서는 노동조합보다도 정치운동이나 협동조합이 더 중요한 배역을 맡는다. 실제로 영국 노동운동이 그렇게 발전해서이기도 하지만, 이러한 발전의 전체상을 애써 강조하려는 콜의 시각이 책 전반에 뚜렷이 새겨져 있는 탓도 크다.

더 중요한 것은 이러한 노동운동의 여러 부문이 결코 서로 다른 주체들의 분업과 같은 것이 아니었다는 점이다. 동일한 노동자들이 어떤 때는 노동조합의 투사로 나서기도 했고 어떤 경우는 차티스트 운동의 활동가가 되기도 했으며 협동조합의 선구자로 이름을 남기기도 했다. 이것들은 한 운동의 여러 얼굴들이었다.

영국 노동운동의 초기 단계에 노동운동의 이러한 성격을 상징하던 인물이 위에서 언급한 로버트 오언이다. 오언의 평전을 따로 쓰기도 했던 콜은 『영국 노동운동사』에서도 그를 중요한 비중으로 다룬다. 이 대목에서 우리는 그동안 잘 알지 못했던 영국 노동운동의 여러 중요한 장면들과 마주하게 된다.

가령 오언의 영향 아래 추진된 일반 노조운동이 그러한 사례다. 직업별 노조 특유의 분파주의에 찌들었다는 영국 노동운동에 대한 일반적 평가와는 사뭇 달리, 이 당시 영국 노동운동은 20세기 초의 산업 노조처럼 최대 다수 노동자의 조직화를 원칙으로 일반 노조(general union)를 건설하려 했다. 그 시도는 1834년 전국노동조합대연합(Grand National Consolidated Trades Union)의 건설로 결실을 맺었다. 아쉽게도 이후 직업별 노조의 원심력에 다시 길을 내주기는 했지만 말이다.

노동조합이자 동시에 오언적 사회주의의 실험장이기도 했던 1830년대의 건축노동자조합 역시 흥미로운 사례다. 건축노동자조합은 건설업의 모든 숙련 노동자들을 조직해서 도급을 독점하려 했다. 이를 통해 십장들(현대식으로 말하면, 파견업체)의 중간 착취를 배제하려 했고 조합원들 사이에서 소득을 함께 나누고자 했다. 여기에서 한 걸음만 더 나아가면, 건설업 방면의 생산자 조합, 즉 '길드'로 발전할 수도 있는 것이었다. 그런 포부는 분명히 있었다. 역시 채 꽃을 피우지는 못했지만 말이다.

아무튼 초기 영국 노동운동에서 노동조합, 협동조합, 공제조직, 그리고 정치운동은 서로 확연히 구분되지 않은 채로 거대한 앙상블을 이루었다. 이들은 이런 식으로 서로 얽혀가며 노동계급의 '사회'를 구성하고 실체화해갔던 것이다. 콜이 아쉬움을 토로하는 것처럼, 오히려 빅토리아 시대에 들어와 노동조합이 체제 내 시민권을 확보하면서 이런 전통이 다분히 퇴색된 면이 있다. 하지만 그럼에도 불구하고 지금까지 영국에서는 한국 노동운동에 비해 한층 다채로운 모습이 유지된다. 가령 소비 협동조합이 여전히 활기를 띠며 상당한 규모로 지속되고 있는 것이 그 대표적인 예다.

콜과 함께 영국 노동운동의 역사를 읽어내려가면서 우리는 노동운동의 과제를 다시 생각해보게 된다. 21세기 한국 노동운동이 해야 할 일이 무엇인지 새롭게 성찰하게 된다. 그것은 단순히 노동조합의 협상력을 높여서 임금을 더 받아내는 것만은 아니다. 또한 노동자 정당의 의석을 늘리거나 제도 권력에 참여하는 것만도 아니다. 이런 것들은 오히려 더 중요한 다른 과제를 실현하기 위한 수단들일지 모른다. 풀뿌리 노동 대중의 '사회'를 만들고 거기에 형체들을 부여하며 그 지적·도덕적 헤게모니를 확장하는 일, 이것이 노동운동의 필생의 과제일 것이다.

노동운동의 '녹색화'의 의미

1987년 민주화 투쟁과 함께 등장한 민주노조 운동도 이미 장년의 나이에 접어들었다. 민주노조 운동 1세대가 벌써 퇴직을 눈앞에 두고 있다. 하지만 이 나라에서는 아직도 노동 대중의 '사회'가 눈에 잘 들어오지 않는다. 그 실체가 모호하다. 존재하는 것은 단지 상층의 교섭이나 가끔의 파업 때에만 눈에 띄는 기업별 노동조합들뿐이다.

이 땅에도 또 다른 형태의 자생적 대중 조직들이 없었던 것은 아니다. 일제시대부터 협동조합들이 있었고, 전통적인 계에서 발전한 공제 조직들도 있었다. 한데 이것이 1차로는 해방 공간의 좌파 탄압 과정에서, 2차로는 박정희 식 산업화 과정에서 박멸되고 말았다. 흔히들 새마을 운동이 그 마지막이자 결정적인 계기였다고 한다. 새마을 운동으로 그나마 남아 있던 자생적 결사체들마저 국가 권력망 안에 모두 흡수되었다.

요즘은 주로 생태 운동 쪽에서 협동조합이나 대안 공동체를 이야기한다. 그래서 '노동운동은 노동조합, 협동조합은 녹색운동' 식의 도식이 상식이 되고 있다. 하지만 이것은 건강한 상식은 아니다. 『영국 노동운동사』가 증거하는 것처럼, 협동조합이나 대안공동체는 노동운동의 또 다른 얼굴들이다. 단지, 한국의 노동운동이 이것을 망각하고 있을 뿐이다.

이런 점에서 노동운동을 비롯한 전통 좌파 진영은 분명 '녹색화'해야 한다. 그것은 단순히 환경 의제를 좀 더 중요시해야 한다는 의미가 아니다. 풀뿌리 '사회'의 재건을 자신의 가장 중요한 과제로 삼아야 한다는 좀 더 근본적인 의미에 주목해야 한다. 그리고 이것은 사실 노동운동 태동기의 그 생명력으로 돌아가자는 이야기이기도 하다.

함께 읽으면 좋을 책

『영국의 위기 속에서 나온 민주주의: 길드 사회주의—노사민 합의의 민주주의(1900~1920년대)』 김명환(혜안, 2009)

한국어로 나온 길드 사회주의에 대한 유일한 입문서.

『전 세계적 자본주의인가 지역적 계획경제인가 외』 칼 폴라니(홍기빈 옮김, 책세상, 2002)

위에서도 밝힌 것처럼, 콜과 폴라니는 직접 교류했을 뿐만 아니라 서로 만나는 데가 많은 사상가들이다. 폴라니의 글들을 모은 이 책 제4장 '우리의 이론과 실천에 대한 몇 가지 의견들' 역시 길드 사회주의와 유사한 대안을 제시한다.

『영국 노동당사』 고세훈(나남, 1999)

영국 노동운동의 역사 중 정치세력화 노력을 집중적으로 다룬 저작. 훌륭한 통사인데, 지금은 절판 상태다.

『투게더 : 다른 사람들과 함께 살아가기』 리처드 세넷(김병화 옮김, 현암사, 2013)

사회를 구성하는 가장 기본적인 힘인 '협력'이 신자유주의 시대에 어떻게 위협받고 있는지, 그것을 어떻게 복원할지 논하면서 '사회주의'의 그 '사회'에 대해서도 곱씹는 명저.

마르크스주의를 넘어 사회주의를 다시 생각하자

—

『자유로 가는 길』 버트런드 러셀
장성주 옮김, 함께읽는책, 2012.

글깨나 읽었다는 사람들 중에 버트런드 러셀이라는 이름을 모르는 이들은 별로 없을 것이다. 어느 철학사 서적을 보든 그는 알프레드 노스 화이트헤드, 루트비히 비트겐슈타인과 함께 영어권 현대 철학의 정초자들 중 한 명으로 당당히 한 장(章)을 차지한다. 또한 철학자들 중에서는 희귀하게도 노벨문학상을 받은 인물로서, 국내에도 그가 지은 책들이 적잖이 소개되었다. 그중에서도 그의 『서양철학사』(을유문화사, 2009)는 한때 서양 철학에 입문하려는 이들에게 첫째가는 필독서이기도 했다.

그렇다고 그가 이해하기 쉬운 인물이라는 뜻은 아니다. 러셀이 자신의 전공 분야에서 남긴 대표작은 화이트헤드와 함께 쓴 세 권짜리 『수학의 원리』인데, 이 책은 너무 어려워서 세상에 이 책을 다 읽은 사람은 세 사람밖에 없다는 전설 같은 이야기가 전해내려온다. 그 세 사람이란 저자인 러셀, 화이트헤드, 그리고 이 책의 논쟁 상대였던 독일 철학자 고틀로프 프레게다.

게다가 러셀은 얌전한 철학자만은 아니었다. 한동안 국내에는 잘 안 알려졌던(혹은 쉬쉬했던?) 그의 면모 중 하나는 그가 '민주적 사회주의자'임을 자처했다는 사실이다. 물론 러셀이 제1차 세계대전에 반대하는 운동에 참여해서 감옥에 갇히고 케임브리지대학에서도 추방되었다는 이야기는 유명하다. 만년에(98세나 살았다!) 핵무장 철폐 운동에 앞장서서 알베르트 아인슈타인과 함께 이 운동의 상징 역할을 한 것도 현대 지성사의 상식 중 하나다.

그러나 러셀의 이 모든 행동이 돌출적인 게 아니라 자신의 이념에서 비롯된 일관된 것이었다는 점은 잘 알려지지 않았다. 비교적 최근에야 그의 사회주의 이념을 분명히 드러낸 저작들이 한국어로 번역돼 나왔다. 『게으름에 대한 찬양』, 『런던 통신 1931-1935』, 『왜 사람들은 싸우는가?: 행복한 사회 재건의 원칙』 등이 그런 책들이다. 이 책들에서 우리는 신념 있는 사회주의자 러셀을 만나게 된다.

단순히 유명인으로서 사회주의에 동조한 정도가 아니다. 아인슈타인처럼 후대의 좌파 운동권에 힘을 주는 글 한 편(미국의 독립 좌파 저널 『먼슬리리뷰』 창간호에 쓴 저 유명한 「왜 사회주의인가?」) 남긴 수준이 아니다. 러셀 자신이 한 명의 독창적인 사회주의 사상가였다. 같은 1870년대 생인 레닌이나 로자 룩셈부르크와 어깨를 나란히 할 만한 깊이를 갖춘 사회주의자였다. 나도 이 정도일 줄은 몰랐다. 최근에 한국어로 나온 그의 『자유로 가는 길』을 읽기 전까지는 말이다.

마르크스주의는 사회주의의 한 가지였을 뿐

『자유로 가는 길』은 문고본 정도 분량의 길지 않은 책이다. 서술도 그렇게 현학적이거나 이론적이지 않다. 러셀의 다른 에세이들처럼 위트가 넘치며 쉽게 읽힌다. 애초 집필 목적이 대중용 입문서를 쓰는 것이었기 때문이다. 제1차 세계대전이 한창이던 1917년에 러셀은 한 미국 출판사로부터 좌파 사상의 여러 조류들을 쉽게 소개하는 책을 써달라는 의뢰를 받았다. 당시 막 반전운동에 뛰어든 탓에 생활고에 시달리던 러셀로서는 원고료 한 푼이 아쉬운 처지라 이 청탁에 쾌히 응했다. 하지만 러셀이 1918년에 투옥되는 바람에 책이 나오는 데는 좀 시간이 걸렸다. 『자유로 가는 길』은 전쟁이 끝난 1919년에야 세상에 나올 수 있었다.

1917년부터 1919년 사이라면 세계사의 엄청난 격동기 중 하나다. 세계 최초의 사회주의 혁명인 러시아 10월 혁명이 일어났고, 1년 뒤에는 독일과 오스트리아에서도 혁명이 뒤따랐다. 언제 끝날지 알 수 없던 전쟁은 이렇게 해서 종지부를 찍었지만, 베르사유 강화 회담으로 들어선 전후 질서는 상처를 치유하기보다는 오히려 덧나게 만들었다. 독일, 이탈리아, 헝가리를 비롯한 유럽 곳곳에서 혁명의 여진이 계속되었고, 중국, 인도 등 유럽 바깥에서는 반제국주의 민중투쟁의 격랑이 일었다. 우리의 3·1운동이 폭발한 것도 이때였다.

다름 아닌 이런 격변과 마주하며 러셀은 『자유로 가는 길』을 썼다. 이 책은 제1차 세계대전이 발발하기 직전 십수 년간 서구 세계를 뒤흔들었던 세 가지 좌파 조류를 검토한다. 그중 첫 번째는 무엇보다도 독일 사회민주당의 혁혁한 성장을 통해 영향력을 발휘하던 마르크스주의 혹은 러셀이 파악한 그 실현 형태인 국가사회주의다. 두 번째는 마르크스주의의 오랜 숙적 아나키즘이고, 나머지 하나는 20세기 벽두에 프랑스의 노동총동맹(CGT)과 미국의 세계산업노동자동맹(IWW)을 통해 기염을 토하던 생디칼리슴이다.

마르크스주의, 아나키즘, 생디칼리슴을 동렬에 놓고 서로 비교한다는 것은 한국의 운동권에게는 낯선 접근법일 것이다. 한국 사회에서는 오랫동안 마르크스주의만이 혁명 사상의 전부인 양 군림해왔기 때문이다. 아나키즘은 일제시대에 소수의 테러리스트들이나 관심을 가졌던 사상사의 화석처럼 취급되고, 생디칼리슴은 아예 그 본래 의미에 상관없이 정치에 관심 없는 노동조합 운동가들을 조롱하는 표현으로 간혹 동원된다.

그러나 러셀이 『자유로 가는 길』의 집필 의뢰를 받던 무렵의 사정은 달랐다. 이때도 물론 전세계적으로 가장 많은 지지자를 확보하고 있던 것은 마르크스주의 쪽이었다. 하지만 아나키즘이나 생디칼리슴의 인기 역시 만만치 않았다. 스페인 노동운동에서는 마르크스주의가 아니라 아나키즘이 주류였다. 위에서 말한 것처럼, 프랑스나 미국에서 산업 노조라는 새로운 조직 형태를 확산시키던 것은 생디칼리스트들이었다.

러셀이 이 책을 쓰던 바로 그 무렵 일어난 결정적인 한 사건이 이런 상황을 크게 바꿔놓았다. 러시아 10월 혁명 말이다. 10월 혁명 초기에 등장한 체제, 즉 노동자 대표들로 구성된 공장위원회가 주요 기업을 직접 경영하고 나라 전체로는 노동자, 농민, 병사 대표들로 이뤄진 소비에트(평의회)가 권력을 쥔 상황이 상당수의 아나키스트나 생디칼리스트들까지 볼셰비키 지지자로 만들었다.

아나키스트-생디칼리스트 운동의 몇몇 개인이 아니라 다수 세력이 코민테른 결성에 동참했고, 그러면서 이들은 마르크스주의의 혁명적 흐름, 즉 공산주의에 급격히 흡수되었다. 러셀 자신도 제2차 세계대전 후 (1948년)에 나온 『자유로 가는 길』제3판 서문에서 이때 상황을 다음과 같이 회고한다. 길지만 그대로 인용해보겠다.

러시아 혁명이 일어나기 전 프랑스의 생디칼리슴과 미국의 세계 산업노동자동맹, 영국의 길드 사회주의 등은 모두 국가에 대한 불신을 천명하는 동시에 전능한 관료주의 없이 사회주의의 목표를 실현하고자 한 운동들이었다. 그러나 이러한 운동들은 러시아인들의 성취에 경도된 나머지 1차 세계대전 이후 몇 년에 걸쳐 모두 숨을 거두고 말았다.

이 책을 집필하던 1918년 1월에는 러시아 사정에 관하여 믿을 만한 정보를 얻기가 불가능했다. 다만 볼셰비키가 전투 구호처럼 외치던 '모든 권력을 소비에트!'라는 표어만이 새로운 형태의 민주주의, 즉 의회정치에 반대하며 조금은 생디칼리슴의 성격을 띤 정치 체제를 표방하는 것처럼 받아들여졌을 뿐이다. 그들이 좌파의 지지를 얻은 것도 이 때문이었다.

실제로 만들어진 체제가 이와 다르다는 사실이 밝혀졌을 때조차도 많은 사회주의자들은 한 가지 믿음을 굳게 유지했다. 소련은 어쩌면 서유럽 사회주의자들이 그때껏 설파했던 것과 정반대의 체제일지도 모르지만, 그 형태가 어떠하든 완벽한 것으로 칭송해야 한다는 믿음이었다.

어떠한 비판도 프롤레타리아트의 대의에 대한 배신으로 비난받았다. 아나키스트 및 생디칼리스트의 비판은 망각되거나 무시당했고, 사람들은 국가사회주의를 찬양함으로써 하나의 위대한 국가가 선구자들의 열망을 실현했다는 믿음을 유지할 수 있었다.

—『자유로 가는 길』, 14~15쪽

통렬한 비판적 회고다. 러셀은 1920년에 소련을 방문한 뒤 곧바로 *The Practice and Theory of Bolshevism*(볼셰비즘의 이론과 실천)이라는 저작을 써서 혁명 이후 러시아 체제를 비판했다. 이에 대해 그의 자유주의 성향이 드러난 것이라 비난할 수도 있겠지만, 러셀이 미련을 가진 것은 결코 부르주아 자유주의는 아니었다. 그가 애석해한 것은 국가사회주의의 승리로 역사의 기회에서 밀려난 반자본주의의 다른 흐름들, 즉 반국가주의적 사회주의 사상과 운동들이었다.

아나키즘의 진정한 교훈을 흡수한 사회주의

『자유로 가는 길』의 제1부 '역사적 배경'에서 러셀은 각각 한 장(章)씩을 할애해 마르크스주의, 아나키즘, 생디칼리슴을 소개한다. 이 중에서 아나키즘, 생디칼리슴을 소개한 제2장, 제3장은 처음 접하는 이야기도 많아 무척 흥미롭게 읽히는 반면, 마르크스주의를 다룬 제1장은 다소 지루하다. 『공산당 선언』을 장황하게 인용하고 있고, 마르크스가 "임금이 최저 생계비에 머물러 노동자의 빈곤이 계속되리라고 예측한 임금 철칙"을 주장했다는(63쪽) 잘못된 주장도 있다.

이미 마르크스에게 커다란 매력을 느낀 독자라면 이러한 대목에서 러셀에게 반론을 펼치고 싶어 좀이 쑤실 것이다. 마르크스주의를 국가사회주의와 등치시키는 게 너무 일면적인 해석이라고 느껴져 화가 치밀어오를 수도 있다. 하지만 이 대목에서 환기해야 할 것은 『자유로 가는 길』이 1910년대 말에 쓰인 책이라는 사실이다. 이 시기의 마르크스 이해는 지금보다 훨씬 제한되어 있었다. 러셀이라면 분명 흥미를 느꼈을 마르크스의 청년기 저작 『경제학-철학 수고』는 그 존재조차 알려지지 않았고, 역사유물론을 도식이 아닌 풍부한 착상들의 형태로 제시하는 『독일 이데올로기』도 아직 출판되지 않은 상태였다. 이런 상황에서 러셀과 그 동시대인들은 주로 『공산당 선언』에, 그리고 『자본』의 특정한 해석에 기반을 둔 독일 사회민주당의 교리가 곧 마르크스주의인 것으로 이해했다.

러셀의 마르크스주의 비판을 읽을 때에는 이런 시대적 한계를 충분히 감안해야 한다. 하지만, 달리 보면, 마르크스주의의 국가 중심주의적 측면을 부각시킨 게 꼭 편견 때문이라고만 할 수는 없다. 10월 혁명으로 들어선 체제가 이후 실제로 국가사회주의로 귀결된 것을 생각해보면, 러셀의 비판은 오히려 뛰어난 감식안의 증거라고 할 수도 있다.

비록 마르크스 자신은 아니더라도 그의 이름을 내건 운동에는 분명 국가사회주의의 요소들이 있었고, 러셀은 이것들을 예리하게 포착해낸 것이다.

그렇다고 러셀이 마르크스주의의 라이벌을 무조건 찬양하는 것도 아니다. 러셀은 마르크스주의의 국가주의적 요소를 비판하는 것만큼이나 많은 지면을 아나키즘의 순진한 반국가주의적 환상을 비판하는 데 할애한다. 국가사회주의자들이 국가와 사회는 엄연히 다르며 미래 권력의 주체는 국가가 아니라 사회여야 한다는 것을 쉽게 망각했다면, 아나키스트들은 지금 당장 국가 없는 사회가 가능하다는 망상에 사로잡혀 있었다. 러셀은 대안 사회에 대해 본격적으로 다룬 제2부 '미래의 문제들'에서 이러한 단꿈을 깨뜨리길 주저하지 않는다.

러셀은 이렇게 좌파의 대표적인 조류들을 비판적으로 검토하면서 점차 자신이 생각하는 바람직한 탈자본주의 대안 사회의 밑그림을 그려간다. 그는 이것을 "아나키즘의 진정한 교훈을 흡수한 사회주의"(236쪽)라 부른다. 이것은 국가나 시장을 활용하는 현실적인 길을 취하면서도 이 모든 노력의 종국적 목표가 바로 모든 개인의 자유임을 한순간도 잊지 않는 사회주의다. 자본의 자리에 다른 어떤 집단을 들이미는 게 목표는 아니다. 주인이 되어야 할 것은 자유로운 개인들이다. 그래서 책 제목도 '자유로 가는 길'이다.

제2부 '미래의 문제들'의 각 장은 아주 구체적인 쟁점을 중심으로 이러한 논의를 흥미롭게 풀어나간다. 예를 들어, 제4장 '게으름뱅이가 될 자유'를 보자. 이 장에서 러셀은 자본주의를 넘어선 미래 사회에서는 어떠한 원칙에 따라 소득이 분배되어야 하는지 묻는다. 그러면서 이 물음에 대한 (국가)사회주의와 아나키즘의 답변을 다음과 같이 요약한다.

사회주의와 아나키즘은 분배 문제와 관련하여 근본적으로 차이가 있다. 사회주의는 그 형태가 어떠하든 간에 실제 노동 또는 노동하고자 하는 의지에 대해 보상을 해야 한다는 입장을 어느 정도 견지하며, 연령이나 질병 때문에 일할 능력이 없는 사람의 경우를 제외하고 일하려는 의지만 있으면 생계를 유지할 수 있거나 적어도 최저한도의 생계는 보장받는 사회를 만들고자 한다.

반면 아나키즘은 일상적인 재화의 경우 어떠한 조건도 없이 모든 이에게 원하는 만큼 제공되어야 하며, 무한정 공급할 수 없는 귀중품은 배급을 통해 전 인구에게 공평하게 분배되어야 한다고 생각한다. 따라서 기본적으로 아나키즘은 노동의 의무를 전혀 부과하지 않지만 아나키스트들은 사회에 꼭 필요한 노동을 즐거운 일로 만들면 인구 대부분이 자발적으로 그 일을 떠맡을 것이라고 믿는다. 반면에 사회주의자들은 노동을 강요하고자 한다.

―『자유로 가는 길』, 138~139쪽

여기에서 사회주의는 대략 마르크스가 『고타 강령 비판』에서 '공산주의의 낮은 단계'라고 불렀던 것에 해당한다. 또는 현재 북유럽에 실현되어 있는 복지국가를 연상해봐도 좋겠다. 한편 러셀이 인용하는 아나키즘의 구상은 대체로 표트르 크로포트킨의 사상에서 따온 것이다.

러셀이 보기에 사회주의의 분배 원칙은 사회의 존립에 필요한 기본 노동이 수행되도록 만드는 데에 장점이 있다. 하지만 이것은 결국 일을 시키고 그 보상을 제공하는 자들의 존재를 전제하는 것이고, 이런 자들의 존재는 쉽게 그들의 독재로 귀결된다. 반면 아나키즘의 분배 원칙은 무엇보다도 자유를 강조한다는 데 미덕이 있다. 그러나 러셀은 아나키스트들이 꿈꾸는 사회가 과연 필수 생산 활동을 지속시킬 수 있을지에 대해 의문을 표시한다.

그럼 러셀의 대안은 무엇인가? 그는 "생필품은 모두에게 공짜라고 하더라도 그보다 값진 것은 무엇이든 일할 의지가 있는 사람에게 제공한다"(154쪽)는 분배 원칙을 제시한다. 이를 위해 모든 사람에게 생필품 구입에 필요한 만큼의 소득, 러셀의 표현에 따르면 '뜨내기의 품삯'(229쪽)을 제공한다. 하지만 그 이상의 뭔가를 누리려면 반드시 유급 노동에 뛰어들어야 한다. 이렇게 하면 "자유를 부르짖을 목소리와 노동을 이끌어 낼 경제적 자극을 한데 결합할 수 있다"(155쪽)는 것이다.

> 좀 더 친숙한 용어로 설명하면, 우리가 지지하는 계획은 본질적으로 다음과 같다. 일을 하든 안 하든 간에 사람은 누구나 적지만 생필품을 구하기에는 충분한 소득을 일정하게 보장받아야 하며, 이보다 더 큰 소득은 생산된 재화의 총량이 허락하는 한도 안에서 공동체가 유용하다고 인정하는 일에 종사하는 이들에게 돌아가야 한다.
>
> ─『자유로 가는 길』, 155쪽

영락없는 기본소득(Basic Income) 구상이다. "아나키즘의 진정한 교훈을 흡수한 사회주의"의 분배 원칙에 대한 러셀의 고민 속에서 우리는 이미 100년 전에 제시된 기본소득론을 발견하게 된다.

나는 길드 사회주의자다

러셀이 국가사회주의와 아나키즘이라는 전통적인 대립 쌍보다 더 높게 평가하는 것은 생디칼리슴이다. 생디칼리슴은 아나키즘처럼 국가와 사회는 서로 다르다는 것을 분명히 한다. 그러면서도 아나키즘과는 달리 사회를 대변할 구체적인 조직적 실체를 제시한다. 그것은 산업 단위로 조직된 노동조합이다.

하지만 생디칼리슴에는 아직 아나키즘의 흔적이 너무 짙게 남아 있다. 생디칼리스트들은 그들의 선배인 아나키스트들처럼 국가 없이도 노동조합만으로 사회를 운영할 수 있다고 믿지만, 러셀이 보기에는 이것 역시 유토피아적 몽상이다. 그는 차라리 노동조합이나 협동조합으로 권력이 분산되면서 동시에 이들이 민주적으로 변형된 국가와 협력하는 방안이 현실적이며 또한 바람직하다고 본다.

러셀이 이 책을 쓸 무렵 영국에서는 이미 이러한 구상이 여러 논자들을 통해 제기되고 있었다. 그리고 이러한 구상은 자신만의 독특한 이름까지 갖고 있었다. 그 이름은 '길드 사회주의'였다. G. D. H. 콜을 비롯한 길드 사회주의자들은 "각각의 공장이 저마다 경영진을 선출하여 자신들의 생산 방식을 자유로이 통제"(123쪽)하길 바랐다. 여기까지는 경영권이 고스란히 노동자의 몫이 되어야 한다는 김상봉의 제안(『기업은 누구의 것인가?』)이나 노동자 자주관리 혹은 생산자 협동조합의 일반화를 주장하는 목소리와 닮았다.

그런데 길드 사회주의자들은, 여기에서 더 나아가, "해당 산업에 속한 개별 공장이 연합하여 구성한 전국 길드"가 "업계 전체의 거래 활동 및 이해관계 전반"을 다뤄야 한다고 주장했다. 각 산업의 전국 길드는 길드 의회에 서로 모여 협상과 합의를 통해 경제활동을 조정한다. "길드 의회는 현존하는 영국 노동조합회의의 자랑스러운 후계자로서 (중략) 생산자의 처지에서 공동체를 대표할 것"(181쪽)이다.

국가는 반드시 민주화돼야 하지만, 여전히 그만의 할 일이 있다. 길드 사회주의자가 보기에 그것은 소비자 혹은 지역 주민으로서 민중의 이해를 대변하는 것이다. "따라서 의회와 길드 의회는 저마다 소비자와 생산자를 대표하는 양대 권력으로서 동등하다. 그 둘 위에 의회와 길드

평의회의 합동 위원회를 두고 여기서 소비자와 생산자의 이해관계가 함께 걸린 문제를 결정한다."(124쪽)

러셀은 『자유로 가는 길』 곳곳에서 자신이 지지하는 가장 바람직한 모델은 길드 사회주의라고 천명한다. 한마디로, 러셀은 이 책에서 '나는 길드 사회주의자다'라고 선언한다. 다음은 그런 반복적 언급들 중 하나다.

> 마르크스주의와 생디칼리슴은 둘 다 여러 가지 약점에도 불구하고 지금 우리가 사는 세상보다 더 행복하고 바람직한 세상을 이룩할 수 있는 계획처럼 보인다. 하지만 나는 그 둘 중 어떤 것도 실현 가능한 최선의 체제로 여기지 않는다. 마르크스주의는 국가에 지나치게 큰 권력을 부여할 위험이 있는 반면, 국가 자체를 폐지하는 것이 목표인 생디칼리슴은 서로 다른 생산자 집단 간의 경쟁에 종지부를 찍기 위하여 스스로 중앙 집중적 권력을 재건해야 할 것이기 때문이다.
>
> 내 생각에 실현 가능한 최선의 체제는 길드 사회주의이다. 길드 사회주의는 국가사회주의자들의 요구와 생디칼리스트들의 국가에 대한 두려움을 모두 유효한 것으로 인정하는데, 이러한 태도는 국가 간의 연방주의를 지지하는 것과 비슷한 이유에서 여러 직종들로 구성된 연방주의 체제를 채택함으로써 가능하다.
>
> —『자유로 가는 길』, 25쪽

러셀이 이러한 결론에 도달한 데에는 G. D. H. 콜의 영향을 무시할 수 없다. 2006년판 추천사에서 러셀의 사상적 후계자인 켄 코츠(작고한 '버트런드 러셀 평화재단' 이사장)는 『자유로 가는 길』이 집필될 당시 콜이 직접 러셀의 자문역을 맡았다고 밝힌다. 하지만 콜의 영향 때문이라고만 할 수는 없다. 『자유로 가는 길』이 집필될 무렵에 길드 사회주의는 아직 미완성 상태였다. 길드 사회주의 구상의 결정판인 콜의 *Guild Socialism Restated*(길드 사회주의 재론)가 출간된 게 1920년이다. 『자유로 가는 길』보다 나중에 나온 것이다.

러셀은 이미 완성된 길드 사회주의를 받아들인 게 아니라 그 자신 길드 사회주의의 완성에 기여했다. 『자유로 가는 길』(246쪽 이하)에서 그가 제시하는 풍부하고 독창적인 대안 사회상은 길드 사회주의의 가장 빛나는 성취들 중 하나로 기억될 만한 것이다. 비록 길드 사회주의는 생디칼리슴이나 IWW 운동과 마찬가지로 지배적인 사회민주주의-공산주의 대립 쌍에 밀려 한동안 대중의 관심에서 멀어졌지만, 러셀은 만년까지도 이 신념을 버리지 않았다. 1948년의 제3판 저자 서문에서 이미 일흔여섯 살이던 러셀은 이렇게 말했다.

> 더 이상 소련 정부를 맹목적으로 숭배할 수 없게 된 사람들은 사회주의에서 한층 덜 권위적인 형태를 찾고자 어쩔 수 없이 초기의 학설을 연구하게 되었다. 이 책에서는 그러한 초기 학설들을 소개하고 논의했다. 그 가운데 내가 지지하는 길드 사회주의는 여전히 존중할 만한 기획으로 보이며, 나는 그 학설이 다시금 인기를 끄는 모습을 볼 수 있기를 바란다.
>
> —『자유로 가는 길』, 15쪽

21세기 자본주의 위기의 한복판에서 나 역시 참으로 그런 모습을 볼 수 있기를 바란다. 지난 세기 초의 대위기 속에서 부당하게 박탈된 기회가 이제는 이 위대한 구상에 열리기를 꿈꾼다. 나뿐만 아니라 다른 많은 독자들도 이 바람에 동참하게 하기 위해, 나는 기꺼이 러셀의 이 책

『자유로 가는 길』을 권한다. 『공산당 선언』과 반드시 함께 읽어야 할 책으로서, 그 책의 빈 곳들을 메워주면서 동시에 그 해독제 역할을 할 책으로서 말이다.

함께 읽으면 좋을 책

『왜 사람들은 싸우는가: 행복한 사회 재건의 원칙)』 버트런드 러셀(이순희 옮김, 비아북, 2010)

『게으름에 대한 찬양』 버트런드 러셀(송은경 옮김, 사회평론, 2005)

『러셀, 북경에 가다』 버트런드 러셀(이순희 옮김, 천지인, 2009)

『런던통신 1931-1935: 젊은 지성을 깨우는 짧은 지혜의 편지들』 버트런드 러셀(송은경 옮김, 사회평론, 2011)

국내에 소개된 러셀의 저작들 중 그의 사회 사상을 엿볼 수 있는 책들.

『러셀 자서전』 버트런드 러셀(전2권, 송은경 옮김, 사회평론, 2003)

사상가일 뿐만 아니라 행동가였던 러셀의 삶을 그 자신의 목소리로 듣는다.

『모두에게 기본소득을: 21세기 지구를 뒤흔들 희망 프로젝트』 최광은(박종철출판사, 2011)

러셀, G. D. H. 콜 등이 공감했던 시민 기본소득 구상이 이후 어떻게 발전해왔는지 정리하고 있다.

가보지 않은 길, 협동조합 국가

『우애의 경제학』 가가와 도요히코
홍순명 옮김, 그물코, 2009.

협동조합기본법이 통과되고 나서 협동조합이 뜨거운 화제다. 한편에서
는 마치 새마을 운동을 연상시키는, 몇 년 뒤까지 협동조합 수천 개를
만들겠다는 계획들이 무성한가 하면, 다른 한편에서는 그거 보라며 협
동조합은 역시 대안이 아니라는 때 이른 최종 진단이 작성된다.

대한민국은 확실히 가상 현대성(virtual modernity)으로 넘쳐나는 나라
다. 다른 나라 현대사의 여러 기획들을 이 땅에 옮겨심지도 못하면서,
머릿속으로는 열 번도 더 세웠다 허물었다 반복하고 말만 무성하다. 제
대로 돌아가는 협동조합을 겪어본 기억도 별로 없는데, 다들 협동조합
논의는 벌써 지루하고 피곤하다는 분위기다.

그새 협동조합에 대한 책들도 제법 나왔다. 볼 만한 개론서 하나 변
변치 않았던 상황은 이제 옛말이 되었다. 그런 중에 나는 이미 나온 지
몇 년 된, 하지만 그에 값하는 주목을 받지는 못한 책 한 권을 손에 들
었다. 협동조합으로 기독교 정신을 실천하고 사회주의를 실현하자는
책, 가가와 도요히코의 『우애의 경제학』이다.

가가와 도요히코. 잘 알려진 이름은 아니다. 하지만 1980년대에 사춘
기를 보낸 독자라면 혹 어렴풋이 기억이 날지도 모르겠다. 이 무렵 책깨
나 읽는다는 청소년들에게는 깨어 있는 청춘의 징표나 되는 양 꼭 읽어

야 하는 소설이 몇 권 있었다. 외국 작품으로 그 대표가 헤르만 헤세의 『데미안』이었다면, 우리 소설로는 이문열의 『사람의 아들』을 꼽을 수 있었다. 바로 이 『사람의 아들』에 가가와 도요히코라는 이름이 나온다.

주인공 민요섭이 자신의 기독교 신앙과 충돌하는 사회 불의에 대해 고민하다가 빠져들게 된 사상가로 가가와 도요히코가 언급된다. 그의 회고록 『사선을 넘어서』도 이야기된다. 나 역시 10대 때 이 소설을 열병 앓듯이 읽고 나서는, 이문열이라는 작가를 미련 없이 잊은 것처럼, 이 이름 역시 잊어버렸다. 하지만 그 이름은 한국어로 번역된 저서를 통해 '협동조합 국가'라는 낯선 비전을 들고 내 앞에 다시 나타났다.

김교신과 이재유를 합쳐놓은 것 같은 인물, 가가와 도요히코

『우애의 경제학』 국역본에는 김재일 목사가 쓴 「가가와 도요히코에 대하여」라는 친절한 해설이 붙어 있다. 이 해설을 보면, 회고록 『사선을 넘어서』뿐만 아니라 가가와 도요히코의 생애와 사상을 소개하는 『시대를 초월한 사상가: 가가와 도요히코』라는 책도 한국어로 나와 있다고 한다. 한데 왠지 서점에서는 이런 책들을 찾아볼 수 없다. 다만 제2차 세계대전 이전 일본 좌파정당 운동사를 다룬 조지 O. 타튼의 『일본의 사회민주주의 운동』(한울, 1997)에는 그가 주요 인물 중 하나로 등장한다. 가가와 도요히코라는 인물을 알려면, 일단은 『우애의 경제학』의 해설과 타튼의 이 책을 참고하는 수밖에 없겠다.

가가와 도요히코는 1888년 일본 고베에서 태어났다. 어릴 적 선교사를 통해 기독교에 입문해 대학도 메이지학원 신학 예과에 들어갔다. 한국과 달리 기독교가 그렇게 열렬한 환영을 받지 못한 일본 사회에서 가가와는 이것만으로도 일단 주류 다수와는 뭔가 다른 길을 선택한 셈이었다. 하지만 이게 다가 아니었다. 평범한 목사가 될 수도 있었던 그는

20대 초반 한창 나이에 심각한 폐질환으로 투병 생활을 해야 했다. 이 체험을 통해 그는 자신과 마찬가지로 질병과 죽음의 위협으로 고통받는 고베의 가난한 이들을 다시 보게 되었다. 그러면서 자신의 기독교 신앙이 이러한 민중의 고된 삶을 바꾸려는 노력과 동떨어져서 존립할 수 없다는 자각에 이르렀다.

미국 유학 중에 마주친 치열한 노동조합 투쟁은 민중의 삶의 개선이 어떻게 가능할지에 대해 실마리를 던져주었다. 일본에 돌아오자마자 가가와는 전도 사업이 아니라 사회운동에 뛰어들었다. 노동자 자주관리 공장을 실험하고, 공제조합을 만들고, 노동조합의 파업 투쟁을 이끌었다. 감옥도 밥 먹듯 드나들었다. 일본 간사이 지역의 초기 노동운동사는 그의 이름을 빼놓고는 정리할 수 없을 정도다.

마침 다이쇼 데모크라시 시대가 열리고 있었다. 러시아 10월 혁명 등의 영향으로 일본에도 민주주의, 사회주의, 아나키즘의 격랑이 일었다. 한데 이런 상황이 이미 1910년대 후반부터 노동운동을 일궈오던 가가와 도요히코에게는 심각한 도전으로 다가왔다. 기독교 신앙에 뿌리내리고 전개되던 그의 실천은 무신론적 좌파 조류와 충돌을 빚었다. 그 때문에 그는 노동운동 판을 떠나 농민운동과 소비협동조합 운동을 새로 개척하기 시작했다.

또 하나 그가 앞장선 것은 보통선거권 쟁취 운동이었다. 당시 일본에서는 아직 노동자와 여성에게 참정권이 없었다. 가가와는 노동운동, 농민운동 세력이 보통선거권 쟁취에 앞장서야 한다고 역설했다. 그리고 이를 위해 합법 좌파정당을 창당하고 육성하는 데도 적극 뛰어들었다.

이런 그의 활동은 일본을 넘어 미국, 유럽에 널리 알려졌다. 비록 독일 등에 이미 기독교 사회주의 흐름이 존재하기는 했지만, 기독교 세계와 좌파 진영 사이의 골은 여전히 깊었다. 아직 세상은 제2차 바티칸 공의회나 해방신학 등장 이전이었다. 이런 상황에서 가가와 도요히코의 성취는 전세계적인 주목을 받기에 충분했다. 『우애의 경제학』도 그가 1936년에 미국 로체스터신학교의 초청으로 방미해서 강연한 내용을 정리한 책이다.

그러나 일본 사회의 대접은 달랐다. 고향에서 예언자는 탄압의 대상이었다. 특히 가가와가 전국반전동맹을 결성해 반전·반군국주의 투쟁의 전면에 나서자 더욱 그러했다. 그의 이름은 매국노의 대명사로 입에 오르내렸고, 다시 구치소 신세를 져야 하는 처지가 되었다.

패전 이후에도 가가와 도요히코의 왕성한 사회운동은 1960년 사망할 때까지 결코 끝날 줄 몰랐다. 공산당 이외의 좌파 세력을 총결집하는 데 앞장서서 사회당 창당에 한몫하는가 하면, 일본에서 반핵평화운동이 시작되는 데도 중요한 역할을 했다.

이상이 가가와 도요히코의 생애에 대한 간략한 소개다. 한마디로 기독교 신앙에 바탕을 두고 일본 현대사의 주류에 맞서 투쟁한 한평생이라 할 수 있다. 비슷한 시기 우리의 위대한 인물들에 견주어 말한다면, 김교신과 이재유를 합쳐놓은 것과 같은 인물이었다고나 할까.

기독교 사회주의, 그리고 협동조합 사회주의

『우애의 경제학』은 짧은 책이다. 문고본 크기에 200쪽이 안 된다. 하지만 대담한 책이다. 이 책에서 가가와 도요히코는 강연 당시인 1930년대 중반에 자본주의 대공황의 대안으로 주목하던 새로운 실험들, 즉 소련의 국가사회주의, 이탈리아의 파시즘, 그리고 미국의 뉴딜을 모두 비판한다. 그 대신 협동조합 국가를 대안으로 내세운다. 단순히 일국 차원이 아니라 전세계 평화의 대안으로 말이다.

하지만 이 책 앞부분 절반은 읽어내려가기 쉽지 않다. 좌파 성향이 강한 독자일수록 더 그럴 것이다. 절 제목 몇 개만 소개해도 그 이유는 쉽게 짐작 가능하다. '십자가와 경제적 가치', '바울의 경제 가치 관념', '유물론적 경제관의 무력함', '종교적 가치와 경제적 가치의 결합' 등등.

그렇다. 가가와 도요히코는 '기독교' 사회주의자다. 그의 기독교 사회주의는 기독교 전통과 마르크스주의의 요소들을 얼기설기 조합하는 식이 아니다. 철저히 기독교의 가치에서 출발해 새로운 사회의 방향을 찾으려 한다. 그래서 『우애의 경제학』 전반부는 예수와 바울의 메시지가 경제활동에 시사하는 바를 읽어내려는 시도들, 그리고 무신론적 좌파 조류에 대한 비판으로 채워져 있다. 황당한 내용이라 생각하면서 첫 몇 장에서 읽기를 그만둘 이들이 분명 적지 않을 것이다.

하지만 나름대로 곱씹어볼 대목들이 없지 않다. 가령 "인간의 정신적인 각성"(55쪽)에 대한 강조를 보자. 가가와는 당대의 유물사관에 맞서 시종일관 인간의 의식적 측면이 중요함을 역설한다. 이제까지 사회 발전 과정에서도 그랬고 앞으로 새로운 사회가 등장하면서도 그럴 거라고 주장한다.

이 대목에서는 이 당시 좌파가 지나치게 기계적이고 속류적인 유물론에 빠져 있었다는 사실을 감안해야 한다. 이후 마르크스주의 전통 안에서도 죄르지 루카치나 안토니오 그람시, 프랑크푸르트 학파의 사상이 주목받게 되는 것이 다 이러한 오류에 대한 반성 때문 아닌가. 사실 가가와 도요히코의 문장들 중 어떤 것은 따로 뚝 떼서 체 게바라("새로운 인간의 탄생"을 역설한 그 사람)가 한 말이라 해도 통할 수 있다.

제목에도 나와 있는 "우애" 혹은 "형제애"의 일관된 주장도 그렇다. 가가와 도요히코는 마르크스주의가 계급투쟁을 강조하는 데 맞서 새로운 사회의 중심 원리는 형제애여야 한다고 누누이 강조한다. 그러면서 이러한 형제애는 기독교 전통에서 가장 분명하고 풍요롭게 확인할 수 있다고 주장한다.

이런 식으로 계급투쟁과 형제애를 대립시키고 후자를 일방적으로 강조하는 게 어떤 이들에게는 불편하게 다가올 것이다. 하지만 이 경우에도 이 시기의 마르크스주의가 막상 새로운 사회의 윤리적 기반이어야 할 연대 의식의 발전에 대해서는 지극히 둔감했다는 것을 환기할 필요가 있다. 『우애의 경제학』이 쓰인 시기는 계급투쟁의 복무가 스탈린주의에 대한 철저한 복종으로 이해되던 시절, 강제 집단화와 대숙청의 세월이었다.

이렇게 나름의 역사적이고 비판적인 독해를 통해 『우애의 경제학』 전반부를 헤치고 나아가다 보면, 우리는 이번에는 또 다른 종류의 당혹스러움과 맞닥뜨리게 된다. 가가와 도요히코의 대안 사회 구상을 본격 전개하는 후반부는 국가사회주의의 유토피아 혹은 디스토피아에 익숙한 우리에게는 너무도 낯선 종류의 유토피아를 제시한다. 대담한 어조로 이 책은 협동조합 사회주의의 유토피아를 꺼내놓는다. 가가와 도요히코는 이를 '협동조합 국가'라 표현한다. 그의 간명한 도식을 그대로 옮겨본다.

생활의 모든 면에 형제애의 원리를 작용시키려면 협동조합 국가를 세워야 한다. 이것은 전국 연맹에 포섭되는 경제 관련 각종 협동조합을 토대로 구축하고 산업 의회와 사회 의회라 불리는 두 의회와 하나의 내각으로 구성되어야 할 것이다.

—『우애의 경제학』, 140쪽

협동조합 연맹이 목표로 하는 것은 한 나라의 산업을 착취체제로부터 해방시켜 계획적인 경제로 이끌어가는 것이다. 그 조정기관은 다음과 같이 될 것이다. 첫째, 건강보험의 여러 조직. 둘째, 생산자협동조합. 셋째, 판매 및 운송협동조합. 넷째, 신용조합의 체계적 조직. 다섯째, 공제협동조합에 속하는 여러 조직(교육, 직업, 사회복지). 여섯째, 공익협동조합. 일곱째, 소비협동조합. 이들 일곱 협동조합이 연맹으로 조정된다면, 산업의 여러 문제 그리고 한 나라의 국내 산업 문제 전부를 검토할 것이다.

—『우애의 경제학』, 141쪽

여기에서 퍼뜩 떠오르는 것은 G. D. H. 콜 등의 길드 사회주의 구상과의 유사성이다. 길드 사회주의자들도 자본이나 국가가 아닌 자발적 결사체가 산업과 경제 전반을 결정해야 한다고 보았다. 또한 길드 사회주의자들 역시 좁은 의미의 정치 문제를 다루는 기존 의회에 더해 길드 대표들로 구성되어 산업 영역을 운영하는 길드 의회(가가와 식으로 말하면, 산업 의회)가 따로 있어야 한다는 생각이었다.

다만 길드 사회주의자들은 중세의 동업조합인 '길드'의 명칭을 그대로 이어받아 생산협동조합을 '길드'라 부르며 강조한 점이 다르다. 가가와 도요히코 역시 협동조합의 뿌리가 중세 길드에 있다고 지적한다.(94쪽) 그러나 그의 경우는 '협동조합'이라는 현대적 표현을 더 선호하며, 생산협동조합, 소비협동조합, 신용협동조합을 가리지 않고 다 '협동조합'으로 통칭한다.

어쨌든 가가와 도요히코의 협동조합 사회주의는 동아시아판 길드 사회주의라 해도 과언이 아니다. 『우애의 경제학』은 길드 사회주의의 결정적 저작인 G. D. H. 콜의 *Guild Socialism Restated*에 대한 동방의 화답이라고도 할 수 있겠다. 가가와 자신이, 일정한 비판적 시각을 전제하면서도, 이러한 영향 관계를 인정하고 있다.

길드 국가의 이념은 완전히 잊혀졌다. 그러나 영국 소비협동조합의 발전을 통하여 딜러, 홉슨, 콜이라는 사람들이 그것을 재발견하였다. 1913년 무렵이었다. 그러나 제1차 세계대전 뒤 길드사회주의 운동은 영국의 사회운동으로부터 무시되었다. 그 이유는 영국의 길드운동이 일반적인 길드운동보다 생산자 길드를 지나치게 강조한 데 있다.

러스킨이 그랬듯이, 유감스러운 실패가 있었다. 만일 그들이 처음부터 보험, 신용, 의료, 기타 협동조합 분야에서 활동하였다면, 길드 국가 운동은 강력한 것이 되었을 것이다. 그것은 화폐 유통의 사회화부터 시작하여, 생명보험으로 그리고 의료, 공익사업, 소비, 판매와 생산으로 확대되었을 것이다.

—『우애의 경제학』, 138쪽

국가사회주의 대 협동조합 사회주의?

가가와 도요히코의 협동조합 국가에서는 현실 사회주의에서 국가 기구가 수행하는 게 당연시되던 기능들이 모조리 협동조합의 몫이 된다. 국영 기업이 아니라 생산자협동조합이 주된 생산 단위가 되고, 통상 은행이 하는 일은 신용협동조합이 처리한다. 복지기관의 역할은 보험협동조합과 공제협동조합이 맡는다. 지방자치단체가 운영하는 영역은 여기에서는 공익협동조합이 담당한다. 또한 모든 시민은 소비협동조합을 통해 필요 물품을 확보한다.

소련식 경제 체제가 아닌 복지 자본주의에서도 이런 기능들 중 상당수는 국가가 맡는 게 상식이다. 『우애의 경제학』이 출판될 무렵 스웨덴에서 막 싹을 틔우기 시작하던 복지국가는 공공부문이 복지 서비스를 맡는 방식으로 자리를 잡았다. 서구 노동운동은 가가와가 바랐던 것과는 다른 발전 방향을 선택한 것이다.

하지만 가가와 도요히코의 입장은 달랐다. 실업보험을 예로 들어보자. 그는 대규모 국민고용보험제도보다는 벨기에의 겐트시스템 같은 방식이 더 낫다고 보았다. 겐트시스템은 노동조합이 실업보험을 관리하는 체제다. 노동조합이 보험협동조합의 역할을 겸하는 것이다. 가가와는 이런 시스템이 국가 관료 기구에 의존하는 방식에 비해 노동자들의 연대 의식을 보다 강화하리라 기대했다.

1930년대만 해도 자본주의 세계에서 좌파정당이 이룬 가장 드높은 성취의 무대는 (스웨덴이 아니라) 오스트리아의 비엔나였다. 비엔나에서는 제1차 세계대전 종전 이후부터 사회민주노동당이 시정부를 오래 장악하면서 혁신적인 사회 정책을 펼쳤다. 그래서 '붉은 비엔나'라는 별명까지 얻었다. 그런데 『우애의 경제학』은 이 성과에 대해서도 냉정한 평가를 내린다. 시정부를 중심으로 한 실험에서 한 발 더 나아가야 한다는 것이다.

시 자체를 공익협동조합으로 조직화하고, 시 청사 가운데 그런 부서를 설치하는 것도 고려할 수 있을 것이다. 도시 형태건, 전국형이건 사회주의 악폐의 하나가, 산업조직의 관리가 관료주의화되는 데 있는 것은 확실하다. 이것은 사람들에게 국유제도에 대한 관심을 잃게 하는 원인이 되고 있다.

그러나 이것은 자본주의 악폐나 시의 부정사건을 제거하기보다 더 큰 문제다. 도시가 하나의 길드조직으로 전환하면서 각종 산업협동조합과 연대를 하면, 사람들이 영위하는 경제의 모든 분야를 망라하게 될 것이다.

—『우애의 경제학』, 134쪽

혁명 러시아 역시 가가와 도요히코에게는 협동조합 국가의 필요성을 웅변해주는 사례로 보였다. 그가 주목한 것은 만년의 레닌이 "신경제정책하에서 우리가 실제로 필요로 하는 모든 것은 러시아 주민을 충분히 대규모로 협동조합 결사체로 조직하는 것"(블라디미르 레닌, 「협동조합에 관하여」, 『농업협동화론』, 새길, 1991, 183쪽)이라고 촉구했다는 사실이다. 레닌은 "생산수단이 사회적으로 소유되어 있고 프롤레타리아트가 부르주아지에 대해서 계급적 승리를 거둔 상태에서는 문명화된 협동조합원들의 체계가 곧 사회주의 체계"(같은 책, 187~188쪽)라고까지 단언했다.

레닌은 전에는 협동조합 운동에 대해 그렇게 우호적이지 않았다.(김창진, 『사회주의와 협동조합운동』, 한울, 2008) 그랬던 그가 죽음을 앞두고 입장을 선회한 것을 어떻게 바라봐야 할까? 가가와는 이것을 생산의 사회화에 대응하는 소비협동조합의 필요성으로 이해했다.

> 레닌과 트로츠키는 파리코뮌에서 교훈을 얻지 못하고, 러시아코뮌을 출발시킬 때 그것을 모델로 하였다. 그들은 노동당을 손 안에 넣었을 때 러시아 어디서나 실현 가능한 제도를 장악하였다고 생각했다. 그러나 그들도 실패해버렸다.
>
> 소비 시스템이 없으면 아무리 좋은 생산 시스템이 있더라도 시장의 부족으로 실패할 것이 확실하다. 노동으로 생산한 상품을 소비하기 위하여 만들어진, 목적의식적인 견실한 조직이 있어야 한다. 그렇지 않으면 노동은 암초에 부딪쳐 버린다.
>
> ─『우애의 경제학』, 108쪽

러시아의 정세는 생산 재건을 기본으로 하는 그런 혁명이 정치적으로 성공하고 있을지 모르지만, 경제적 관점에서 보면 큰 실패로 끝날 우려가 있음을 명백히 보여준다. 실제로 실행할 수 있는 체제는 생산을 위한 조직만이 아니라, 소비를 위한 조직도 있어야 한다.

—『우애의 경제학』, 135쪽

그러나 레닌 사후 소련은 자발적인 방식이 아니라 강제로 시민들을, 특히 농민들을 협동조합에 가입시켰다. 레닌이 열망했던 "문화혁명" 방식을 통한 협동조합 조직화는 '가보지 않은 길'로 남았다. 이렇게 해서 등장한 체제를 『우애의 경제학』은 "강제 협동조합 국가"(100쪽)라 비판한다.

만약 레닌이 말한 것처럼 러시아에서는 "정치 및 사회 혁명이 문화혁명에 선행"(『농업협동화론』, 192쪽)하는 데 반해 발전된 자본주의 사회에서는 그 반대라면, 러시아 혁명의 경로 이탈은 '정치 및 사회 혁명에 선행하는 문화혁명'의 중대한 과제들 중 하나가 무엇인지 중요한 힌트를 던져주는 셈이다. 그것은 (노동조합뿐만 아니라) 협동조합을 통한 노동 대중의 조직화와 훈련이다.

가보지 않은 길

그렇다고 『우애의 경제학』을 새로운 정전(正典)인 양 추켜세우려는 것은 아니다. 그러기에는 이 책 역시 지나치게 유토피아적이다. 새로운 사회를 이룰 여러 요소들 중 하나를 외곬으로 강조하는 경향이 강하고, 그래서 쉽게 자기도취적인 몽상에 빠져들곤 한다. 다른 20세기 사회주의 사상들과 마찬가지로 가가와 도요히코의 협동조합 사회주의도 그대로 우리 시대의 대안이 되기는 힘들다.

하지만 이 책을 통해 한 가지만은 분명히 확인할 수 있다. 협동조합이 단지 제2의 새마을 운동의 부속품이거나 변혁운동에 있어도 그만이고 없어도 좋을 무엇은 아니라는 것이다. 협동조합 운동은 사회주의 역사의 맨 처음(예를 들면, 로버트 오언)에 그랬던 것처럼 지금도 자본주의를 넘어서기 위해서는 결코 빠뜨려서는 안 될 출발점들 중 하나다.

이런 원칙을 확인하고 나면, 마르크스가 바라본 대안의 방향도 달리 보이게 된다. 그는 「국제노동자협회 발기문」(1864년)에서 "국민적 규모에서의 발전과 국민적 수단에 의한 추진"을 전제로 "협동조합제도"를 근로 대중 해방의 대안으로 제시한 바 있다.(『칼 맑스·프리드리히 엥겔스 저작선집 3』, 박종철출판사, 1993, 11쪽)

제1인터내셔널 내부의 오언주의자들을 다독이기 위한 양보에 불과했다는 해석도 있지만, 이것이 대안 사회에 대해 남긴 마르크스의 얼마 안 되는 언급들 중 가장 확신에 찬 문장이라는 사실을 부인할 수는 없다. 엥겔스와는 달리 마르크스는 국영 기업에 대해 이런 확신을 내비친 적은 없다. 어쨌든 그에게 협동조합 기업은 자본주의적 생산 형태 내에서의 "그 낡은 형태에 대한 최초의 타파"(『자본 3-1』, 길, 2010, 590쪽)였다.

이렇게 보면, 역설적이게도, 20세기에 등장한 자칭 '사회주의' 체제들보다는 오히려 반마르크스주의자 가가와 도요히코의 협동조합 국가 구상 쪽이 마르크스의 본래 염원에 더 가까운 것처럼도 보인다. 비록 『우애의 경제학』이 제시하는 대안 사회상도 상당한 수정을 겪어야 하기는 하겠지만, 새로운 사회에서는 국가의 조직 원리보다는 협동조합의 그것이 지배해야 한다는 핵심 메시지만큼은 진지하게 재발굴해야만 한다.

돌이켜보면, 가가와 도요히코가 비판했던 1930년대의 다른 대안들(뉴딜 자본주의, 소련 사회주의, 파시즘)은 모두 기회를 부여잡았다. 그리고 모두 다 악몽 혹은 지탱될 수 없는 미망임을 입증했다. 『우애의 경제학』은 80여 년의 세월을 건너뛰어 지금 우리에게 지난번 대위기 때 선택받지 못한 대안이 하나 남아 있다고 속삭인다. '가보지 않은' 그 길의 이름은 '협동조합 국가'다.

함께 읽으면 좋을 책

『협동조합 참 좋다: 세계 99퍼센트를 위한 기업을 배우다』 김현대 외 (푸른지식, 2012)
세계 곳곳의 협동조합 사례들을 생생히 소개한다. 협동조합이라는 주제에 처음 입문하는 독자들에게 좋다.

『몬드라곤에서 배우자: 해고 없는 기업이 만든 세상』 윌리엄 F. 화이트, 캐서링 K. 화이트 (김성오 옮김, 역사비평사, 2012)
생산자 협동조합으로서는 드문 성공 사례인 스페인 몬드라곤 협동조합을 전세계에 알린 고전적 저작.

『사람중심 비즈니스 협동조합: 진화하는 조합원소유 비즈니스』 존스턴 버첼 (장승권 외 옮김, 한울, 2012)
협동조합에 대한 정연한 이론적 접근이 돋보이는 저작. 좀 더 깊이 있는 독서를 원하는 분들께 추천한다.

『깨어나라! 협동조합: 더 좋은 세상을 만드는 정직한 노력』 김기섭 (들녘, 2012)
국내 저자의 협동조합 관련 서적들 중 강력 추천하는 책. 한국 협동조합 운동에 대한 근본적 성찰을 담고 있다.

『가가와 도요히코』 오사키 테이조 (다행, 2013)
최근에야 가가와 도요히코를 본격 소개하는 책이 한 권 나왔다. 협동조합의 사상가·운동가로서 그를 집중 조명한다.

먼저 고민했던 사람, 체 게바라

『체 게바라, 혁명의 경제학』 헬렌 야페
류현 옮김, 실천문학사, 2012.

체 게바라만큼 낭만적 이미지로 다가오는 혁명가도 달리 없다. 어떨 때는 많은 사람들이 그를 록 스타쯤으로 착각하는 것 아닌가 하는 느낌이 들기도 한다. 하지만 스티븐 소더버그가 연출하고 베니치오 델 토로가 체 게바라로 분한 영화 〈체: 게릴라〉를 보고 나면 그런 이미지가 허물어지고 만다. 두 시간 넘는 시간 내내 보는 이는 고통을 맛보아야 한다. 체 게바라와 함께 볼리비아 숲속에 남겨져 그의 절망을 복기하는 듯한 시간을 보내야 한다.

소더버그가 그린 게바라 식 혁명 전쟁은 전혀 시적이지 않다. 아주 메마른 산문이다. 그것은 동지의 범주에 속하는 이들과의 끊임없는 논쟁으로 점철되며, 때로는 그들의 배신과 일탈 행위로 환멸을 불러일으킨다. 승리의 가능성은 오히려 희박하다. 투쟁은 어느새 투사 자신의 생존을 위한 것이 되어버린다. 게바라는 이런 투쟁을 선택해서 그 속에서 살고 그 속에서 죽은 사람이다. 아마도 여기에서 '낭만'은 가장 어울리지 않는 수식어일 것이다.

영국의 정치경제학자 헬렌 야페가 쓴 『체 게바라, 혁명의 경제학』은 체 게바라의 삶의 이러한 '비낭만적' 면모를 더욱 강하게 각인시켜주는 책이다. 이 책에서 우리가 만나는 체 게바라는 심지어 한 명의 정치경제학자이자 경제 관료다.

쿠바 사회주의 이행을 둘러싼 '대논쟁'과 그 논객 체 게바라

쿠바 혁명 성공 이후 게바라가 중앙은행장을 맡았었다는 것은 어느 정도 잘 알려진 이야기다. 게바라 전기를 읽어본 이들이라면, 회의에서 졸고 있다가 "우리 중에 경제학자(economist) 있냐"는 피델 카스트로의 말을 "우리 중에 공산주의자(communist) 있냐"로 잘못 들어 손을 번쩍 드는 바람에 은행장을 맡게 되었다는 믿기 힘든 일화를 다들 기억할 것이다.

그런데 게바라가 쿠바국립은행장과 산업부흥부 장관으로 일할 무렵, 쿠바 혁명 정부 내에서는 이른바 '대논쟁'이 벌어졌다. 처음에는 혁명적 민족주의 노선으로 출발했던 쿠바 혁명은 이 무렵 미국의 제국주의적 개입에 맞서 투쟁하면서 사회주의로 방향을 틀었다. 그런데 도대체 '어떤' 사회주의를 건설할지가 문제였다. 이를 둘러싸고 격렬한 토론이 시작된 것이다.

소련이 파견한 경제 고문들은 자신들의 '앞선' 경험과 기술을 따라 배우라고 강권했다. 이들이 제시한 모델은 쿠바에서는 '자율금융시스템(AFS)'이라고 불렸다. 그것은 탈스탈린화 이후 자유시장의 요소를 일부 도입한 당시 소련과 동유럽의 경제 체제를 표준화한 것이었다. 소련 측 학자들은 공산주의에 도달하기 이전의 사회주의 단계에서는 가치법칙(시장 교환)이 여전히 중대한 역할을 해야 한다는 논리로 이 모델을 옹호했다. 체 게바라는 감히 이 모델을 비판하고 나섰다. 이것이 쿠바 혁명의 독특한 점이었다. 중국이나 유고슬라비아 정도를 제외한 대다수 사회주의 국가들이 소련의 교리와 체제를 성서처럼 떠받들고 그대로 따라 한 데 반해 쿠바에서는 게바라와 같은 이단적 목소리가 허용되었다.

심지어는 트로츠키의 저서도 읽고 토론할 수 있었다.

게바라가 보기에 가치법칙은 자본주의 극복을 위해 점점 더 그 작동 범위를 축소해야 할 것이지 적극 활용해야 할 것이 아니었다. 자유시장의 요소에 계속 의존하는 것보다는 중앙 계획을 강화하는 것이 더 바람직하다. 게바라는 자신의 생각을 AFS에 맞서는 또 다른 모델, '예산재정시스템(BFS)'으로 정리했다. 게바라의 강조점을 그의 육성으로 직접 들어보자.

우리는 가치법칙을 의도적으로 사용할 수 있는 여지는 없다고 보고 논의의 초점을 생산자와 소비자 간의 모순을 자동적으로 드러내는 자유시장의 부재에 돌리고자 한다. (중략) 사회주의 이행기에 가치법칙이 모순이라면 중앙계획은 그것의 해결책이다. 따라서 우리는 중앙계획이 사회주의 사회의 특징이고 그것이 정의(definition)라고 주장할 수 있다.

—『체 게바라, 혁명의 경제학』, 122쪽에서 재인용

혁명 정부의 경제 부처들 사이에서 AFS 지지자들과 BFS 지지자들이 벌인 토론이 바로 '대논쟁'이다. 보통 다른 사회주의 국가들에서는 이 정도 논쟁이 있고 나면 논쟁에서 밀린 쪽이 대거 숙청되고 심지어는 목숨을 내놓기까지 했다. 하지만 쿠바에서는 그렇지 않았다. 쿠바 정부는 AFS로 작동하는 부문과 BFS로 작동하는 부문을 다 같이 운영하며 실험해보자는 입장이었다.

사실 이 실험은 오래 지속되지는 못했다. 쿠바는 점차 소련의 눈치를 보면서 AFS를 표준 모델로 정착시켰다. 게바라가 돌연 쿠바를 떠나 아프리카, 아메리카의 새로운 혁명 투쟁 현장으로 향한 것도 이러한 사정과 무관하지 않았다. 비록 숙청은 안 당했지만, 정부에서 밀려난 것만은 분명하다.

그래서 한동안은 쿠바 내에서도 게바라의 경제 사상은 별로 관심을 얻지 못했다. 쿠바 바깥에서는 더 말할 것도 없었다. 이런 사정은 이 거인에 대한 우리의 이해를 천박한 수준에 머물게 만들었다. 500년 제국주의의 역사가 쿠바, 더 나아가 남반구 인민에 강요하는 숙명을 뒤엎고자 했던 그의 필생의 이상과 고투는 가려진 채 낭만적 이미지만이 창궐했다.

야페의 책은 게바라의 삶과 우리의 관심 사이를 가르는 이 거대한 간극을 단번에 뛰어넘게 해준다. 야페는 BFS로 정식화된 게바라의 대안 경제 구상을 이론적 차원에서 소개할 뿐만 아니라 게바라가 이런 문제의식 아래 쿠바 정부에서 직접 펼쳤던 실천들을 더없이 상세히 보고한다. 마치 반세기 전으로 돌아가서 쿠바국립은행장과 마주앉아 혁명정부의 경제적 성과와 한계에 대해 세미나라도 벌이는 느낌이다.

게바라의 대안 경제 구상의 빛과 그림자

게바라의 대안 경제 구상은 단지 마르크스주의 고전 독해에서만 비롯된 것은 아니었다. 아니, 그보다 더, 이것은 미국 주도 독점자본주의 혹은 법인자본주의에 대한 냉철한 인식에 바탕을 둔 것이었다. 야페는 『체 게바라, 혁명의 경제학』에서 이 점을 반복적으로 강조한다. 게바라가 보기에 소련은 러시아 혁명 당시에 세계 자본주의가 도달한 수준에서 여전히 벗어나지 못하고 있었다. 소련이 부분적으로 도입하려던 자유시장이라는 것 자체가 과거의 자본주의에서나 중요한 요소였을 뿐이다.

1950년대 말~60년대 초의 미국 중심 자본주의에서는 이미 거대 법인 기업이 시장보다 우위에 서서 이를 지배하고 있었다. 그렇다면 사회주의도 이제는 현대 자본주의가 도달한 이 정도 수준에 발을 딛고 그로부터 한 걸음 더 나아가려 시도해야 한다는 게 게바라의 생각이었다. 게바라는 쿠바에서 영업하다가 철수한 미국 기업의 운영 실태를 조사하면서 이런 생각을 굳혔다. 그의 예산재정시스템 구상은 이때 발견한 미국 법인 기업의 회계 시스템의 혁신성을 쿠바 사회 전체에 확대, 적용하려는 시도였다고 할 수 있다.

국유화 조치 이후, 국유화된 미국 기업들의 회계 장부를 확인한 게바라는 이들 기업이 자회사들에 청구서를 발행한 적도, 반대로 자회사들이 모회사들에 실제 비용을 지급한 적도 없다는 것을 알았다. 선진 회계 처리, 관리, 분석 기법을 가지고 있던 미국 기업들은 화폐를 생산물의 가치를 계산하는 수단, 즉 계산 화폐로 한정했다. 게바라는 예산재정시스템에서 이런 방식을 채택했다.

―『체 게바라, 혁명의 경제학』, 123쪽

게바라는 쿠바에 사회주의를 '가르치려 한' 소련의 관료들보다 몇십 년을 앞서가고 있었다. 누구보다 먼저 전자공학과 자동화의 중요성에 주목했고, 1960년대 초에 막 이름을 날리기 시작하던 포드 자동차의 CEO 리 아이아코카의 경영 기법을 도입하고자 시도하기도 했다. 이런 점에서 게바라의 대안 경제 구상은 오늘날에도 돌아볼 만한 구석들이 있다. 야페의 책을 통해 이를 하나하나 확인하는 것은 분명 유쾌한 독서 체험이다.

하지만 그렇다고 한계나 오류가 없다는 것은 아니다. 무엇보다도 예산재정시스템 구상 자체가 우리 시대에 그대로 추진되기에는 많은 근본적 문제들을 안고 있다. BFS를 주창하면서 게바라가 제시한 '중앙 계획'은 사회 전체가 마치 하나의 공장과 같아져야 한다는 시각을 깔고 있었다. 그에게 대안 사회는 공장의 확대판이었다. 현대의 대기업 내부에서 그런 것처럼, 일체의 시장 교환을 계획적 결정이나 협상 계약으로 대체해야 한다는 것이었다. 게바라뿐만 아니라 고전 사회주의자들의 '계획경제'론에는 항상 이러한 '사회＝공장' 관념이 함께했다.

그러나 사회는 결코 하나의 공장일 수 없다. 사회는 본래 다양한 주체들로 구성된 생태계와 같은 것이다. 이런 역동적 생태계가 기업 조직의 내부 체계처럼 정리될 수는 없는 법이다. 그런데도 계속 '사회＝공장' 관념을 고집한다면, '사회'를 '국가'와 등치시키게 된다. 공장 체계의 합리성을 구현하는 것으로 가정된 국가 관료 체계에 항상 사회를 치환시키는 것이다. 이것은 결국 모종의 국가사회주의일 뿐이다.

이런 국가사회주의가 현실에서 제대로 작동하지 않을 때에 나타날 수 있는 반응 중 하나가 의식적 측면의 강조다. 시스템이 삐걱거릴수록 그 시스템을 구성하는 개인들의 책임을 강조하는 것이다. 전체 시스템의 발전을 위해 인민이 적극 참여해야 하며 이를 위해 무엇보다 의식이 변화해야 한다는 식의 이야기들. 아름다운 이야기이지만, 본질은 동원의 이데올로기다. '새로운 인간의 탄생'을 강조한 게바라의 '의식 혁명'론도 이런 측면과 무관하지 않다.

게바라의 사상은 분명 현실 사회주의에 대한 진지한 자기 비판의 성격을 지닌다. 하지만 그렇다고 그것을 뛰어넘는 대안까지 보여주지는 못했다. '대논쟁'에서의 그의 기여도 국가사회주의의 닫힌 원환을 넘어서는 지평을 열지는 못했다. 볼리비아 숲속에서 그가 마주한 삶의 비극성은 경제 영역에서 펼친 파우스트적 시도에서도 예외가 아니었던 것이다.

그러나 이런 평가만으로 충분하다고 할 수 있을까? 게바라가 사회주의 건설의 가장 중요한 측면으로 부각시킨 인간의 주체적 측면을 국가사회주의의 동원 이데올로기와는 다른 맥락에서 바라볼 여지는 없을까?

게바라의 예산재정시스템에는 몇몇 눈에 띄는 요소들이 있다. 그중의 하나가 이윤이 아니라 비용 절감으로 기업의 실적을 평가한다는 점이다. 이에 반해 반대 진영의 자율금융시스템은 여전히 재정 수익성을 핵심 평가 기준으로 삼았다. 이런 차이는 각 시스템 안에서 활동하는 기업의 행위 양식을 다르게 진화시킬 것이다. 게바라 식 시스템에서는 기업의 목표가 이윤 극대화에서 다른 쪽으로 바뀌면서 기업 활동의 구성 요소들 전반이 자본주의의 통상적 기업들과는 다르게 재배열, 재구성될 것이다.

개인의 인센티브 체계도 흥미롭다. 자율금융시스템에서는 개인의 당장의 생산 실적이나 노동 성과에 따라 상당한 보너스가 지급된다. 이런 시스템에서는 노동자들 상호간의 노력 경쟁이 중요한 경제적 행위 양식으로 정착될 것이다. 하지만 게바라가 구상한 시스템에서는 오직 교육·훈련 정도에 따라서만 급여 수준이 차이가 나도록 되어 있었다. 당장의 생산 실적은 약간의 보너스 지급으로 끝난다. 안정적으로 더 많은 급여를 받으려면 더 높은 수준의 교육·훈련 과정을 이수해야 한다. 게바라와 그의 동지들은 노동자들 사이에서 지식 및 기술 능력을 지속적으로 발전시키는 행위 양식을 정착시키려 한 것이다.

이를 통해 우리는 체 게바라가 다른 사회주의 국가들에서 흔히 보이는 노력 동원의 측면에서만 주체적 요소를 강조한 것이 아니라는 점을 확인하게 된다. 게바라는 좀 더 깊게 파고들었다. 인간 주체성에 대한 선전 문구만 늘어놓은 게 아니라 새로운 사회에서 반드시 발전되어야 할 새로운 경제적 행위 양식이라는 차원에서 문제의식을 전개했다. 자본주의의 지배적 행위 양식과는 다른 새로운 행위 양식이 등장하지 않는 한, 지금의 사회와 본질적으로 다른 새 사회는 등장할 수 없다. 반대로 새로운 사회로 나아가려는 제도적 틀은, 다름 아니라, 이러한 새로운 행위 양식들을 발전, 정착시키는 방향에서 설계되어야 한다.

게바라는 예산재정시스템을 구상하면서 중앙 계획만을 일방적으로 강조한 게 아니라 각 경제 주체들 사이에 새로운 행위 양식이 등장해 확산될 계기들을 마련하려 했다. 즉, 경제 관료 시절 게바라가 진지하게 고민한 것은 대안 사회에 필요한 경제적 행위 양식을 만들어가는 체제 이행 전략이었다고 해석할 수 있다.

이것이 내가 『체 게바라, 혁명의 경제학』에서 예기치 않게 만난 체 게바라의 또 다른 얼굴이다. 사실 게바라의 게릴라 전략('포코'주의)이나 예산재정시스템이나 모두 결국은 실패한 시도들이다. 그러나 대중운동과 선거를 통한 라틴아메리카 '좌파 붐'이 전자를 완전히 과거 역사의 한 페이지 정도로 만들어버린 반면, 후자는 그 실패에도 불구하고 경제 체제 변화 과정에 대해 여전히 심오한 고민거리를 던져준다.

문득 '쿠바국립은행장 겸 산업부흥부 장관' 게바라가 '게릴라 투사' 게바라보다 더 끈질기게 우리의 곁에 남을지 모르겠다는 생각이 든다. 그는 여전히 우리에게 할 말이 많다.

함께 읽으면 좋을 책

『생태도시 아바나의 탄생』요시다 타로(안철환 옮김, 들녘, 2004)

『의료천국 쿠바를 가다: 세계적 의료모범국 쿠바 현지 리포트』요시다 타로(위정훈 옮김, 파피에, 2011)

『몰락 선진국 쿠바가 옳았다: 반성장 복지국가는 어떻게 가능한가』요시다 타로(송제훈 옮김, 서해문집, 2011)

현실 사회주의권 붕괴로 인한 커다란 위기를 견뎌내고 오히려 더욱 자생력을 확보한 쿠바 사회주의에 대한 일련의 보고들. 게바라의 유산이 어떤 식으로 잠재했다가 예기치 못한 방식으로 진화하고 있는지 확인할 수 있다.

『실현 가능한 사회주의의 미래』알렉 노브(대안체제연구회 옮김, 백의, 2001)

노브는 게바라였으면 반대했을 시장사회주의의 주창자였지만, 그런 저자의 입장과 상관없이 이 책은 탈자본주의 체제를 고민하는 모든 이들에게 필독서다. 역사 속에 드러난 주요 쟁점들을 깔끔히 정리하고 있기 때문이다. 다만 국역본은 절판 상태다.

자본에 맞서는 정치를 발명하라

『21세기 사회주의』 이스트번 메자로스
전태일을따르는민주노동연구소 옮김, 한울아카데미, 2012.

20대의 그는 헝가리 부다페스트대학의 촉망받는 철학도였다. 그의 지도
교수는 당대 최고의 마르크스주의 철학자이자 문예이론가 죄르지 루카
치였다. 사회주의 체제로 접어든 지 이제 10년 가까이 된 나라에서 그런
스승의 총애를 받았으니 장밋빛 미래가 보장된 청년이라 할 만했다.

하지만 1956년 이 모든 목가적 풍경은 비극의 한 장면으로 돌변하고
말았다. 이해에 헝가리 민중은 이른바 사회주의 국가에서도 대중 혁명
이 폭발할 수 있다는 것을 온 천하에 보여주었다. 스탈린주의 체제에 반
발한 민중을 등에 업고 임레 너지의 개혁 정부가 들어섰고, 그의 스승
루카치가 인민교육부 장관을 맡았다.

그러나 곧 소련군이 들이닥쳤다. '사회주의 형제국'의 탱크가 헝가리
민중을 짓밟았다. 소련군은 헝가리 정부 각료들을 마치 전쟁 포로처럼
어딘가로 끌고갔고, 그 행렬에는 루카치 인민교육부 장관도 끼어 있었
다. 비록 너지 총리처럼 총살당하지는 않았지만, 그 후 꼬박 1년 동안
루마니아에 유폐돼 소식이 끊겼다.

갓 스물여섯 살이었던 그에게 이것은 돌이킬 수 없는 생의 전환점이
되었다. 혁명의 격랑, 나치의 박해에도 살아남은 스승이 다름 아닌 자신
의 필생의 이상 '사회주의'를 내건 강대국에 의해 사선(死線)에 섰다. 그

리고 수많은 다른 동포들은 사선 저 너머로 사라졌다. 이제 조국에서 그의 미래는 사라져버렸다. 어쩔 수 없이 그는 다른 1956년의 투사들과 함께 서유럽(그의 경우는 결국 영국)으로 망명해야 했다.

하지만 그렇다고 그 당시 서방 정부들이 헝가리 혁명을 두고 떠들던 것처럼 '반공'이 그의 새로운 깃발이 된 것은 아니었다. 그는 스승 루카치가 부여잡고 있던 깃발을 손에서 놓지 않았다. 그것은 스탈린주의 아닌 사회주의, 민주주의적 사회주의의 이상이었다. 구사일생으로 고국에 돌아온 스승도, '철의 장막' 너머로 피신한 제자도 이 이상 아래서 철학적 사유를 계속 이어갔다. 사람들은 이들을 '부다페스트 학파'라 부르곤 했다.

한동안 부다페스트 학파는 프랑크푸르트 학파에 비견되는 반스탈린주의적 마르크스주의의 중요한 한 줄기였다. 하지만 1989년 동유럽 혁명으로 1956년의 목표가 뒤늦게 실현된 것처럼 보였을 때, 부다페스트 학파가 대표하던 이상은 설 자리를 찾지 못했다. 소련이 이식한 일당독재 대신 들어선 것은 서방으로부터 이식된 시장 전제(專制)였다. 1956년 당시의 지배자들에게 사회주의적 민주주의가 금지된 이상이었던 것처럼, 새로운 지배자들에게 그것은 실현 불가능한 백일몽일 뿐이었다.

그러나 적어도 한 사람에게는 결코 그렇지 않았다. 30여 년 전, 스탈린주의에 맞섰다가 조국에서 쫓겨나야 했던 그 사람, 이스트번 메자로스(1930~)는 이번에도 단호히 반란자의 대열을 선택했다. 1995년, 신자유주의의 기세가 하늘을 찔러 누구(프랜시스 후쿠야마)는 루카치의 정신적 스승 헤겔을 빌려 '역사의 종말'을 이야기하고 부다페스트 학파의 옛 동료 누구(아그네스 헬러)는 포스트모던 사상가로 전향할 때, 메자로스는 헤겔-마르크스주의의 파괴력이 여전함을 과시하는 1천여 쪽의 대작을 세상에 내놓았다. 책 제목은 『자본을 넘어』(Beyond Capital). 제목부터 시대에 맞선 역류 그 자체인 이 저작을 통해, 과거 국가사회주의의 젊은 이단아였던 그는 시장자본주의의 절정기에 그 극복을 촉구한 첫 번째 예언자가 되었다.

어려운 헤겔-마르크스주의의 문장들

지금 내 책꽂이 한 귀퉁이에는 위압적인 두께의 『자본을 넘어』 영어본 이 꽂혀 있다. 아니, 잠자고 있다는 표현이 더 맞겠다. 부끄러운 고백이 지만, 난 이 책을 사놓고 한 번도 정독하지 못했다. 무엇보다도 그 엄청 난 분량이 책을 손에 들 엄두가 나지 않게 한다. 누가 한국어로 번역해 서 내주면 좋겠는데, 아직은 그런 소식이 없다.

그런데, 비록 『자본을 넘어』는 아니지만, 메자로스의 다른 책 한 권 이 한국어로 번역돼 나왔다. 사실은 책 한 권이 아니라 한 권의 일부라 고 해야 더 맞겠다. 『21세기 사회주의』라는 표제를 단 이 책은 본래 『역 사적 시간의 도전과 책무』(*The Challenge and Burden of Historical Time*)라는 2008년 저작의 제9장을 따로 떼서 번역한 것이기 때문이다.

책의 일부만 번역한 것이기에 분량은 그리 길지 않다. 200쪽 조금 넘 는다. 『자본을 넘어』의 빽빽한 영문 1천여 쪽과는 견줄 게 아니다. 그럼 에도 이 책은 『자본을 넘어』의 주요 주제를 발전적으로 재정리하고 있 다. '21세기 사회주의'라는 표제에 어울리게 탈자본 사회의 지향 원리 들, 가령 참여, 평등, 계획 등을 테제 식으로 압축하여 제시하고 있는데, 이들을 관통하는 게 다름 아닌 『자본을 넘어』의 철학적 사유다. 말하자 면, 이 책은 메자로스 다이제스트의 성격을 지닌다.

다만 주의할 게 있다. 요약본이 꼭 정본보다 쉬운 것은 아니라는 점이 다. 오히려 정본이 읽기는 더 수월할 수 있다. 분량은 길어도 저자의 사 유 과정을 상세히 따라갈 수 있기 때문이다. 그런데 요약본에는 이런 과정 없이 결론만 제시돼 있다. 그래서 같은 내용이더라도 정본으로 보는 것보다 요약본 쪽이 더 어려울 수 있다.

내가 보기에 『21세기 사회주의』가 그런 경우였다. 이 책에는 『자본을 넘어』의 사유가 밑바탕에 깔려 있을 뿐만 아니라 『역사적 시간의 도전과 책무』의 다른 장들이 테제로 압축되어 있다. 『역사적 시간의 도전과 책무』의 나머지 장들을 먼저 읽고서 접했다면 좀 더 쉽게 읽혔을지 모르지만 아무튼 『21세기 사회주의』만 먼저 읽는 것은 결코 만만한 독서가 아니었다. 솔직히 두 번 이상은 읽고서야 그 깊은 뜻이 와닿았다. 다행히도 번역자인 전태일을따르는민주노동연구소는 『역사적 시간의 도전과 책무』 나머지 장들까지 모두 번역해서 새로 낼 계획이 있다고 한다. 그렇게 되면, 『21세기 사회주의』만 놓고 몇 번을 반복해서 읽어야 하는 일은 없게 될 것 같다.

하지만 그럼에도 불구하고 또 다른 어려움은 그대로 남는다. 그것은 헤겔-마르크스주의 특유의 난해함이다. 주로 독일 쪽 좌파 저작들에서 흔히 나타나는 이 난해함은 프랑스 쪽 저자들의 그것과는 색깔이 전혀 다르다. 프랑스 저자들이 현학적 인용과 새로운 개념어를 남발하는 멋부린 장광설로 독자를 골탕 먹인다면, 독일의 경우는 헤겔로부터 비롯된 길고 복잡한 변증법적 문장으로 독서를 힘들게 한다.

부다페스트 학파의 태두인 루카치야말로 헤겔-마르크스주의의 창시자다. 어쩌면 그야말로 독일 좌파의 난해한 문풍의 진원지라 할 수 있다. 따라서 그의 제자 메자로스 역시 이러한 문풍에서 예외가 아니다. 한 문장 안에서 복수의 명제들이 서로를 한정해 새로운 의미층을 형성하며 복잡한 복문 구조를 이루는 변증법적 글쓰기의 전형을 보여준다. 『21세기 사회주의』는 원문을 충실히 직역하고 있어서 이런 분위기를 한국어로 그대로 전달한다.

이런 난점들을 뚫고 서너 번의 반복 독서를 통해 이 책을 샅샅이 훑고 났을 때 우리에게 남는 것은 21세기 사회주의의 지향 원리들의 확인이다. 어떤 모델이나 상세한 지침은 아니다. 단지 원리들이다. 가령 21세기 사회주의가 추구해야 할 참여의 원칙에 대해서는 더없이 강력한 철학적·역사적 논거를 제시하지만, 그 참여가 앞으로 어떤 모양새로 실현될지 손에 잡히는 뭔가를 던져주지는 않는다. 그래서 좀 불만스럽기도 하다.

영국이나 미국 쪽 저자가 썼다면, 이와는 분명 달랐을 것이다. 극단적인 예이지만, 미국의 시장사회주의자 존 로머 같은 사람은 주류 경제학자들처럼 수식과 도표를 동원해서 자신의 대안 사회 모델을 제시하기도 한다. 꼭 그 정도는 아니더라도 상당히 구체적인 제안들을 담은, 미래 사회주의에 대한 다른 저작들과 비교하면, 메자로스의 책이 특히 더 추상적으로 느껴지는 것이 사실이다.

그러나 세상에는 큰 그림을 그리는 사람도 있고, 그러한 밑그림에 꼼꼼히 색을 칠해 넣는 사람도 있는 법이다. 전자에게 꼼꼼한 색칠을 요구해서도 안 되고 후자에게 큰 그림을 기대해서도 안 된다. 더구나 오늘날 우리 시대에는 후자에 비해 전자가 너무나 희귀하다. 메자로스는 21세기 사회주의의 모색에서 바로 이러한 큰 밑그림을 제대로 그려주고 있다.

극복해야 할 것은 자본주의만이 아니라 자본 시스템

메자로스가 『21세기 사회주의』에서 제시하는 미래 사회주의의 지향 원리들은 다음과 같다. 불가역성, 참여, 실질적 평등, 계획, 이용에서의 질적 성장, 민족적인 것과 국제적인 것의 변증법, 의회주의에 대한 대안, 교육. 얼핏 봐서는 몇 가지 독립적 쟁점들의 나열인 것 같지만, 결코 그렇지 않다. 하나의 통일된 문제의식이 이들을 꿰뚫고 있다. 그것은 '자본 시스템(capital system)'의 극복이라는 근본 과제다.

현실 사회주의의 뼈아픈 경험에 대한 메자로스의 성찰의 결과가 바로 이 '자본 시스템' 개념이다. 현실 사회주의의 한계와 실패는 단지 '자본주의'를 형식적으로 폐지했을 뿐 '자본 시스템'을 그 뿌리부터 극복하지는 못한 데 있다는 것이다. 소련이 무너지고 4년 만에 낸 저작의 제목 '자본을 넘어'는 곧 '자본 시스템'을 넘어서야 한다는 의미다.

'자본 시스템'이라니, 처음 듣는 이들에게는 잘 와닿지 않는다. 도대체 '자본주의'와 '자본 시스템'이 어떻게 서로 다르다는 말인가? 이것을 『역사적 시간의 도전과 책무』의 '서문'을 쓴 존 벨라미 포스터는 이렇게 요약한다. "자본 시스템은 생산수단의 사적 소유와 결합된 자본주의라는 역사적으로 특수한 제도 질서와는 구별되는 것으로서, 노동력의 착취에 근거한 자본 체제(regime of capital)를 말한다."(『21세기 사회주의』, 12~13쪽) 나 자신 메자로스의 '자본 시스템'을 제대로 이해하고 있는지는 잘 모르겠다. 아무래도 『자본을 넘어』를 정독하지 않고서는 쉽사리 이야기하기 힘들 것 같다. 하지만 대강 그 대의는 알 만하다.

일단, '생산수단의 사적 소유'를 중요한 특징으로 하는 '자본주의'. 이것은 지난 두 세기 동안 좌파가 상식적으로 사용한 '자본주의'의 의미, 그것이다. 현실 사회주의는 분명 이런 의미의 자본주의를 폐지했다. 주요 생산수단은 사적 소유에서 국가 소유로 전환되었다. 전통적 공식에 따르면, 이것은 인간 해방의 결정적 돌파구가 되어야 마땅하다.

그러나 그렇게 되지 않았다. 무엇이 문제였던가? 메자로스는 위와 같은 의미의 '자본주의'가 폐지되더라도 '자본 시스템'이 폐지되는 것은 아니라고 한다. 자본 소유자가 자본가에서 국가로 바뀌더라도 그것만으로는 노동력 착취가 사라지지 않는다는 것이다. 노동력 착취가 사라지지 않는다는 것은 사회 전반의 불평등과 지배, 억압 역시 계속된다는 이야기다. 이것은 우리에게 익숙한 과거 소련, 동유럽, 그리고 현재 한반도 북쪽의 모습이다.

좀 더 구체적으로 살펴보자. 모든 기업이 국가 소유이거나 협동조합인 어떤 사회가 있다. 이 사회는 분명 자본주의는 아니다. 그런데 이들 기업이 자본주의의 사기업들과 마찬가지로 시장경쟁 안에 있으며 경쟁의 척도가 오직 수익성 하나라고 하자. 그렇다면 이 사회는 메자로스적 의미의 자본 시스템이 지배하는 사회라 할 수 있다. 이 사회의 노동자들은 경쟁 기업에 대해 더 많은 이윤을 창출하기 위해 여전히 경영진의 명령에 따라 노동을 하거나 '자발적인' 노력 경쟁을 벌일 것이기 때문이다.

그럼 국가 기구의 중앙집권형 계획에 따라 생산이 이뤄진 스탈린 시기의 소련은 어떠한가? 이 사회도 분명 자본주의는 아니었다. 더구나 여기에서는 기업 간 경쟁도 작동하지 않았다. 하지만 메자로스적 맥락에서는 이 경우도 자본 시스템이 지배하는 사회의 한 유형일 뿐이다. 왜냐하면 스탈린주의적 경제 계획의 목표는 급속한 수량적 성장에 있었고 노동자들은 이러한 계획 목표치를 달성하기 위해 경영진의 명령에 따른 노력 경쟁에 나서야 했기 때문이다. 노동력 착취의 사령탑이 국가 기구로 이전 혹은 확산되었을 뿐 착취 자체는 의연히 관철되었던 것이다.

메자로스의 '자본 시스템' 개념에 대해서는 더 많은 검토와 논의가 필요하다. 하지만 나는 메자로스의 문제설정이 적어도 트로츠키주의자들 사이에서 흔히 나타나는 스콜라적 논쟁보다는 훨씬 쓸모 있다고 생각한다. 스탈린주의가 등장한 뒤 수십 년 동안 트로츠키주의자들은 현실 사회주의를 과연 어떻게 규정해야 하는지를 놓고 번잡한 논쟁을 계속해왔다. 지금도 이들 사이에서는 과거 소련 사회를 자본주의 아닌 어떤 사회로 봐야 한다는 입장과 국가'자본주의'로 봐야 한다는 입장이 팽팽히 대치하고 있다.

　이런 불모의 논란에 비하면, 메자로스의 문제틀은 분명 생산적이다. 현실 사회주의가 통상의 자본주의와는 다른 어떤 사회였던 것은 분명하다. 하지만 자본 시스템 자체의 극복은 국유화만으로 달성될 수 있는 것이 아니었다. 현실 사회주의는 여기에서 한 걸음도 더 나아가지 못하고 말았다.

　이것은 트로츠키 사후 트로츠키주의를 늪에 빠뜨린 소련 사회성격론에 비하면 훨씬 깔끔한 정리다. 게다가 교조화된 레닌주의적 '혁명'관으로 환원될 수 없는 더 근본적이고 다양한 과제들이 버티고 있다는 것을 환기시켜준다는 점에서도 아주 유용하다.

노동시간이 아니라 가처분시간이 부의 척도가 되는 사회

따라서 메자로스가 강조하는 대안 사회의 지향 원리들은 몇 가지 덕목이나 과제를 즉흥적으로 나열한 것이 결코 아니다. 정치, 경제, 문화 따위의 상투적인 영역 구분에 따라 구색을 맞춘 것도 아니다. 『21세기 사회주의』의 제8장 '교육'이 그런 의미의 '교육 정책'을 이야기할 것이라고 기대하고 읽는다면, 당황하지 않을 수 없을 것이다.

　메자로스가 제시하는 원리들은 어쩌면 동일한 과제의 서로 다른 측면이라 할 수 있다. 그것은 자본 시스템의 극복이라는 한 목표를 실현하기 위해 반드시 필요한 여러 노력들이다. '사회주의' 하면 '국유화', '중앙집권형 계획', '일당독재' 등을 떠올리는 기존 상식에 맞서 메자로스는 '참여', '실질적 평등', '이용에서의 질적 성장' 등을 제시하고 있는 것이다. 그는 '사회주의'에 대한 대중의 상식을 바꿔나가길 원한다.

　많은 흥미로운 통찰들이 있다. 그중 하나가 마르크스의 '가처분시간(disposal time)' 개념을 재발굴해 강조하는 대목이다. 마르크스는 『철학의 빈곤』(엥겔스와의 공저)과 『정치경제학 비판 요강』(이른바 '그룬트리세')에서 인간 해방의 가능성을 시간의 문제설정, 즉 노동시간과 자유시간의 관계로 접근한다(물론 『자본』에서도 이 논의는 계속 이어지지만). 그러면서 이 '가처분시간' 개념을 제시한다.

가처분시간은 간단히 말해 자유시간이다. 자본주의 발전이 수반하는 필요노동시간 단축 가능성을 실현함으로써 확보되는 자유시간이다. 마르크스는 『정치경제학 비판 요강』에서 새로운 사회의 척도는 가처분시간이어야 한다고 단언한다.

> 실질적 부는 모든 개인의 발달한 생산력이다. 그러면 부의 척도는 어쨌든 이제(자본주의 이후의 사회에서—장석준) 노동시간이 아니라, 오히려 가처분시간이다.
>
> —『21세기 사회주의』, 97쪽에서 재인용

메자로스는 이 논의를 이어받아, 21세기 사회주의는 가처분시간을 척도로 한 새로운 회계 원리를 발전시켜야 한다고 역설한다. 지금 우리의 상식으로는 이러한 회계가 구체적으로 어떻게 실현될 수 있을지 잘 상상이 안 된다. 아쉽게도 메자로스 자신은 철학적 수준에서 방향을 제시하는 데 그친다. 하지만 앞으로 다양한 학문 분과에 걸쳐 풍요로운 결실을 낳을 광맥을 제대로 짚은 것만은 틀림없다.

치열한 논쟁도 예상된다. 가령 이제까지는 마르크스주의 내에서도, 『고타 강령 비판』에서의 마르크스의 또 다른 언급을 바탕으로, 대안 사회의 회계 원리를 노동시간에서 찾는 것이 보통이었다. 하지만 가처분시간이 부의 척도가 되는 새로운 사회주의상은 이런 관성과의 대결 혹은 단절을 예고한다.

자본이야말로 초의회적 세력, 그렇다면 탈자본 정치는?

또 다른 흥미로운 통찰은 제7장 '의회주의에 대한 대안: 물질적 재생산 영역과 정치 영역의 통일'의 논의다. 이 장에서 메자로스는 짧지만 아주 인상적인 명제를 제시한다. "자본은 우리 사회 질서에서 최고의 초(超)의회 세력"이라는 것이다. 그런데 이것은 졸저 『신자유주의의 탄생: 왜 우리는 신자유주의를 막을 수 없었나』의 핵심 주장 중 하나이기도 하다.

이 책에서 나는 1976년 영국 외환위기 당시 노동당 정부의 선택, 그리고 1981~83년 프랑스의 반복적 외환위기 상황에서 당시 미테랑 좌파연합 정부가 보인 대응을 분석했다. 이 두 사례는 단순히 좁은 의미의 경제적 위기가 아니었다. 신자유주의 지구화의 방향으로 세계 질서를 재편해가던 초국적 자본 세력과 이에 대해 걸림돌 역할을 하던 좌파 정부 사이의 정치적 대립 과정이었다.

이 과정에서 자본은 단지 제도 정치 내의 우파정당들을 통해서만 좌파 정부에 맞섰던 것이 아니다. 자본은 결코 의회 안에, 좀 더 일반화해서 대의 정치의 룰 안에 자신을 가둬본 적이 없다. 오히려 자본은 좁은 의미의 정치 바깥에서 주 전장(戰場)을 찾았다. 자본에 가장 유리한 지형, 즉 이 무렵 막 떠오르고 있던 초국적 금융 시장이 이들이 선택한 전장이었다. 이 지형 안에서 좌파 정부는 처음부터 자본에 포위된 형국이었다.

자본이 이렇게 초의회적인 정치 행위를 펼친다면, 좌파 역시 마땅히 전방위적인 정치 전략을 구사했어야 했다. 하지만 주류 좌파는 좀처럼 제도 정치 바깥으로 행동 반경을 넓히지 못했다. 좌파에게 유리한 의회 밖 지형, 가령 노동 현장이나 지역 사회의 대중운동들과 접속하려는 기획이 거의 없었다. 나는 한 세대 전 좌파가 신자유주의 지구화를 막을 수 없었던 근본 원인을 여기에서 찾았다. 메자로스는 이러한 진단을 "자본이야말로 초의회 세력"이라는 한 문장으로 요약한다. 더없이 명쾌한 진단이다. 그러면서 21세기에 필요한 좌파 정치의 윤곽을 다음과 같이 정식화한다.

> 사회주의 운동이 지방적, 전국적, 전지구적/국제적인 모든 정치적, 사회적 투쟁 형태에서 의식적으로 능동적인 혁명적 대중운동으로, 즉 한계가 있겠지만 활용 가능할 때에는 의회의 기회를 충분히 활용하면서 무엇보다도 대담한 초의회적 행동이라는 필수적 요구를 주장하는 것을 회피하지 않는 대중운동으로 다시 표출되지 않는다면, 사회주의 운동은 자본 시스템의 주요 세력들의 적의에 직면하여 성공할 수 없다.
>
> ─『21세기 사회주의』, 162쪽

나는 이와 비슷한 주장을 『신자유주의의 탄생』에서 좀 다르게 표현한 바 있는데, 이 책은 한동안 좌파 정치의 거의 유일한 무대였던 국민국가 수준의 정치를 생활 세계의 정치, 지구 질서의 정치와 (재)접속해야 한다는 주장으로 끝맺는다. 옥중의 그람시가 당대의 전지구적 위기에 대한 대안을 '정치'를 재사고하는 데서 찾았던 것처럼, 우리 시대의 위기에 대한 대응 역시 생활 세계, 국민국가, 지구 질서를 교차하는 새로운 '정치'를 발명하는 데에서 출발할 수밖에 없다는 주장이었다.

요점은 우리가 주어진 정치 지형(정치 제도일 수도 있고 정당 구도일 수도 있으며 더 근본적으로는 정치 자체가 사회에 끼워맞춰진 방식일 수도 있다) 안에서 자본에 맞설 수 있는 게 아니라는 사실이다. 우리는 자본에 맞설 수 있는 정치 지형을 우리 스스로 만들어내야 한다. 자본에 맞서는 정치는 항상 새롭게 (재)발명되어야 하는 것이다.

메자로스가 이 과제에 대해 덧붙이는 힌트는 "물질적 재생산 영역과 정치 영역의 분리될 수 없는 통일을 영원히 역사적으로 실행 가능하게 근본적으로 재구성하는 것"(149쪽)이다. 이것 역시 그다지 구체적인 지침은 아니다. 하지만 80여 년의 굴곡 많은 생을 배경으로 한, 결코 허투루 넘길 수 없는 훈수인 것만은 분명하다. 이 단서에 살을 붙이는 일은 이제 20세기의 이 치열하고 정직한 생존자가 아니라 '21세기 사회주의'의 몫이다.

함께 읽으면 좋을 책

『지금 건설하라 21세기 사회주의: 둘, 셋, 아니 수많은 볼리바르 혁명을!』 마이클 레보위츠(원영수 옮김, 메이데이, 2008)

캐나다 좌파 경제학자 레보위츠는 메자로스와 비슷한 시각에서 탈자본주의 이행 전략을 고민해왔다. 이 책은 베네수엘라 볼리바르 혁명을 통해 이 전략을 구체화한다.

『배반당한 혁명』 레온 뜨로츠키(김성훈 옮김, 갈무리, 1995)

혁명 이후 러시아 체제의 변질을 비판하는 고전적 저작. 도대체 어디서부터 잘못되었던 것인가?

『러시아 혁명: 1917년에서 네프까지』 스티븐 A. 스미스(류한수 옮김, 박종철출판사, 2007)

250쪽이 안 되는 짧은 분량임에도 러시아 혁명의 변질 과정을 더없이 잘 정리하고 있다. 아쉽게도 절판이다.

『레닌과 미래의 혁명』 루이 알튀세르·박노자 외(진태원·최진석 옮김, 그린비, 2008)

러시아 혁명의 공과와 그것이 미래 탈자본주의 시도에 던지는 의미에 대해 국내외 필자의 글을 모은 책. 위의 트로츠키, 스미스의 책과 함께 읽으면 균형 있는 시각을 확보할 수 있을 것이다.

'1주 1표'라는 혹세무민을 넘어 기업에서도 '1인 1표'를!

『기업은 누구의 것인가』김상봉
꾸리에, 2012.

1990년대 초에 나온 『우리 시대의 사회주의 당』(민맥, 1993)이라는 책이 있다. 저자는 '민중회의'라는 좌파 정치 조직에서 활동하던 김종박이었다. 이 책의 요지는 1992년 백기완 민중후보운동의 성과를 모아 사회주의 지향의 진보정당을 건설하자는 것인데, 흥미로운 것은 '사회주의'에 대한 설명 방식이었다. 김종박은 이 책에서 '사회주의'를 "국민이 대통령을 투표로 뽑듯, 노동자가 사장을 투표로 뽑자는 것"이라고 설명했다. '사회주의=프롤레타리아 독재+국유화'라고 이해되던 당시로서는 사뭇 파격적인 주장이었다. 관련된 몇 구절을 인용해보자.

> 우리 당이 주장하는 재벌 회사의 공장을 노동자에게 맡기자는 말은 무엇인가? 말 그대로다. 그 기업의 대표를 노동자들이 직접 뽑자는 것이다. (중략) 기업보다 더 큰 게 나라다. 나라의 대통령도 국민이 뽑는다. 그래도 나라는 잘 유지되고 있다. 하물며 재벌회사의 대표를 공장노동자들이 뽑는 것은 대통령을 뽑는 것보다 쉬운 일이다.
>
> ─김종박, 『우리 시대의 사회주의 당』, 77~78쪽

아쉽게도 김종박의 이런 주장은 새로운 사회주의관으로 발전하거나

현실 운동과 결합되지는 못했다. 한때의 기발한 선전 아이디어 정도로만 사람들 뇌리에 남았다. 그럴 수밖에 없기도 했다. 1992년 대선 이후, 한국의 진보 세력에게 자본-노동 관계의 근본적 변화는, 점점 더, 현실 정치 의제가 될 수 없는 먼 미래의 이상이 되어갔으니까.

그리고 20여 년 뒤, 난 한 권의 문제작과 마주하고 있다. 김상봉의 신간 『기업은 누구의 것인가』가 그 책이다. 1980년대 사회과학 서적을 연상시키는, 거의 디자인이라 할 것이 개입되지 않은 흑백 표지가 이 책의 민낯이다. 그리고 이 표지 하단에는 단정적인 어조의 한 문단이 구호처럼 선명히 박혀 있다.

> "기업을 참된 의미의 생산 공동체로 만들기 위해서는 노동자들에게 경영권을 돌려줘야 한다. 이를 위해 많은 일을 할 필요는 없다. 필요한 것은 하나의 법률조항, 바로 이것이다! 주식회사의 이사는 종업원 총회에서 선임한다."

철학, 주식회사를 뒤집다

김상봉은 철학자다. 전공은 칸트 철학이지만, 서양 철학 전반에 대한 근본적 비판을 통해 독창적인 사유 체계를 발전시켜온 우리 시대의 사상가다. 그는 서양 철학의 주체 개념을 '홀로주체성'이라 비판적으로 정리하면서 그 대안으로서 '서로주체성' 개념을 탐색해왔다. 이러한 사색 작업에서 그의 주된 영감의 원천은 서양 철학자들보다도 오히려 함석헌의 씨알 사상, 그리고 한국 근현대사의 민중투쟁이었다.

그런 그에게는 별명이 있다. '거리의 철학자'. 그만큼 그는 왕성한 실천가이기도 하다. 이미 오래전부터 '학벌 없는 사회'라는 교육운동단체를 만들고 키우는 데 앞장서왔다. 게다가 진보정당 운동에도 적극 참여하여 진보신당의 강령 제정 작업을 주도했고 오랫동안 그 부설 연구소 이사장을 맡았다.

그래서 철학자인 그가 주식회사, 기업지배구조, 노동자 경영권 등을 다루는 신간을 낸 것이 아주 낯설게만 느껴지지는 않는다. 특히 김상봉은 최근 몇 년 새 '삼성공화국'의 현실을 비판하고 그에 맞서 싸우는 일의 최전선에 서 있었다. 이런 사정을 잘 아는 이들이라면 『기업은 누구의 것인가』가 지난 몇 년간 그의 삶의 궤적에서 필연적으로 나올 수밖에 없었던 저작이라고 느낄 법하다.

그런데 이것은 영 틀린 짐작은 아니지만, 그렇다고 정확한 것도 아니다. 저자는 이 책에서 전개하는 사유의 발단이 반(反)삼성운동보다 훨씬 오래된 것임을 밝힌다. 한국에서 대통령 직선제가 쟁취되고 뒤이어 노동자 대투쟁이 폭발한 1987년에 당시 독일 유학 중이던 김상봉은 다음과 같은 물음을 스스로에게 던졌다고 한다.

"공장의 폴리스(polis)화. 폴리스로서의 공장. 즉, 하나의 정치적, 경제적, 문화적 단위로서의 공장. 이때만이 모든 문제가 해결될 수 있다. 왜 사장은 선거를 통해 뽑으면 안 되는가?"

"왜 사장은 선거로 뽑으면 안 되는가?"『기업은 누구의 것인가』는 분명 반삼성운동 등의 정세로부터 촉발된 것이기는 하되 그 뿌리는 1987년의 거대한 투쟁들의 여진 속에서 솟아난 이 물음에 있다. 그해 이후한국의 민주화가 먹은 나이 꼭 그만큼의 세월과 함께 숙성된 물음인 것이다.

『기업은 누구의 것인가』의 제1장 제목 자체가 '바보 같은 물음―사장을 노동자가 뽑으면 안 되는가?'이다. 제1장은 이 질문을 던지면서,

또한 이 질문의 답을 얻으려던 과정에서 저자가 맛본 실망과 좌절에 대해 토로한다. 저자가 보기에 마르크스를 포함한 기존 좌파 이론가들은 모두 이 문제에 대해 속 시원히 답하지 못했다. 그래서 제1장은 이 책 전체에서 가장 신랄하며 논쟁적인 어조를 취한다. 기존 이론의 권위에 상당한 애착을 지닌 독자라면 이 장을 읽으며 혈압이 좀 올라갈 수도 있겠다.

제2장에서 저자는 철학자답게 자유, 소유, 권력 등의 근본적 개념들을 재검토하며 앞 장의 비판을 발전시켜나간다. 자유는 소유로부터 나올 수 없다는 것, 사람은 소유의 대상이 될 수 없으며 권력 역시 소유의 대상일 수 없다는 것을 차근차근 논증한다. 얼핏 진부한 상식으로 들릴 수도 있지만, 우리의 일상인 자본주의 현실은 이런 상식의 정반대를 진리로 전제하며 존립하고 있다. 그래서 이러한 철학적 비판 작업이 반드시 필요한 것이다.

『기업은 누구의 것인가』의 백미이자 압권은 제3장부터다. 이 장에서 저자는 자본주의 기업의 가장 발전되고 일반화된 형태인 주식회사를 철저히 검토하고 그야말로 '해체'한다. 그리고 독일, 미국, 일본 등에서 발전한 주식회사의 여러 변형태들을 검토하는 제4장이 제3장의 이런 중심 논의를 뒷받침한다. 주식회사는 노동자와 사회의 다른 부분에 막대한 권력을 행사하며 주식회사 자체가 상품이 되어 시장에서 팔리기도 하고 그 과정에서 주주 집단이 엄청난 이익을 향유한다. 이것이 현대 자본주의다. 이 모든 현실의 밑바탕에는 주식회사를 존립시키는 제도적 중핵들이 존재한다. 그중 하나가 자본주의 법체계에서 주식회사에 부여되는 법인격이다. 김상봉은 법철학적 논의를 통해 이러한 제도적 중핵들을 사정없이 파헤친다. 그래서 그것이 결국은 한 더미의 무의미하고 허술하며 모순된 명제들의 조합에 지나지 않음을 밝힌다.

결론은 무엇인가? 주식회사에는 주인이 없다는 것이다. 대부분의 자본주의 법체계에서 주식회사의 주인인 것처럼 전제되는 주주들도 사실은 주인임을 내세울 아무런 근거를 갖고 있지 못하다. 주식회사는 본래부터 그렇게 주인 없이 성립된 생산 공동체다. 따라서 주주 소유권을 전제하고 그로부터 연역되는 경영권이라는 것도 거짓 논리에 지나지 않는다. 저자가 보기에는 한국의 재벌 문제도 바로 이 근본적 문제에서 파생하는 것이다.

> (이건희 일가가—장석준) 수많은 주주들이 주식을 소유하고 있고 국가 경제에 엄청난 영향력을 가진 대규모 기업집단을 단돈 41억 원으로 저렇게 간단히 사유화하고 지배할 수 있게 해주는 나라가 이 나라이다. 그 까닭이 무엇인가? 지극히 역설적인 일이지만 주식회사에는 처음부터 주인이 없기 때문이다. 그러므로 아무나 주인일 수 있는 것이다.
>
> ―『기업은 누구의 것인가』, 220~221쪽

저자는 이렇게 기존 현실의 논리적 토대들을 해체한 뒤에 제5장에서 자신의 오래된 물음에 대한 답을 제시한다. 소유에 따른 권력 행사의 논리가 원천 부정된 자리에서 우리가 마주하는 과제는 이제 이 주인 없는 공동체를 어떻게 참다운 공동체로 만드느냐는 것이다. 이 대목에서 김상봉의 '서로주체성' 개념이 등장해 제 역할을 한다.

주식회사의 자산 제공자가 주주일지는 몰라도 주주는 결코 주식회사의 활동 주체는 아니다. 그런 활동의 주체로 우리는 노동자 말고 다른 어떤 집단도 생각할 수 없다. 그렇다면 이제 경영권은 주주 '소유'권이라는 허상에서 의제될 것이 아니라 이들 활동 주체와의 '관계' 속에서 형성되어야 한다. 노동자와 경영자가 '서로주체'로서 마주할 때에 주식회사는 비로소 실체를 갖춘 공동체, 폴리스('공화국'이라 해도 좋을 것이다)가 된다. 즉, 노동자가 경영자를 선출해야 한다.

그럼 주주에게는 무엇이 남는가? 그는 이제 금융 투자자로서 자신의 본분에 충실해야 한다. 김상봉은 이들 '수탈자들에 대한 수탈'로서 지극히 문명적인 방식을 제시한다. 소유권과 경영권 사이의 고리를 확실히 끊는 조치만으로 충분하다는 것이다. 그들에게는 배당권이 여전히 인정된다. 하지만 경영권과는 안녕이다. 이들의 역할은 경영 감사 정도로 족하다. 그래서 드디어 이 책의 최종 결론이 완성된다. "주주에겐 배당금을, 노동자에겐 경영권을!"

현대 자본주의의 지배 메커니즘 ─ 법인 제도를 통한 사회적 자산의 사적 전유

다소 길지만, 『기업은 누구의 것인가』의 논지를 쭉 소개해봤다. 이 책의 성취에 대해 이야기하기 전에 나는 우선 마르크스 이야기를 좀 하고 싶다. 『기업은 누구의 것인가』에서 마르크스는 주로 과거 논의의 한계를 대표하는 인물로 출연한다. 그런데 나는 이 책을 읽으면서 오히려 마르크스를 다시 보게 되었고, 그간 주목하지 못했던 측면들을 새로 발견할 수 있었다. 가령 『자본』 제3권의 다음과 같은 발언이다.

자본주의적 생산이 고도로 발전한 결과 만들어진 이것(주식회사)은 자본이 생산자 소유로 재전화─그러나 이제 소유는 개별화된 생산자들의 소유가 아니라 결합된 생산자들의 소유(즉, 직접적인 사회적 소유)로서의 생산자 소유이다─하기 위한 필연적인 통과점이다. 또 다른 한편 그것은 재생산과정에서 지금까지 자본소유와 결합되어 있던 모든 기능이, 단지 결합된 생산자들만의 기능(즉, 사회적 기능)으로 재전화하기 위한 통과점이기도 하다.

—『자본 3-1』, 제27장 '자본주의의 생산에서 신용의 역할', 길, 2010, 586쪽

주식회사는 분명 마르크스에게도 중요한 연구 주제였다. 그러나 그에게는 시간이 별로 없었다. 그에게 주어진 역사적 시간은 이 주제를 탐색하기에는 너무 제한적이었다. 마르크스가 말년에 이르러서야 주식회사는 자본주의 세계에서 일반적 기업 형태로 부상하기 시작했다. 따라서 『자본』 자체의 체계 때문이기도 하지만 이런 시대적 상황 때문에도 주식회사는 제3권에서야 중요한 주제로 부상한다. 하지만 그조차도 충분히 다뤄지지는 못한다.

그 결과로 『자본』의 독자는 혼란을 느끼지 않을 수 없게 된다. 『자본』 제1권에서 우리가 마주하는 자본가는 19세기 중반 영국 자본주의의 전성기에 자본가의 일반적 유형이었던 가족기업 경영자다. 이 자본가 유형은 소규모 기업의 창업주이자 실질 소유자였고 경영에서는 무자비한 독재자였다. 『자본』 제1권을 접한 한국의 독자들이 이 책의 자본가 상(象)에 한국의 재벌을 쉽게 오버랩시킬 수 있었던 것(사실은 오인인데)도 이런 사정 때문이었다.

하지만 『자본』의 끝머리(제3권)에 다다라서, 우리는 전혀 다른 자본가의 유형을 마주하게 된다. 여기에서는 화폐 자본가와 생산 자본가가 서로 나뉜다. '화폐 자본가'란 은행가, 주식시장 중개인, 주식 소유자 등으로서, 현실의 자본가계급은 점점 더 이들을 중심으로 재편된다. 그러면서 자본가계급의 다수는 직접적 생산 기능으로부터 유리된다. 반면, 이제껏 생산 자본가가 담당하던 감독 기능은 점차 전문 경영인이 담당하게 된다.

주식회사(신용제도와 함께 발달한다)는 일반적으로 이 관리노동을 점점 더 자본(자기자본이든 차입자본이든)의 소유와 분리된 기능으로 만드는 경향이 있다. (중략)

한편으로 자본의 단순한 소유주인 화폐자본가에 대해서 기능하는 자본가가 대립해 있고, 또 신용의 발달과 더불어 이 화폐자본 자신이 하나의 사회적 성격을 취하면서 은행으로 집중되어 이제는 직접적인 소유주들로부터가 아니라 바로 이 은행들로부터 대부됨으로써, 그리고 또 다른 한편으로 차입된 것이든 그렇지 않든 어떤 명목의 자본도 소유하지 않은 단순한 관리자가 기능하는 자본가 그 자신이 수행해야 할 모든 실질적인 기능들을 수행하게 됨으로써, 이제 기능인만 남게 되고 자본가는 별로 쓸모없는 사람으로서 생산과정에서 사라진다.

—『자본 3-1』, 제23장 '이자와 기업가수익', 509~510쪽

주식회사는 이러한 역사 발전 과정에서 등장하고 정착된 기업 형태다. 마르크스도 언급하고 『기업은 누구의 것인가』도 조목조목 따지고 있는 것처럼, 이것은 영락없는 사회적 자산이다. 어느 누가 배타적인 사적 소유를 주장할 수도 없고 단순히 주주들의 사적 소유의 총합이라고 하는 것도 어불성설인 그런 물건이다. 그런데도 현실의 주식회사에서는 여전히 사적 소유의 논리가 지배한다. 그래서 이것은 반드시 모순의 현장이 될 수밖에 없다.

주식제도 안에는 사회적 생산수단이 개인의 소유로 나타나는 낡은 사회형태에 대한 대립이 이미 존재한다. 그러나 주식형태로의 전화 그 자체는 아직 자본주의적 한계 내에 묶여 있다. 그래서 그러한

전화는 사회적 부와 사적 부의 성격 간의 대립을 극복하기보다는 그것을 새로운 형태로 바꿀 뿐이다.

—『자본 3-1』, 위의 장, 590쪽

사실상 이미 극도로 사회화된 자산의 사적인 전유(일상어로는 차라리 '횡령'), 이것이 주식회사에서 작동하는 지배의 메커니즘이다. 마르크스는 이미 이것을 예감했고, 더 나아가 신용제도의 발전과 함께 이러한 지배 메커니즘이 기업 울타리를 넘어 사회 전체로 확대될 것임을 내다보았다. 주인 없는 주식회사 안에서 주주들이 주인 노릇 하는 것처럼, 금융 과두 세력이 사회 전체의 저축을 농단하리라는 것이었다.

주식제도—이것은 자본주의 체제 그 자체의 기초 위에서 이루어지는 자본주의적 사적 산업의 지양이며, 또 그것이 확대되어 새로운 생산영역을 장악할 정도가 되면 사적 산업을 아예 절멸해버린다—이 외에도 신용은 개별 자본가(혹은 한 사람의 자본가로 간주될 수 있는 사람)에게 일정 범위 내에서 타인자본과 타인소유 그리고 그럼으로써 타인 노동에 대해서까지 하나의 절대적인 처분권을 제공한다. 자기자본이 아닌 사회적 자본에 대한 처분권은 그에게 사회적 노동에 대한 처분권을 부여해준다. (중략)

이제 수탈은 직접적 생산자로부터 중소자본가들에게까지 널리 확대된다. 이러한 수탈은 자본주의적 생산양식의 출발점이다. 그러한 수탈의 관철은 곧 자본주의적 생산양식의 목표이며 궁극적으로는 생산수단을 모든 개인들로부터 수탈하는 것을 의미한다.

—『자본 3-1』, 위의 장, 588~590쪽

마르크스 사후 주식회사 형태는 계속 발전했고, 신용제도도 더욱 발전했다. 사회화된 자산의 사적 전유를 통한 지배의 작동도 가일층 확대되고 치밀해졌다. 오늘날의 신자유주의는 어쩌면 그 극단적 발전 형태라 할 수 있다. 그런데도 막상 마르크스의 후계자들은 이 논의와 분석을 그다지 심화시키지 못했다. 혁명을 주장하는 진영이든 개혁 노선을 취한 진영이든 마찬가지였다. 왜 그랬을까?

아마도 혁명적 사회주의자들은 마르크스가 남겨놓은 정도의 주식회사 비판이라면 선동의 재료로서 이미 충분하다고 판단했기 때문일 것이다. 이들에게 그다음 과제는 결코, 각 나라에서 주식회사가 작동하는 구체적인 방식을 분석하거나 그에 따른 대안을 발전시키는 것 따위가 아니었다. 단지, 존재가 입증된 자본가 '계급' 전체와, 아니 사실은 그들의 대변자로 지목된 국가와 맞서 싸우는 일이 남아 있을 뿐이었다. 엥겔스와 레닌이 선호한 '국유화' 방식의 사회주의 이행 노선도 이런 무관심에 크게 일조했다.

한편 개혁주의자들은 또 다른 방향에서 고민을 지워버렸다. 이들은 기업 단위에서부터 자본-노동 관계를 뒤집는다는 과제를 먼 미래의 이상 정도로 계속 뒤로 미루거나 아니면 현실 정치 의제에서 아예 배제했다. 물론 루돌프 마이드너와 스웨덴 노동운동이 1970년대에 시도한 임노동자기금 같은 예외가 있기는 했다.(신정완, 『복지자본주의냐, 민주적 사회주의냐』[사회평론, 2012] 참고.) 하지만 이런 사례들은 어디까지나 예외일 뿐이었다. '제3의 길' 노선이 등장하기 이전에 이미 많은 사회민주주의자들에게 주식회사는 복지국가와 공존해야 할, 대안 없는 선택지였다.

이렇게 다소 길게 마르크스와 마르크스주의자들 이야기를 한 이유는 『기업은 누구의 것인가』의 성취를 제대로 자리매김하기 위해서다. 내가 보기에 이 책의 가장 중요한 성과는 두 가지다. 하나는 주식회사를 둘러싼 여러 제도들의 봉합점 역할을 하는 법인격 개념의 철저한 해체이고, 다른 하나는 소유가 아니라 관계(서로주체성)에 바탕을 둔 노동자 경영권의 근거를 철학적으로 정초한 것이다.

이 중 첫 번째 성과는, 기존 이론들과의 관계 속에서 본다면, 마르크스가 단편적으로 언급하는 데 그친 현대 자본주의의 지배 메커니즘 비판을 좀 더 완성된 형태로 전개한 것으로 이해할 수 있다. 즉, 법인 조직을 둘러싼 제도들의 비판을 통해 사회적 자산이 사적으로 전유되는 구체적 양상을 포착한 것이다.

달리 말하면, '법인 제도(주식회사를 비롯한)를 통한' '사회적 자산의 사적 전유' 메커니즘의 규명이다. 이를 통해 우리는 우리 시대의 성격을 더없이 선명하게 이해하게 된다. 그것은 바로, 사회의 살아 있는 주체들이 실질적인 결정권을 확보하지 못했다는 단 하나의 이유로 주인 아닌 자들이 사회의 모든 처분권을 행사하는 시대, 어떤 임계점에 달한 인류사적 과도기다.

노동자 경영권을 중심에 두지 않는 재벌 개혁은 신자유주의를 강화할 뿐

'법인 제도를 통한' '사회적 자산의 사적 전유'에 대한 이러한 비판과 분석은 지금 당장 한국 사회의 현안을 살피는 데도 유용한 나침반이 되어준다. 그것은 2012년 총선에서도 쟁점 중 하나로 부상한 재벌 문제다.

총선을 앞두고는, 새누리당까지 포함해서 모든 정당이 재벌을 개혁하겠다고 목소리를 높였었다. 진보정당만의 주장처럼 되어 있던 '경제민주화'가 모두의 구호가 되었다. 물론 막상 총선 공약으로 나온 것을 보면, 실망스럽기 그지없었다. 가령 새누리당 공약은 공약으로 낼 것도 없이 지금 당장 정부, 여당이 해야 할 일들을 생색내듯이 나열한 것일 뿐이었다.

민주통합당은 이런 새누리당을 비판하면서 "출자총액제한제도 재도입, 순환출자 금지, 금산분리 강화 등"을 공약했다. 이러한 공약은 민주통합당이 바라보는 재벌 문제의 핵심이 무엇인지 잘 보여준다. 그것은 총수 일가가 자신들이 실제 소유한 주식 지분보다 훨씬 더 많은 권력을 행사하는 것이다. 따라서 해결책은 모든 주주가 자신이 소유한 지분만큼만 영향력을 행사하게 하는 것이다. 즉, '1주 1표'의 주주자본주의 질서를 철저히 확립하는 것이다.

총선 얼마 전에 당시 통합진보당 대표이던 이정희 의원이 발표한 '맞춤형 재벌개혁 로드맵'도 민주통합당의 시각과 크게 다르지 않았다. 각 재벌 그룹에 대해 맞춤형 처방을 내놓는다고는 하지만, 일관된 것은 민주통합당과 마찬가지로 "출총제 부활, 순환출자 금지 등"을 통해 재벌의 경제집중력을 억제하겠다는 것이다. 이정희 대표의 방안이 실현된다면, 10대 재벌 그룹은 해체되고 총수 일가는 다른 대주주와 마찬가지의 지위가 된다.

민주통합당 공약이나 이정희 의원 로드맵은 새누리당 공약에 비해서는 '재벌 개혁'이라 할 만한 측면이 있었다. 재벌 권력에 손을 대겠다는 것이기 때문이다. 그러나 문제는 모든 '재벌 개혁'이 곧 '경제 민주화'는 아니라는 점이다. 이들의 방식대로 하면, 재벌 권력은 약화되는 대신 전체 대주주 집단의 권력은 더욱 강화된다. 즉, 주주자본주의가 강화된다.

우리가 흔히 '신자유주의'라고 부르는 경제 현실의 미시적 기초가 되는 기업 단위 질서가 주주자본주의다. 주주자본주의의 강화란 다름 아니라 신자유주의의 강화다. 그렇다면, 위의 '재벌 개혁'안들은 경제 민주화가 아니라 신자유주의 강화의 통로라는 이야기가 된다. 최근 '재벌 개혁' 논의에 대한 장하준 교수의 다음과 같은 비판은 이러한 맹점을 잘 짚고 있다.

재벌, 특히 삼성은 참 나쁘다. 자식들에게 편법 상속을 했고, 우리 사회 엘리트들을 매수했다. 여기에 대해선 법에 따라 단호하게 처벌을 해야 한다. 하지만 삼성그룹을 해체하자는 주장은 동의할 수 없다. 그렇게 되면, 삼성 계열사의 주인이 누가 되나. 국가가 주인이 된다면, 그건 차라리 낫다. 하지만 실제론 해외 투기자본이 주인이 될 게다.

— 장하준 교수 인터뷰.『프레시안』 2012. 3. 25.

대개의 '재벌 개혁'론이 한국의 재벌 문제를 주주자본주의의 모순과 별개로 바라본다. 그래서 일단 재벌을 해체하여 '정상적인' 주주자본주의 질서를 수립해야 하고 주주자본주의의 문제는 그다음부터 고민하면 된다는 식의 태도를 보인다. 여기에는 자본주의적 근대화 이후 사회과학의 표준적 틀이 되어온 '보편'-'특수' 구도도 작동한다. '보편적인' 자본주의와 '특수한' 한국 재벌 문제 식의 구도 말이다.

그러나 재벌 문제는 그런 '특수한' 질병이 아니다.『기업은 누구의 것인가』는 이 문제가 오히려 보편적인 현대 자본주의의 모순이 한국 사회에서 나타나는 한 형태라고 분석한다. 그 보편적인 모순이란 곧 '법인 제도를 통한' '사회적 자산의 사적 전유'다. 주식회사는 주인 없는 사회적 자산이다. 그런데도 자본주의 법체계는 이 사회적 자산의 경영권을 주주라는 특정 집단에게 맡긴다. 하지만 주주는 사실 일종의 채권자에 불과하다. 이들에게는 경영의 의지도, 능력도 없다. 그러다 보니 실제로는 대주주들의 묵인과 담합 아래 소수 과두 세력이 기업을 지배한다. 한국에서는 이 과두 세력이 총수 일가로 나타날 뿐이다.

『기업은 누구의 것인가』는 이렇게 재벌 문제를 바라보는 새로운 시각을 열어준다. 그래서 대안도 민통당류와는 크게 달라지지 않을 수 없다.

노동자 경영권이 당면 중심 과제가 된다. 노동자가 이사를 선출하자, 그래서 총수 일가의 전횡도 아니고 주주들의 '1주 1표'도 아닌 노동자의 '1인 1표'로 운영하는 기업을 만들자는 것이다.

물론 몇몇 '진보적' 재벌 개혁안은 노사공동결정제를 언급하기도 한다. 하지만 출총제 재도입, 순환출자 금지 이후의 다음 단계 과제로 미뤄두거나 혹은 이러한 조치들에 따르는 보완책 정도로만 제시한다. 이에 반해 『기업은 누구의 것인가』의 결론은 이렇게 주장한다. 노동자 경영권이야말로 재벌 개혁의 몸통이고 가장 먼저 추진되어야 할 과제라고. 순환출자 금지 등은 오히려 이것이 실현되는 과정에서 이를 보완할 부분적 수단일 뿐이다.

『기업은 누구의 것인가』 '이후'의 과제들

나는 "주식회사의 경영은 노동자가 한다!"는 것이 우리 시대 노동운동과 사회 변화의 중심 구호가 되어야 한다는 『기업은 누구의 것인가』의 결론에 깊이 공감한다. 그래서 감히 이 책을 이 시대 모든 깨어 있는 노동자와 민주 시민의 필독서로 추천한다. 이 책의 독자가 김용철 변호사의 책을 읽어본 이들의 숫자만큼만 되어도 한국 사회의 균열이 지진으로, 화산으로 폭발하는 것을 기대해볼 수 있지 않을까.

다만, "주주에겐 배당금을, 노동자에겐 경영권을"이라는 이 책의 결론에 동의하더라도 그 결론에 수반되는 수많은 의문점들, 더 해명되어야 할 숱한 쟁점들은 남는다. 『기업은 누구의 것인가』는 기업 내의 민주화를 강조하다 보니 이러한 또 다른 고민거리들은 굳이 부각시키지 않는 경향이 있다.

한 가지 사례만 들면, 이런 것이다. 노동자가 이사를 선출하기 시작한 주식회사가 이제 그다음에는 어떤 방향으로 나아가야 하느냐는 문제. 당연히 노동자들은 자신들이 선출한 이사를 일상적으로 감시하고 주요 경영 사안을 숙의하기 위해 노동자 평의회 같은 현장 대의기구를 만들고 운영해야 할 것이다. 이것은 굳이 강조할 필요도 없는 필수 과제다. 그런데 더 큰 문제는 그러한 끊임없는 감시와 요구가 향할 방향, 그것이다.

만약 노동자 경영 기업이 지금과 마찬가지 정도의 경쟁 압력 속에서 생존해야 한다면, 어찌 될 것인가? 주식회사를 우리 시대의 아테네로 만들었더니, 그 아테네가 끝없는 펠로폰네소스 전쟁이라는 격랑 한가운데에 놓여 있다면? 이렇게 되면 노동자 스스로 노동시간을 연장하고 사회적·환경적 비용을 늘리더라도 당장의 수익 기준을 충족시키는 데 골몰하게 되지는 않을까? 억압과 착취를 이제는 자본가의 명령이 아니라 노동자 스스로의 투표로 결정할 뿐인 상태가 출현하지는 않을까?

노동자 경영이 필요 없다는 이야기를 하려는 것이 아니다. 노동자 경영 기업이 활동하는 경제 생태계 전반의 변화가 함께 이뤄져야 한다는 점을 지적하려는 것이다. 노동자 경영 기업이 작은 공화국들로 지속, 발전하기 위해서도 영구 평화에 가까운 경제 생태계가 만들어져야한다.

『기업은 누구의 것인가』는 이런 문제까지는 짚지 않는다. 하지만 '경제 민주화'라는 21세기의 숙제를 완수하려면 이런 물음을 생략하거나 우회할 수는 없다.『기업은 누구의 것인가』의 답만으로는 충분하지 않은 것이다. 좀 더 총체적인 대안이 필요하다. 하지만 그런 대안을 마련하기 위해서도 확고한 출발점이 필요하다.『기업은 누구의 것인가』는 분명 그런 시작점이다.

함께 읽으면 좋을 책

『주식회사 이데올로기: 21세기 경제 귀족주의의 탄생』 마조리 켈리(제현주 옮김, 북돋음, 2013)

김상봉의 책보다 10여 년 전에 나온 이 저작은 김상봉과 놀라울 정도로 유사한 시각으로 주식회사를 비판한다. 노동자가 경영의 주인이 되어야 한다는 대안 역시 흡사하다.

『미국의 경제 깡패들』 테드 네이스(김수현 옮김, 예지, 2008)

미국에서 독특하게 발전한 법인 기업 형태에 대한 역사적 추적과 비판.

『경제를 점령하라: 자본주의 넘어서기』 리처드 울프(한상연 옮김, 돌베개, 2013)

미국의 마르크스주의 경제학자 울프는 현 경제위기의 대안으로 노동자가 기업 지배구조를 '점령'해야 한다고 주장한다. 마르크스주의자의 대안과 김상봉의 대안 사이의 인상적인 수렴.

『복지자본주의냐 민주적 사회주의냐: 임노동자기금논쟁과 스웨덴 사회민주주의』 신정완(사회평론, 2012)

자본가가 아닌 노동자가 기업을 주도하는 새로운 체제로 이행하려던 대담한 시도, 스웨덴의 임노동자기금 구상에 대한 상세하고 치밀한 소개. 탈자본주의 전략을 고민하는 모든 이들의 필독서.

자본주의 아닌 삶, 어떻게 가능한가

—

『파레콘: 자본주의 이후, 인류의 삶』 마이클 앨버트
김익희 옮김, 북로드, 2003.

생의 목표가 없는 사람이 과연 하루하루의 삶을 원기 있게, 그리고 짜임새 있게 살아나갈 수 있을까? 아마도 무위도식하기 십상이리라. 집단 역시 마찬가지다. 더군다나 애초에 뭔가 현재 존재하는 것들을 바꾸는 것을 취지로 삼아 모인 집단이라면 말이다.

그렇기 때문에 사회운동에는 궁극 목표가 중요하다. 궁극 목표가 없는 사회운동은 혼이 빠진 복제 생명체와 같다. 물론 단번에 모든 것을 바꿀 수는 없다 할지라도, 적어도 지금 무엇을 가장 주되게 변화시켜야 하는지에 대해 확신이 서려면, 궁극 목표에 대한 이상과 열정이 있어야 한다. 최종 목적지를 모르고서 중간 경유지들을 정할 수는 없는 노릇인 것이다.

우리 운동에 가장 부족했던 게 바로 이것이었다. 현실 사회주의권의 붕괴를 이유로, 아니 더 정확히 말하면 그것을 핑곗거리 삼아서 궁극 목표에 대한 고민 없이 다음번 임단협, 다음번 선거 준비로 운동을 끌어왔다. 대안 사회에 대한 고민 자체가 현학적인 것으로, 현실과 동떨어진 것으로 치부되었다. 이는 단지 특정 정파, 간부들만의 문제가 아니라 우리 모두의 현실이었다.

그러나 지구 자본주의의 동요가 시작된 지금은 더 이상 이런 나태와 자기만족은 통하지 않는다. 이런 시점에 우리에게 풍부한 영감과 토론거리를 던져주는 책으로 우선 『파레콘』이 떠오른다. '파레콘'이라는 상당히 낯선 이름을 달고 나왔지만, 부제('자본주의 이후, 인류의 삶')를 보면 이 책의 지향이 무엇인지, 야망이 어느 정도인지 감을 잡을 수 있다.

참여계획경제 ─ 파레콘

저자는 미국의 사회운동가이자 경제이론가인 마이클 앨버트다. 노엄 촘스키의 막역한 동료이며 그와 함께 Znet(www.zmag.org)이라는 전세계적으로 이름 난 좌파 웹사이트를 만든 장본인이기도 하다. 마이클 앨버트는 그의 또 다른 동료 로빈 하넬과 함께 10여 년 전부터 '참여경제 (Participatory Economics)'라는 탈자본주의 대안을 주장해왔다. '파레콘 (Parecon)'은 저자들 자신이 참여경제의 영어 원명을 줄여 만든 약칭이다. 보통 특정 사상의 창안자 자신이 자기 주장의 약칭까지 만들어놓고 홍보하는 경우는 드물다. 하지만 이 고도 미디어의 시대에 무릇 자신의 신념을 전도하려면 이 정도 태세는 갖추어야 하는 법이다.

참여경제론의 전모를 소상히 소개할 수는 없지만, 그 핵심만을 요약하자면 이는 한마디로 새로운 계획경제다. 그럼에도 불구하고 저자는 '사회주의'라는 말을 쓰지 않는다. 그 이유는, 저자가 촘스키와 마찬가지로 아나키스트 성향인 탓에 사회주의라는 말 자체에 별로 애정을 갖고 있지 않기 때문일 것이다. 그래서 이 책에서 '사회주의'는 주로 소련식 중앙집권적 계획경제나 헝가리, 유고슬라비아의 시장사회주의를 가리키는 말로만 쓰인다. 그러나 탈자본주의 대안을 흔히 '사회주의'로 통칭하는 역사적·상식적 용어법에 따른다면, 앨버트의 모델 역시 사회주의 대안의 한 종류라고 부를 수 있을 것이다.

아무튼 참여경제는 계획경제다. 생산 단위와 소비 단위가 생산 계획과 소비 계획을 제출하면 계획 기구가 수차례 이를 서로 조정하여 경제 계획을 세운다. 이 과정에서 계획 기구는 계획서상의 가격 지표, 생산 단위의 노동조건, 그리고 각 경제 주체들이 제공하는 질적 정보들을 적극 활용한다. 고도로 발전된 정보통신기술은 이런 복잡한 정보 수집과 조정 과정을 충분히 가능케 만든다.

이런 점에서 참여경제 모델은 계획을 중심으로 하여 시장을 결합하려 한 오스카르 랑게(헝가리의 사회주의 경제학자)의 고전적 시장사회주의와 유사하다. 랑게의 시장사회주의에서 시장은 단순히 계획 수립자에게 적절한 가격 지표를 제공한다는 점에서만 의미를 지닌다. 1차로 수립된 계획의 가격 지표들이 시장의 검증을 통해 수정되고 나면 계획 수립자는 이에 바탕을 두고 수정된 가격을 공표한다. 그리고 이 과정이 끊임없이 반복된다.

다만 결정적인 차이는 참여경제의 경우 '가격'은 존재하되 '시장'은 존재하지 않는다는 점이다. 시장은 없다. 다만 생산 단위와 소비 단위가 제출하는 계획서들과 이 계획서들이 짜이고 서로 조정되는 과정에서 계속되는 토론과 결정, 합의들만이 있을 뿐이다. 이것이 가능한 이유는 사회가 생산자평의회와 소비자평의회로 조직되기 때문이다. 우리에게 익숙한 국가관료기구는 존재하지 않는다. 주식 소유자와 전문 경영인이 전횡하는 기업사회도 없다. 모든 생산 단위는 생산자평의회 형태로 존재하고, 모든 주민은 소비자평의회들의 성원이 된다. 참여경제에서는 각각의 평의회 내부에서 정보가 소통되고 결정이 이뤄지는 과정이 시장의 역할을 대신하게 된다.

여기에서 또 하나 주목해야 할 것이 평의회, 특히 생산자평의회 내에서 생산자들 사이의 평등한 의견교류와 의사결정이 가능하도록 만드는 참여경제의 또 다른 특징이다. 앨버트는 소위 '균형적 직군(Balanced Job

Complex)'이라는 것을 제안한다. 말이 어렵고 앨버트의 설명도 불명료한 데가 있긴 하지만, 쉽게 말해 이는 분업이 야기하는 고통과 차별을 최대한 완화하거나 제거하려는 제도다.

참여경제에서는 일단 직장의 모든 직무를 몇 개의 등급으로 나눈다. 보다 인간적인 만족을 보장하는 상위의 직무가 있을 것이고, 그렇지 못한 하위의 직무가 있을 것이다. 만약 자본주의와 마찬가지로 엄격한 분업이 존재하여 특정인은 고급한 직무를 전담하고 많은 사람들은 그렇지 못하다면, 아무리 생산자평의회가 만들어진다 하더라도 곧바로 새로운 위계제가 다시 등장하리라는 것은 직접 살아보지 않아도 누구나 알 수 있는 사실이다.

'균형적' 직군이란, 한 사람이 상위의 직무와 하위의 직무를 동시에 수행하여 다른 사람들이 수행하는 노동의 평균적 수준과 균형을 맞추어야 한다는 것이다. 즉, 지하철 작업장이 있고 내가 거기에서 근무하는 노동자라면 1주일에 몇 시간은 경영자로 일하고 또 다른 시간에는 지하철 역사의 화장실 청소를 한다는 이야기다. 또한 기관사이면서 몇 시간은 인사 관리자로 일하는 사람도 있을 것이다. 더 나아가서 한 직장을 넘어 균형적 직군 개념이 확장될 수도 있다. 새벽에 아침운동을 하다가 쓰레기 수거 작업을 벌이는 생산자평의회 의장과 마주치는 것은 참여경제에서는 너무나 자연스러운 일이다.

혹자는 이쯤 되면 사회주의라기보다도 마르크스, 엥겔스가 말한 코뮌주의(communism)에 더 가까운 것 아니냐고 말할 수도 있다. 시장과 국가가 모두 사라진 코뮌주의 사회. 하지만 한 가지 점에서 참여경제는 마르크스의 코뮌주의 규정과 어긋난다. 마르크스의 코뮌주의가 "능력에 따라 일하고 필요에 따라 분배받는" 사회인 데 반해 참여경제에서는 '노력'에 따라 분배가 이뤄진다.

물론 노동 능력을 상실한 사람들에게는 자본주의 내에도 존재하는 복지국가와 마찬가지로 필요에 따른 분배가 보장되겠지만, 노동 능력을 갖춘 사람들은 노력의 정도에 따라 업적을 평가받고 보상을 받는다. 다만 그 노력의 정도란 것은 단순히 생산 목표의 완수만을 의미하는 게 아니다. 각 평의회는 개인의 특성을 충분히 고려하여 노력의 정도를 평가할 수 있다. 평의회이기 때문에 이것이 가능하다는 이야기다.

또 다른 계획경제론 ― 팻 데바인의 참여계획

앨버트의 참여경제는 확실히 매력적인 대안 사회다. 다른 것보다도 균형적 직군 개념이 가장 독특하다. 계획과 시장에 대한 논의야 다른 논자들도 많이 이야기한 것이지만, 분업을 폐지할 수단으로 이런 적극적 대안을 내놓는 사람은 별로 없었다.

하지만 전체로서 참여경제 모델은 재론의 여지가 많다. 우선 가장 큰 약점은 그것과 현존 자본주의 사이의 거리가 너무 멀다는 점이다. 이는 이상의 고결함을 말해주는 미덕일 수도 있지만, 실천성을 약화시키는 요소이기도 하다. 소위 '공상적'이라는 흔해빠진 비판은 논외로 한다 할지라도, 시장이 완전히 사라진 사회와 지금 우리가 살고 있는 사회를 연결시키는 고리를 찾기란 쉬운 일이 아니다. 그리고 그런 고리를 찾을 수 없다면, 지금 당장 어떤 실천을 벌여야 하는지, 혹은 좌파가 지방자치단체나 중앙정부의 권력을 획득했을 때 무엇에서부터 시작해야 하는지, 막막할 수 있다.

이 점에서 특히 고민해야 할 것은 시장의 활용 문제다. 참여경제는 그 주된 성격이 계획경제이면서 동시에 거의 '완전한' 계획경제다. 모든 상품의 수요와 공급이 생산자평의회와 소비자평의회, 계획촉진위원회 사이의 정보 교환과 조정에 의하여 균형을 이루게 된다. 그러나 과연 다양한 소비재의 경우에까지 개별 소비자의 구매 행위가 사전 계획되는 것이 가능할까? 시장교환이 아니라 1년 단위의 생산 계획서들과 소비 계획서들 사이의 조정으로 가격 지표가 형성될 수 있을까?

앨버트는 현금카드 구매를 통해서 개인의 소비 이력이 데이터화된다면 이것이 충분히 가능하다고 주장한다. 하지만 그렇다고 해도 상품 진열대 앞에 선 인간의 변덕이 그 정도로 무시되어도 좋은 걸까? 소비의 천국 미국에서 이런 주장이 나올 수 있다는 게 놀랍다. 물론 백화점과 쇼핑몰의 사이비 쾌락에 익숙지 않은 인간을 전제로 한다면 될 것이다. 그러나 지금 내 옆에 있는 사람들은 아쉽게도 그런 쾌락을 쉽사리 포기하지 못할 인간들이다. 만약 미래의 어느 순간에 커다란 환경적·경제적·사회적 재앙이 닥쳐서 일대 각성이 일어난다면(나는 이것이 결코 더 이상 SF소설 작가의 전문 영역이 아니라고 생각한다) 우리 세대의 생존기간 안에도 참여경제가 전제하는 소비행위로의 대변화를 목격할 수 있을지 모른다. 하지만 그것이 아니라면 상당한 세월의 이행 기간을 전제하지 않을 수 없다. 중증의 소비중독증이 완치되기 위해서는 적어도 한 세대 이상의 시간이 필요할 것이다.

이 때문에 나는 앨버트의 참여경제론과 마찬가지로 새로운 방식의 계획경제를 주장하지만 중요한 대목에서 앨버트와 견해를 달리하는 영국의 사회주의 경제학자 팻 데바인의 참여계획(Participatory Planning) 구상에 더 주목한다. 최근 미국의 좌파 학술지 『과학과 사회』(*Science & Society*, Vol. 76, Issue. 2)는 '사회주의의 설계(Designing Socialism)'라는 제목의 전권 특집을 냈다. 여기에 앨버트의 '파레콘'과 함께 실린 중요한 다른 구상들 중 하나가 데바인의 '참여계획'론이다.

안타깝게도 데바인이 자신의 구상을 정리한 주저 『민주주의와 경제 계획: 자치 사회의 정치경제학』(*Democracy and Economic Planning: The*

Political Economy of a Self-governing Society, Westview Press, 1988)은 아직 국내에 번역되지 않았다. 다만 알렉스 캘리니코스의 『반자본주의 선언』(책갈피, 2003)이나 리처드 스위프트의 『민주주의, 약자들의 희망이 될 수 있을까?』(이후, 2007) 등을 통해 단편적으로 소개된 바 있다.

대안 경제 체제는 그에 걸맞은 행위 양식의 진화를 요구한다

데바인의 참여계획 모델에는 시장이 존재한다. 최종 소비재의 거래는 기본적으로 시장에서 이뤄진다. 데바인은 이를 '시장 교환'이라 부른다. 계획경제라 하더라도 시장 교환은 존재해야 한다. 이는 다수의 서로 경쟁하는 기업들의 존재를 인정한다는 말이기도 하다.

하지만 시장 교환과 구분되는 '시장 지배'(혹은 시장 강제)는 인정되지 않는다. 시장 지배란, 최종 소비재가 생산되기까지의 과정에서 벌어지는 교환과 기존의 생산 활동을 넘어서는 새로운 투자 등속까지 시장에 의해 이뤄지는 것을 말한다. 즉, 참여계획에서 이 영역은 계획의 몫이다. 다만 그 계획은 소련식 중앙집권적 계획 기구가 아니라 노동자, 소비자, 연관 업체, 지역·국가·세계 차원의 계획 기구 등 다양한 주체들의 참여와 협상, 조정을 통해 이뤄진다. 그래서 '참여'계획이다.

참여계획에서 주된 소유 형태는 사회적 소유다. 여기서 사회적 소유는 '해당 재산의 사용에 의해 영향을 받는 사람들에 의한 소유'로 규정된다. 비록 서로 경쟁하는 기업들이 존재한다 할지라도, 그 기업의 소유권은 자본주의와 달리 노동자, 지역 주민, 연관 업체, 공공 금융기관, 지방자치단체, 국가 등의 공동소유 형태를 띠게 된다. 그렇기 때문에 다양한 경제 주체들이 계획 과정에 참여하고 협상할 수 있는 것이다.

경제계획의 대강을 수립하는 것은 각급 계획위원회의 몫이다. 중앙계획위원회는 일국 차원의 자원 배분의 총계획을 짠다. 여기에는 주요 신규 투자의 결정이 포함된다. 가격 지표가 사용되지만, 이것은 더 이상 시장가격이 아니다. 중앙 계획위원회가 비용에 기반을 두고 1차재의 가격을 결정하면 여기에 중간재들의 가격을 더한 게 최종재의 가격이 된다. 중앙 계획위원회의 계획 수립은 권역별·지역별 계획위원회의 참여와 각급 계획위원회들 사이의 조정을 통해 보다 세밀하게 보완된다.

하지만 이 모델에서 가장 특징적인 것은 '협상조정기구'다. 앞에서도 말한 것처럼, 참여계획 모델에서는 시장교환이 존재한다. 소비재 시장이 작동하며 소비자의 선택권이 존재한다. 생산단위 간의 경쟁도 존재한다. 따라서 소비재 시장의 수요 변화나 생산단위 사이의 효율성 차이에 따른 생산 조정이 필요하다. 생산단위들의 대표자와 각급 계획위원회의 대표자, 지역 이해당사자 및 노동자·소비자의 대표자 등이 협상조정기구를 구성해서 서로 간의 대화와 협상을 통해 바로 이 조정 기능을 수행한다. 즉, 자본주의에서는 시장 지배로 해결되던 것이 이제는 협상조정기구를 통해 이뤄지는 것이다.

또한 협상조정기구는 명령형 계획경제에서 불가능하던, 경제활동의 역동적 조절을 가능하게 만든다. 현실 사회주의에서는 중앙 관료들의 계획 목표 설정이 대중의 실제 필요들(needs)을 반영해야 할 필연적 이유가 없었다. 기본적으로 공급 측면의 독재였다. 그러나 참여형 계획경제는 그렇지 않다. 시장경제만큼이나 역동적으로 수요에 따른 조정이 이뤄진다. 오히려 자본주의에 비해 소비자의 권한이 확대된다. 소비재 시장에서 선택권을 행사해 양적 정보를 제공하는 것 외에도 각종 경제 결정 단위의 참여를 통해 질적 정보를 제시할 수 있기 때문이다.

데바인의 참여계획 모델에서 가장 돋보이는 것은 그 정치학이다. 대안적 경제체제는 그에 걸맞은 새로운 행위 양식의 확산과 정착, 즉 그 진화를 요구한다. 새로운 사회를 운영할 사회적 능력들이 형성돼야 하는 것이다. 따라서 바람직한 대안체제 모델은 대안적인 행위 양식이 민중 사이에 자연스럽게 자리 잡게 만들 계기를 모델 자체 안에 포함하고 있어야 한다. 명령형 계획경제는 이것을 결여하고 있었다.

반면 참여계획 모델에서는 민중이 협상조정을 비롯한 분권적인 결정 과정에 참여함으로써 스스로 새로운 행위 양식을 발전시킨다. 제도의 이행과 주체의 변화, 사회 관계의 변화와 사회적 능력들의 형성이 함께 이뤄지는 것이다. 많은 혼란이 있을 수 있지만, 데바인은 "사회적 위기 조차 학습의 과정"이 될 것이라고 단언한다. 시장 중심의 행위 양식은 결국 새로운 민주주의의 행위 양식에 자리를 내줄 것이다.

데바인의 참여계획 모델은 전반적으로 앨버트, 하넬의 참여경제 모델보다 이행에 대한 고민을 더 풍부하게 담고 있다. 데바인이 강조하는 주요 생산재와 투자활동에 대한 계획화는 신자유주의에 대한 비판 속에서 지금도 충분히 타당성을 주장할 수 있는 것이다. 또한 최근 등장한 이해당사자(stakeholder) 개념을 참여계획으로 이행하는 과정에서 전략적으로 활용할 수도 있다. '이해당사자 경제'론에 따르면 주주뿐만 아니라 노동자, 소비자, 연관 업체, 금융기관 등 그 기업에 이해를 갖고 있는 모든 경제 주체가 소유와 경영의 권리를 공유해야 한다. 이는 데바인류의 사회적 소유 개념으로 나아가는 관문이 될 수 있다.

말하자면 지금 당장 참여계획을 실현할 수는 없다 할지라도 참여계획으로 나아가는 이행의 실천은 곧바로 시작할 수 있다는 이야기다. 앨버트도 참여경제의 소중한 싹으로 언급하고 있는 참여예산제 같은 시도가 바로 이러한 이행의 실천일 수 있다. 비록 지금 당장은 지방자치단체의 공공투자 예산만을 참여·협상·조정을 통해 결정하는 수준이지만, 이것이 전체 경제활동으로 확산된다면 이는 곧 참여계획으로 나아가는 것이다.

이행의 현실성을 바탕으로 세상을 바라보자

하지만 이러한 세부적 의견 차이에도 불구하고 앨버트의 공적은 높이 평가받아야 한다. 현실 사회주의권이 붕괴하던 바로 그때부터 세상에 모습을 드러낸 참여경제론은 대안 사회에 대한 고민이 다시 현안으로 등장하는 데 주도적인 역할을 했다.

그와 마찬가지로 우리는 바로 지금부터 이행의 현실성에 바탕을 두고 현실을 바라보아야 한다. 새로운 사회로 나아가는 것이 충분히 가능하며 현실적이라는 바탕 위에서 현실을 바라볼 때 세상은 다르게 보이기 마련이다. 나날의 삶 속에서 무심코 지나치는 사소한 것들에서 새 사회의 단초를 발견할 수도 있고, 실천할 거리를 건져낼 수도 있다.

이럴 때에만 우리의 실천은 더 이상 무슨 '반대' 투쟁이 아닐 수 있다. 자신의 행동 하나하나가 얼마나 야심찬 것인지를 깨닫는 자만이 그에 부합하는 미래를 열 수 있다. 그러니, 자 이제, 대안 사회에 대한 상상을, 그 열띤 토론과 설계를 시작하자!

함께 읽으면 좋을 책

『자본주의의 대안과 사회주의 가치 논쟁』 마이클 앨버트·알렉스 캘리니코스(이수현 옮김, 책갈피, 2009)
대안 체제를 둘러싸고 앨버트와 트로츠키주의자 캘리니코스 사이에서 벌어진 논쟁 모음.

『새로운 사회주의의 미래』 존 로머(고현욱 외 옮김, 한울, 1996)
앨버트나 데바인의 제안과는 방향이 전혀 다른 시장사회주의 모델을 제안하는 책.

『자본주의 이후의 새로운 사회』 김수행·신정완 편(서울대학교출판부, 2007)
탈자본주의 대안 체제와 이행 전략의 여러 쟁점들에 대한 국내 필자들의 글을 모았다. 유고슬라비아의 노동자 자주관리 실험에 대한 평가 등을 접할 수 있다.

장석준의 적록서재

2013년 6월 10일 초판 1쇄 찍음
2013년 6월 20일 초판 1쇄 펴냄

지은이 장석준

펴낸이 정종주
편집 이승환 제갈은영 최연희
마케팅 김창덕

펴낸곳 도서출판 뿌리와이파리
등록번호 제10-2201호(2001년 8월 21일)
주소 서울시 마포구 서교동 451-48 2층
전화 02)324-2142~3
전송 02)324-2150
전자우편 puripari@hanmail.net

디자인 씨디자인
종이 화인페이퍼
인쇄 · 제본 영신사
라미네이팅 금성산업

값 18,000원

ISBN 978-89-6462-027-4 (03300)

이 도서의 국립중앙도서관 출판시도서목록(CIP)은 서지정보유통지원시스템 홈페이지(http://seoji.nl.go.
kr)와 국가자료공동목록시스템(http://www.nl.go.kr/kolisnet)에서 이용하실 수 있습니다.(CIP제어번호:
CIP2013007190)